# נוגע לא נוגע

הרב מנחם פרומן

# נוגע
# לא
# נוגע

## לימוד זוהר — פרשיות הבריאה

עורך: שלמה ספיבק

מגיד

בית התיאוטרון
חיבור הגוונים ברוחו של הרב מנחם פרומן (ער)

Rabbi Menachem Froman

*Touching Yet Not Touching: Lessons in the Zohar – The Chapters of Creation*

הרב מנחם פרומן

נוגע לא נוגע: לימוד זוהר – פרשיות הבריאה

עורך אחראי: ראובן ציגלר
עורכת ראשית: אוריה מבורך
עורכת משנה: אפרת גרוס
עריכה: יוחאי אורלן
עריכה לשונית: דוד פיאלקוף
הגהה: אביעד יחיאלי
עימוד: רינה בן גל
עיצוב כריכה: אליהו משגב



ספרי מגיד, הוצאת קורן
ת״ד 4044 ירושלים 9104001
טל׳: 02-6330530 פקס: 02-6330534

office@korenpub.com
www.korenpub.co.il



ISBN 978-965-526-414-2 מסת״ב

Printed in Israel 2025 נדפס בישראל

# תוכן העניינים



## זוהר הרקיע



## אור שבעת הימים

## בגן עדן מקדם

יתיב רבי שמעון ובכה ואמר: **ווי אי גלינא ווי אי לא גלינא**

(זוהר ח"ג קכז ע"ב, אידרא רבא)

נפק ואסתלק ואתגניז ואשתאר חד נקודה מניה למהוי מטי תדיר באורח גניזו בההיא נקודה, **מטי ולא מטי**, נהיר ביה בארח נקודה קדמאה דנפק מניה. ובגין כך כלא אחיד דא בדא, נהיר בהאי ובהאי.

(זוהר ח"א טז ע"א)

# הקדמה

"אם דומה הרב למלאך ה' צבאות – יבקשו תורה מפיהו" (חגיגה טו ע"ב). זכיתי ורבי ומורי הרב מנחם פרומן היה דומה למלאך ה' בעיניי, לא מלאך שמימי בלתי מושג אלא אדם שמתהלך בתוכנו והוא מרומם ונעלה. וזכיתי שיכולתי לבקש תורה מפיהו כי תורתו הייתה מונחת בצניעות ובענווה בשיעורים יום־יומיים שהיה נותן בביתו, בדברי הלכה בזמן ארוחות בישיבה או בטרמפים ובנסיעות, וכל הרוצה יכול היה לבוא וליטול. בתוך כל התורה החיה הזו שכללה את כל רובדי התורה, המרכז והלב הפועם של הרב מנחם היה ספר הזוהר. אל הזוהר היה פונה ביראה ובדריכות המשולבות עם שעשוע ומשחק, ושם היה מחפש, מעיין ותר אחר הסוד של המציאות. ספר הזוהר היה המקור שאליו הרב מנחם פנה בכל עת – אם בפרשת שבוע, או בלימוד לקראת חגים ובמהלכם. אל הזוהר היה פונה גם כמקור לבירור של סוגיות אקטואליות שהעסיקו אותו בענייני חברה ותרבות, בארץ שלנו ובעבודת ה'. החיפוש הזה הייתה בו מידה גדולה של הקשבה. הרב מנחם לא חיפש בזוהר אסמכתא לדרכו ולמחשבותיו אלא פֶּתח לחשיבה אחרת, הנחיה והוראה מתוך דרך הסוד עבור העולם הגלוי והפרוץ שלנו. הוא חיפש את הלב הפועם של הזוהר שישבור את ההיגיון האנושי המצומצם ויוביל אותנו מעבר. עבורו הזוהר היה החיים בעצמם והוא, במאמציו השונים ללמוד וליישם את הדברים, מצא בספר זה דרך לקיים חיים של סוד, סוד פתוח וחופשי, גלוי ונסתר.

למסע זה היה מצרף אותנו התלמידים כשותפים למאמץ שהוביל. בחיפושים אלו הייתה חוויה של לימוד מכוון מצד אחד, אך מצד שני גם ממד של אקראיות ומקריות, מכיוון שהרב היה פונה אל הדרשות בתמימות ובלא הכנה. כך היה מתהלך הרב מנחם עם הזוהר, נוגע לא נוגע, כל פעם מזווית אחרת בנושאים הקרובים לליבו – סוד, זוגיות, מקום הרע בעולם, ארץ ישראל, תורה, חיים ומוות.

לאחר כמה שנים שבהן התגבשה חבורת תלמידים קבועה בביתו שבתקוע, פנינו אל הרב ביוזמה ללמוד את הספר על הסדר במטרה 'לסיים את הזוהר'. שאיפה זו הייתה מנוגדת לחלוטין לדינמיות שבה הוא למד, אך לבסוף היא נענתה בחיוב ובהתלהבות, אם כי גם מתוך ידיעה שבסגנון הלימוד שלו הדבר כמעט בלתי אפשרי (במהלך שנתיים של שיעורים הוא הספיק ללמד מתחילת הספר עד סוף פרשת נח!). זאת הייתה הזדמנות נדירה ללמוד את ספר הזוהר באופן מסודר, ולקבל תמונה רחבה ומעמיקה יחסית שלו. לימוד זה נערך בשעות המאוחרות של הלילה כדי להגיע לשעת חצות ולקיים את המלצת הזוהר ללמוד את תורת הסוד בשעה זו דווקא. בתוך השקט והעייפות של הלילה הרב עמל על כל אות ודייק בה, ויחד עם זאת התעלה והתרומם אל־על. באופן מעניין ביותר יצא שגם בלימוד על הסדר עלו כל הנושאים שאותם ייחס הרב לזוהר כשלמדנו קטעים נבחרים. כעת גם מבלי לחפש אותם באופן יזום, בצבצו להם מידת מלכות וכנסת ישראל, השעיר לעזאזל ומיעוט הלבנה, הזכר והנקבה, הנגלה והנסתר, המחלוקת והשלום. מתוך שיעורים אלו פניתי לכתוב ולערוך את הספר שלפנינו.

הקושי להעביר דברים שבעל פה לכתב – ידוע, והוא גדול פי כמה במקרה של הרב מנחם שהיה לו סגנון ייחודי כל כך בדיבור בעל פה ובקשר בלתי אמצעי בינו לבין שומעיו. למרות כל הקשיים תורה היא וללמוד אותה אנו צריכים, לכן פניתי להעלות ולסדר את מה שהיה עבורי גולת הכותרת של תורתו: שיעוריו בספר הזוהר. בספר זה מוצע ללומדים פתח לעולם הזוהר ולעולם החשיבה של הרב מנחם. אני

מאמין שלמרות הקיבעון המובנה של מילים שהובאו לכתב, עדיין נותרה בהן מרוחו, ואני מקווה שהקוראים יצליחו לשמוע את המיית ליבו ועומק מחשבתו שמצויים בין דפים אלו.

את מלאכת העריכה עשיתי מתוך הקלטות של שיעורי זוהר, בעיקר על פרשת בראשית. פעמים שהיו חוסרים בהקלטות ואת אלה השלמתי מתוך רשימות שרשמתי במחברתי במהלך השיעורים. הפרקים עוקבים פחות או יותר אחר סדר הפרשה – אם כי לא באופן רציף – אך יחד עם זאת הם כתובים כיחידות נפרדות וכמעט שאינם תלויים זה בזה. הספר כתוב בגוף ראשון שבו היה הרב מנחם מדבר, וניסיתי להיצמד למילים ולניסוחים שלו עד כמה שאפשר. לצד זאת, יש שחששתי צורך לבאר את דברי הרב בתוך הטקסט עצמו, ובכלל לנסח מחדש את הדברים באופן המתאים לכתב. מדובר לעיתים בשינויים סגנוניים הנובעים מהמעבר משיעור חי בעל פה לטקסט סדור. אני מקווה שעל אף הקנקן החדש, לב הדברים השתמר ותזכו לפוגשו כאן, אך אם טעיתי – עליי הטעות.

אף על פי שהרב לימד באופן פרשני משפט אחר משפט, הדברים נערכו כאן בפרקים ובפסקאות כדי ליצור רצף בדברים. בהערות השוליים הובאו הרחבות של הרב שאינן משטף הדברים או שיש בהן ממד של עיון נוסף וגם הן הובאו בגוף ראשון כלשונו, זאת מלבד הערות בודדות לתוספת ביאור שנוספו במהלך העריכה וצוינו כהערת העורכים. נוסף על כך בפתיחת הספר הוספתי מבוא המתאר את דרכי הלימוד של הרב מנחם באופן כללי ופותח צוהר לקוראים להכיר את עולמו הרוחני והפרשני.

הרב מנחם הרבה להזכיר את דברי חברו פרופסור יהודה ליבס במהלך השיעורים, ובמקומות מרכזיים הפניתי למאמריו, שאותם אפשר למצוא באתר שלו. זאת ההזדמנות להודות לפרופסור ליבס שטרח לעבור על הספר ולכתוב אחרית דבר.

אנשים רבים וטובים הצטרפו למסע כתיבת ספר זה לאורך הדרך. ברצוני להודות ליוחאי אורלן שהצטרף אליי כעורך משנה לספר ושאחראי במידה רבה לתוצר הסופי. תודה לרב דוד פיאלקוף ליווה

אותי מהטיוטות הראשונות עוד לפני עשור ועד לעריכה הסופית של הספר. תודה למשפחת פרומן: להדסה – על דלת פתוחה ולב פתוח; לרב יוסי, שיבי ותחיה – על עידוד, עצה ותמיכה. תודה מיוחדת לאורלי שדה מנהלת עמותת 'בית התיאוטרון' שמחזיקה את הפעילות של 'תורת הרב מנחם' ולדוד גולדברג־דביר על השותפות בהובלת הפעילות הזו בשנים האחרונות. תודה לבת־אל אשתי, שלי שלך הוא.

תודה לאנשי הוצאת קורן־מגיד ובהם יהושע מילר, ראובן ציגלר, אוריה מבורך, אפרת גרוס, רינה בן גל, אליהו משגב ואביעד יחיאלי על התבונה והליווי בתהליך הוצאת הספר. תרגום הזוהר לעברית מובא על בסיס התרגום של הרב פנחס ראובן, אני מודה לו על הרשות להשתמש בו.

אני תפילה שנמשיך ללמוד וללמד, לשמור ולעשות ולקיים את כל דברי התורה הזאת.

שלמה ספיבק

מבוא

# הזוהר שבמשנה: דרכו של הרב מנחם פרומן בלימוד הזוהר

מאת שלמה ספיבק

בפתח לספר זה, אני מבקש לעשות משהו הנוגד את מהות התורה הנאמרת בו – לעשות סדר. עם זאת כפי שלמדתי מהרב מנחם, דווקא הפרדוקס יכול להחזיק בתוכו את סוד הדבר. מהותו של ספר הזוהר כפי שהוסבר ונחווה בשיעורי הרב היא הזרימה והתנועה שיש בספר: השפה, המילים, הדימויים, הרוח – כל אלה גוברים על האינטלקט, על ההסבר הרציונלי והמסודר. ובכל זאת, מי שיעקוב אחר דרך לימוד הזוהר של הרב מנחם, יוכל למצוא קווים מנחים ופחות או יותר עקביים. העקרונות שנציג כאן מבוססים על דברים ששמעתי מהרב מנחם בעת לימוד הזוהר יותר מפעם אחת, והם נועדו להעניק ללומדים חופש, לאפשר להם להתרומם באמצעותם אל הנקודה הפנימית שאינה יכולה להיאמר.

## מעבר להגדרות

היסוד הבסיסי ללימוד הזוהר הוא שאנו עוסקים בסתרי התורה – בסוד.

אך מהו סוד? בחשיבה פשוטה, הגדרתו של סוד היא עניין שאפשר לספרו רק לחלק מבני האדם ולחלק אחר לא, אך האמת היא שאין זה כך. סוד יכול להיאמר בריש גלי ועדיין להישאר בגדר סוד. מה שהופך אותו לכזה, אינו עצם השמיעה אלא היכולת להבין. סוד איננו כתב סתרים שצריך לפענח או מערכת מורכבת מאוד שצריך ללמוד את פרטי פעולתה; הסוד הוא מה שעומד מאחורי המערכות, מה מניע את התהליכים. זהו הזוהר, אותו אור ראשוני של העולם שנשאר גנוז לצדיקים ולאותם משכילים המזהירים כזוהר הרקיע ועולים לשורש הדברים. הזוהר הוא הנקודה הראשונית הבלתי נתפסת, הזרע, הוא הראשית שממנה נברא העולם, ומתוכו הוא מונע ופועל כל הזמן.[1]

בהמשך לכך, דרכו של הסוד היא שאין לו דרך. חוסר האחיזה של הזוהר בכללים ובהגדרות, אפילו אלו של עצמו, הם שמעניקים לו את החיוניות המיוחדת שלו. חוסר האחיזה הזה בא לידי ביטוי בכמה מישורים: מבחינה תוכנית, הלוגיקה המדעית שצריך לשמור על טענות עקביות המבוססות זו על זו אינה דרכו של הזוהר. אם תרצו, אפשר להחליף את המילה 'סוד' שמאפיינת כל כך את הזוהר, במילה 'פרדוקס'. גדולתו של הקב"ה היא בנשיאת ההפכים. דווקא בפרדוקס, במקום שאין יד אדם משגת אותו, שם נמצא הקב"ה.

לחוסר העקביות הזה של הזוהר יש – במכוון או שלא במכוון – השלכה ישירה על הלומד. עד שהאדם חושב שהוא תופס משהו – בדיוק אז הכול מתהפך והוא שוב אינו מבין דבר. מדוע זה חשוב? מפני ש"ה' אָמַר לִשְׁכֹּן בָּעֲרָפֶל" (מלכים א ח, יב). דבר חשוב ויקר כל כך איננו יכול להיות גלוי לכולם תמיד, איננו יכול להיות זמין תמיד לתפיסת השכל האנושי. גם מי שהשקיע רבות כדי לגעת בסוד ואכן הצליח להגיע אל אותה נקודה, צריך תמיד להישאר בערפל. יש בערפל שמירה לא רק על הסוד עצמו אלא גם על האדם הנחשף אליו. מסוכן להיכנס לקודש הקודשים, והתורה מנחה את הכוהן הגדול שהוא יכול

1. ע"פ זוהר ח"א טו ע"א, וראו עמ' 36.

להיכנס לשם דווקא כאשר ענן הקטורת מכסה את הכול "כִּי בֶּעָנָן אֵרָאֶה עַל הַכַּפֹּרֶת" (ויקרא טז, ב).

רבים מחוגים שונים חיפשו בנרות את 'משנת הזוהר' המסודרת בתבניות ובכללים עקביים. ניסיונות אלו הם פספוס של מהות הזוהר. הדבר שראוי לחפשו אינו השיטה אלא האיכות החמקמקה והדינמית שכונתה על ידי יהודה ליבס 'הזוהר שבמשנה'.

עיקרו של לימוד הזוהר הוא מעשה הלימוד. לא נכון להתחקות אחר שיטתיות לשם עיצוב אידיאולוגיות למיניהן. העיקר הוא הלימוד וקבלת התורה שבלימוד, והנגיעה בסוד ובאמת כפי שהם. כיוון שכך לימוד הזוהר עשוי מצד אחד להיות מלא ברצינות וביראה, אך מצד שני הוא עשוי להיות משחק ותורת שעשועים.

מתוך כך צריך להבין שמערכת הספירות שכל כך מרכזית בפרשנות הזוהר משמשת כשפה בלבד להבעת המציאות האלוקית. זוהי רק פריזמה אחת לקלוט בה את הזוהר, ולפעמים היא דווקא מפריעה לנו לקלוט אותו. ככל כלי, צריך לדעת באיזה אופן להשתמש במונחי הספירות ומתי. המרכיב החשוב ביותר בהבנה ובלימוד הוא ההתבוננות. כל הכלים והשפות משמשים כמצע או כמקפצה להתבוננות במושגים האלוקיים, והלומדים צריכים להשקיע ולחשוב בעצמם עוד ועוד על כל מילה ועל כל מושג ולא לברוח מייד לתבניות המוכרות. גם אם משתמשים בסופו של דבר בספירות ככלי להבנת הדברים, יש לחזור אל פרטי הפרטים בלשון הזוהר ולבחון אותם שוב, לחפש את האור המיוחד בתורה הספציפית שלומדים.

הרב קוק, איש הסוד הפנימי, מתאר את המורכבות הזאת ועומד עליה באופן נוקב במאמרו 'ייסורים ממרקים' שבתוך הקובץ זרעונים:

> כל הגדרה באלוהות מביא לידי כפירה, ההגדרה היא אליליות רוחנית, אפילו הגדרת השכל והרצון ואפילו האלוהות עצמה ושם אלהים הגדרה היא, ומבלעדי הידיעה העליונה שכל אלה אינם כי אם הזרחות ניצוציות ממה שלמעלה מהגדרה היו גם הם

מביאים לידי כפירה, ובאנשים שנעתקו לגמרי מהדעה המקורית הזאת מביאים הם באמת לידי כפירה גסה.

(אורות, עמ' קכד)

אך הרב קוק איננו מוכן להסתפק בשבירת ההגדרות בלבד, ואיננו מוכן להתפשט מכול ורק לעלות אל הבלתי מוגדר. הוא מוסיף ואומר כך:

הענינים שחוץ מזו של גדולת אין סוף, שהם הסברות להגיע על ידן למקור האמונה הנם בגדר 'אברין דמלכא', ויש מהם בגדר 'לבושין דמלכא', ומאן דבזע לבושין דמלכא גם הוא מרים יד ומתחייב בנפשו. (שם, עמ' קכה)

...אבל דווקא כשהאורות מזדעזעים ומכוחם הכלים חושבים להשבר צריך אמוץ אדיר, להודיע שאמנם אין האותיות, התיבות, העובדות – גופן של אורות, אבל כלים הם, אברים של גויה חיה הנושאת בתוכה את הוד הנשמה, ואוי־אוי למי שמסלק מהם גם את הערך של כלים, מי שמבער את הקודש של האותיות, התיבות, המעשים והציורים גם מתחום שלהם. אִלֵּם ישאר בלעדם באין הגה, נדהם בלא ציור מחשבי פנימי ורצוץ כולו מאפס כוח מעשי, סחוף בזרמים שוממים המשמימים את כולו, את גופו ונפשו, רוחו ונשמתו. (שם, עמ' קכט)

לפי דבריו של הרב קוק אנו זקוקים להגדרות כדי להכיל את מה שמעבר להן. מה שיאפשר לנו לעשות זאת בצורה הטובה ביותר, מבלי להיכנס לבעיות המוּבְנות בכל אחד מן הצדדים, הוא יכולת ההבחנה בין התחומים. דווקא ההבחנה בין הגוף לנשמה היא אשר תאפשר את שיתוף הפעולה ביניהם:

ומכל מקום צריכים לבאר בהדרגה את ההבדלים שבין עיקר

האמונה ובין הסברותיה, וגם בין ההסברות עצמן – את חלופי המדרגות שבהן. (שם עמ' קכה)

ובמקום אחר מסכם הרב כך:

יקרים וקדושים הם לנו לבושי הציורים, מוכרחים הם לנו ולכל בעלי גבול במבטיהם הרוחניים ביחוד, אבל תמיד בעת שאנו באים לחיים מדעיים אסור לנו לזוז מהנקודה העליונה שרק מהבלתי נתפס אור מתפלש בהנתפס, במהלך האצילות, מאור אין סוף. (אורות הקודש א, עמ' פד)

פרופסור יהודה ליבס היה חבר קרוב של הרב מנחם והיה שותף לו לאורך שנים בלימוד הזוהר ובדרכו הרוחנית בכלל. נוכחותו הייתה תמידית ואינטגרלית בלימוד והוא צוטט רבות, בכל שיעור, עם הקדמה קבועה – "כמו שאומר רבי ומורי יודל'ה המכונה פרופסור ליבס...". הנה מדבריו הנוגעים לעניין:

המלה מיתוס מסוגלת לציין את אופן מציאות האל דווקא מפני שאיננה ניתנת להגדרה מדויקת. רק בעולם הבא עתידים הצדיקים להורות באצבע על אלוהיהם (תענית לא ע"א). בעולם הזה המיתוס מצוי ונע בין קטבים מנוגדים: בין הגשמה להפשטה, בין רגשי לשכלי, בין אבסורדי להגיוני, בין אסתטי לפילוסופי, בין נתפס למיסתורי, בין נראה לנעלם, בין חומרי לרוחני, בין קונקרטי לכללי, בין אישי לאימפרסונלי, בין סקסואלי לחסר מין, בין יום־יומי לנעלה עד אין שיעור, בין קרוב ומיידי לרחוק בזמן ובמקום, בין נתון ליצירתיות אנושית לבין קבוע וכפוי מלמעלה או מסור במסורת דורות, בין נוצר ליוצר. אופיו של המיתוס משתנה בהתאם לקרבתו אל אחד הקטבים הללו. אך אם יתבטל המתח בין הקטבים, והמיתוס יגיע ויזדהה לחלוטין עם

> קוטב אחד, אז יחדל המיתוס מהיות מיתוס, ויחדל האל מהיות אל, ותחדל הדת מהיות דת.[2]

על טיעונים ותמיהות של 'יֶקים' המייצגים את הסדר הרוחני והגשמי, כלפי אי הסדר והערבוב של הזוהר, היה עונה הרב מנחם בפתגם ביידיש שהיה שגור בפי אביו – 'חסידים צוחקים מזה'. כוונתו הייתה שיש טיעונים שהם פשוט לא רלוונטיים לעולמו הרוחני של הזוהר. לא שטיעונים אלו אינם נכונים או אינם הגיוניים אלא שהם פשוט לא חלק מהדיון הזוהרי. אמירה זו אינה מזלזלת בטענות, אך מציעה זווית ראייה אחרת לגמרי שבה כל הרבדים הללו פושטים את צורתם. כשהטפל שוקע ונשאר רק העיקר, דהיינו האור עצמו, אין צורך כלל להתייחס ולהגיב ברצינות על טענות לוגיות למיניהן. המענה היחידי שאפשר לספק הוא חיוך.

## ספר הזוגיות

הרב מנחם אהב לקרוא לזוהר "ספר הזוגיות". לפני שאנסה להסביר כינוי זה, אביא ניסיון שלו עצמו לנסח זאת, בתוך כתבה ארוכה בנושא זה:

> בעיני הזוהר האור הפנימי של העולם הוא אור האהבה. השמיים והארץ, המזרח והמערב, השמאל והימין וכל שאר הקצוות שבעולם לוחשים אהבה זה לזה. האור האלוקי אינו רק בשמיים או רק בארץ, אינו רק במזרח או רק במערב, אינו בימין או בשמאל, אלא בלב: ביחס שביניהם.
>
> הדברים הם כמו שאמרו חז"ל, שהאור האלוקי שורה לא על הגבר ואפילו לא על האישה – אלא השכינה היא ביניהם, בין השניים. זהו החסד האלוקי הגדול ביותר שנותן הבורא יתברך

2. יהודה ליבס, 'יהדות ומיתוס', דימוי 14 (תשנ"ז).

לעולם: שברא את בני האדם בצורה של זכר ונקבה, של איש ואישה כדי שבברית שביניהם יאיר הזוהר האלוקי.
כמו שצריך שני קטבים – פלוס ומינוס – כדי שהחוט המקשר ביניהם יאיר בזוהר חשמלי.
יש המון אפשרויות של אהבה בעולם: בין הורים לילדים, בין אדם לחברו, בין אדם לאדמתו, בין עם לעם השכן ועוד ועוד עד אין סוף. לכל מערכת יחסים יש האופי והחוקים המאפיינים אותה. אבל המקום המובהק ביותר שבו מתגלה אלוקים בצורה החזקה ביותר הוא בין איש לאשתו (כמו שכתבה על פי דרכה יונה וולך בשירה הידוע) או כמו שמסכם מורי ורבי ואהוב נפשי הפרופסור לקבלה יהודה ליבס את תפיסת ספר הזוהר: זוהר הוא ארוס. לכן אומרים חז"ל ששני כרובי הזהב שביניהם התגלה הבורא יתברך לעם ישראל שעמדו בקודש הקודשים, שעמדו בבית המקדש היו בדמות נער ונערה אוהבים.[3]

הזוהר מלא בזוגות: ימין ושמאל, זכר ונקבה, קוב"ה ושכינתיה, רחל ולאה, מלכות ובינה, חסד וגבורה, עולם הזה ועולם הבא, יום ולילה, חושך ואור. מתוך כל הזוגות, ישנו אחד המהווה מודל יסודי לתפיסת הזוגיות של הזוהר: 'סטרא אחרא' – הצד האחר, ו'סטרא דקדושה' – הצד הקדוש. הזוגיות הזאת היא מצע העבודה של הזוהר, כך בנוי העולם וזה נתון שאין אפשרות לשנותו: החושך וצד השמאל הם חלק מהמציאות ומי שמנסה להתכחש לכך לא רק שטועה בהכרת המציאות, אלא להפך, הוא מגביר את כוחו של הרע. הרב מנחם חזר שוב ושוב על כך שאין דרך להיפטר לגמרי מצד השמאל. כדי להדגיש זאת, היה אומר שגם אם נחצה אובייקט לחצי כדי להשאיר בו את הצד הימני בלבד, אנחנו נישאר עם שני חלקים שלכל אחד מהם יש ימין ושמאל... אחרי שמבינים יסוד זה אפשר להיכנס למורכבויות הרבות

3. מנחם פרומן, גאים במשפחה, ynet, 10.08.2009. מופיע במרשתת בקישור: www.ynet.co.il/article/3759446.

הקשורות לשאלה איך אנו ניגשים לסטרא אחרא. בשאלה זו עסק הרבה מהלימוד של הרב.

גם כאשר דנים ומעמיקים בצדדים הללו, יש להמשיך ולשמור על חוסר המקובעות שדיברנו עליו. מה שנראה רע יכול להתגלות כטוב, ולפעמים דווקא מהחושך זורח אור. דוגמה קלאסית לכך היא נושא האישה בזוהר: האישה, שהיא ביטוי לשכינה האלוהית ושהקשר איתה הוא יישום מעשי לקשר עם הקב"ה, היא אותה האישה שבעת נידתה היא טמאה לגמרי והקשר המיני איתה הוא הקשר עם הסטרא אחרא, הקשר עם הדבר הנורא ביותר עד שחייבים עליו כרת. עלינו לבחון כל פעם בדקדוק את הזוגות המוצגים בזוהר ולשים לב ליחס שהזוהר בונה ביניהם, כי לעיתים קרובות הוא אינו בנלי ומובן מאליו. הביטוי 'סטרא אחרא' כפי שהוא נאמר בימינו, ככינוי לכל מה שרע ונורא וזוועתי, אינו משקף כלל את האמביוולנטיות שיש בזוהר כלפי המושג הזה, ובאופן מפתיע דווקא היא זו שעוזרת לנו ללמוד למעשה איך לתמרן בין הקטבים השונים.

## הלכה וסוד

נקודה חשובה שאפשר לטעות בה בלימוד הסוד הוא היחס אל העולם ההלכתי המוצק הידוע כ'נגלה'. חוגים רבים שעסקו במיסטיקה הגיעו למקומות של אנטינומוס, כלומר התנגדות לחוק וביטולו. לא כך היא דרכו של הזוהר: הוא איננו מתנגד להלכה כלל, ופעמים שהוא אף מתבסס עליה. מצוות התורה מכונות בזוהר 'עטין' – עצות, אשר כדאי לנו להקשיב להן ולקיים אותן.[4] המצוות הן האיברים או הלבושים של המלך ומי שאוחז בלבושים נחשב כאוחז במלך עצמו.

הזוהר עוסק רבות בהסבר המצוות מפני שהוא רואה אותן כנעלות ביותר. לדידו, כל חוקי התורה הם בעלי משמעות, ואם יש מהם כאלה שאיננו מבינים, זה מפני שאנו כבני אדם מוגבלים ולא מפני שאין

4. ראו למשל בזוהר ח"ב צו ע"ב.

להם סיבה. דוגמה לכך ניתן לראות בזוהר המשווה בין הפסוק "זֹאת חֻקַּת הַתּוֹרָה" (במדבר יט, ב), הפותח את פרשת פרה אדומה, לבין "וְזֹאת הַתּוֹרָה אֲשֶׁר שָׂם מֹשֶׁה" (דברים ד, מד). ההבדל בין הפסוקים הוא האות ו' אשר מסמלת את החיבור השלם בין הקדוש ברוך הוא לכנסת ישראל. מצוות פרה אדומה היא תורה החסרה ו' מפני שאיננה מובנת לנו, לא שאין לה טעם אלא שהטעם נסתר מעינינו וממילא איננו משיגים את החיבור (זוהר ח"ג, קעט ע"ב).

מה שכן, הזוהר אכן רואה בעייתיות בעולם ההלכה החסר את הסוד. הוא אינו מקבל גוף החסר נשמה ואיננו מוכן להתפשר על יהדות מנותקת ממשמעות פנימית. המאמר "אין לדיין אלא מה שעיניו רואות" עבור הזוהר מתייחס דווקא לדיין ההלכתי, אך עבור הדיין המאמין של הסוד יש גם מעבר לראיית העיניים הפשוטה. מצוות התורה מכונות בזוהר 'עטין', כלומר עצות שכדאי לנו להקשיב להן ולקיימן, לא דינים המנותקים מחיינו. הזוהר מזהה את עצמו עם טעמי המקרא (זוהר ח"א טו ע"ב): מבחינתו, ההלכה כשלעצמה חסרה את הטעם ואת המנגינה, והוא מקבל על עצמו להשלים את המשימה הזו.

אמת היא שהזוהר מתבטא לעיתים בחריפות כלפי עולם הנגלה. יחס כזה מופיע בעיקר בתיקוני הזוהר, ובשכבות של התיקונים המופיעות בתוך הזוהר. דוגמה מפורסמת לכך היא דרשת הזוהר על הפסוק "וַיְמָרְרוּ אֶת חַיֵּיהֶם בַּעֲבֹדָה קָשָׁה בְּחֹמֶר וּבִלְבֵנִים" (שמות א, יד): "'בַּעֲבֹדָה קָשָׁה' – זו קושיא; 'בְּחֹמֶר' – זה קל וחמר; 'וּבִלְבֵנִים' – זה ליבונה של הלכה" (זוהר ח"א כז ע"א). דרשה זו רואה את ההשקעה והמאמץ בלימוד ההלכתי כעבודת פרך וזאת כנראה ביקורת לא ממש חיובית. ברם, יש להבין שהזוהר מבקר כאן בעיקר את אלה שמצטמצמים בעולם ההלכה בלי לקשר אותו אל הסוד. הזוהר איננו מבטל את הכורח שבקיום ההלכה חס וחלילה – הרי המנגינה זקוקה לאותיות והרוח לגוף. הוא רואה את עולם ההלכה כעץ הדעת טוב ורע ואת עולם הסוד כעץ החיים, ולכן מזהיר שהתורה ההלכתית בפני עצמה עלולה להפוך לסם המוות אם לא תתחבר לסוד. אין בכך כדי לומר שיש לבטל את ההלכה.

## הזוהר וביקורת המקרא

עוד אחד מהחיבורים המפתיעים שהרב מנחם נהג לעשות בשיעוריו הוא בין הזוהר לבין פשט המקרא, ובאופן חריף יותר, בין הזוהר לביקורת המקרא. מי שעוקב אחר השאלות הפרשניות של הזוהר ישים לב שהוא צמוד מאוד למילים. הזוהר מדייק כל כך בפשט, שלפעמים עולה השאלה אם זהו ספר של סוד או של מחקר. הוא מדייק במילים עצמן ובהקשר שלהן ומגיע לרעיונות הנשגבים שלו דווקא דרך דקדוק בפשט. גם מבחינת תחומי העיסוק שלו הוא דומה לעולם המחקרי בכך שהוא מתמקד לא פעם בנושאים איזוטריים כמו תאריכים, רשימות גנאולוגיות ומספרים טיפולוגיים.

בתוך כל זה בולט במיוחד ממשק נוסף בין הזוהר ובין ביקורת המקרא: שניהם מתעניינים מאוד בשמות השונים של אלוקים. נדמה שמלבד חכמי הסוד ואנשי ביקורת המקרא לא היו תנועות שעסקו ברצינות רבה כל כך במציאת משמעות למגוון השמות האלוקיים במקרא.

ברם, לצד החיבור בין השניים ניכרת התהום הגדולה המפרידה ביניהם. שניהם שואלים את אותן השאלות, אך התשובות שהם מספקים שונות לגמרי. בעוד שאצל ביקורת המקרא ריבוי השמות האלוקיים נתפס כמערער על סמכותם של הטקסטים המקראיים, אצל הזוהר הוא משקף ניואנסים, דיוק ועומק דתי רב. מה שמוביל למקום של כפירה בשלמותה של תורת משה אצל מבקרי המקרא, מוביל לאמונה פנימית יותר אצל בעלי הסוד. בדורנו היה הרב מרדכי ברויאר ראש החכמים אשר זיהה את הפוטנציאל הרב שיש בביקורת המקרא ומתוך כך פיתח את 'שיטת הבחינות' שלו. במאמר הראשון שבו הציג את הדברים, הוא סיכם שמטרת הלימוד באופן זה היא להגיע בסופו של דבר לתורת הסוד:

> בשעה שעולם הפשט כבר נדלה ומוצה עד תמציתו, הרי עולם הסוד רק החל פותח את שעריו, והוא מרעיף טללי תחייה על נפש עייפה וצמוקה. מול עולם הפשט המוגבל בהיקפו בשיעור

ובמידה קצובה – מתרומם עולם הסוד, הכולל את כל העולמות ומגיע עד נצח נצחים. שכן תורת הסוד היא המשמעות המהותית של תוצאות המחקר המדעי, היא היא התוכן הפנימי של כל אותן שכבות המתגלות לעיני החוקר על פי דרכי הלשון והסגנון. שעה שאדם כילה את לימודו המדעי, והתורה פרושה לפניו על כל שבילי יריעותיה, על כל מלאכת המחשבת של אריגת שתי וערב, וכולה כביכול ניגודים וסתירות – באותה שעה הוא יפנה אל עולמה הנעלם של התורה, וישקה את תלמודו שנתייבש ונצטמק, ממעיין מים חיים של דרך האמת. אין הנפש מתיישבת בלבושה הנגלה של התורה, והיא מבקשת לחדור אל הגרעין הנעלם והנסתר. רק 'כאשר יבן הסוד על בוריו – יהיה לו הכל אצלו על בוריו, הפשט, הרמז, הדרוש והסוד, אבל כל זמן שלא הבין הסוד, אפילו הפשט איננו ברור בידו' (פירוש הגר"א על משלי ג, ט).[5]

בסיכומו של המאמר מגיע הרב ברויאר בדיוק אל הנקודה שהעסיקה את הרב מנחם ביותר, הסתירות והפרדוקס שבטקסט. הכיף של הזוהר, הרב היה נוהג לומר, הוא דווקא היכולת שלו להסתכל על הסתירות של העולם ושל המציאות ולא להיבהל מהן. הסתירות נוצרות תמיד מההבנה האנושית המוגבלת, אבל הבנת אנשי הסוד מתבטאת בראיית כל הצדדים כחלקים של עניין אלוקי אחד:

נחדל אפוא גם אנחנו לראות את התורה בלבושה החיוני 'הגשמי', ונראה מבעד ללבוש את הנשמה המסתתרת. נחדל לראות ענפים מסתעפים – ונחתור אל השורש הנעלם המאחד את עץ החיים. רק כך נבין שהמשמעות האמונית של תורת ה' – היא גילוי ההנהגה האלוהית. אותיות התורה מצטרפות ל'שמות' שתוכנם

5. מרדכי ברויאר, 'אמונה ומקרא בפרשנות המקרא', דעות יא, תש"ך, עמ' 18–25.

הפנימי מידות אלוקיות, אף סתירות התורה אינן אלא סתירות מדומות בדרכי ההשגחה האלוקית.[6]

## מדרכי הלימוד בפועל

לרב היו מתודות קבועות שהיו מעין נקודות ציון כמעט בכל לימוד, בכל סוג של טקסט ובחברת כל מי שהיה לפניו. המתודות הללו היו קיימות בכל תחומי הלימוד, אך באו לידי ביטוי ביתר שאת בלימוד הזוהר:

**הטקסט** – עיקרון ראשון בדרך הלימוד של הרב היה ההיצמדות לטקסט, מה שכתוב – כתוב, ומה שלא – לא. הלמדן עשוי להשקיע עמל רב ולהגיע לתובנות חריפות ומבריקות, אך בסופו של דבר עליו לתת דין וחשבון אם הדברים אומנם 'נכנסים' בלשון המאמר הנלמד. במהלך הלימוד וההתבוננות ברעיונות יש להבחין בין שלושה מישורים: א) מה שכתוב ונאמר בבירור. ב) פרשנות אפשרית של הדברים. ג) דרשות עצמאיות של הלומד ופיתוח אישי של הדברים.

**השוואה ואסוציאציה** – לימוד הזוהר עם הרב היה מלווה תמיד בהשוואה של הזוהר למדרשי חז"ל. בעבודה זו עמל הרב וניסה לזהות מה משמש כ'מקור' לזוהר, ומה ההבדלים, אם יש, בין המקור לזוהר. ההשוואה הזאת מאפשרת להבין באופן חד יותר את משמעותו של הזוהר ואת החידוש שבו.[7]
בנוסף להשוואה המדוקדקת לדברי חז"ל, הוא היה עורך לעיתים קרובות השוואה אסוציאטיבית של תכני הזוהר הן עם דברי חז"ל הן עם מקורות בחכמי ישראל לאורך כל הדורות. ההשוואות מסוג

6. שם.
7. לצורך השוואות אלו נעזר הרב לעיתים במדור 'ניצוצי זוהר' של הרב ראובן מרגליות (נדפסה בזוהר בהוצאת מוסד הרב קוק) שמציין למקבילות רבות לזוהר מספרות חז"ל ואותו הוא העריך מאוד.

זה יש בהן כדי להפרות את הלימוד, הן בהבנת העניין באופן עשיר יותר הן בחידודו מתוך עמידה על ההבדלים בין הגישות השונות הקיימות במרחב.

ניתן להצביע על שני קצוות בולטים שאותם הרבה הרב להביא במנגנון ההשוואה שלו: בקצה האחד עומד הרמב"ם כראש חכמי ימי הביניים, כמייצג האולטימטיבי של הגישה הרציונלית, ואילו בקצה האחר עומד רבי נחמן מברסלב, אשר נתפס כדמות חסידית הפורצת את גבולות ההיגיון. בהשוואה בין שני אלו, הזוהר מקבל מעמד ייחודי משלו: פעמים שהוא נוטה לצד הרציונלי ופעמים הפוך, פעמים הוא קיצוני הרבה יותר מאחרים ופעמים הוא השילוב המדויק ביותר ביניהם.

מעבר לכל אלו, הסתכלותו הכללית והפילוסופית של הרב גם היא נכנסה לחשבון האסוציאציות. התרבות הכללית הייתה מקור לא אכזב להשוואות עבורו דרך פילוסופיה, פסיכולוגיה, ספרות כללית, אומנות ותיאטרון. הרב חש קרבה מיוחדת להלך החשיבה האקזסטנציאליסטי, ושיעוריו היו לעיתים קרובות התכתבות מורכבת ודיאלוג נוקב עימו. מצד אחד הרב הזדהה עם דרך החשיבה של אלבר קאמי, ז׳אן פול סארטר וקפקא, אך מצד שני הוא מצא בזוהר, ובתורה בכלל, את הגרסה העמוקה יותר לבעיות שבהן הם עסקו.

במהלך הפיזור האסוציאטיבי, הרב תמיד ניסה להחזיק את עצמו והשותפים ללימוד מלהפליג רחוק מדי. הוא נשאר תמיד צמוד לטקסט וידע להבחין מה בדיוק הוא המשל או הנקודה הנכונים להעשיר בהם את הלימוד, ומה צריך להישאר בגדר אסוציאציה – רחוקה או קרובה ככל שתהיה.

**הבדיחה** – ההומור נכח באופן תמידי במהלך הלימוד. זה לא היה כך רק בשל אופיו החד והשנון של הרב (והוא אכן היה מאוד מצחיק), אלא גם מפני שהבדיחה הייתה חלק אינטגרלי מהמתודה הלימודית שלו.

הבדיחה העניקה לרב אפשרויות רבות: קודם כול היה בה פן של שמירת הערנות והעניין של התלמידים, במיוחד בשעות הלילה המאוחרות. הוא היה מודע היטב לקושי של התלמידים (וגם שלו...) להישאר ערים, והבדיחה הייתה כלי שהוא השתמש בו ביודעין כדי להעיר ולעורר. אבל באופן פנימי יותר, ההומור נתפס אצלו כחלק מהערפל ומהמסך שצריך לתת לסוד. כשנוקטים בגישה רצינית מדי, עלולים להגיע ממש אל הסוד, לתפוס אותו ביד ולא לרצות לעזוב אותו. הבדיחה מגיעה על מנת לשחרר את הסוד כך שיוכל להמשיך לעוף מסביבנו, היא מצילה את הסוד מתפיסתנו המוחלטת. הבדיחה שבדרך כלל סובבת סביב הנקודה עצמה משאירה את האדם עם טעם מאוד חזק של הדבר עצמו אך בלי ההגדרה והקיבעון שהיו מנת חלקו לו היה מגיע אל הדברים באמצעות ניתוח לוגי נוקב. בתפקיד זה שימשו גם הסיפורים והניבים ביידיש אשר השתחלו פנימה אל תוך הלימוד.

**השאלה הקיומית** – לעיתים קרובות היה הרב היה שואל 'מה זה אומר לנו?' אומנם לפעמים יש בזוהר הדרכות מעשיות ברורות לחיינו, אבל לא תמיד. הזוהר אינו מחויב תמיד להמציא אמירה קיומית לחיי היום יום, ולעיתים נראה שהוא נשאר ברמה הרוחנית והמופשטת. במקרים כאלה היה הרב מעורר את השאלה – מה בכל זאת אנחנו לוקחים מכאן? 'העיקר הוא למעשה', כפי שאמר ר' נחמן, והרב הרבה לצטט.
אחד מחידושיה של תורת החסידות הוא העברת הקבלה אל המישורים הפרקטיים והיומיומיים בעבודת ה' של כל יהודי. בדומה לדרך החסידות, אך גם בשונה ממנה – כי בעיני עצמו לא היה הוגה חסידי אלא מורה ופרשן – ניסה הרב למצות כל רעיון אל תוך החיים הפרקטיים שלנו ולנתח אותו גם בממד האקזסטנציאליסטי.

המישור הקיומי מכריח אותנו להתמודד עם הדברים שלמדנו באופן כן ואמיתי, וזה לא תמיד קל. לפעמים השלכותיו הקיומיות של רעיון מסוים מרחיקות לכת ועלינו לעשות חשבון אם אנו מסוגלים ליישם אותו, ובאיזה אופן אנו בכל זאת יכולים להתחבר אליו. מכל מקום, התפיסה הכללית היא שהזוהר הוא דרך חיים ולא רק ספר אגדות מרתק, ומתוך כך עלינו לחיות ולהחיות את הרעיונות שבו כפי יכולתנו.

* * *

הרב מנחם אהב לכנות את עצמו ה'סטרא אחרא של הזוהר'. זאת משום שחש במתח שבכך שהוא מלמד את הזוהר ומסביר אותו במקום להידבק ברוח שלו. ייתכן שמה שעשיתי כאן בהקדמה זו הוא בבחינה של 'סטרא אחרא לרב מנחם' עצמו... אף על פי כן, אני מאמין כי הגדרתן של הנקודות הללו יש בכוחה להביא את הלומדים להבנה מעמיקה ומדויקת יותר של הרב מנחם ושל ספר הזוהר, וכך הסטרא אחרא תשרת את הקדושה ותהפוך להיות חלק ממנה.

אסיים בפסקה של ר' הלל צייטלין הי"ד המתארת את היהדות האידיאלית לפי דעתו. דומני שמילים אלו יש בהן כדי להעלות על הדעת את דמותו של הרב ומתוך כך גם את דרך לימודו, וראויות הן לעמוד לנגד עינינו בלימודנו באופן כללי, ובפרט בספר זה:

> מה אני מבקש? מבקש אני יהדות שתהא בה מזיגה של אומה ואנושות, של אנושות ומה שלמעלה מן האנושות, של מעשים טובים ויפים וכוונה קדושה, צדק מוחלט בחיי הכלל וקדושה וטהרה בחיי הפרט, של אהבת הבריות ואהבת הבורא, קור־רוח שבמדע ואש־להבה שבנבואה, תשוקה עזה ושלווה חרישית של רוח הקודש, אמת של העולם הזה ואמת מעולמות עליונים־מסתוריים.

אני מאמין שהעם היהודי נועד לחפש מזיגה כזאת, ולכשימצא אותה – להגשימה בחיים הלכה־למעשה. תוך כדי חיפוש ותוך כדי הליכה לקראת יעוד זה, חובה לעסוק במעשים טובים, איש איש לפי יכולתו, איש איש לפי מדרגתו.[8]

8. הלל צייטלין, **אל״ף בי״ת של יהדות**, ירושלים תשס״ז, עמ׳ 46.

# זוהר הרקיע

אִתְחְרִיב בֵּי מַקְדְּשָׁא נָפַק קָלָא וַאֲמַר:

יג). כשנחרב בית המקדש יצא קול ואמר:

"מָה אֲעִידֵךְ" – בְּכָל יוֹמָא וְיוֹמָא, וְהָא אַסְהִידַת בָּךְ מִיּוֹמִין קַדְמָאִין, דִּכְתִיב: "הַעִדֹתִי בָכֶם הַיּוֹם אֶת הַשָּׁמַיִם וְאֶת הָאָרֶץ" (דברים ל, יט).

"מָה אֲעִידֵךְ" – בכל יום ויום, והרי העדתי בך מימים ראשונים, שכתוב: "הַעִדֹתִי בָכֶם הַיּוֹם אֶת הַשָּׁמַיִם וְאֶת הָאָרֶץ" (דברים ל, יט).

"וּמָה אֲדַמֶּה לָּךְ" – בְּהַהוּא גַוְנָא מַמָּשׁ עֲטָרִית לָךְ בְּעִטְרִין קַדִּישִׁין, עֲבָדִית לָךְ שָׁלְטָנוּ עַל עָלְמָא, דִּכְתִיב: "הֲזֹאת הָעִיר שֶׁיֹּאמְרוּ כְּלִילַת יֹפִי" וְגוֹ' (איכה ב, טו); קָרֵינָא לָךְ "יְרוּשָׁלַיִם הַבְּנוּיָה כְּעִיר שֶׁחֻבְּרָה לָּהּ" (תהלים קכב, ג).

"וּמָה אֲדַמֶּה לָּךְ" – באותו אופן ממש עיטרתי אותך בעטרות קדושות, עשיתי לך שלטון על העולם, שכתוב: "הֲזֹאת הָעִיר שֶׁיֹּאמְרוּ כְּלִילַת יֹפִי" וְגוֹ' (איכה ב, טו); קראתי לך "יְרוּשָׁלַיִם הַבְּנוּיָה כְּעִיר שֶׁחֻבְּרָה לָּהּ" (תהילים קכב, ג).

"מָה אַשְׁוֶה לָּךְ" (איכה ב, יג) – כְּגַוְונָא דְּאַנְתְּ יָתְבָה, הָכִי הוּא כִּבְיָכוֹל לְעֵילָּא. כְּגַוְונָא דְּלָא עָאלִין הַשְׁתָּא בָּךְ עַמָּא קַדִּישָׁא בְּסִדְרִין קַדִּישִׁין, הָכִי אוֹמֵינָא לָךְ דְּלָא אֵיעוֹל אֲנָא לְעֵילָּא עַד דְּיֵיעֲלוּן בָּךְ אֻכְלוֹסָךְ לְתַתָּא. וְדָא אִיהוּ נֶחָמָה דִילָךְ, הוֹאִיל דְּדַרְגָּא דָא אַשְׁוֶה לָךְ בְּכֹלָּא.

"מָה אַשְׁוֶה לָּךְ" (איכה ב, יג) – כמו שאת יושבת, כך הוא כביכול למעלה. כמו שלא נכנסים בך עכשיו העם הקדוש בסדרים קדושים, כך נשבעתי לך שאיני נכנס למעלה עד שייכנסו בך אוכלוסייך למטה. וזוהי נחמתך, הואיל שהדרגה הזו אשווה לך בכול.

וְהַשְׁתָּא דְּאַנְתְּ הָכָא – "גָּדוֹל כַּיָּם שִׁבְרֵךְ" (שם).

ועכשיו שאת כאן – "גָּדוֹל כַּיָּם שִׁבְרֵךְ" (שם).

וְאִי תֵימָא דְּלֵית לָךְ קִיּוּמָא וְאַסְוָתָא? "מִי יִרְפָּא לָךְ" (שם) – וַדַּאי, הַהוּא דַּרְגָּא סְתִימָאָה

ואם תאמר שאין לך קיום ורפואה? "מִי יִרְפָּא לָךְ" (שם) – ודאי, אותה הדרגה הנסתרת

| | |
|---|---|
| עִלָּאָה דְּכֹלָּא קַיְּימָא בֵּיהּ, יִרְפָּא לָךְ וְיוֹקִים לָךְ. | העליונה שהכול עומד בה, תרפא לך ותקים אותך. |
| 'מִי' – "קְצֵה הַשָּׁמַיִם" לְעֵילָּא; 'מַה' – "וְעַד קְצֵה הַשָּׁמַיִם" לְתַתָּא. וְדָא יָרִית יַעֲקֹב דְּאִיהוּ "מַבְרִיחַ מִן הַקָּצֶה אֶל הַקָּצֶה" (שמות כו, כח) – מִן הַקָּצֶה קַדְמָאָה דְּאִיהוּ 'מִי', אֶל הַקָּצֶה בַּתְרָאָה דְּאִיהוּ 'מַה'; בְּגִין דְּקָאִים בְּאֶמְצָעִיתָא. וְעַל דָּא "מִי בָרָא אֵלֶּה". | 'מי' – "קְצֵה הַשָּׁמַיִם" למעלה; 'מה' – "וְעַד קְצֵה הַשָּׁמַיִם" למטה. וזה ירש יעקב שהוא "מַבְרִיחַ מִן הַקָּצֶה אֶל הַקָּצֶה" (שמות כו, כח) – מהקצה הראשון שהוא 'מי', אל הקצה האחרון שהוא 'מה'; משום שעומד באמצע. ועל זה "מִי בָרָא אֵלֶּה". |

את המשפט "מִי בָרָא אֵלֶּה" קורא הזוהר לא כמשפט שאלה אלא כמשפט חיווי, כלומר: המידה הנקראת 'מי' היא שבראה את המידות הנקראות 'אלה'.

המילה 'מי' היא מילה המבטאת מידה סתומה ונסתרת, עתיקה וקדומה: מי? מי? קשה לומר על המילה 'מי' משהו מוגדר. ייתכן שהדבר בא לידי ביטוי גם בגימטריה שלה – חמישים – מספר ששולח אותנו למושג 'חמישים שערי בינה', כאשר כידוע שער החמישים הוא גבוה כל כך עד שאפילו משה רבנו לא הגיע אליו. עניין נוסף הוא ש'מי' היא שאלה ולא תשובה. ידוע שבמקום שבעלי תשובה עומדים צדיקים גמורים אינם יכולים לעמוד כי המדרגה שלהם גבוהה ביותר, אבל אם נלך עם הזוהר יוצא שבעלי השאלה הם כנראה אפילו גבוהים יותר... 'תשובה' היא אחת המידות בעולם של הזוהר, אבל גם שאלת ה'מי' היא מידה והיא גבוהה יותר. אולי החוזרים בשאלה הם בעצם החוזרים בתשובה ברמה הגבוהה יותר... רבי ומורי הרב אברהם שפירא היה נוהג לומר שגדולתו של הלמדן בישיבה איננה מתגלה בתשובותיו לקושיות, אלא דווקא בשאלות שלו. ה'בעלבת' הממוצע לומד תורה, מקבל את מה שכתוב בה בפשטות ורוכש ידע, ואילו הלמדן רק פותח דף גמרא

וכבר מתחיל לשאול שאלות בלי סוף. הוא לא מבין שום דבר. ובכל זאת, אין אידיאל להישאר בשאלה. גם במודל שיש כאן בזוהר – מה'מי' יוצאות 'אלה', כלומר המידות שלמטה. מהשאלה יוצאת התשובה.

הזוהר הולך צעד אחד נוסף. מעבר לכך שהמילה 'מי' היא מילת שאלה, היא מציינת את מה שמעבר לשאלה, מעבר לקצה. הזוהר מכנה זאת "מִקְצֵה הַשָּׁמַיִם" (דברים ד, לב), שמתפרש כאילו כתוב 'מי – קצה', כלומר שאלת ה'מי' היא מעל השמיים, מעבר למידות. בספר יצירה נאמר: "לפני אחד מה אתה סופר?" (ספר יצירה פ"א מ"ו), יש דבר שהוא לפני המספר ולפני הספירה. באופן דומה, בספר ליקוטי מוהר"ן של רבי נחמן יש את מה שאני מכנה תורה 0, פסקה המודפסת שלא מן המניין המתחילה במילים "לְכוּ חֲזוּ מִפְעֲלוֹת ה'" (תהילים מו, ט). יש תורה ויש מה שמופיע לפני התורה, מה שמעליה.

## בין 'מי' ל'מה'

מלבד מידת 'מי' ישנה מידת 'מה'. על מידה זו אומר הזוהר: "כיוון ששואל אדם ומפשפש להסתכל ולדעת מדרגה לדרגה עד סוף כל הדרגות, כיוון שמגיע לשם – 'מה': מה ידעת? מה הסתכלת? מה פשפשת? הרי הכול נסתר כבתחילה".

המידה שנקראת 'מה' מבטאת את הנקודה ש"תכלית הידיעה שלא נדע", בבחינת יהודי שכותב דוקטורט על המחשב במשך שנים ופתאום כל העבודה נמחקת והוא נשאר בלי כלום, ואז מה שיש לו זה "תכלית הידיעה שלא נדע" – אנחנו לא יודעים שום דבר. בהתחלה כשאתה בא ללמוד אתה חושב שאתה מבין זוהר, אבל בסוף השיעור אתה שואל את עצמך: מה? מה אני מבין?

יש הרבה דרכים להתעמק בשאלת היחס וההבדל בין ה'מי' ל'מה', ואני אנסה לומר משהו באופן קצת שטחי. אפשר לתפוס את הקב"ה כתוכן, כמהות; אבל אפשר לתפוס אותו באופן גבוה יותר – כאישיות. נאמר שאני בחור ישיבה, שאני יהודי דתי. הרבה תכנים יש

בי, אני מלא במצוות ויש לי פסיכולוגיה מסוימת. כל זה שייך לדרגת ה'מה'. אבל האדם אינו רק סל של תכונות ומעשים, יש את האישיות שלו עצמה. זה ה'מי'. ה'מה' הן חוברות ההדרכה שמספקות לאדם את האידיאולוגיה הנכונה, ואילו ה'מי' הוא היהודי הדתי עצמו שאינו מוגדר בצורה מסודרת.

ככלל, יש שני סוגים של עולם דתי. יש עולם דתי של 'מה', כלומר של רעיונות מוצקים ומקובעים; ויש עולם של 'מי', של המקור של הדברים והשורש שלהם, ושם הדברים זורמים ופחות מגובשים. השאלה היא איך מסתכלים על הקב"ה – כ'מה' שקיים או כ'מי' שקיים?

גם 'מה' היא שאלה, אבל היא סוג אחר של שאלה. ההבדל ביניהן מתבטא בהבדל בין פילוסופיה לקבלה: הפילוסופיה מחפשת את ה'מה', ואילו הקבלה את ה'מי'. אלו שתי שאלות שאינן עומדות באותו מישור. יש ביניהן מדרג על דרך מה שנאמר במדרש "מה שעשתה חכמה כתר לראשה עשתה ענווה עקב לסוליתה" (תנחומא בהעלותך טז). אפשר לפרש את המימרה הזאת שהחוכמה היא הפילוסופיה, והתכלית של החוכמה היא להיות העקב, הסנדל, של הענווה שהיא חוכמת הקבלה. פסגת ההישגים של הפילוסוף היהודי בימי הביניים היא "תכלית הידיעה שלא נדע". אבל מבחינת המקובל זהו רק התנאי הראשון להתחיל ללמוד, ולאחר שאדם מבין שהוא לא יודע הוא יכול להתעלות ולהבין משהו. כאשר הפילוסופים אומרים שהשיא הוא להכיר בכך שאינך יודע, זה מגיע מתוך תפיסה של 'מה'. אבל תפיסת ה'מי' מכניסה את הקב"ה לתמונה כך שגם אם בכוחות עצמנו לא נדע, ייתכן שבזכותו כן נדע משהו. מעל הלא נדע של הפילוסופים מעל ה'מה ידעת', מעל ה'מה אנו, מה חיינו' – יש את ה'מי'.

כאשר ה'מה' עומד לעצמו קיימת בעייתיות. אם נישאר עם התפיסה הפילוסופית שתכלית הידיעה היא שלא נדע, השאלה המתבקשת היא למה בכלל להתחיל ללמוד? הרי בסוף לא נדע שום דבר! אלא שהתפיסה של הזוהר היא שדווקא מתוך חוסר הידיעה של הפילוסופים נוכל להיכנס להבנה עמוקה יותר ולעבור מהדת של

ה'מה' לדת של ה'מי'. את המהלך הזה עשו החסידים באופן ממשי. הפילוסופים עמלו כדי להפוך את האלוקים העממי של הסבתות – סבא זקן שיושב בשמיים ומסתכל עלינו – למין דבר מופשט מאוד שאין לנו שום השגה בו, ואז באו החסידים והראו שהאמונה העממית גבוהה יותר. הפילוסופים בזים לסבתות מפני שהם מסתכלים בעולם במשקפיים של 'מה', אבל החסידים, שהם אנשי סוד, יודעים שדווקא הסבתות מבטאות עניין נעלה יותר כי הן מחוברות ל'מי'. אני רוצה להזהיר – זה לא מבטל את ה'מה'. עדיין אדם צריך לשאול את עצמו 'מה עשית? מה פשפשת?', אלא שצריך להעלות ולתקן את השאלה הזו בעזרת ה'מי'.

## ה'מי' ירפא את ה'מה'

במישור נוסף מידת ה'מי' היא המידה שמעל לכל המידות, האם העליונה, ואילו מידת ה'מה' היא המידה שמתחת לכל המידות, האם התחתונה. אם אמרנו שהביטוי למידת 'מי' הוא "מִקְצֵה הַשָּׁמַיִם" (דברים ד, לב) – למעלה, הרי שהביטוי למידת 'מה' הוא "עַד קְצֵה הַשָּׁמָיִם" (שם) – למטה. 'מי' היא מידה עליונה וגבוהה מאוד, אולי מידת בינה, ואילו 'מה' זאת מידת כנסת ישראל, שכינה, מלכות, ירושלים.

ואומנם, הזוהר מסב את תשומת ליבנו לכך שבשעת חורבן, כאשר כנסת ישראל בודדה ומרוחקת מן המידות העליונות, המילה 'מה' נאמרת שוב ושוב: "**מָה** אֲעִידֵךְ **מָה** אֲדַמֶּה לָּךְ **מָה** אַשְׁוֶה לָּךְ וַאֲנַחֲמֵךְ בְּתוּלַת בַּת צִיּוֹן" (איכה ב, יג). השימוש החוזר במילה 'מה' מבטא את נפילתה של כנסת ישראל.[1]

1. יש לציין שכבר בפסוק זה הזוהר רואה נחמה. זאת מעצם העובדה שהקב"ה משווה את מצבו למצב של עם ישראל – "מה אשוה לך": הוא אינו נכנס לירושלים של מעלה כל זמן שישראל נמצאים בגלות ואינם נכנסים לירושלים של מטה. השותפות הזאת היא עצמה נחמה, עצם זה שהקב"ה מחכה לנו זה מנחם. זה נכון גם לכיוון ההפוך: אני נזכר בתורה מפורסמת של רבי נחמן (ליקוטי מוהר"ן קמא, פט) המתארת שכשאדם מזדהה עם צער השכינה, כשהוא מרגיש שהחיסרון שלו

אך הפסוק אינו מסתיים בכך אלא ממשיך: "כִּי גָדוֹל כַּיָּם שִׁבְרֵךְ מִי יִרְפָּא לָךְ" (שם). חכמי הלשון קוראים את סוף הפסוק כשאלה רטורית שמשאירה אותנו בלי תקווה: 'מי יכול לרפא אותך?', כלומר, אין לאף אחד אפשרות לנחם ולרפא את השבר הנורא של בת ציון. אבל בזוהר המשמעות מתהפכת – אין זו שאלה אלא אמירה: 'מי – ירפא לך!'. יש כאן תקווה גדולה, ה'מי' ירפא את ה'מה', את השכינה הנחרבת שבגלות. הוא יעשה זאת בעזרת ההתייחסות האישית והאינטימית.

את החיבור הזה בין העולמות, מדגיש הזוהר: "וזה ירש יעקב, שהוא מבריח מן הקצה אל הקצה". יעקב הוא הבריח התיכון, האמצעי והממוצע בין הבריח העליון לתחתון. הוא המחבר בין האם העליונה – לאה, לאם התחתונה – רחל, והוא מחבר מהקצה הראשון שהוא 'מי' אל הקצה האחרון שהוא 'מה'. אנחנו, עם ישראל, ירשנו את הכוח לחבר בין שני העולמות הללו.

## יש גם 'אלה'

כדרך הזוהר, פונה רבי שמעון אל בנו ואומר לו: זה לא מספיק, תאמר משהו עמוק יותר, גלה את הסוד. רבי אלעזר בוחר דווקא לשתוק, אולי מיראה או מכבוד, ושתיקתו מושכת את רבי שמעון לדרוש בעצמו את הדברים מתוך התרגשות.

אָמַר רַבִּי שִׁמְעוֹן: אֶלְעָזָר בְּנִי, פְּסוֹק מִילָךְ וְיִתְגַּלֵּי סְתִימָא דְּרָזָא עִלָּאָה דִּבְנֵי עָלְמָא לָא יָדְעִין.

אמר רבי שמעון: אלעזר בני, פסוק דבריך ויתגלה הסתר של הסוד העליון שאין בני אדם יודעים.

הוא חלק מהחיסרון הגדול של השכינה בבחינת "וַתְּחַסְּרֵהוּ מְּעַט – מֵאֱלֹהִים" (תהילים ח, ו) – אזי החיסרון שלו מקבל הֶקשר והוא מגיע לשמחה גדולה. ההזדהות עם השכינה הגולה דרך החיים הפרטיים של האדם מקרבת אותו אל הקב"ה ומנחמת אותו.

שָׁתִיק רַבִּי אֶלְעָזָר. בָּכָה רַבִּי שִׁמְעוֹן וְקָאֵים רִגְעָא חָדָא. אָמַר רַבִּי שִׁמְעוֹן: אֶלְעָזָר, מַאי 'אֵלֶּה'? אִי תֵּימָא כֹּכְבַיָּא וּמַזָּלֵי — הָא אִתְחַזְיָאן תַּמָּן תָּדִיר, וּבְ'מָה' אִתְבְּרִיאוּ, כְּמָא דְאַתְּ אָמֵר: "בִּדְבַר ה' שָׁמַיִם נַעֲשׂוּ" (תהילים לג, ו). אִי עַל מִלִּין סְתִימִין — לָא לִכְתּוּב 'אֵלֶּה', דְּהָא אִיתְגַּלְיָא אִיהוּ!

שתק רבי אלעזר. בכה רבי שמעון ועמד רגע אחד. אמר רבי שמעון: אלעזר, מה זה 'אלה'? אם תאמר כוכבים ומזלות — הרי הם תמיד נראים שם, וב'מה' נבראו, כמו שנאמר: "בִּדְבַר ה' שָׁמַיִם נַעֲשׂוּ" (תהילים לג, ו). אם על דברים נסתרים — שלא יכתוב 'אלה', שהרי גלוי הוא!

אֶלָּא רָזָא דָא לָא אִתְגַּלְיָא בַּר יוֹמָא חַד דַּהֲוֵינָא עַל כֵּיף יַמָּא, וְאָתָא אֵלִיָּהוּ וְאָמַר לִי: רַבִּי, יָדַעְתְּ מַה הוּא "מִי בָּרָא אֵלֶּה"? אֲמִינָא לֵיהּ: אִלֵּין שְׁמַיָּא וְחֵילֵהוֹן, עוֹבָדָא דְקוּדְשָׁא בְּרִיךְ הוּא דְּאִית לֵיהּ לְבַר נָשׁ לְאִסְתַּכְּלָא בְּהוּ וּלְבָרְכָא לֵיהּ, דִּכְתִיב: "כִּי אֶרְאֶה שָׁמֶיךָ מַעֲשֵׂה אֶצְבְּעוֹתֶיךָ וְגוֹ' ה' אֲדוֹנֵינוּ מָה אַדִּיר שִׁמְךָ בְּכָל הָאָרֶץ" (תהילים ח, ד-י).

אלא סוד זה לא התגלה אלא ביום אחד שהייתי על חוף הים, ובא אליהו ואמר לי: רבי, אתה יודע מה זה "מִי בָּרָא אֵלֶּה"? אמרתי לו: אלו השמיים וצבאותם, המעשה של הקדוש ברוך הוא שיש לאדם להסתכל בהם ולברך אותו, שכתוב: "כִּי אֶרְאֶה שָׁמֶיךָ מַעֲשֵׂה אֶצְבְּעוֹתֶיךָ וְגוֹ' ה' אֲדוֹנֵינוּ מָה אַדִּיר שִׁמְךָ בְּכָל הָאָרֶץ" (תהילים ח, ד-י).

אָמַר לִי: רַבִּי, מִלָּה סְתִימָא הֲוָה קַמֵּי קוּדְשָׁא בְּרִיךְ הוּא וְגָלֵי בִּמְתִיבְתָּא עִלָּאָה, וְדָא הוּא. בְּשַׁעְתָּא דִּסְתִימָא דְכָל סְתִימִין בָּעָא לְאִתְגַּלְיָא, עָבַד בְּרֵישָׁא נְקוּדָה חֲדָא, וְדָא סָלִיק לְמֶהֱוֵי מַחֲשָׁבָה. צִיֵּר בָּהּ כָּל צִיּוּרִין, חָקַק בָּהּ כָּל גְּלִיפִין, וְאַגְלִיף גּוֹ

אמר לי: רבי, דבר נסתר היה לפני הקדוש ברוך הוא וגילה בישיבה העליונה, וזה הוא. בשעה שהנסתר מכל הנסתרים רצה להתגלות, עשה בראש נקודה אחת, וזו עלתה להיות מחשבה. צייר בה כל הציורים, חקק בה כל החקיקות, וחקק

בּוֹצִינָא קַדִּישָׁא סְתִימָא, גְּלִיפוּ דְּחַד צִיּוּרָא סְתִימָאָה, קֹדֶשׁ קַדִּישִׁין, בִּנְיָינָא עֲמִיקָא דְּנָפַק מִגּוֹ מַחֲשָׁבָה. וְאִקְרֵי 'מִי', שֵׁירוּתָא לְבִנְיָנָא, קַיְּימָא וְלָא קַיְּימָא, עָמִיק וְסָתִים בִּשְׁמָא, לָא אִקְרֵי אֶלָּא 'מִי'. בָּעָא לְאִתְגַּלְיָיא וּלְאִתְקְרֵי בִּשְׁמָא, וְאִתְלַבַּשׁ בִּלְבוּשׁ יְקָר דְּנָהִיר וּבָרָא 'אֵלֶּה', וְסָלִיק 'אֵלֶּה' בִּשְׁמָא. אִתְחַבְּרוּן אַתְוָון אִלֵּין בְּאִלֵּין, וְאִשְׁתְּלִים בִּשְׁמָא 'אֱלֹהִים'. וְעַד לָא בָרָא 'אֵלֶּה' לָא סָלִיק בִּשְׁמָא 'אֱלֹהִים'. וְאִנּוּן דְּחָבוּ בְּעֶגְלָא, עַל רָזָא דְנָא אָמְרוּ: "אֵלֶּה אֱלֹהֶיךָ יִשְׂרָאֵל" (שמות לב, ד). וּכְמָה דְּאִשְׁתַּתַּף 'מִי' בְּ'אֵלֶּה', הָכִי הוּא שְׁמָא דְּאִשְׁתַּתַּף תָּדִיר, וּבְרָזָא דָא אִתְקַיֵּים עָלְמָא.

בתוך המאור הקדוש הנסתר, חקיקה של ציור אחד נסתר, קודש קודשים, בניין עמוק שיצא מתוך המחשבה. ונקרא 'מי', תחילה לבניין, עומד ולא עומד, עמוק ונסתר בשם, לא נקרא אלא 'מי'. רצה להתגלות ולהיקרא בשם, והתלבש בלבוש יקר שמאיר וברא 'אֵלֶּה', ועלה 'אלה' בשם. התחברו האותיות אלו באלו, ונשלמו בשם 'אלוהים'. וטרם שברא 'אלה' לא עלה בשם 'אלוהים'. והם שחטאו בעגל, על סוד זה אמרו: "אֵלֶּה אֱלֹהֶיךָ יִשְׂרָאֵל" (שמות לב, ד). וכמו שמשתתף 'מי' ב'אלה', כך הוא השם שמשתתף תמיד, ובסוד הזה התקיים העולם.

וּפְרַח אֵלִיָּהוּ וְלָא חָמֵינָא לֵיהּ, וּמִנֵּיהּ יְדַעְנָא מִלָּה דְאוֹקִימְנָא עַל רָזָא וְסִתְרָא דִילֵהּ.

ופרח אליהו ולא ראיתי אותו, וממנו ידעתי הדבר שהעמדתי על הסוד והסתר שלו.

אֲתָא רַבִּי אֶלְעָזָר וְכֻלְּהוּ חַבְרַיָּיא וְאִשְׁתְּטָחוּ קַמֵּיהּ, בָּכוּ וְאָמְרוּ אִלְמָלֵא לָא אֲתֵינָא לְעָלְמָא אֶלָּא לְמִשְׁמַע דָּא — דַּי.

בא רבי אלעזר וכל החברים והשתטחו לפניו, בכו ואמרו אלמלא לא באנו לעולם אלא לשמוע את זה — די.

אָמַר רַבִּי שִׁמְעוֹן: עַל דָּא שְׁמַיָּא וְחֵילֵיהוֹן בְּ'מָה' אִתְבְּרִיאוּ, דִּכְתִיב: "כִּי אֶרְאֶה שָׁמֶיךָ מַעֲשֵׂה

אמר רבי שמעון: על כן השמיים וצבאם נבראו ב'מה', שכתוב: "כִּי אֶרְאֶה שָׁמֶיךָ מַעֲשֵׂה אֶצְבְּעוֹתֶיךָ"

אֶצְבְּעוֹתֶיךָ" וְגוֹ' (תהילים ח, ד), וּכְתִיב: "מָה אַדִּיר שִׁמְךָ בְּכָל הָאָרֶץ אֲשֶׁר תְּנָה הוֹדְךָ עַל הַשָּׁמָיִם" (שם, ב). עַל הַשָּׁמַיִם אִיהוּ לְסַלְקָא בִּשְׁמָא, בְּגִין דְּבָרָא נְהוֹרָא לִנְהוֹרֵיהּ, וְאִתְלַבַּשׁ דָּא בְדָא וְסָלִיק בִּשְׁמָא עִלָּאָה. וְעַל דָּא "בְּרֵאשִׁית בָּרָא אֱלֹהִים" (בראשית א, א), דָּא אֱלֹהִים עִלָּאָה, דְּהָא 'מָה' לָא הֲוֵי הָכִי וְלָא אִתְבְּנֵי.

וגו' (תהילים ח, ד), וכתוב: "מָה אַדִּיר שִׁמְךָ בְּכָל הָאָרֶץ אֲשֶׁר תְּנָה הוֹדְךָ עַל הַשָּׁמָיִם" (שם, ב). על השמיים הוא לעלות בשם, משום שברא אור לאורו והתלבש זה בזה ועלה בשם עליון. ועל זה "בְּרֵאשִׁית בָּרָא אֱלֹהִים" (בראשית א, א), זה אלוהים עליון, שהרי 'מה' לא היה כך ולא נבנה.

אֶלָּא בְּשַׁעֲתָא דְּאִתְמַשְׁכָן אַתְוָון אִלֵּין, 'אֵלֶּה' מִלְּעֵילָא לְתַתָּא, וְאִמָּא אוֹזִיפַת לִבְרָתָא מָאנָהָא, וְקַשֵּׁיטָא לָהּ בְּקִישׁוּטָהָא. וְאֵימָתַי קַשֵּׁיטָא לָהּ בְּקִישׁוּטָהָא כִּדְקָא חֲזֵי? בְּשַׁעֲתָא דְּאִתְחֲזוּן קָמָהּ כָּל דְּכוּרָא, דִּכְתִיב: "אֶל פְּנֵי הָאָדוֹן ה'" (שמות לד, כא), וְדָא אִקְרֵי אָדוֹן, כְּמָא דְאַתְּ אָמֵר: "הִנֵּה אֲרוֹן הַבְּרִית אֲדוֹן כָּל הָאָרֶץ" (יהושע ג, יא). כְּדֵין נַפְקַת ה' וְאָעֵילַת י', וְאִתְקַשִּׁיטַת בְּמָאנֵי דְכוּרָא לְקַבְלֵיהוֹן דְּכָל דְּכַר בְּיִשְׂרָאֵל.

אלא בשעה שנמשכו האותיות הללו, 'אלה' מלמעלה למטה, והאם השאילה לבתה בגדיה וקישטה אותה בתכשיטיה. ומתי קישטה אותה בתכשיטיה כראוי? בשעה שנראו לפניה כל זכר, שכתוב: "אֶל פְּנֵי הָאָדוֹן ה'" (שמות לד, כא), וזה נקרא אדון, כמו שנאמר: "הִנֵּה אֲרוֹן הַבְּרִית אֲדוֹן כָּל הָאָרֶץ" (יהושע ג, יא). ואז יצאה ה' ונכנסה י', והתקשטה בכלים של זכר כנגד כל זכר בישראל.

וְאַתְוָון אָחֳרָנִין מָשְׁכָן לוֹן יִשְׂרָאֵל מֵעֵילָא לְגַבֵּי אֲתַר דָּא: "אֵלֶּה אֶזְכְּרָה" (תהילים מב, ה) — אַדְכַּרְנָא בְּפוּמָאי וְשָׁפִיכְנָא דִּמְעַאי, וּכְדֵין "אֱדַדֵּם"

ואותיות אחרות מושכים להם ישראל מלמעלה למקום הזה: "אֵלֶּה אֶזְכְּרָה" (תהילים מב, ה) — אזכיר בפי ואשפוך דמעותיי, ואז "אֱדַדֵּם" (שם) —

| | |
|---|---|
| (שם) – מֵעֵילָא, "עַד בֵּית אֱלֹהִים" (שם) – לְמֶהֱוֵי אֱלֹהִים כְּגַוְונָא דִילֵיהּ. וּבְמַאי? "בְּקוֹל רִנָּה וְתוֹדָה הָמוֹן חוֹגֵג" (שם). | מלמעלה, "עַד בֵּית אֱלֹהִים" – שיהיה אלוהים כמו שהוא. ובמה? "בְּקוֹל רִנָּה וְתוֹדָה הָמוֹן חוֹגֵג" (שם). |

רבי שמעון חוזר לפסוק שבו פתח בנו "מִי בָרָא אֵלֶּה". אלא שבעוד בנו עסק במילה 'מי' הוא מתמקד במילה 'אלה'. מי הם 'אלה'? בפשט הפסוק נראה לי די ברור שהכוונה היא לכוכבים: "שְׂאוּ מָרוֹם עֵינֵיכֶם" – לשמיים, שם תראו את ה'אלה' שנבראו על ידי "הַמּוֹצִיא בְמִסְפָּר צְבָאָם". הכוונה היא לצבא השמיים, כלומר הכוכבים שמכונים כך בתנ"ך באופן שגור.

הסבר זה הוא באמת ה'הווה אמינא' של רבי שמעון, אלא שהוא קשה לו משני צדדים. אני מבקש להתעכב על השאלות שלו ועל הסגנון שלהן, כדי להיחשף לממד נוסף בעולמו של הזוהר – הצורה שבה הוא קורא את הפסוקים.

הטענה הראשונה של רבי שמעון נוגעת לנִראוּת של הכוכבים. את הפנייה בפסוק "שְׂאוּ מָרוֹם עֵינֵיכֶם" מבין הזוהר כפנייה לאדם לעשות מאמץ מיוחד לחפש משהו שאינו נראה לעין, שניכר רק לעיתים רחוקות, שגלוי רק ליודעי חן. לעומת זאת הכוכבים נראים לעין בקלות ואין צורך בהשתדלות מיוחדת כדי לראות אותם.

הטענה השנייה קשורה גם כן לבעיה של הנִראוּת, אך מכיוון אחר – מצד הבעייתיות הקבלית שהנִראוּת הזאת יוצרת בזיהוי המידות האלוקיות בפסוק. אם מדובר בכוכבים נראים, היה מתאים יותר להשתמש במידת 'מה' – 'מה ברא אלה', שהרי את הבריאה הגלויה זיהינו עם 'מה', עם מידת כנסת ישראל שהיא אשת החיל, השכינה, מידת המלכות. מידת 'מי' מתאימה אם כן רק לעולם הנסתר ולא לתיאור הכוכבים. כחיזוק להנחה שהכוכבים נבראו דרך מידת 'מה' ולא 'מי' מביא הזוהר פסוק: "**בִּדְבַר ה'** שָׁמַיִם נַעֲשׂוּ וּבְרוּחַ פִּיו כָּל צְבָאָם" (תהילים לג, ו). 'דבר ה'' הוא אחד הכינויים לשכינה שהיא מידת 'מה',

וממנה נבראו השמיים והכוכבים. לאור כל זאת, אם ה'אלה' אצלנו הם הכוכבים, לא ברור השימוש במילה 'מי'.

מצד שני, רבי שמעון ממאן לקבל את האפשרות שהמילה 'אלה' רומזת על מידות אלוקיות נסתרות, מפני שהמשמעות הבסיסית של המילה מורה על משהו שרואים, שנוכח לפנינו, שאפשר להצביע עליו.

אם כן, רבי שמעון נשאר בחוסר נחת ותוהה: אם זה לא נגלה ולא נסתר, אז על מה מדובר במילה 'אלה'?

את התשובה מקבל רבי שמעון יום אחד על שפת הים ישירות מאליהו הנביא הפונה אליו בשיחה. אליהו מבקש מרבי שמעון לפרש את הפסוק, ולמרות ההסתייגויות שיש לו, רבי שמעון מפרש אותו כמו שאני הייתי מפרש את הפשט: הסתכל על הכוכבים ועל הבריאה בכלל והתפעל מהם ומתוך כך תודה לה'. רבי שמעון אף מביא פרק תהילים שלם התומך בהבנה זו: "כִּי אֶרְאֶה שָׁמֶיךָ מַעֲשֵׂי אֶצְבְּעֹתֶיךָ יָרֵחַ וְכוֹכָבִים אֲשֶׁר כּוֹנָנְתָּה... ה' אֲדֹנֵינוּ מָה אַדִּיר שִׁמְךָ בְּכָל הָאָרֶץ" (תהילים ח, ד-י).

אליהו שומע את הדברים, ומבקש לשתף את רבי שמעון בסוד נסתר שהיה לקב"ה והוא סיפר אותו בישיבה העליונה, וסוד זה מגלה פירוש אחר לפסוק 'מי ברא אלה'. סוד זה עוסק בראשית הבריאה: "בשעה שהנסתר מכל הנסתרים רצה להתגלות, עשה בראש נקודה אחת, וזו עלתה להיות מחשבה. צייר בה את כל הציורים, חקק בה כל החקיקות".

אפשר לפרש משפט זה בשני אופנים. ההסבר הראשון והפשוט יותר הוא שישנה נקודה אחת שבה הבריאה כולה מצויה בפוטנציה. זה כמו התא הראשון של העובר שאומנם עוד לא רואים בו שום דבר אך ידוע שהכול כבר נמצא. הכול מצויר וחקוק, ובחודשים הבאים ניתן יהיה לצפות בעזרת אולטרה־סאונד איך לאט לאט הוא מתפתח לבריאה שלמה.

ההסבר השני מעניין אותי יותר אף על פי שהוא פחות מתאים לפשט הזוהר. לפיו הפירוש של המילה 'בה' בביטויים 'צייר בה' ו'חקק

בה' אינו במובן של 'בתוכה' אלא במובן של 'באמצעותה'.[2] כלומר, הנקודה שעליה מדבר הזוהר היא הכלי שבאמצעותו הקב"ה ברא את העולם. הפירוש הזה פחות מתאים לפשט הזוהר מפני שבהמשך הזוהר מתאר איך הנקודה הופכת לקו ונעשית דו־ממדית ואחרי כן תלת־ממדית, וזה מסתדר הרבה יותר עם הפירוש שהנקודה מתרחבת מאשר הפירוש שהיא כלי יצירה. גם מהביטוי בהמשך "וחקק בתוך המאור הקדוש הנסתר" נשמע שהנקודה היא המגולפת, לא המגלפת.

אם כן, התהליך שהזוהר מצייר הוא כזה: יש מידה עליונה ביותר הנקראת מחשבה. ממנה נובעת, משתלשלת, נאצלת, הנקודה שנקראת 'מי' שהיא ההתחלה של בניין העולם. הנקודה הזאת "קיימא ולא קיימא", עומדת ולא עומדת, היא על הגבול של האין כי היא רק נקודה ואין לה ממדים. היא ה"בוצינא קדישא סתימא", מאור קדוש ונסתר ביותר שהוא מצד אחד מעל להתגלות ומצד שני התחלת ההתגלות. נקודת ה'מי' היא אומנם התחלת היש, אבל עדיין אפשר לומר עליה שהיא קיימת ולא קיימת. זאת הרי שאלה ולא שם עצם מוגדר, ולכן היא נמצאת על גבול הקיום.

לזוהר יש נטייה לראות את העולם במבט מיתולוגי, והדבר בא לידי ביטוי למשל בכך שהוא מעצים את המידות ואת השמות השונים ומעניק לכל אחד מהם אישיות עצמאית וייחודית עד כדי כך שהתיאורים שבו נראים קרובים לעיתים לתיאורים במיתוסים מהתרבות הכללית. כאן לדעתי זה קצת שונה: כשהוא מעניק אישיות למילה 'מי' הוא מתייחס למשהו שאין אפשרות להתייחס אליו כל כך, הוא נותן שם למשהו שאין לו שם. הוא מתאר איזושהי נוכחות, אבל זוהי נוכחות שהיא על גבול המיתי, לא מיתי ממש. דבר מופשט שמקבל התייחסות קונקרטית, אך גם במסגרתה הוא עדיין נסתר ולא מפורש.

2. יש בחז"ל פירוש כזה גם למילה "בראשית" – על ידי ראשית ברא את השמיים ואת הארץ: "כך היה הקדוש ברוך הוא מביט בתורה ובורא את העולם" (בראשית רבה א, א).

וכאן מגיע הזוהר לנקודה העיקרית בדבריו: ל'מי' יש המשך הנקרא 'אלה'. עוד מעט נעמוד לעומק על משמעות מידת 'אלה', אך קודם כול נבחין שיש בזוהר שני ציורים של היחס בין שתי המידות. ציור ראשון הוא הציור הפשוט של בריאה: ה'מי' ברא את ה'אלה' והוא המקור שלו. אבל יש ציור נוסף, ציור של התלבשות: ה'מי' מתלבש ב'אלה' ומקבל מימוש על ידו, כמו נקודה המתלבשת במעגל שמקיף אותה. ה'מי' מקבל מימוש על ידי ה'אלה'.

הדואליות הזאת מוכרת לנו מהיחס שבין הגוף לנשמה. אפשר לומר שהנשמה היא השורש לגוף, שממנה נוצר הגוף. אך אפשר לומר גם שהנשמה מתלבשת בגוף, שהוא כלי המכיל אותה ומאפשר לה להתבטא. אם אשאל מישהו 'אתה יודע מי אני?', הוא יגיד שהוא רואה אדם עם ז'קט וסוודר מתחת ושהוא רואה את הפנים ואת הידיים. כלומר, הוא רואה את הלבוש של 'מי' שאני. הנקודה של הלבוש זאת בדיוק הנקודה של ה'אלה'. ה'אלה' היא המידה שמביאה את מידת ה'מי' העלומה לידי ביטוי.

אך הזוהר אינו מסתפק בכך: הוא עומד על כך שמן השילוב בין המילים 'מי' ו'אלה' נוצר שם 'א־להים'. משמעות הדבר היא שאף שמידת 'אלה' היא נמוכה ואף שהיא רק תוצאה של ה'מי', כל עוד אין את 'אלה' כלבוש ל'מי', אין 'א־להים'.

כי מהו שם? שם הוא המייצג, הוא הלבוש לדבר עצמו. השמות, כמו בגדים, מצד אחד מגלים ומצד שני מסתירים. הסיבה שלא רואים את הנשמה של האדם היא מפני שהוא עוטה על עצמו שכבות של בגדים. ובכל זאת, יש כאלה שרואים דרך הלבושים.

ההבנה שבלי 'אלה' אין 'א־להים' זורקת את הזוהר לכיוון מפתיע – אל חטא העגל שבו רוקד עם ישראל סביב עגל הזהב וקורא "**אֵלֶּה** אֱלֹהֶיךָ יִשְׂרָאֵל" (שמות לב, ד). לפעמים חושבים שהאנשים שחטאו בעגל היו סתם אנשים פשוטים ורגילים המוּעדים לחטוא, אך התפיסה של הזוהר היא אחרת. לדעתו אנשי העגל היו אנשים גדולים, כאלה שלומדים זוהר, הם ידעו סודות ולכן הביטוי שבו השתמשו

היה מדויק: 'אלה'. הם הבינו בדיוק את מה שהזוהר אמר, שרק על ידי ה'אלה' יהיה להם 'א-להים' ולכן חיפשו להגשים את ה' על ידי לבושים, על ידי עגל מסכה.

אתם יודעים מה זה חטא העגל? החטא הוא כשבחור מגיע לדייט והוא מסתכל על הבחורה שמולו כאילו היא עגל, הוא מסתכל מה היא ולא מסתכל מי היא. הוא רואה את התכונות שלה, את הלבוש שלה, אבל לא אותה עצמה. אחר כך הוא חוזר הביתה ומתייעץ עם חבר או מספר לאימא שלו ומתלבט ומתלבט, בשעה שהוא פספס אותה לאורך כל הדרך.

יחד עם זאת, הדיוק כאן הוא שצריך להיות איחוד בין ה'מי' ל'אלה'. הזוהר אינו גורס שבחורה צריכה להגיע לדייט בלי הגוף, רק עם איזה דיסק שמכיל תמצית ה'מי' שלה... לא. הוא סבור שצריך להיות איחוד בין הגוף לנשמה, שצריך להגיע לשם אלוקים. כשם שהשם אינו שלם בלי ה'מי' הוא גם אינו שלם בלי ה'אלה', ובסוד זה של הצירוף בין הפנימי לחיצוני מתקיים העולם. השדים הם בדיוק אותה בעיה, אך מהצד השני – 'מי' בלי 'אלה'. חז"ל אמרו על השדים שהם נבראו בין השמשות כאשר לקדוש ברוך הוא לא היה זמן לברוא להם גופים. הם כמו דיבוק שהוא איזו רוח המחפשת לה גוף וקר לה והיא בודדה וברגע שיש לה איזה גוף להיכנס לתוכו היא מייד נכנסת.

אם נחזור לבעיה המקורית שלנו בנוגע לזיהוי של 'אלה' בפסוק "מִי בָרָא אֵלֶּה", נראה שמתחיל להתרקם כאן פתרון לכך. רבי שמעון אמר שלא מסתבר לומר ש'אלה' הכוונה לכוכבים, אך גם לא מסתבר לומר שהכוונה למידות האלוקיות. אז מה כן? התשובה היא ש'אלה' הם כן הכוכבים, אלא שלכוכבים עצמם יש ממד נסתר וממד גלוי, כמו המידות שהן בעצמן נגלות ונסתרות. אפשר לראות זאת בקידוש לבנה, כשאנו מסתכלים על הירח ושואלים "מִי זֹאת עֹלָה מִן הַמִּדְבָּר" (שיר השירים ג, ו) – מי זאת הלבנה? מה יש מאחורי הלבוש הזה שאנחנו רואים בשמיים? גם כאן יש התייחסות לממד הנסתר של גרמי השמיים. זאת לעומת ההסתכלות הפילוסופית שאנו חיים בה ביומיום שבה אנו

שואלים רק 'מה' כל הזמן. כשאנו שואלים 'מה' אנחנו נשארים ברובד הגלוי, אך כאשר אנו שואלים 'מי' אנחנו יכולים להגיע לרובד הנסתר ולראות את העומק שמאחורי 'אלה'.

## אימא עליונה ואימא תחתונה

שם אלוהים מבטא בדרך כלל את מידת הדין שמתאימה לשם 'מה' אך כאמור הזוהר כאן מזהה אותו דווקא עם שם 'מי' המתחבר עם 'אלה'. לכן הזוהר מדייק ומציין שמדובר כאן על שם "אלוהים עליון", הבחינה המקורית של שם 'אלוהים', השונה מן השימוש הרווח בשם 'אלוהים' סתם. על היחס בין שתי הבחינות הללו של שם אלוהים אומר הזוהר שהקב"ה "ברא אור לאורו", כלומר לבוש לאור שלו. אפשר לקרוא לזה אור פנימי ואור חיצוני, כמו השכבות השונות שיש באור הנר. שם אלוהים הוא האור החיצוני, ואילו שם אלוהים עליון הוא האור הפנימי.

הזוהר עומד על כך שבין שתי הדרגות קיים קשר, ולא לחינם מתקיים ביניהן שיתוף השם. שם אלוהים הוא האם העליונה אך הוא עשוי לשמש כינוי לאם התחתונה. הקשר בין האם העליונה לאם התחתונה דומה לקשר בין אם לבתה: "והאם השאילה לבתה בגדיה וקישטה אותה בתכשיטיה". האם הבוגרת שהיא מלכת הבית וברשותה לבושים מפוארים ומהודרים, נוהגת להשאיל לבתה את הבגדים לאירועים מיוחדים – אולי הכוונה כאן באופן ספציפי לחתונת הבת או כשהיא יוצאת לפגישה חשובה עם בחור. בסיטואציות האלה נותנת לה אימה תכשיטים מיוחדים. דבר דומה עושה האם העליונה עבור התחתונה – היא משאילה לה את שמה.

את מעשה ההשאלה הזה תולה הזוהר במידת הזכר: "ומתי קישטה אותה בתכשיטיה כראוי? בשעה שנראו לפניה כל זכר". מה עניין הזכר כאן? אפשרות אחת היא שהזוהר מתייחס לאופי מעשה ההשאלה שהוא מעשה של השפעה, התנהגות המזוהה בדרך כלל עם הזכר. האם העליונה עושה מעשה זכרי בכך שהיא מרעיפה משלה על האם התחתונה שהיא הנקבה שמקבלת. אולם אפשרות אחרת, מדויקת

יותר במילים, היא שהזכר שהוא "אדון כל הארץ" הוא זה שנותן את הבגדים לאם העליונה ודרכה לאם התחתונה. הזכר הוא הבעלים המקורי של בגדי הכבוד, לא האם העליונה. רואים את זה אצל בעלי חיים רבים – לזכר יש לבושים מהודרים יותר מאשר לנקבה, כמו הטווס שהוא מהודר מאוד לעומת הטווסת. כך גם אצל אבות אבותיי שהיו חסידי גור – הגבר הוא זה שלובש את הספודיק, לא האישה...

לפי הזוהר, הזמן המיוחד ללבושים המפוארים האלה הוא הזמן שבו ישראל עולים לרגל לבית המקדש, כמו שנאמר "יֵרָאֶה כָּל זְכוּרְךָ אֶל פְּנֵי הָאָדֹן ה'" (שמות לד, כג). כאשר הזכרים עולים לרגל, מתאים יותר שיֵרָאֶה להם הצד הזכרי של הקב"ה, ואז המידה הנשית – השכינה – מופיעה כמשפיע, והיא מתגלה כבעלה "האדון ה'". ואיך נהפכת השכינה לאדון? כשהיא מקבלת את הלבושים מבעלה. זוהי הסיטואציה שבה מידת השכינה מקבלת את הלבושים מהזכר דרך האם העליונה.

יש רגעים חגיגיים מסוימים שבהם אנו רואים שה'מה' מבטא את ה'מי' ומופיע כ'מי'. אנו רואים את הצד הנסתר במציאות, את ה'פנימי' – 'פְנֵי־מִי'. אף על פי שבדרך כלל אנחנו פוגשים רק את הלבוש, את השכינה, בזמן העלייה לרגל מופיע בפנינו גם הנסתר. הפנימי משאיל את הדרו ואת שמלתו לשכינה. לפעמים החיצוני מתלבש בלבושים הפנימיים – ה' הוא האלוהים.

בהקשר זה מביא הזוהר מזמור שמדבר על העלייה לרגל: "הָיְתָה לִּי דִמְעָתִי לֶחֶם יוֹמָם וָלָיְלָה בֶּאֱמֹר אֵלַי כָּל הַיּוֹם אַיֵּה אֱלֹהֶיךָ. אֵלֶּה אֶזְכְּרָה וְאֶשְׁפְּכָה עָלַי נַפְשִׁי כִּי אֶעֱבֹר בַּסָּךְ אֶדַּדֵּם עַד בֵּית אֱלֹהִים בְּקוֹל רִנָּה וְתוֹדָה הָמוֹן חוֹגֵג" (תהילים מב, ד-ה). בתחילת המזמור המשורר בוכה כמו אישה שדמעתה מצויה. הבכי הוא על הגלות ועל המצב הקשה בדרך אל המקדש. אך לאחר מכן הוא הופך להמון חוגג. המצב של השכינה במזמור הזה הוא כמו מצב רוח רע שחולף לו כשהיא מתחברת אל הצד הגבוה יותר. כמו אישה רווקה שבתחילה בוכה על ספר התהילים בלי הפסקה, ובסוף חוגגת כשהחתן פורש עליה את טליתו.

## הזכות הכפולה

אָמַר רַבִּי אֶלְעָזָר: שְׁתִיקָא דִילִי בְּנָא מַקְדְּשָׁא לְעֵילָּא וּבְנָא מַקְדְּשָׁא לְתַתָּא. וּבְוַדַּאי מִלָּה בְּסֶלַע מַשְׁתּוּקָא בִּתְרֵין. מִלָּה בְּסֶלַע — מַה דְּאָמַרְנָא וְאִתְעַרְנָא בֵּיהּ; מַשְׁתּוּקָא בִּשְׁתַּיִם — מַה דְּשָׁתִיקְנָא, דְּאִבְרוּ וְאִיבְנוּ תְּרֵין עָלְמִין כַּחֲדָא.

אמר רבי אלעזר: השתיקה שלי בנתה מקדש למעלה ובנתה מקדש למטה. ובוודאי דיבור בסלע ושתיקה בשתיים. מילה בסלע — מה שאמרתי והתעוררתי בו; שתיקה בשתיים — מה ששתקתי, שנבראו ונבנו שני עולמות יחד.

רצף הדרשה כאן נעצר בהערה של רבי אלעזר לאביו כחלק מסיפור המסגרת. בתחילת הדרשה רבי שמעון ביקש מרבי אלעזר להמשיך את דבריו אך רבי אלעזר בחר לשתוק. בתגובה לכך קם רבי שמעון ודרש את הדרשה שראינו. כעת עוצר רבי אלעזר ומעיר שהוא שמח על שתיקתו: "השתיקה שלי בנתה מקדש למעלה ובנתה מקדש למטה. ובוודאי דיבור בסלע ושתיקה בשתיים". בזכות השתיקה שלו זכינו ושמענו דרשה של רבי שמעון שהיא גבוהה יותר. היא בונה מקדש. אנו יכולים ללמוד מכאן שלא תמיד אדם מועיל במציאות באופן הטוב ביותר כשהוא פועל בה. לפעמים דווקא כשאני לא עושה ועל ידי זה מישהו אחר עושה – משהו יותר גדול יכול להופיע. הדימוי לשתי סלעים כאן הוא מדויק ביותר, כי אכן יש שני ממדים של רווח בכך שרבי שמעון דיבר: קודם כול, מעלתם הגדולה של הדברים; אבל גם התוכן שלהם שעסק בשני העולמות, בחיבור בין הפנימי לחיצוני, ובין הנגלה לנסתר.

## שישים ריבוא נשמות

אֲמַר רַבִּי שִׁמְעוֹן: מִכָּאן וּלְהָלְאָה שְׁלִימוּ דִקְרָא, דִּכְתִיב "הַמּוֹצִיא

אמר רבי שמעון: מכאן והלאה שלמות הכתוב, שכתוב "הַמּוֹצִיא

בְּמִסְפָּר צְבָאָם". תְּרֵין דַּרְגִּין אִנּוּן דְּאִיצְטְרִיךְ לְמֶהֱוֵי רְשִׁים כָּל חַד מִינַיְיהוּ. חַד דָּא דְּאִתְּמַר 'מָה', וְחַד 'מִי'. דָּא עִלָּאָה וְדָא תַּתָּאָה.

דָּא עִלָּאָה רְשִׁים, וְאָמַר: "הַמּוֹצִיא בְּמִסְפַּר צְבָאָם". "הַמּוֹצִיא" – הַהוּא דְּאִשְׁתְּמוֹדַע וְלֵית כְּוָותֵיהּ.

כְּגַוְונָא דָּא "הַמּוֹצִיא לֶחֶם מִן הָאָרֶץ". "הַמּוֹצִיא" – הַהוּא דְּאִשְׁתְּמוֹדְעָא, דָּא דַּרְגָּא תַּתָּאָה, וְכֹלָּא חַד.

"בְּמִסְפַּר" – שִׁתִּין רִבּוֹא אִנּוּן דְּקַיָּימִין כַּחֲדָא, וְאַפִּיקוּ חֵילִין לְזִינַיְיהוּ דְּלֵית לוֹן חֻשְׁבְּנָא.

"לְכֻלָּם" – בֵּין אִנּוּן שִׁתִּין, בֵּין כָּל חֵילִין דִּילְהוֹן.

"בְּשֵׁם יִקְרָא" – מַאי בְּשֵׁם יִקְרָא? אִי תֵּימָא דְּקָרָא לוֹן בִּשְׁמָהַתְהוֹן – לָאו הָכִי הוּא, דְּאִם כֵּן 'בִּשְׁמוֹ' מִבָּעֵי לֵיהּ! אֶלָּא בְּזִמְנָא דְּדַרְגָּא דָּא לָא סָלִיק בִּשְׁמָא וְאִקְרֵי 'מִי', לָא אוֹלִיד וְלָא אַפִּיק טְמִירִין לְזִינֵיהּ, אַף עַל גַּב דְּכֻלְּהוּ הֲווּ טְמִירִין בֵּיהּ. כֵּיוָן דְּבָרָא 'אֵלֶּה' וְאִסְתַּלַּק בִּשְׁמֵיהּ וְאִקְרֵי 'אֱלֹהִים', כְּדֵין בְּחֵילָא

בְּמִסְפָּר צְבָאָם". שתי דרגות הן שצריך להיות רשומה כל אחת מהן. אחת זה שנאמר 'מה', ואחת 'מי'. זו עליונה וזו תחתונה.

זו העליונה רשומה, ואמר: "הַמּוֹצִיא בְּמִסְפַּר צְבָאָם". "הַמּוֹצִיא" – אותו שנודע ואין כמותו.

כעין זה "המוציא לחם מן הארץ". 'המוציא' – אותו שנודע, זו הדרגה התחתונה, והכול אחד.

"בְּמִסְפַּר" – שישים ריבוא הם שעומדים יחד, והוציאו צבאות למיניהם שאין להם חשבון.

"לְכֻלָּם" – בין אותם השישים, בין כל צבאותם.

"בְּשֵׁם יִקְרָא" – מה זה "בְּשֵׁם יִקְרָא"? אם תאמר שקרא להם בשמותיהם – זה אינו כך, שאם כך, היה צריך להיות 'בשמו'! אלא בזמן שהדרגה הזו לא עולה בשם ונקראת 'מי', אינה מולידה ואינה מוציאה נסתרים למינה, אף על גב שכולם היו טמונים בה. כיוון שברא 'אלה' והתעלה בשמו

דִּשְׁמָא דָא אַפִּיק לוֹן בִּשְׁלִימוּ. וְדָא הוּא "בְּשֵׁם יִקְרָא" – בְּהַהוּא שֵׁם דִּילֵיהּ קָרָא וְאַפִּיק כָּל זִינָא וְזִינָא לְאִתְקַיְּימָא בִּשְׁלִימוּתֵיהּ. כְּגַוְונָא דָא "רְאֵה קָרָאתִי בְשֵׁם" (שמות לא, ב) – אַדְכַּרְנָא שְׁמִי לְאִתְקְיָימָא בְּצַלְאֵל עַל קִיּוּם אַשְׁלָמוּתֵיהּ.

ונקרא 'אלוהים', אז בכוח השם הזה הוציא אותם בשלמות. וזה הוא "בְּשֵׁם יִקְרָא" – באותו השם שלו קרא והוציא כל מין ומין להתקיים בשלמותו. בעין זה "רְאֵה קָרָאתִי בְשֵׁם" (שמות לא, ב) – הזכרתי שמי שיתקיים בצלאל על קיום שלמותו.

"מֵרֹב אוֹנִים" – מַאי "מֵרֹב אוֹנִים"? דָּא רֵישׁ דַּרְגִּין, דִּסְלִיקוּ בֵּיהּ כָּל רְעוּתִין וְאִסְתַּלָּקוּ בֵּיהּ בְּאֹרַח סָתִים.

"מֵרֹב אוֹנִים" – מַהוּ "מֵרֹב אוֹנִים"? זה ראש הדרגות, שעלו בו כל הרצונות ועלו בו בדרך נסתרת.

"וְאַמִּיץ כֹּחַ" – דָּא רָזָא דְּעָלְמָא עִלָּאָה דְּאִסְתַּלַּק בְּשֵׁם אֱלֹהִים, כִּדְקָאַמְרָן.

"וְאַמִּיץ כֹּחַ" – זה סוד העולם העליון שהתעלה בשם אלוהים, כמו שאמרנו.

"אִישׁ לֹא נֶעְדָּר" – מֵאִנּוּן שִׁתִּין רִבּוֹא דַּאֲפֵּיק בְּחֵילָא דִשְׁמָא. וּבְגִין דְּאִישׁ לֹא נֶעְדָּר, בְּכָל אֲתַר דְּמִיתוּ יִשְׂרָאֵל וְאִתְעֲנָשׁוּ בְּחוֹבַיְיהוּ, אִתְמְנוּן וְלָא אַעֲדַר מֵאִנּוּן שִׁתִּין רִבּוֹא אֲפִילוּ חָד בְּגִין לְמֶהֱוֵי כֹּלָּא דִיוּקְנָא חֲדָא. כְּמָה דְּאִישׁ לָא נֶעְדַּר לְעֵילָא, אוּף הָכִי לָא נֶעְדַּר לְתַתָּא.

"אִישׁ לֹא נֶעְדָּר" – מאותם שישים ריבוא שהוציא בכוח השם. ומשום שאיש לא נעדר, בכל מקום שמתו ישראל ונענשו בחטאיהם, נמנו ולא נעדר מאותם שישים ריבוא אפילו אחד כדי להיות הכול צורה אחת. כמו שאיש לא נעדר למעלה, אף כך לא נעדר למטה.

רבי שמעון חוזר לדרוש ולבאר את החלק האחרון של הפסוק: "הַמּוֹצִיא בְמִסְפָּר צְבָאָם לְכֻלָּם בְּשֵׁם יִקְרָא, מֵרֹב אוֹנִים וְאַמִּיץ כֹּחַ אִישׁ לֹא נֶעְדָּר". לפי הפשט הפסוק בא לומר שהקב"ה מוציא באופן מדויק את הכוכבים – שהם הצבאות – ולכל אחד מהם הוא נותן את השם הייחודי שלו – אחד

ירח, האחר שמש, השלישי מאדים וכן הלאה. קריאת השמות מבטאת את השליטה שלֹ הקב"ה בהם ואת הכוח שלו לסדר אותם.

ברם, הזוהר רגיש יותר למילים. נאמר 'צבאם' בלשון רבים, והכלל הוא שמיעוט רבים שניים, ומכאן שהוא מתכוון לשתי דרגות דווקא. רבי שמעון מזהה את הדרגות הללו עם מידות ה'מי' וה'מה' שעליהן דובר קודם.

הזוהר שם לב גם לפועל 'המוציא', שמזכיר לו את הברכה "המוציא לחם מן הארץ". המילה 'המוציא' בברכה על הלחם משמעותה שיש לאובייקט שנאכל מקור רוחני נסתר, ויש מי שמוציא אותו מן ההעלם אל הגילוי. מה פשר שתי הדרגות בהקשר זה? וכיצד עניין 'המוציא' מיושם בנוגע לכוכבים?

רבי שמעון קושר את כל הקצוות בהסבר שצבא הכוכבים בעל המספר שעליו מדבר הפסוק הוא משל לשישים ריבוא נשמות ישראל שכל אחד ואחד מהם מבטא מידה מסוימת של הקב"ה. הנשמות הללו נולדות רק כאשר מתרחש ייחוד בין מידת 'מי' למידת 'אלה', בין הנסתר והנגלה. רק אז "לְכֻלָּם בְּשֵׁם יִקְרָא". בלי הייחוד הזה 'מי' אינו מסוגל להוליד והוא מוציא דברים נסתרים החוצה. מידת 'מי' היא זרע, היא פוטנציאל, אבל כל עוד היא אינה מתקשרת לאספקטים נמוכים ממנה, אין לה בנים. הייחוד בין האיש לאישה הוא זה שמוציא את הפוטנציה מהכוח אל הפועל, זהו הסוד של החיים. העולם של האספקטים הפנימיים לא יֵצֵא מן הכוח אל הפועל אם לא יתחבר עם האספקט החיצוני.

באמצעות רעיון זה מסביר הזוהר בעייתיות לשונית נוספת בפסוק – לשון היחיד שבמילה 'בשם' בפסוק "לְכֻלָּם בְּשֵׁם יִקְרָא". מדוע שם אחד? הרי יש כוכבים רבים. אולם לאור הרעיון של הזוהר, הכול מבואר היטב: הייחוד של 'מי' ו'אלה' יוצר שם אחד – 'א־להים'. היווצרות הנשמות מגיעה דווקא מתוך שם אחד, לא מתוך שמות רבים ונפרדים.

נשים לב שהזוהר קורא כעת את המילה 'שם' שבביטוי "לְכֻלָּם בְּשֵׁם יִקְרָא" במשמעות 'שם ה'', כמו בביטוי 'בעזרת השם'. בהתאם

לכך הוא ממשיך ואומר "באותו השם שלו קרא והוציא כל מין ומין להתקיים בשלמותו". זה מעלה אצלי אסוציאציה נוספת – אמירת י"ג מידות הרחמים לאחר חטא העגל, שעליה נאמר: "וַיֵּרֶד ה' בֶּעָנָן וַיִּתְיַצֵּב עִמּוֹ שָׁם **וַיִּקְרָא בְשֵׁם** ה'" (שמות לד, ה). שם ה' נקרא עלינו, מקיים אותנו ושומר על כל אחד ואחד מאיתנו בשלמותו. הדברים מתחדדים לאור המימרה המפורסמת של רבי יוחנן בנוגע לי"ג מידות של רחמים: "אמר לו [הקב"ה למשה]: כל זמן שישראל חוטאין – יעשו לפני כסדר הזה, ואני מוחל להם" (ראש השנה יז ע"ב). שם ה' יש בו כוח אפילו למחול על עוונותינו.

גם את סוף הפסוק "מֵרֹב אוֹנִים וְאַמִּיץ כֹּחַ אִישׁ לֹא נֶעְדָּר" מסביר הזוהר על דרך זו: "מֵרֹב אוֹנִים" – זאת המידה העליונה ביותר. "וְאַמִּיץ כֹּחַ" זה העולם העליון שמתעלה בשם אלוקים. "אִישׁ לֹא נֶעְדָּר" – מכיוון ששישים ריבוא ישראל באים ממידות עליונות כל כך, אין אף אחד שחסר. גם כשישראל חוטאים ומתים בחטאם, בסופו של דבר הם נספרים ונשארים ששים ריבוא. לאמירה הזאת יש בסיס בפשוטו של מקרא: בספר במדבר נערכים שני מניינים לעם ישראל, הראשון על ידי משה ואהרן בפרשת במדבר והשני על ידי משה ואלעזר בפרשת פנחס. למרבה הפלא, אף על פי שהרבה מתו בין המניינים במגפות ובחטאים, עם ישראל בכל זאת נשאר בערך באותו מספר – שישים ריבוא. ההסבר לכך הוא שגם כשפלוני אלמוני מת – מהשישים ריבוא "אִישׁ לֹא נֶעְדָּר". ה' משלים את החסרים. כשם שיש למעלה שלמות של שישים ריבוא כך גם למטה תמיד יש שלמות כזו. שם ה' פועֵל וממלא את החסר.

הנושא הזה לא פשוט ויש כאן שאלה שממש נוגעת ללב – הרי בסופו של דבר הרבה יהודים מתו לאורך הדורות, וחלקם בטרגדיות נוראיות. איך אנו יכולים לומר בדור שלאחר השואה שתמיד נשארים השישים ריבוא? על כל פנים, נראה שהזוהר בא לומר שבעם ישראל מתבטא סוד החיים, סוד השלמות, משום שהוא נושא את שם אלוקים המחבר בין הנסתר לנגלה. המספר שישים ריבוא נועד בעיקר לבטא את הרעיון הזה. באופן אחר אפשר להבין שהזוהר קורא את הביטוי

"אִישׁ לֹא נֶעְדָּר" במשמעות: לא חסר דבר מהאיש, משיעור הקומה האלוקי של עם ישראל שבכללותו נקרא 'איש'.

## הדואליות בספר הזוהר

כפי שצוין בפתיחה, מאמר זה לקוח מתוך הקדמת הזוהר ולכן מתבקש להסיק ממנו משהו יסודי על הספר בכללותו. ואכן, ניתן לומר שמאמר זה הוא מעין תעודת זהות של הזוהר. מתוארת כאן תמונה שמבטאת עניין מרכזי שקיים בספר כולו.

ספר הזוהר עוסק הרבה מאוד במתח שבין הנסתר לנגלה, או כפי שהוא מכנה את הדברים במאמר זה – בין ה'מי' וה'מה'. עם זאת, הזוהר אינו מזוהה עם אחד מהקטבים הללו יותר מאשר עם חברו. הוא אינו חי בנסתר יותר מאשר בנגלה, ומן הסתם גם לא להפך. ניתן לומר שהוא חי בעולם שבו העניין הגדול הוא עצם תנועת הגילוי של הנסתר. המעבר בין העולמות הוא שמרתק אותו.

שני העולמות שהזוהר מציג בהקדמתו מתבטאים במילות שאלה. מילות שאלה אינן מביעות מסר מוגדר ומסוים, ויחד עם זאת כל אחת מהן מבטאת מהות ייחודית וחד־משמעית. הדואליות הזאת היא חוויה מרכזית מאוד בספר הזוהר והיא מקבלת כאן ביטוי במילים 'קיימא ולא קיימא' – עומד ולא עומד.

עם זאת, לאחר כל ההגדרות המפרידות, המטרה העליונה של הזוהר היא החיבורים. במאמר זה אנו רואים את החיבור הנדרש בין מידת ה'מי' הנסתרת למידות ה'מה' וה'אלה' הגלויות, ובין האם העליונה לאם התחתונה. חיבורים אלה הם ביטויים לדנ"א של הזוהר: זהו ספר הזוגיות, ספר הברית, זהו ספר שכל כולו עניין של חיבור וייחוד. הסוד של הזוהר הוא לא להסתפק ברוחני בלבד. הזוהר תמיד שואף לממש את הרוחני בתוך המציאותי, לחבר בין הנפש לגוף, בין האיש לאישה, וזאת על מנת שתהיה הולדה, שיהיה ביטוי למידות העליונות כאן בעולם הזה.

הדינמיקה בין רבי שמעון ורבי אלעזר בנו בדרשות אלו מבטאת

גם היא את החיבורים הללו. רבי אלעזר פותח את הדרשה, ומניח את התשתית המושגית לה, באמצעות ההבחנה החותכת בין ה'מי' ל'מה'. אך דווקא השתיקה שלו בהמשך היא שנותנת מקום לאביו רבי שמעון להביא לדרשה את הממד המחבר בין העולמות. ה"בוצינא קדישא" – המאור הקדוש הנזכר בתוך המאמר, הוא כינוי גם לרבי שמעון עצמו וגם לספר הזוהר כולו. ספר הזוהר הוא ספר חי ופועם, והדברים הנאמרים בו משתרגים יחד עם דובריהם. התוכן והצורה אחד הם, סיפור המסגרת הוא מצד אחד המקום שבו הדברים קורים בפועל ומצד שני הוא ביטוי ומימוש של התכנים עצמם.

גם אנו – כאשר אנחנו באים ללמוד את הזוהר, אנו מוזמנים להידמות לגיבורי הזוהר ולחוות את אותה החוויה, להתחבר לנסתר, לזוהר חי.

# נקודת הראשית

## זוהר בראשית טו ע"א

עד עכשיו הכול היה הקדמות... עכשיו אנחנו נכנסים לזוהר עצמו.

פעמים רבות אני חושב על כך שהמטרה שלי בלימוד הזוהר היא להגיע למה שחוויתי בהיכרות הראשונה שלי איתו. באותה תקופה גרתי בעיר העתיקה בירושלים ולפרנסתי הייתי שומר בלילות. לפנות בוקר, בתום השמירה, הייתי הולך להתפלל ותיקין באחד מבתי הכנסת הספרדיים בסביבה, שם היו מתאספים יהודים זקנים לפני הזריחה, גורסים זוהר ושותים תה חם עם נענע. היה ברור שרוב המשתתפים אינם מבינים אף מילה ממה שהם קוראים, אבל זאת בדיוק הייתה נקודת העוצמה שבדבר. היהודים הפשוטים האלה התחברו לעצם הזוהר ולרשב"י יותר מכל אחד אחר. בלימוד שלי בספר הזוהר אני בדרך כלל מנסה להבין, ללמוד ולהסביר, אך בסופו של דבר המטרה העליונה שלי היא להגיע לאותה חוויה, לחיבור אל עצם הזוהר מבלי להבין אותו.

שפת המקור של הזוהר היא ארמית. אומנם בדרך כלל בשיעורים שלי אני קורא את הזוהר בעברית בלבד, אך כדי להתחבר לעוצמה של הספר כדאי לקרוא אותו בשפה המקורית שבה הוא נאמר. זה נכון במיוחד כאן, בפתיחת הספר: הזוהר מתחיל בפתיחה חגיגית ומפוארת המשרה אווירה של סוד, אבל זה דבר שמרגישים בעיקר בארמית.

בפתיחה זו מתאר הזוהר לפי דרכו את ראשית הראשית של בריאת העולם, את מה שקדם לששת ימי הבריאה.

## סוד ה'בוצינא דקרדינותא'

בְּרֵישׁ הוּרְמְנוּתָא דְמַלְכָּא גָּלִיף גְּלוּפֵי בִּטְהִירוּ עִלָּאָה בּוּצִינָא דְּקַרְדִינוּתָא. וְנָפִיק גּוֹ סָתִים דִּסְתִימוּ מֵרֵישָׁא דְּאֵין סוֹף, קוּטְרָא בְּגוּלְמָא נָעִיץ בְּעִזְקָא, לָא חִוָּור וְלָא אוּכָּם וְלָא סוּמָק וְלָא יָרוֹק וְלָא גְּוָון כְּלָל. כַּד מָדִיד מְשִׁיחָא עָבִיד גְּוָונִין לְאַנְהָרָא לְגוֹ. בְּגוֹ בּוֹצִינָא נָפִיק חַד נְבִיעוּ, דְּמִנֵּיהּ אִצְטַבְּעוּ גְּוָונִין לְתַתָּא.

בתחילת רצון המלך חקק חקיקה באור העליון ניצוץ השחור. ויצא תוך נסתר הנסתרים מראש האין סוף, צורה של גולם נעוץ בטבעת, לא לבן ולא שחור ולא אדום ולא ירוק וללא גוון כלל. כשמדד מדידה, עשה צורות להאיר לִפְנִים. בתוך המאור יצא מעיין אחד שממנו נצבעו הגוונים למטה.

סָתִים גּוֹ סְתִימִין דְּרָזָא דְּאֵין סוֹף בָּקַע וְלָא בָּקַע אֲוִירָא דִּילֵיהּ, לָא אִתְיְידַע כְּלָל, עַד דְּמִגּוֹ דְּחִיקוּ דִּבְקִיעוּתֵיהּ נָהִיר נְקוּדָה חָדָא סְתִימָא עִלָּאָה. בָּתַר הַהִיא נְקוּדָה לָא אִתְיְידַע כְּלָל, וּבְגִין כָּךְ אִקְרֵי 'רֵאשִׁית', מַאֲמַר קַדְמָאָה דְּכֹלָּא.

נסתר תוך הנסתרים של סוד האין סוף בקע ולא בקע את האוויר שלו, לא נודע כלל, עד שמתוך דוחק הבקיעה שלו האירה נקודה אחת נסתרת עליונה. אחרי אותה נקודה לא נודע כלל, ומשום כך נקרא 'ראשית', המאמר הראשון של הכול.

הזוהר מתאר את תחילת תהליך הבריאה כיציאה של הבורא אל הנבראים. איך הוא יצא? הוא "חקק חקיקה באור העליון בוצינא דקרדינותא". כדי לתאר את היצירה האלוקית של העולם הזוהר משתמש בדימוי מעולם היצירה האנושית משום שזאת הדרך היחידה

שבה אנו יכולים להבין משהו בעניין האלוקי. הקב"ה אינו מתואר כאן כצייר בדו־ממד אלא כפַּסָּל, אשר יוצר בחומר חקיקות ותבליטים. תיאור הבריאה כעבודה בחומר גשמי תלת־ממדי מתאים לתיאור הנפוץ בזוהר שלפיו העולם נברא באותיות האלוקיות, שכן גם אותיות הדיבור מתוארות לעיתים כאילו הן נוצרות באמצעות חיתוך (למשל בביטוי 'חיתוך הדיבור'), ובדומה לאבנים שאותן מסתתים על מנת לבנות בית. מכיוון נוסף, פעולת החקיקה מקשרת אותנו למושג 'חוק' (שתי המילים הן משורש חק"ק). כידוע, בימי קדם החוקים היו נחקקים על אבן; כך היה בלוחות הברית, ולהבדיל גם בחוקי חמורבי, וזאת מפני חשיבותם וכדי שיישארו לנצח.

חומר הגלם שבו נחקק העולם נקרא "בוצינא דקרדינותא". ביטוי זה קשה לתרגום, אבל מילולית אפשר לתרגמו 'ניצוץ השְׁחוֹר'.[1] זהו ביטוי פרדוקסלי שמשלב בין הניצוץ, שמבטא אור או אש, לבין השְׁחור, שמבטא חושך. באותו ניצוץ שחור נחקקה החקיקה שהיא פעולת הגילוי הראשונה של אלוקים.

מאחורי תיאור הבריאה כחקיקה בחומר גלם עומדת תפיסה תיאולוגית של הזוהר שקיים חומר קדום שממנו נוצר העולם. בכך הזוהר תופס צד בנושא שהעסיק רבות את חכמי ישראל בימי הביניים. הרמב"ם לדוגמה מתנגד לתפיסת החומר הקדום משום שהוא מפחד מהבעיה המרכזית של פגיעה באחדותו של הא־ל ומהמושג של שיתוף בבריאה. עבור הרמב"ם תפיסה זו פותחת פתח להנחה שהיה כוח קדום לבורא. הרמב"ם מציין שגם אם לא נטען שהכוח הקדום חזק יותר מהבורא אנו עלולים לחשוב שהוא כוח שווה לבורא, טענה שמחלישה מאוד את האמונה באחדותו של הא־ל.[2] עם זאת, כנגד הרמב"ם עומדות תפיסות אחרות שמדברות על חומר קדום לבריאת העולם, ומשתמשות במושג מרכזי במחשבת ימי הביניים – 'כוח היולי'. הכוח ההיולי

1. הרחבה על המושג אפשר למצוא אצל יהודה ליבס, **פרקים במילון ספר הזוהר**, עבודת דוקטור, האוניברסיטה העברית, תשל"ז, עמ' 167.
2. תחילת דיונו הארוך בנושא זה נמצאת במורה נבוכים חלק שני פרק יג.

הוא מונח מן הפילוסופיה היוונית המציין יסוד דק ומופשט הקודם לחומר, ומצוי בין האַיִן ליש. דוגמה מובהקת לתפיסה זו אפשר למצוא בפירושיו של הרמב"ן על התורה, בייחוד בדיוניו על מעשה בראשית (רמב"ן על בראשית א, א). הזוהר אינו מפחד מאותו 'עוד משהו' המשתתף בבריאה – החומר הקדום או הכוח ההיולי – משום שהוא מתייחס לכוחות הללו כחלק מהקב"ה ולא כישות נפרדת, וממילא אין כאן שיתוף בבריאה ואחדותו של הקב"ה נשארת.

תפיסה זו היא מרכזית ביותר להבנת ספר הזוהר כולו, ובפרט תורת המידות העומדת במרכזו. הזוהר עוסק ביסודיות רבה במידות האלוקיות – חוכמה ובינה, חסד וגבורה וכן הלאה – שמייצגות את מגוון הכוחות האלוקיים ומבוטאות בשמותיו הרבים של אלוקים. המידות והשמות השונים הם כולם פנים רבות של דבר אחד, אך לאורך הדורות הייתה התנגדות מרכזית לזוהר, התנגדות העומדת לדעתי על בסיס אמיתי דווקא בגלל הנושא הזה. הגבול בין ריבוי ישויות לבין ישות אחת רבת פנים הוא גבול דק ביותר. פעמים רבות קשה להבחין בין האמת של הזוהר לבין השקר של עבודה זרה, והפחד מהמעבר לצד האחר של הגבול הוא זה שהוביל את ההתנגדות התיאולוגית לזוהר. בכל זאת, אנו לומדים ומנסים לרדת לעומקם של הדברים בדרך האמת.

בדומה לכך, הזוהר אינו נרתע מלתאר את החומר הקדום שלפני בריאת העולם. הוא מבין שקיימים פנים רבים לבריאה, ושלאמיתו של דבר גם אותו חומר קדום הוא חלק מהקב"ה. פעילות היצירה בעולם היא לאו דווקא יש מאין אלא יש מיש, אך בדגש – יש מתוך היש האלוקי.

## החותם

תיאור הבריאה של הזוהר ממשיך: מתוך אותו חומר סתום יצאה ונתהוותה "צורה של גולם נעוץ בטבעת". הגולם כאן הוא מושג רחב הרבה יותר מסיפור הגולם המפורסם של המהר"ל מפראג; זהו כינוי לדבר הנוצר עצמו, ולפי הזוהר הצורה של הגולם נעוצה בטבעת.

טבעת בעולם העתיק לא הייתה רק תכשיט אלא גם חותם, כפי שרואים במגילת אסתר: "וְחִתְמוּ בְּטַבַּעַת הַמֶּלֶךְ כִּי כְתָב אֲשֶׁר נִכְתָּב בְּשֵׁם הַמֶּלֶךְ וְנַחְתּוֹם בְּטַבַּעַת הַמֶּלֶךְ אֵין לְהָשִׁיב" (אסתר ח, ח). לחתימה של מלך יש תוקף נצחי; היא סמכות החוק ואין אפשרות לבטלה. תחילת הבריאה באופן של גולם, בצורה הגולמית והראשונית שלה, היא חותמו של המלך והיא מבטאת את סמכותו. חז"ל אומרים שהקב"ה ברא את העולם כולו בחותם אחד, ושממקור אחד נבראו שלל מינים וסוגים שונים של בני אדם (תוספתא סנהדרין פ"ח ה"ג). בכך אנו שוב מתחברים לתפיסה של אחדות הכוללת פרטים בתוכה.

אותו חותם הוא "לא לבן ולא שחור ולא אדום ולא ירוק וללא גוון כלל", אך ממנו "נצבעו הגוונים למטה". המקור של הצבעים הוא במקום שמעבר לאופי של כל צבע וצבע, אך מתוכו משתלשלים כל הצבעים למיניהם. אפשר לדמות זאת לאור: כאשר קרני האור מוטלות על עצם מסוים הן חושפות את צבעיו השונים אף על פי שלקרני האור עצמן אין צבע כלל.

בלומדנו קטע זה, כדאי להשוות אותו לתיאור שבספר יצירה שבסופו נאמר כך:

> וכיון שצפה אברהם אבינו עליו השלום, והביט וראה וחקר והבין וחקק וחצב וצרף ויצר ועלתה בידו - נגלה אליו אדון הכל. הושיבו בחיקו ונשקו בראשו, קראו אוהבו וְשָׂמוֹ בִּשְׁמוֹ, וכרת לו ברית לו ולזרעו עד עולם שנאמר: "וְהֶאֱמִן בַּה' וַיַּחְשְׁבֶהָ לּוֹ צְדָקָה" (בראשית טו, ו). כרת לו ברית בין עשר אצבעות רגליו והוא ברית מילה, כרת לו ברית בין עשר אצבעות ידיו והוא ברית לשון...
> (ספר יצירה פ"ו מ"ח)

אם נשווה בין ספר יצירה לבין הזוהר שלנו נגלה שאברהם אבינו מחקה את פעולותיו של הקב"ה בבריאת העולם. אברהם "הביט וראה... חקק וצרף ויצר..." הפועל המרכזי 'חקק' משותף לספר יצירה ולזוהר, והפעלים הנוספים שנזכרים כאן בזוהר – מדד, בקע, נצבעו – מבטאים

גם הם תהליך יצירה. על פי ספר יצירה, הכוח של אברהם הוא בכך שהוא איננו אדם פסיבי אלא יכול ליצור ממש כמו אלוקים.

לאור זאת אפשר להבין את הפסוק המפורסם על אברהם עם הפרשנות של חז"ל עליו: "וַיִּקַּח אַבְרָם אֶת שָׂרַי אִשְׁתּוֹ וְאֶת לוֹט בֶּן אָחִיו וְאֶת כָּל רְכוּשָׁם אֲשֶׁר רָכָשׁוּ וְאֶת הַנֶּפֶשׁ אֲשֶׁר עָשׂוּ בְחָרָן" (בראשית יב, ה). מן המילים "אשר עשו", משתמע שאברהם ושרה יצרו משהו, וחז"ל פירשו שהכוונה לכך שאברהם גייר את האנשים ושרה את הנשים.[3] זהו עניינם של הגולם ושל היצירה שהזוהר מדבר עליהם כאן: הפיכה של חומר קיים למהות אחרת. אברהם לא יצר נפשות חדשות אלא לקח נפשות קיימות והעלה אותן במדרגה.

ניתן להוסיף כאן, בדרכו של ניטשה, שבכך שאברהם מל את עצמו הוא יצר בסופו של דבר גם את עצמו. ברית המילה של אברהם היא חותם שהקב"ה מטביע עליו והיא מקנה לאברהם את שמו ואת כוחו. באמצעות חקיקה בגופו הופך אברהם להיות נושא חותמו של הקב"ה בעולם.

## בוקע לא בוקע

בריאת העולם מתוארת בזוהר כבקיעה: "בקע ולא בקע... עד שמתוך דוחק הבקיעה מאירה נקודה אחת נסתרת". האסוציאציה של הדברים היא באופן ברור ללידה, שבה במהלך הצירים התינוק יוצא ולא יוצא. השורש בק"ע בהקשר של בריאת העולם מוזכר כבר בספר משלי: "ה' בְּחָכְמָה יָסַד אָרֶץ כּוֹנֵן שָׁמַיִם בִּתְבוּנָה. בְּדַעְתּוֹ תְּהוֹמוֹת **נִבְקָעוּ** וּשְׁחָקִים יִרְעֲפוּ טָל" (משלי ג, יט-כ). בקיעת התהומות כחלק מבריאת העולם היא עניין שעסקו בו הרבה במיסטיקה הכללית: 'תִּיהֲמַת' הוא מושג מן התרבות המסופוטמית שמתייחס לכוח השלילי הרוחש מתחת האדמה. בתשתית התיאור של בריאת העולם כבקיעה עומדת ההנחה שהבריאה לא התחילה על דף חלק וריק, אלא קדמו לה כוחות תוהו. לפיכך,

3. בראשית רבה פרשה לט, ה.

הבקיעה של העולם המתוקן היא גם היציאה שלו מן השאול. היא מעין גאולה. לפי התיאור של הזוהר נוסף כאן עוד רובד; האור מתגבר ויוצא מתוך החושך כי החושך דוחק אותו החוצה. בדומה לכך, גם הגאולה העתידה מתוארת באמצעות השורש בק"ע, וכפי שאומר הנביא: "אָז יִבָּקַע כַּשַּׁחַר אוֹרֶךָ" (ישעיהו נח, ח). לפי הזוהר הדמיון בין הדברים ברור: הגאולה היא מעין בריאת העולם מחדש, מפני שבריאת העולם עצמה הייתה בקיעה של האור מתוך החושך. אגב, ראוי להעיר שעבור הזוהר תיאור הבקיעה הדרמטי הוא גם חוויה יום יומית. בתחילת כל יום עולה הבוקר ובוקע את החושך, והעולם נברא מחדש.

הביטוי "בקע ולא בקע" מתאר תהליך יסודי מאוד בספר הזוהר, ספר הסוד. תהליך גילוי הסודות כרוך באופן מובנה במתח של ההסתרה. היציאה החוצה מהחושך אל האור כרוכה בפעימות הלוך ושוב של "בקע ולא בקע", זאת בדומה לביטוי יסודי נוסף בזוהר "מטי ולא מטי" – נוגע ולא נוגע.[4] אכן, כאשר בעל הסוד מגלה את הסודות הוא יוצר שמיים חדשים וארץ חדשה,[5] והוא נעשה שותף בסוד המתגלה שהוא נוגע ולא נוגע, בוקע ולא בוקע.

מדוע המתח הזה? מדוע העולם 'בוקע ולא בוקע' ולא פשוט 'בוקע'? העניין הוא שבבריאת העולם יש מעבר קיצוני בין הנוכחות המוחלטת של אלוקים לבין קיומה של בריאה עצמאית. אם מבינים את התהליך לעומק, יוצא שהבריאה מאיימת על האין סופיות האלוקית שהרי כעת קיימות ישויות נוספות לכאורה. הקב"ה רוצה לברוא את העולם אך הוא גם 'מאוים' על ידי הבריאה שלו בעצמו. בדומה לכך, הרצון לגלות את הסוד בא יחד עם הפחד מתוצאת הגילוי הזה או מזילותו. הרצון העז לברוא וליצור מתלווה אל הרצון לשמור בפנים את האור והכוחות. לכן, בריאת העולם וגילוי הסוד, שניהם מלווים בצירי לידה – הלוך ושוב, בוקע ולא בוקע.

4. ראו למשל: זוהר ח"א טז ע"ב; סה ע"א.
5. זוהר ח"א ה ע"א.

## המאמר הראשון

בסוף תיאור הבריאה הקבלי שלו, חוזר הזוהר למילה 'בראשית' עצמה: "ומשום כך נקראת 'ראשית', המאמר הראשון של הכול". הזוהר מעגן את תיאור הבוצינא דקרדנותא – החומר הקדום, הנקודה הנסתרת שהתקיימה עוד לפני הבריאה – בפרשנות חז"ל למילה 'בראשית'. חז"ל אומרים ש"בעשרה מאמרות נברא העולם" (אבות פ"ה מ"א), וכוונתם הפשוטה היא שבמעשה בראשית כתובה המילה 'ויאמר' עשר פעמים. הבעיה הגדולה בקביעה זו היא שכאשר סופרים את ההופעות של הפועל 'ויאמר' בפרק א של מעשה בראשית, מגיעים לתשע בלבד.[6] את ההשלמה למספר עשר עושה הגמרא (ראש השנה לב ע"א), ובעקבותיה הזוהר, באמצעות המילה הראשונה בתורה – "'בראשית' נמי מאמר הוא". השלמה זו יוצרת מאמר נוסף אך כזה שאיננו 'ויאמר'.

בספרות חז"ל אנו מוצאים אפשרויות נוספות לפרש איך מגיעים לעשרה מאמרות, אך הבחירה של הזוהר דווקא בפירוש זה היא טבעית לעולמו.[7] הזוהר הוא ספר הסוד, והרעיון שיש מאמר שממנו הקב"ה יוצא לעולם אך המאמר עצמו אינו ניכר לבני האדם מתחבר עם היסוד העיקרי של סוד, של מציאות הקיימת מתחת לפני השטח באין רואים. כך מתחיל ספר בראשית וכך מתחיל גם ספר הזוהר – בתיאור של נקודה שאינה ידועה. הראשית היא המאמר הראשון לכול אך היא איננה ניכרת. היא דיבור שאינו נשמע, אך הזוהר בהמשך לחז"ל ידע לשמוע את הקול הזה ולספר לנו שהוא קיים, שנדע שממנו הכול התחיל.

6. חישוב זה לא כולל את הפסוק "וַיְבָרֶךְ אֹתָם אֱלֹהִים וַיֹּאמֶר לָהֶם אֱלֹהִים פְּרוּ וּרְבוּ" (בראשית א, כח). מסתבר שהגמרא לא מחשיבה פסוק זה בספירת עשרת המאמרות מפני שאמירה זו איננה דומה לשאר. היא רואה בה ברכה, הכרזה על מציאות הנעשית מאליה, או ציווי של מלך על מצוות 'פרו ורבו'.
7. לפירוט מאמרי חז"ל בנושא ראו ב'השלמות והוספות' של הר"ח אלבק על המשנה באבות פ"ה מ"א. וראו עוד לקמן עמ' 70 הערה 5.

# והמשכילים יזהירו

## זוהר ח"א טו ע"א – טז ע"א

הקטעים הבאים בזוהר עוסקים בפסוק שממנו הוא שואב את שמו: "וְהַמַּשְׂכִּלִים יַזְהִרוּ כְּזֹהַר הָרָקִיעַ וּמַצְדִּיקֵי הָרַבִּים כַּכּוֹכָבִים לְעוֹלָם וָעֶד" (דניאל יב, ג). בקטעים אלו קיימת התייחסות גם לבריאת העולם כך שהימצאותם ברצף כאן ברורה. לצד זאת, נראה שמקומם של הקטעים דווקא בדפים הראשונים של הזוהר הוא משמעותי מבחינת ההצגה העצמית של הזוהר. הקטעים מתאפיינים בנימה ארס־פואטית: הזוהר מציג ללומדיו כיצד הוא תופס את עצמו ומהו עניינו המרכזי.

"וְהַמַּשְׂכִּילִים יַזְהִירוּ כְּזֹהַר הָרָקִיעַ וּמַצְדִּיקֵי הָרַבִּים כַּכּוֹכָבִים לְעוֹלָם וָעֶד" (דניאל יב, ג).

"וְהַמַּשְׂכִּילִים יַזְהִירוּ כְּזֹהַר הָרָקִיעַ וּמַצְדִּיקֵי הָרַבִּים כַּכּוֹכָבִים לְעוֹלָם וָעֶד" (דניאל יב, ג).

"זֹהַר" – סְתִימָא דִסְתִימִין בָּטַשׁ אֲוִירָא דִילֵיהּ בְּהַאי נְקוּדָה, וּכְדֵין אִתְפַּשַּׁט הַאי רֵאשִׁית וְעָבִיד לֵיהּ הֵיכָלָא לִיקָרֵיהּ וּלְתוּשְׁבַּחְתֵּיהּ. תַּמָּן זָרַע זַרְעָא דְקוּדְשָׁא לְאוֹלָדָא לְתוֹעַלְתָּא דְעָלְמָא, וְרָזָא דָא: "זֶרַע קֹדֶשׁ מַצַּבְתָּהּ" (ישעיהו ו, יג).

"זֹהַר" – הנסתר של הנסתרים היכה באוויר שלו בנקודה זו, ואז התפשטה אותה הראשית ועשה לו היכל לכבודו ולתשבחתו. שם זרע זרע קודש להוליד לתועלת העולם, וזה סוד: "זֶרַע קֹדֶשׁ מַצַּבְתָּהּ" (ישעיהו ו, יג).

"זֹהַר" — דְּזָרַע זַרְעָא לִיקָרֵיהּ כְּהַאי זַרְעָא דְמֶשִׁי דְאַרְגְּוָון טָב דְּאִתְחֲפֵי לְגוֹ, וְעָבִיד לֵיהּ הֵיכָלָא דְאִיהוּ תּוּשְׁבַּחְתָּא דִילֵיהּ וְתוֹעַלְתָּא דְּכֹלָּא. בְּהַאי רֵאשִׁית בָּרָא הַהוּא סְתִימָא דְּלָא אִתְיְידַע לְהֵיכָלָא דָא. הֵיכָלָא דָא אִקְרֵי 'אֱלֹהִים', וְרָזָא דָא: "בְּרֵאשִׁית בָּרָא אֱלֹהִים" (בראשית א, א).

"זֹהַר" — שזרע זרע לכבודו, כמו זרע המשי הזה של ארגמן טוב שמתכסה לפנים, ועשה לו היכל שהוא תשבחתו ותועלת של הכול. בזו הראשית ברא אותו הנסתר שלא נודע את ההיכל הזה. היכל זה נקרא 'אלוהים', וזה סוד: "בְּרֵאשִׁית בָּרָא אֱלֹהִים" (בראשית א, א).

"זֹהַר" — דְּמִנֵּיהּ כֻּלְּהוּ מַאֲמָרוֹת אִתְבְּרִיאוּ, בְּרָזָא דְאִתְפַּשְּׁטוּתָא דִנְקוּדָה דְּזֹהַר סָתִים דָּא. אִי בְּהַאי כְּתִיב "בָּרָא" לֵית תְּוָוהָא, דִּכְתִיב: "וַיִּבְרָא אֱלֹהִים אֶת הָאָדָם בְּצַלְמוֹ" (בראשית א, כז).

"זֹהַר" — שממנו כל המאמרות נבראו, בסוד ההתפשטות של הנקודה של הזוהר הנסתר הזה. אם בזה כתוב "ברא" אין תמיהה, שכתוב: "וַיִּבְרָא אֱלֹהִים אֶת הָאָדָם בְּצַלְמוֹ" (בראשית א, כז).

כאשר הזוהר מביא את הפסוק "וְהַמַּשְׂכִּלִים יַזְהִרוּ כְּזֹהַר הָרָקִיעַ" כוונתו לומר שה'משכילים' הם חבורת הזוהר, כלומר החכמים הלומדים ומלמדים בספר זה או בלשון אחרת 'הגיבורים' של הספר. זהו מוטיב שמופיע בזוהר פעמים רבות: בני חבורת הזוהר רואים את עצמם כמשכילים מפני שבני החבורה הם המסתכלים; הם אלו שיודעים להתבונן בעולם ומתוך כך להכיר את העומק שלו ואת סודותיו.

עם זאת, בפסוק זה אותם משכילים ניחנים בתכונה נוספת, חזקה יותר: הם מזהירים. לא רק זוהרים אלא מפיקים זוהר כלפי חוץ, אל העולם. מדוע?

הסוד טמון במושא עיסוקם – הזוהר, כלומר האור, הדבר הראשון שנברא. הזוהר הזה הוא הכוח הקדום לכול, הכוח היוצר של הכול. הוא הראשית, הוא הזרע: "שם זרע קודש להוליד לתועלת העולם". כמו הזרע, בהתחלה הוא חבוי, טמון ונעלם, ואז הוא פורץ החוצה

אל תוך החלל שבתוכו נוצרת היצירה. הזוהר הוא הכוח שבתוך גולם המשי שיבקע בהמשך להיות פרפר. הוא התוכן של הבית, הוא האיש של האישה, הוא הנקודה בתוך ההיכל שנקרא 'אלוהים'. והעוסקים בזוהר מתחברים לכוח המיוחד שבו, ונעשים יוצרים גם הם. הם לא רק 'זוהרים' אלא גם 'מזהירים'.

הזוהר רומז כאן, בראשיתו, למקום שלו ביחס לשאר התורה, לפי תודעתו. לעומת בריאת העולם שבפשט התורה, המתוארת מהזווית הגלויה לעיניים האנושיות הפשוטות, בריאת העולם בזוהר ובספר היצירה חוזרת אחורה לאותה נקודה נסתרת, לזרע שנטמן ועדיין לא רואים אותו, עוד לפני שהוא מגיע להתפרצות ולגילוי. התיאור הזה מאפיין גם את הזוהר עצמו: הזוהר מזהה את עצמו עם תורת הסוד ומציע שתורת הסוד קודמת לתורת הנגלה. ביטוי לכך אנו יכולים לראות ביחס שבין ספר יצירה לחומש בראשית. שני הספרים עוסקים בבריאת העולם, אבל התפיסה הקבלית היא שספר יצירה קודם לתורה מפני שהוא מיוחס לאברהם אבינו ואילו ספר בראשית למשה רבנו. הקדימות הכרונולוגית של המחברים היא שיקוף של היחס המהותי בין הספרים: ספר יצירה, שעוסק ביצירת העולם על פי תורת הנסתר, נעלה על ספר התורה, שעוסק בסיפור הגלוי של ההיסטוריה של עם ישראל ובמצוות הגלויות שניתנו לנו.

ההתמקדות של תורת הנסתר בזרע, באור הקודם לכול, מוציאה את האדם ממעמד של צופה בעולם הנתון ומחברת אותו להיות שותף ביצירה. דברים אלו מתקשרים לתפיסת הרב קוק שדיבר על "חכמת הקודש הפועלת" (אורות הקודש א, א). לדברי הרב קוק, בעוד שחוכמת החול מתארת את העובדות כפי שהן, מסתכלת על המציאות ומקטלגת אותה, חוכמת הקודש פועלת. היא יוצרת את העובדות ומשנה את המציאות. בזוהר, בעקבות המדרש, מופיע תיאור של הקב"ה ש"אסתכל באורייתא וברא עלמא",[1] הסתכל בתורה וברא את העולם. הוא השתמש

1. זוהר ח"ב קסא ע"ב, וכן בבראשית רבה פרשה א, א.

באותה חוכמה קדושה של התורה כדי לברוא את העולם. המשמעות הקיומית עבורנו היא שאנחנו, כמו אלוקים, יכולים גם כן להשתמש בתורה כדי ליצור עולמות.

האפשרות הרוחנית הזאת אינה מובנת מאליה, ולמעשה היא עשויה לעורר ביקורת חריפה של אנשי הפשט על אנשי הסוד. דוגמה לדבר: רבי נחמן לימד אותנו שצריך למצוא נקודה טובה בכל אחד ואחד מעם ישראל כולל ברשעים גמורים (ליקוטי מוהר"ן קמא, רפב). כמותו, לימד הרב קוק סניגוריה על החילונים הבונים את הארץ. שניהם הלכו לפי תורת הנסתר: הם לא חיפשו לתאר משהו קיים, אלא ביקשו ליצור משהו חדש שהרי מציאת הנקודה הטובה אצל הרשע "מעלה אותו באמת מכף חובה לכף זכות" (שם), והסניגוריה על הפושעים יוצרת מציאות שבה הם אכן יכולים להיות זכאים. ואומנם, הן רבי נחמן הן הרב קוק ספגו בעקבות הגישה הזו שלהם ביקורת קשה. לדעתי בשורש המחלוקת עליהם עומדת המחלוקת היסודית על התפיסה של הזוהר שלפיה האדם יכול להיות שותף ביצירת העולם, ולא רק לתאר את אשר עיניו רואות.

"זֹהַר" — רָזָא דָא בְּרֵאשִׁית, קַדְמָאָה דְכֹלָּא. שְׁמֵיהּ 'אֶהְיֶה' — שְׁמָא קַדִּישָׁא גְּלִיפָא בְּסִטְרוֹי אֱלֹהִים. גְּלִיפָא בְּעִיטְרָא 'אֲשֶׁר', הֵיכָלָא טָמִיר וְגָנִיז, שֵׁרִיאוּתָא דְרָזָא דְרֵאשִׁית. 'אֲשֶׁר' — 'רֹאשׁ' דְּנָפִיק מֵרֵאשִׁית.

"זֹהַר" — זה סוד בראשית, הראשון של הכול. שמו 'אהיה' — שם קדוש חקוק בצידו אלוהים. חקוק בעטרה 'אשר', היכל נסתר וגנוז, ההתחלה של סוד הראשית. 'אשר' — 'ראש' שיוצא מראשית.

וְכַד אִתְתַּקַּן לְבָתַר נְקוּדָה וְהֵיכָלָא כַּחֲדָא, כְּדֵין 'בְּרֵאשִׁית' כָּלִיל רֵאשִׁיתָא עִלָּאָה בְּחָכְמְתָא. לְבָתַר אִתְחַלַּף גַּוָּון הַהוּא הֵיכָלָא וְאִקְרֵי 'בַּיִת', נְקוּדָה עִלָּאָה אִקְרֵי 'רֹאשׁ'.

ובאשר נתקן אחר כך הנקודה וההיכל באחד, אז 'בראשית' כולל את הראשית עליונה בחוכמה. אחר כך התחלף גון אותו ההיכל ונקרא 'בית',

כָּלִיל דָּא בְּדָא בְּרָזָא 'בְּרֵאשִׁית', כַּד אִיהוּ כֹּלָּא כַּחֲדָא בִּכְלָלָא חָדָא עַד לָא הֲוֵי יִשּׁוּבָא בְּבֵיתָא, כֵּיוָן דְּאִזְדְּרַע לְתִקּוּנָא דְּיִשּׁוּבָא כְּדֵין אִקְרֵי 'אֱלֹהִים' טְמִירָא סְתִימָא.

נקודה עליונה נקראת 'ראש'. כולל זה בזה בסוד 'בראשית', כשהכול הוא יחד, בבלל אחד, כשטרם היה יישוב בבית. כיוון שנזרע לתיקון היישוב, אז נקרא 'אלוהים' טמיר נסתר.

את אותה נקודה של טרום בריאה שאליה מתחברים חכמי הזוהר, מוצא הזוהר גם במילה 'בראשית' עצמה, שאותה הוא מחלק לשתי מילים – 'אשר' ו'בית'. שתי המילים האלה הן בעצם שלוש כי המילה 'אשר' בהיפוך אותיות היא מילה נוספת – 'ראש'. הזוהר רואה בשלוש המילים הללו ביטוי של תהליך שהמקובלים קראו לו 'צמצום'.

במצב הראשוני ישנה נקודה קדושה של אלוקים השוכנת בכתר, במידה העליונה ביותר שאין לנו איתה מגע והיא נקראת 'אשר'. לאחר מכן, המילה 'אשר' מתהפכת ונעשית 'ראש'. משמעות המילה ראש היא כפולה: הראש מסמל את המדרגה הגבוהה ביותר מבחינת איכות, וגם את הנקודה הראשונה על ציר הזמן והתהליך. זוהי הנקודה שתוארה קודם, זהו הזרע, זהו הזוהר. השלב הבא הוא שנוצר 'בית' – היכל, מרחב שנותן מקום לבחינות האלוקיות הגבוהות. יצירת העולם היא תהליך של נתינת מקום שבו עוברת הבחינה האלוקית הנסתרת הידועה בשם 'א-היה' אל הבחינה האלוקית הגלויה והנוכחת הידועה בשם 'אלוהים'. הדברים מופשטים מאוד וצריך לעמול ולמצוא להם משמעות קיומית, אבל אני רוצה לעצור כאן ולהתבונן בהם מבלי לתת להם עדיין את הפן הרלוונטי והממשי.

## סוד הטעמים

"וְהַמַּשְׂכִּלִים יַזְהִרוּ" — כְּגַוְונָא דִּתְנוּעֵי דְּמְנַגְּנֵי, וּבְנִגּוּנָא דִּילְהוֹן אָזְלִין אֲבַתְרַיְיהוּ אַתְוָון וְנִקּוּדֵי,

"וְהַמַּשְׂכִּילִים יַזְהִרוּ" — כדוגמת התנועות שמנגנות, ובניגון שלהן הולכות אחריהן אותיות

וּמִתְנַעְנְעָן אֲבַתְרַיְיהוּ כְּחַיָּילִין בָּתַר מַלְכֵּיהוֹן.

ונקודות, ומתנענעות אחריהן כמו חיילים אחרי מלכם.

גּוּפָא — אַתְוָון, וְרוּחָא — נְקוּדֵי. כֻּלְהוּ נָטְלוּ בְּמַטְלָנֵיהוֹן בָּתַר תְּנוּעֵי וְקַיְימֵי בְּקִיוּמַיְיהוּ. כַּד נִגּוּנָא דְּטַעֲמֵי נָטִיל, נָטְלֵי אַתְוָון וְנִקוּדֵי אֲבַתְרַיְיהוּ. כַּד אִיהוּ פָּסִיק, אִנּוּן לָא נָטְלִין וְקַיְימֵי בְּקִיוּמַיְיהוּ.

הגוף — אותיות, והרוח — נקודות. כולן נוסעות במסעותיהן אחר התנועות ועומדות על עומדן. כשניגון הטעמים נוסע, נוסעות האותיות והנקודות אחריהם. כשהוא פוסק, הן אינן נוסעות, ועומדות על עומדן.

"וְהַמַּשְׂכִּלִים יַזְהִרוּ" — אַתְוָון וְנִקוּדֵי.

"וְהַמַּשְׂכִּילִים יַזְהִרוּ" — אותיות ונקודות.

"כְּזֹהַר" — נִגּוּנָא דְּטַעֲמֵי.

"כְּזֹהַר" — ניגון הטעמים.

"הָרָקִיעַ" — אִתְפַּשְׁטוּתָא דְּנִגּוּנָא, כְּגוֹן אִנּוּן דְּמִתְפַּשְׁטֵי בִּפְשִׁיטוּ וְאָזְלוּ בְּנִגּוּנָא.

"הָרָקִיעַ" — התפשטות הניגון, כמו אלה שמתפשטים בהתפשטות והולכים בניגון.

"וּמַצְדִּיקֵי הָרַבִּים" — אִנּוּן פִּסּוּקֵי דְּטַעֲמֵי דְּפַסְקֵי בְּמַטְלָנֵיהוֹן דִּבְגִין כָּךְ אִשְׁתְּמַע מִלָּה.

"וּמַצְדִּיקֵי הָרַבִּים" — אותם פיסוקי הטעמים שפוסקים במסעותיהם שבגלל כך נשמע המילה.

"יַזְהִרוּ" — אַתְוָון וְנִקוּדֵי. וְנַהֲרִין כַּחֲדָא בְּמַטְלָנִין בְּרָזָא דִסְתִימוּ בְּמַטְלָנוּתָא כְּאִנּוּן שְׁבִילִין סְתִימִין. מֵהַאי אִתְפַּשַּׁט כֹּלָּא.

"יַזְהִרוּ" — אותיות ונקודות. ומאירים כאחד במסעות בסוד של סתר במסע כאותם שבילים נסתרים. מזה מתפשט הכול.

את מבנה המילים מתאר הזוהר, כמו גם הראשונים בימי הביניים, כמחולק לשתי רמות: האותיות הן הגוף, והניקוד הוא הרוח. האותיות עצמן אינן יכולות להיאמר בלי הניקוד, הרוח, כמו שהגוף אינו יכול לחיות בלי נשמה. התנועה היא יסוד המאפיין את החי לעומת הדומם,

וכדי שהאותיות יחיו ויוכלו להיות בנות שימוש צריך להפיח בהן רוח, כלומר ניקוד. הניקוד מעניק למילה את הצליל שעל פיו אנו יודעים כיצד להגות אותה.

אולם נוסף על הניקוד המסורת מעבירה לנו ממד נוסף של הגיית המילים – 'טעמי המקרא' שהם המנגינה שבה קוראים את התורה. טעמי המקרא מניעים את האותיות ואת הניקוד שלהן גם יחד. הזוהר מבקש להציג את המשכילים, הלוא הם לומדי הזוהר, כמי שמעניקים את הטעמים למילים ולאותיות.

בזוהר כאן מופיע תיאור שלפיו האותיות נוסעות על פי המנגינה. התיאור הזה מבוסס על תנועת בני ישראל במדבר שעליה נאמר: "עַל פִּי ה' יִסְעוּ בְּנֵי יִשְׂרָאֵל וְעַל פִּי ה' יַחֲנוּ כָּל יְמֵי אֲשֶׁר יִשְׁכֹּן הֶעָנָן עַל הַמִּשְׁכָּן יַחֲנוּ" (במדבר ט, יח). כבר בסיפור המסעות כפי שהוא מופיע בפשט הפסוקים, ניתן לראות איך דבר ה' המורה לנסוע מופיע דווקא דרך המוזיקה, דרך תרועת החצוצרות. דווקא הצליל – ולא המילים – הוא שמזיז את העם ממקומו. ספר התורה שלנו כתוב ללא פיסוק וללא ניקוד כלל אלא כרצף של מילים. לטעמי המקרא ישנם שני תפקידים ברמת המשפט: האחד הוא ליצור מנגינה לקריאת התורה, והאחר הוא להעניק משמעות לפסוק על ידי הפיסוק שהטעמים יוצרים. אם כן, הטעמים גורמים קודם כול לכך שהדברים מקבלים מנגינה שמטעינה אותם ברגש. מאידך, הטעמים נותנים גם 'טעם', כלומר, הסבר הגיוני ומשמעות לתורה. כמו שעם ישראל נוסע במדבר על פי דבר ה', כך הטעמים מורים מתי לנסוע, כלומר מתי להמשיך ולחבר את המילים, ומתי להפסיק את העניין ולהפריד בין משפט למשפט.

גם את עניין הטעמים צריך לראות כביטוי לתודעה העצמית של הזוהר. הזוהר לוקח על עצמו את התפקיד הכפול של הטעמים מתוקף היותו תורת הסוד. תורת הסוד היא הביטוי לדבר ה' החי, התנועתי, האומר מתי ללכת ומתי לעצור. סודות התורה הם מצד אחד ההיגיון של התורה ומצד שני הרוח והמנגינה שלה.

רבי נחמן, שראה עצמו כממשיך דרכו של ספר הזוהר,[2] נתן מימוש לדברים הללו בתורה האחרונה שהוא לימד בחייו. את התורה המכונה 'תקעו תוכחה' (ליקוטי מוהר"ן תניינא, ח) אפשר לראות כמעין צוואה של רבי נחמן, ובה הוא מסביר שכוחו של המשפיע להשאיר רושם במושפעיו ואף לשנות אותם אינו נובע מתוכן המילים שהוא אומר אלא מן הדרך שבה הוא אומר אותם, מן המנגינה שלהם. רבי נחמן והזוהר אחד הם בכך שהם מלמדים את המנגינה ולא רק את התוכן של הדברים.

את הרעיון הזה הזוהר מפתח באמצעות פירוק הפסוק בדניאל ודרשתו, מילה אחר מילה.

"'וְהַמַּשְׂכִּלִים יַזְהִרוּ' – אותיות ונקודות" – בפשטות, כוונת המילה 'יזהירו' בפסוק היא לתאר את מצבם של המשכילים, אך בעקבות המבנה הדקדוקי של המילה, הזוהר מפרש אחרת. 'יזהירו' הוא פועל בבניין הִפעיל, בניין שמשמעותו גרימה, כמו 'הוליך' – גרם למישהו ללכת. לפי זה אנו צריכים להבין שהמשכילים יגרמו למשהו לזהור. ולְמה? לאותיות.

"'כְּזֹהַר' – ניגון הטעמים" – איך יאירו המשכילים את האותיות? בכך שהם ייתנו בתוכן טעמים.

"'הָרָקִיעַ' – התפשטות הניגון, כמו אלה שמתפשטים בהתפשטות והולכים בניגון" – הטעמים יביאו את האותיות להתפשטות כמו הרקיע. את המילה התפשטות האמורה כאן בזוהר אפשר להבין במספר דרכים: האחת, אולי הבסיסית יותר – התרחבות, כלומר המילים מתרחבות על ידי הניגון כמו הרקיע המתפשט מאופק לאופק. אולם יש אפשרות נוספת שהדימוי לרקיע אינו למרחבים שלו אלא לשקיפות

2. את תפיסתו של רבי נחמן כממשיך דרכו של רשב"י אפשר לראות ב'תורה 0' שהוזכרה לעיל (עמ' 7) שכותרתה "התגלות נפלא מסוד גדולת התנא האלקי רבי שמעון בן יוחאי ז"ל". עצם הפתיחה הזו של רבי נחמן לספר שלו מקשרת באופן חזק בינו לבין רשב"י, ועיון בתוכן הפסקה שם מחזק הבנה זו.

שלו, לצלילות שלו, ו'התפשטות' כאן פירושה הסרת הכסות, כמו לפשוט חולצה. המנגינה חושפת את הסוד בכך שהיא מורידה את הלבושים שהם הנגלה. פירוש זה מזכיר את האופן שבו בנויה המילה 'גילוי' באנגלית, discover: היא מורכבת מ־dis ו־cover, כלומר להסיר את הכיסוי. ואומנם, במקום אחר הזוהר מתאר את הכלה כמכוסה במספר רב של צעיפים כאשר במהלך החתונה החתן צריך להוריד ממנה את כל הצעיפים עד שהוא מגלה את פניה (זוהר ח"ב צח ע"ב). חיזוק לפירוש זה הוא שבסיפורי המקרא הסרת בגדים ומנגינה משמשות שתיהן כדרכים לקבלת רוח הקודש. סיפורו של שאול המלך כולל בתוכו כמה דוגמאות לכך: כאשר שאול מגיע לבני הנביאים בתחילת דרכו הנביאים יושבים ולפניהם כלי נגינה והוא מתפשט כדי להתנבא. בהמשך אנו מוצאים אותו מאבד את רוח ה' ונגינתו של דוד משיבה לו אותו. באירוע נוסף בזמן רדיפתו אחר דוד, שאול מתנבא בלא בגדים כאשר הוא נתקל שוב בבני הנביאים (שמואל א' י, ה-י; טז, כג; יט, כד).

משמעות נוספת למילה התפשטות שאני רוצה להוסיף היא פשט: פשט הדברים, פשוטו של מקרא. ניגון הטעמים חושף את הפשט. נקודה זו מובילה אותנו למקום מעניין ומאוד לא צפוי: דווקא העיסוק הפנימי והמעמיק מגלה את פשט העניין, כשם שהפנים החיצוניות של האדם מגלות את הפנימיות שלו. קיים חיבור מרתק בין הסוד לבין הפשט.

"'וּמַצְדִּיקֵי הָרַבִּים' – אותם פיסוקי הטעמים שפוסקים במסעותיהם שבגלל כך נשמע הדבר" – כאמור, מטרה נוספת של הטעמים היא חלוקת הפסוק באופן הגיוני. מצדיקי הרבים הם הטעמים המפסיקים, הם ההגדרות של המציאות. המילה 'מצדיקי' היא מלשון 'צדק' שהיא מידת המלכות, המידה המכילה הגדרות בעולם. המילים עצמן, כמו הצדק, נועדו לציין דבר מסוים (מלשון סיום), לשים גבול. למילים יש חיסרון משום שהן מצמצמות את האין סוף, אך יש בהן גם יתרון מפני שהן מגדירות את הדברים ומנגישות אותם. כדי לדבר על משהו צריך להגדיר אותו. כאשר מביטים בציורים של ילדים זה בולט מאוד משום שהם מציירים תמיד בצורה קונקרטית, בקווים ותיחומים ולא

בפריסת צבע. כאן הזוהר מגלה לנו את היתרון של התיחום. הטעמים מוסיפים למשפט עצירות, ודווקא העצירות הן שמאפשרות לנו לשמוע את המילים. זהו משמעות הביטוי 'בלימה' שבו משתמש ספר יצירה לכנות בו את הספירות האלוקיות.[3] 'בלימה' מלשון 'בלום פיך', הווי אומר – עצור, תתאפק. בניגוד למה שעשויים לחשוב, עולם הסוד מתחיל דווקא בקשב עמוק לגבולות של המציאות, קשב שאף מחדד אותם. כפי שראינו לעיל, הקב"ה ברא את העולם כחותם וחקק בו אותיות וצורות. ודווקא הגבולות האלו מאפשרים לו לקבל מקום.

יציקת הטעמים אל תוך האותיות והנקודות מאחדת בין המוזיקה ובין המשמעות, בין הרגש להיגיון. יחד הם "מאירים כאחד במסעות", הם מאפשרים למסע לצאת לדרך. אפשר לומר שזאת אחת המטרות של ספר הזוהר – לקחת חלקים שונים ולאחד ביניהם, לחבר בין הממדים השונים של ההבנה והרגש. לאורך הדרך ישנם שבילים שונים, והסוד של המסע הוא לעבור דרך כולם.

## נושאי האפיריון

"וְהַמַּשְׂכִּלִים יַזְהִירוּ כְּזֹהַר הָרָקִיעַ" – אִנּוּן קַיָּימִין וְסַמְכִין דְּהַהוּא אַפִּרְיוֹן.

"וְהַמַּשְׂכִּלִים יַזְהִירוּ כְּזֹהַר הָרָקִיעַ" – אותם עמודים ואדנים של אותו אפריון.

"הַמַּשְׂכִּלִים" – אִנּוּן קַיָּימִין וְסָמְכִין עִלָּאִין, דְּאִנּוּן מִסְתַּכְּלֵי בְּסֻכְלְתָנוּ בְּכָל מַה דְּאִצְטְרִיךְ הַהוּא אַפִּרְיוֹן וְסָמְכִין דִּילֵיהּ. סִתְרָא דָא כְּמָא דְאַתְּ אָמֵר "אַשְׁרֵי מַשְׂכִּיל אֶל דָּל" (תהילים מא, ב).

"הַמַּשְׂכִּלִים" – אותם עמודים ואדנים עליונים, שהם מתבוננים בשכלם בכל מה שצריך אותו אפריון ואדנים שלו. סתר זה הוא כמו שנאמר "אַשְׁרֵי מַשְׂכִּיל אֶל דָּל" (תהילים מא, ב).

3. הפרק הראשון של ספר יצירה בנוי כולו על מושג זה. נציין בפרט משנה זו: "עשר ספירות בלימה, בלום פיך מלדבר ולבך מלהרהר, ואם רץ לבך שוב למקום, שלכך נאמר והחיות רצוא ושוב. ועל דבר זה נכרת ברית" (ספר יצירה פ"א מ"ח).

"יַזְהִרוּ" — דְּאִי לָא יַזְהִירוּ וְלָא נַהֲרִין, לָא יָכְלִין לְעַיְינָא וּלְאִסְתַּכָּלָא בְּהַהוּא אַפִּרְיוֹן בְּכָל מַה דְּאִצְטְרִיךְ.

"כְּזֹהַר הָרָקִיעַ" — הַהוּא דְּקַיְימָא עַל גַּבֵּי אִנּוּן מַשְׂכִּילִים, דִּכְתִיב בֵּיהּ "וּדְמוּת עַל רָאשֵׁי הַחַיָּה רָקִיעַ כְּעֵין הַקֶּרַח הַנּוֹרָא" (יחזקאל א, כב). זֹהַר דְּהוּא נָהִיר לְאוֹרַיְיתָא, זֹהַר דְּנָהִיר לְאִנּוּן רָאשֵׁי דְּהַהִיא חַיָּה. וְאִנּוּן רָאשֵׁי אִנּוּן מַשְׂכִּילִים דְּנָהֲרִין תָּדִיר וּמִסְתַּכְּלָן לְהַהוּא רָקִיעַ, לְהַהוּא נְהִירוּ דְּנָפִיק מִתַּמָּן. וְדָא אִיהוּ נְהִירוּ דְּאוֹרַיְיתָא דְּנָהִיר תָּדִיר וְלָא פָּסִיק.

"יַזְהִרוּ" — שאם לא יזהירו ולא מאירים, לא יכולים לעיין ולהסתכל באותו אפריון בכל מה שצריך.

"כְּזֹהַר הָרָקִיעַ" — אותו שעומד על גבי אותם המשכילים, שכתוב בו "וּדְמוּת עַל רָאשֵׁי הַחַיָּה רָקִיעַ כְּעֵין הַקֶּרַח הַנּוֹרָא" (יחזקאל א, כב). זוהר שהוא מאיר לתורה, זוהר שמאיר לאותם ראשים של אותה חיה. ואותם ראשים הם משכילים שמאירים תמיד ומסתכלים לאותו רקיע, לאותו האור שיוצא משם. וזהו אור התורה שמאיר תמיד ואינו פוסק.

הזוהר מבקש להעמיק עוד בתפקידם של המשכילים, המעיינים בסוד, והוא מצייר אותם כמי שתומכים ומחזיקים את ה'אפריון' שהוא כנסת ישראל, המידה התחתונה, מידת המלכות. לומדי הזוהר הם העמודים והאדנים של המלכות.

אפריון הוא מיטה, אבל לא סתם מיטה אלא מיטת מלכים, כמו שהפסוק אומר "אַפִּרְיוֹן עָשָׂה לוֹ הַמֶּלֶךְ שְׁלֹמֹה" (שיר השירים ג, ט). הדימוי של מידת המלכות לאפריון מבוסס כמובן על כך שהאפריון שייך למלך, אבל גם על כך שמידת המלכות היא הבסיס כמו מיטה, מסגרת כמו בית, תחום כמו חופה. בנוסף לכך, אחד המאפיינים הבולטים של מידת המלכות הוא שהיא איננה יכולה לעמוד בפני עצמה, ולכן היא משולה למיטה שצריכה רגליים שיחזיקו אותה. מידת המלכות שרויה במצב תמידי של חיסרון, והמשכילים מסתכלים על

המלכות, מחפשים מה חסר לה ומשלימים אותה. נאמר עליהם "אַשְׁרֵי מַשְׂכִּיל אֶל דָּל" (תהילים מא, ב) – הם מתבוננים על הדל, העני – שגם הוא דימוי למידת כנסת ישראל – ומשלימים ומפרנסים אותו במה שחסר לו.

תיאור נוסף של השלמת מידת המלכות מופיע בזוהר בתיאור של החברים המקשטים את הכלה בלילה שלפני חתונתה. החברים הם כמובן חכמי הזוהר, המשכילים, אשר מקשטים את מידת המלכות הדלה ומוסיפים לה נופך משל עצמם בחידושי התורה שהם מחדשים (זוהר ח"א ח ע"א).

חשוב לשים לב לכך שבעלי הסוד כאן לא רק מסתכלים בידע ומפנימים אותו, אלא גם פועלים במציאות באופן ממשי. ההסתכלות מובילה לפעולה המכונה כאן 'יזהירו'. הדבר דומה למושג 'השגחה', שאצל חז"ל משמעותו לא רק שהקב"ה מסתכל ויודע מה קורה, אלא גם שהוא מתערב בדברים לפי רצונו. גם בימינו, כאשר אנו משתמשים במושג הדתי 'השגחה פרטית' אנו מתכוונים לומר שהמושגח מושפע מן ההשגחה. באותו אופן האור של הזוהר לא רק מאפשר לראות מה חסר, אלא הוא גם משפיע מאורו להשלים את החיסרון. העמדה הפעילה של המשכילים היא שמעמידה את האפריון, כלומר את העולם כולו, כמאמר חז"ל: "העולם עומד על עמוד אחד וצדיק שמו" (חגיגה יב ע"ב).

מאידך, הזוהר מדגיש שהמשכילים אומנם מזהירים על הארץ ופועלים בה, אך הם אינם מקור האור. הם עצמם מקבלים מ"זוהר הרקיע – אותו שעומד על גבי אותם המשכילים". דווקא מכוח הרקיע ובהשפעתו הם מהלכים בשבילי העולם ומאירים אותו. הם משמשים כמיצוע בין השמיים לארץ באמצעות התורה שלהם. הם מקיימים את העולם לא מכוחם שלהם, אלא מפני שהתורה שהם עוסקים בה היא המשכית, תדירה ובלתי פוסקת.

## הזוהר ותנועת ההשכלה

אני רוצה להעיר כאן הערה מעניינת מבחינה היסטורית שיכולה לדעתי גם ללמד על מהות העניין שבו אנו עסוקים. תנועת ההשכלה האירופית שהתחילה לפני כמאתיים שנה קראה לעצמה בלועזית Enlightenment (הארה), והיהודים שהתחברו לתנועה מראשיתה קראו לעצמם בתרגום לעברית 'משכילים'. קשה להניח שהם לא לקחו את הביטוי הזה מהפסוק שלנו בדניאל. הם ראו את עצמם כמפיצי האור, כמזהירים את זוהר הרקיע. המשכילים חיו את המתח בין בערות להשכלה כמתח בין טוב לרע עד כדי כך שהם תיארו את המתח הזה כמלחמת בני האור בבני החושך. מה שמעניין זה איך שהקב"ה מגלגל את ההיסטוריה המילולית: המשכילים היהודים של אירופה הבינו את המילה 'משכילים' במובן של שכל והיגיון, וזאת בניגוד לאופן שבו הזוהר הבין אותה. האידיאל הזוהרי הוא לא רק להתבונן בדברים אלא גם להעמיק בהם, לחוות אותם ואף ליצור אותם, ולכן המשכילים של הזוהר אינם מסתפקים רק בידע ובהיגיון כמו המשכילים של אירופה. יתרונו של איש הזוהר על איש הנגלה ועל המשכיל האקדמי הוא בדיוק בנקודה הזו של ההתבוננות. איש הזוהר אינו מסתפק בקריאת שניים מקרא ואחד תרגום כדי לצאת ידי חובה, הוא אינו לומד דף יומי בזריזות כדי להספיק. הוא תמיד קורא בהתבוננות עמוקה היוצרת את האור ומאירה את העולם באופן פעיל מעצם הלימוד.

# תוהו ובוהו, חושך ורוח

## זוהר ח"א טז ע"א

הפסוק השני בפרשת בראשית מתאר את מצב הארץ לפני הבריאה: "וְהָאָרֶץ הָיְתָה תֹהוּ וָבֹהוּ וְחֹשֶׁךְ עַל פְּנֵי תְהוֹם וְרוּחַ אֱלֹהִים מְרַחֶפֶת עַל פְּנֵי הַמָּיִם" (בראשית א, ב). בפסוק זה מתוארים ארבעה אלמנטים שהיו בעולם עוד לפני תחילת היום הראשון: תוהו, בוהו, חושך ורוח. הזוהר רואה בארבעת אלו חלק מתהליך הבריאה, והוא עומד על מהותו של כל אחד מהם.

בניגוד לתיאור הבריאה שהציג הזוהר קודם, שלפיו הבריאה היא השתלשלות אלוקית היורדת מטה, כאן נראה שהבריאה עצמה מזדככת מתוכה ועולה מעלה.

### התוהו מזדכך

"וְהָאָרֶץ הָיְתָה תוֹהוּ וָבֹהוּ" וְגוֹ'.

"הָיְתָה" — דַּיְיקָא, מִקַּדְמַת דְּנָא, תַּלְגָּא גּוֹ מַיָּיא. נַפְקָא מִנָּהּ זוּהֲמָא בְּהַהוּא חֵילָא דְּתַלְגָּא בְּמַיָּיא, וְאַקִּישׁ בָּהּ אֶשָּׁא תַּקִּיפָא וַהֲוָה בָּהּ פְּסוֹלֶת וְאִתְעֲדִיאַת וְאִתְעֲבִידַת

"וְהָאָרֶץ הָיְתָה תוֹהוּ וָבֹהוּ" וְגוֹ'.

"הָיְתָה" — דווקא, מקודם לזה, שלג בתוך המים. יצאה ממנה זוהמה באותו כוח של שלג במים, והכתה בה אש חזקה והייתה בה פסולת ונתעברה

"תֹּהוּ" מֵאֲתַר דְּזוּהֲמָא, קִינָא דִּפְסוֹלֶת.

ונעשתה "תֹּהוּ" ממקום הזוהמה, קן הפסולת.

"וָבֹהוּ" — בְּרִירוּ דְּאִתְבְּרִיר מִגּוֹ פְּסוֹלֶת וְאִתְיַישַׁב בָּהּ.

"וָבֹהוּ" — בירור שהתברר מתוך פסולת והתיישב בה.

"חֹשֶׁךְ" — רָזָא דְּאֶשָּׁא תַּקִּיפָא. וְהַהוּא חֹשֶׁךְ חָפֵי עַל גַּבֵּי הַהוּא תֹּהוּ עַל גַּבֵּי הַהוּא פְּסוֹלֶת, וְאִתְתַּקָּנַת מִינֵיהּ.

"חֹשֶׁךְ" — הסוד של אש חזקה. ואותו חושך כיסה על אותו תוהו על גבי אותה פסולת, והתתקנה ממנו.

"וְרוּחַ אֱלֹהִים" — רוּחַ קוּדְשָׁא דְּנָפִיק מֵאֱלֹהִים חַיִּים.

"וְרוּחַ אֱלֹהִים" — רוח הקודש שיצאה מאלוקים חיים.

וְדָא "מְרַחֶפֶת עַל פְּנֵי הַמָּיִם" — בָּתַר דְּהַאי רוּחַ נָשִׁיב, אִבְרִיר דְּקִיקוּ חַד מִגּוֹ הַהוּא פְּסוֹלֶת, כְּטִיסָא דְּזוּהֲמָא, כַּד אִבְרִיר וְאִצְנִיף וְאִצְרִיף זִמְנָא וּתְרֵין, עַד דְּיִשְׁתְּאַר הַהוּא זוּהֲמָא דְּלֵית בֵּיהּ זוּהֲמָא כְּלָל.

וזה "מְרַחֶפֶת עַל פְּנֵי הַמָּיִם" — אחר שרוח זו נשבה, נבררה דקיקות אחת מתוך אותה פסולת, כהתעופפות הזוהמה, כשנבררה ונצנפה ונצרפה פעם ופעמיים, עד שנשארה אותה זוהמה שאין בה כלל זוהמה.

כַּד הַאי תֹּהוּ אִבְרִיר וְאַצְרִיף נָפַק מִינֵיהּ "רוּחַ גְּדוֹלָה וְחָזָק מְפָרֵק הָרִים וּמְשַׁבֵּר סְלָעִים" (מלכים א יט, יא) הַהוּא דְּחָמָא אֵלִיָּהוּ. אִבְרִיר בֹּהוּ וְאִצְרִיף, וְנָפַק מִנֵּיהּ רַעַשׁ, דִּכְתִיב "וְאַחַר הָרוּחַ רַעַשׁ" (שם). וְאִבְרִיר חֹשֶׁךְ וְאִכְלִיל בְּרָזָא דִילֵיהּ אֵשׁ, דִּכְתִיב "וְאַחַר הָרַעַשׁ אֵשׁ" (שם). אִבְרִיר רוּחַ וְאִתְכְּלִיל בְּרָזָא דִילֵיהּ "קוֹל דְּמָמָה דַקָּה" (שם).

כשהתוהו הזה נברר ונצרף יצא ממנו "רוּחַ גְּדוֹלָה וְחָזָק מְפָרֵק הָרִים וּמְשַׁבֵּר סְלָעִים" (מלכים א יט, יא), אותו שראה אליהו. נברר בהם ונצרף, ויצא ממנו רעש, שכתוב "וְאַחַר הָרוּחַ רַעַשׁ" (שם). ונברר החושך ונכלל בסוד שלו אש, שכתוב "וְאַחַר הָרַעַשׁ אֵשׁ" (שם). נברר הרוח ונכלל בסוד שלו "קוֹל דְּמָמָה דַקָּה" (שם).

הפילוסופיה היוונית טבעה את המושגים של חומר וצורה, ובעקבותיה הלכו גם חכמי ישראל בתקופת הראשונים (מה שמכנים 'ימי הביניים'). המושגים הללו הם בסיס לדברי הזוהר במאמר הזה, כמו גם במקומות אחרים. בפילוסופיה היוונית מתייחסים לחילוק בין חומר לצורה כחילוק בין חיובי לשלילי: החומר הוא ארצי ולכן גם שלילי, ולעומתו הצורה היא רוחנית וחיובית. לפי החילוק הזה קיים מתח מתמיד בין החומר לצורה, שהרי כל אחד מהם רוצה לגבור על חברו ולהשתלט באופן מוחלט על האדם. באופן דומה מפרש הזוהר את ה'תוהו ובוהו' של מעשה בראשית: התוהו שהוא החומר, מזוהה עם התהום ועם כוח הרע. במיתוסים המסופוטמיים הכוח הזה מופיע ככוח נקבי כמעין מפלצת בשם 'תִּיהֲמַת', ואילו אצל חכמי ישראל הוא מופיע באופן אחר כ'כוח ההיולי', דהיינו הכוח הקדום. מכל מקום, מה שמאפיין את אותו תוהו הוא היותו דבר שאין לו צורה. לעומתו, הבוהו הוא הצורה, הכוח החיובי. חידושו של הזוהר כאן הוא שה'בוהו' יוצא מתוך ה'תוהו'. ה'בוהו' הוא תוצר של הזדככות ה'תוהו'.[1]

הציור הראשון שבו משתמש הזוהר לבטא את ההזדככות של התוהו הוא "שלג בתוך המים". השלג, הקסם הזה, הוא מים המתגבשים בעננים ויורדים כפתיתים המכסים את הארץ. תמיד הפליא אותי איך השלג הנקי והטהור שמכסה את הרחובות, בסוף הוא נמס ומה שנשאר ממנו הוא זוהמה ולכלוך בצידי הדרכים. אז כן, השלג עצמו הוא תופעה של הזדככות, אך הוא מבטא גם את החזרה לתוהו כאשר החומר המזוכך אינו מחזיק מעמד. השלג המלוכלך שאנו רואים בצידי הדרכים הוא תמונת מראה למה שהיה לפני כן.

הציור השני שבתוך התיאור הזה הוא של היריון ולידה: "ונתעברה ונעשתה תוהו ממקום הזוהמה, קן הפסולת". האישה בהריונה טומנת בתוכה ערבוב של זוהמה, דם ושאר דברים, ומתוך כל הערבוב הזה

1. מעניין לציין שהמילה 'בוהו' היא מילה כמעט יחידאית במקרא המצויה רק כאן, בישעיהו לד, יא ובירמיהו ד, כג. לעומת זאת 'תוהו' היא מילה נפוצה יותר.

מתברר ונולד ילד. "אישה, חמת מלא צואה ופיה מלא דם" אומרים חז"ל, ובכל זאת הם מציינים – "והכול רצין אחריה" (שבת קנב ע"א). הם כמו באים לומר לנו שכולם רצים אחריה משום שהם יודעים שיש משהו שווה מעבר לכל הלכלוך. תהליך ההיריון והלידה הוא תהליך של בירור והיטהרות שהתוצאה שלהם היא הילד. והתוצאה הזו מהווה בירור של הכוח הסקסואלי שבאדם. מתוך כוח כה בעייתי, כל כך יצרי ומסוכן, מזדכך ומתברר ילד לעולם.

אפשר למצוא את הרעיון הזה בעוד כמה דיוקים בפסוקים של מעשה בראשית. קודם כול נציין שאותיות היסוד של השורש בר"א הן 'בר', וכידוע 'בר' בארמית פירושו גם 'ילד'. מכאן שהבריאה קשורה לתהליך ההולדה.[2] עוד נוסיף שאת הפסוק "וַיְהִי עֶרֶב וַיְהִי בֹקֶר" שמופיע בחתימת כל יום מימי הבריאה (בראשית א) ניתן לפרש באופן שהערב הוא מלשון 'מעורב' והבוקר הוא מלשון 'ביקורת'. לפי זה, הפסוק מתאר תהליך: "וַיְהִי עֶרֶב" – מתוך הערבוב של הלילה מגיע "וַיְהִי בֹקֶר" – יוצא הבוקר המואר והבהיר.

משמעות דומה יש גם לתוהו ולבוהו: התוהו נצרף בחושך, שהוא האש,[3] כפי שבדרך כלל זיקוק של כוח גולמי לחומר יקר ערך נעשה על ידי חום גבוה. האש מטהרת את התוהו ומסירה ממנו את הסיגים, והתוצאה היא הבוהו.

לתיאור זה של הזוהר יש השפעה רבה על קבלת האר"י אשר לקחה את תיאור בריאת העולם ותרגמה אותו, בעזרת מושג הצמצום, גם לרובד של משמעות קיומית לאדם. אם נתבונן בדברים אלו היטב נראה שתיאור המעבר בין התוהו לבוהו אינו רק תיאור של בריאת

2. באופן כללי הרב היה מדייק בלשון. אחת המתודות שהוא אהב להשתמש בהן הייתה שימוש ב'שערים' כלומר שתי האותיות המרכזיות שבשורש כפי שמתואר בקבלה (רל"א שערים). בדרך זו הוא חיבר בין מילים בעלות 'שערים' דומים ומצא חיבורים עמוקים שלכאורה נראים כדרשות רחוקות אך יסוד דקדוקי זה מעניק להם עוגן משמעותי (הערת העורכים).

3. רמב"ן על בראשית א, ב – "והאש נקרא חשך מפני שהאש היסודית חשוכה, ואלו היתה אדומה היתה מאדימה לנו הלילה".

העולם אלא גם מהלך בתוך האדם עצמו. התוהו הוא חלק מוּבְנה בנפש שממנו הכול מתחיל. הוא חומר הגלם הבסיסי, בלעדיו אין מאומה. לאחר מכן, האדם צריך לזכך אותו ולהפוך את החושך שבתוכו לאור.

## מלמעלה למטה, מלמטה למעלה

לעומת תיאור הזוהר לעיל שהתחלת העולם היא ממקום גבוה והוא משתלשל למטה,[4] כאן מתוארת בריאה הנוצרת מלמטה ומתפתחת כלפי מעלה כאשר היא הולכת ומזדככת. אומנם שני המאמרים המנוגדים לכאורה, נוגעים באותו עניין בלא סתירה. מבחינה מטפיזית המקור הוא למעלה, אך מבחינת האדם העולם מתחיל מלמטה.

התמונה של התפתחות מלמטה למעלה מזכירה את אחד היסודות בפילוסופיה של הרמב"ם. לדבריו, ההכרה שהקב"ה הוא אחד יחיד ומיוחד היא תהליך ארוך ומסובך שרק מעטים מסוגלים להגיע אליו, וגם זה לאחר עמל רב בבחינת מה שאומר רשב"י בגמרא "ראיתי בני עלייה והן מועטין" (סוכה מה ע"ב). הרמב"ם אומר במפורש שהדרך הזו איננה מתאימה לכל אחד. ההזדככות היא תהליך מוסרי התלוי באופי האדם ובמאמציו.[5]

הזוהר לעומת זאת רואה את הדברים באופן מורכב יותר: לא רק הפעולה האנושית היא המזככת את האדם אלא גם כוחות עליונים ונסתרים, וכפי שראינו שתהליך הבריאה מתואר אצלו משני הכיוונים.

כנסת ישראל היא המידה הנשית ותהליך ההזדככות שלה דומה לתהליך ההיטהרות של אישה מנידתה. לכאורה זהו תהליך של עלייה מלמטה למעלה: האישה במעשיה סופרת את הימים עד שהיא הולכת לטבול, ולאחר מכן היא טובלת ונטהרת. אך מבחינת האמת בתהליך ההיטהרות שלה יש גם השתלשלות מלמעלה למטה. פן מסוים בטהרה שלה אינו נובע ממעשיה אלא מתוך טהרה עליונה השורה עליה, שהרי

4. זוהר ח"א טו ע"א. ראו לעיל עמ' 36.
5. מורה נבוכים ח"ג פנ"ד, ח"ב פ"מ. וראו משנה תורה, הלכות דעות פ"ב הל' י-יא.

מבחינה פיזית דם הנידה שלה פוסק מבלי שהיא עושה דבר בעניין. דוגמה מקבילה לשניות זו מופיעה אצל המקובלים בהקשר להסבר של הזוהר לגבי ספירת העומר. הזוהר מסביר שימי ספירת העומר הם ימים של ספירה כללית לקראת הטהרה של עם ישראל וקבלת התורה כמו ההיטהרות הפרטית של האישה הנידה.[6] בהמשך לכך המקובלים חיברו את ימי ספירת העומר לעבודה העוברת דרך שבע המידות שבה כל יום מימי הספירה מתמקד במידה מסוימת, אלא שנחלקו מהיכן להתחיל את ספירת המידות: האם להתחיל ביום הראשון מהמידה האחרונה (מלכות) ולהגיע בסיום הספירה אל המידה הראשונה (חסד) שהיא העליונה מבין שבע המידות; או שמא יש להתחיל מהמידה הראשונה (חסד) ולהגיע בחג השבועות אל המידה האחרונה (מלכות). לאור ההסתכלות שלנו כאן בתיאורי הבריאה השונים של הזוהר שני צדדי המחלוקת צודקים. מצד אחד ההשתלשלות היא מלמעלה למטה, ומצד שני ההזדככות נובעת ממטה למעלה. שתי דרכי ההתכוונות בספירת העומר משקפות את שני הפנים של אותו המטבע.

אני רוצה להוסיף עוד קומה. כידוע, הריטואל המרכזי ביותר שמציע ספר הזוהר לתלמידיו הוא הקימה בחצות הלילה ללמוד תורה. גם קימה זו נושאת את שני הפנים המופיעים כאן. בתפיסת הזוהר מחצות הלילה ואילך החושך מתמעט והולך בעוד האור מתרבה. על כן במקומות מסוימים בזוהר מוצע לתלמידים להתעורר בחצות הלילה **ולהצטרף** אל האור העולה ממילא. מאידך, פעמים רבות מופיע בזוהר גם תיאור הפוך שלימוד התורה של חבורת הזוהר **הוא שגורם** לאור לעלות. חברי הזוהר הקמים בחצות יוצרים את האור ובוראים את העולם החדש שיופיע בבוקר.

כך או כך, לאחר ההזדככות הזוהמה נזרקת החוצה ונשאר אותו קו דקיק שאין בו זוהמה, ואז נשלמת מלאכת הבירור. זה מה שכתוב בפסוק "וְרוּחַ אֱלֹהִים מְרַחֶפֶת עַל פְּנֵי הַמָּיִם". לאחר התהליך אנו מגיעים לאותו חומר היולי שנשאר נקי בלי שום צורה. כעת הוא דק וכמעט

6. זוהר רעיא מהימנא ח"ג צז ע"א.

אי אפשר לזהות אותו, "כטיסא דזוהמא" – כהתעופפות הזוהמה, כמאמר הכתוב: "**הֲתָעִיף** עֵינֶיךָ בּוֹ וְאֵינֶנּוּ" (משלי כג, ה). הבירור הזה הוא תהליך שצריך לקרות "פעם ופעמיים" כלשון הזוהר, פעם ועוד פעם עד שמגיעים לבירור המוחלט.

## תוהו ובוהו – מקור החיים

"תֹּהוּ" — אֲתַר דְּלֵית בֵּיהּ גָּוֶון וְלֹא דְּיוֹקְנָא וְלָא אִתְכְּלִיל בְּרָזָא דְּדִיוֹקְנָא. הַשְׁתָּא אִיהוּ בְּדִיוּקְנָא, כַּד מִסְתַּכְּלָן בֵּיהּ לֵית לֵיהּ דִּיוֹקְנָא כְּלָל. לְכֹלָּא אִית לְבוּשָׁא לְאִתְלַבְּשָׁא בַּר הַאי.

"תֹּהוּ" — מקום שאין בו גוון ולא דמות ולא נכלל בסוד הדמות. עכשיו הוא בדמות, כשמסתכלים בו אין לו דמות כלל. לכול יש לבוש להתלבש פרט לזה.

"בֹּהוּ" — לְהַאי אִית לֵיהּ צִיּוּרָא וְדִיוּקְנָא. אַבְנִין מְשַׁקְעִין גּוֹ גְּלִיפָא דְּתֹהוּ, נַפְקֵי גּוֹ גְּלִיפָא דִּמְשַׁקְעָן תַּמָּן, וּמִתַּמָּן מַשְׁכֵי תּוֹעַלְתָּא לְעָלְמָא בְּצִיּוּרָא דִלְבוּשָׁא. מַשְׁכֵי תּוֹעַלְתָּא מֵעֵילָא לְתַתָּא וְסָלְקָא מִתַּתָּא לְעֵילָא. וְעַל דָּא נְקוּבִין וּמְפוּלָמִין.

"בֹּהוּ" — לזה יש ציור ודמות. אבנים שקועות בתוך החקיקה של התוהו, יוצאות מתוך חקיקה השקועה שם, ומשם מושכות תועלת לעולם בציור של לבוש. מושכות תועלת מלמעלה למטה ועולה ממטה למעלה. ועל כן הן נקובות ומפולמות.

הַנֵּי תַּלְיָין בַּאֲוִירָא. לְזִמְנִין תַּלְיָין בַּאֲוִירָא דְּסָלְקֵי מִתַּמָּן לְעֵילָא, לְזִמְנִין מִטַּמְרִין בְּיוֹמָא דְּעִיבָא וּמְפִיקֵי מַיִין מִגּוֹ תְּהוֹמָא לְאִתְזְנָא תֹּהוּ מִתַּמָּן, דְּהָא כְּדֵין חֶדְוָה וּשְׁטוּתָא דְקָא אִתְפַּשַּׁט תֹּהוּ בְּעָלְמָא.

אלה תלויות באוויר. לפעמים תלויות באוויר שעולים משם למעלה, ולפעמים מתחבאות ביום המעונן ומוציאות מים מתוך התהום להזין את התוהו משם, שהרי אז יש חדווה ושטות שהרי מתפשט התוהו בעולם.

"חֹשֶׁךְ" — הוּא אֶשָּׁא אוּכְמָא תַּקִּיף בְּגַוָּון, אֶשָּׁא סוּמְקָא תַּקִּיף בְּחֵיזוּ, אֶשָּׁא יְרוּקָא תַּקִּיף בְּצִיּוּר, אֶשָּׁא חִיוָּורָא גּוֹוָן דְּכָלִיל כֹּלָּא. חֹשֶׁךְ תַּקִּיף בְּכָל אֶשִּׁין, וְדָא אַתְקִיף לְתֹהוּ. חֹשֶׁךְ הוּא אֶשָּׁא, וְלָאו אִיהוּ אֶשָּׁא חֲשׁוֹכָא בַּר כַּד אַתְקִיף לְתֹהוּ. וְרָזָא דָא "וַתִּכְהֶינָה עֵינָיו מֵרְאוֹת וַיִּקְרָא אֶת עֵשָׂו" וְגוֹ' (בראשית כז, א). "חֹשֶׁךְ" — פְּנֵי רָע, דְּאַסְבַּר אַנְפִּין לְרָע, וּכְדֵין אִקְרֵי "חֹשֶׁךְ" דְּשָׁרֵי עֲלֵיהּ לְאִתַּקְּפָא לֵיהּ. וְרָזָא דָא "וְחֹשֶׁךְ עַל פְּנֵי תְהוֹם".

"חֹשֶׁךְ" — הוא אש שחורה חזקה בגוון, אש אדומה חזקה במראה, אש ירוקה חזקה בציור, אש לבנה הגוון שבולל הכול. חושך חזק בכל האישים, וזה מחזק את התוהו. חושך הוא אש, ואינו אש חשוכה פרט כאשר מחזק את התוהו. וזה סוד "וַתִּכְהֶינָה עֵינָיו מֵרְאוֹת וַיִּקְרָא אֶת עֵשָׂו" וְגוֹ' (בראשית כז, א). "חֹשֶׁךְ" — פני רע, שמסביר פנים לרע, ואז נקרא "חושך" ששורה עליו לחזק אותו. וזהו סוד "וְחֹשֶׁךְ עַל פְּנֵי תְהוֹם".

"רוּחַ" — הוּא קוֹל דְּשָׁארֵי עַל בֹּהוּ, וְאַתְקִיף לֵיהּ וְאַנְהִיג לֵיהּ בְּכָל מַה דְּאִצְטְרִיךְ. וְרָזָא דָא "קוֹל ה' עַל הַמָּיִם" (תהילים כט, ג), וְכֵן "רוּחַ אֱלֹהִים מְרַחֶפֶת עַל פְּנֵי הַמָּיִם". אַבְנִין מְשַׁקְעָן גּוֹ תְּהוֹמֵי דְּנַפְקֵי מַיָּיא מִנְהוֹן, וְעַל דָּא אִקְרוּן "פְּנֵי הַמָּיִם". רוּחַ אַנְהִיג וְאַתְקִיף לְאִנּוּן פָּנִים, "פְּנֵי תְהוֹם", דָּא כְּמָה דְּאִצְטְרִיךְ לֵיהּ וְדָא כְּמָה דְּאִצְטְרִיךְ לֵיהּ.

"רוּחַ" — הוא קול ששורה על בהו, ומחזק אותו ומנהיג אותו בכל מה שצריך. וזה סוד "קוֹל ה' עַל הַמָּיִם" (תהילים כט, ג), וכן "רוּחַ אֱלֹהִים מְרַחֶפֶת עַל פְּנֵי הַמָּיִם". אבנים שקועות בתוך התהומות שמהם יוצאים מים, ועל כן נקראו "פְּנֵי הַמָּיִם". רוח מנהיגה ומחזקת לאותם פנים, "פְּנֵי תְהוֹם", זה כמה שצריך לו וזה כמה שצריך לו.

כעת הזוהר מדייק יותר בהבדלים שבין התוהו לבוהו. התיאור של התוהו כאן מורכב. מצד אחד יש לו ממשות, הוא איננו אַיִן מוחלט אלא דבר בר קיום; אבל מצד שני ברגע שהממשות הזאת מתגלה היא אובדת. התוהו

הוא כוח שאינו יכול להתלבש, אין לו צבע, כאשר מסתכלים בו אין לו דיוקן. זה קשור קצת לאופן שבו אנחנו משתמשים במילה 'תוהו' בעברית המודרנית (שאינו מבטא את המשמעות המקורית של המילה) – לציין בלגן וכאוס. המילה 'תוהו' משמשת אותנו כדי לומר שיש כאן משהו אך איננו יכולים לראות אותו. התוהו הוא קיום שאינו יכול להיות מודע לאדם באופן מלא. יצירת הבוהו מתוך התוהו, אם כן, היא המעבר מחוסר המודעות של האדם אל המודעות, מן החושך אל האור.

לעומת התוהו, הבוהו הוא כבר דבר הנתפס: אבנים השוכנות בתוך התהום ומוציאות מים. כמו בפעמים רבות בזוהר גם התיאור של התוהו ובוהו מתבסס על דברי חז"ל בגמרא:

> "תֹּהוּ" – קו ירוק שמקיף את כל העולם כולו שממנו יצא חשך שנאמר "יָשֶׁת חֹשֶׁךְ סִתְרוֹ סְבִיבוֹתָיו" (תהילים יח, יב).
>
> "בֹּהוּ" – אלו אבנים המפולמות המשוקעות בתהום שמהן יוצאין מים שנאמר: "וְנָטָה עָלֶיהָ קַו תֹהוּ וְאַבְנֵי בֹהוּ" (ישעיהו לד, יא). (חגיגה יב ע"א)

הבוהו הוא הקשר בין התוהו – הקו המקיף את העולם – לעולם עצמו. הבוהו הוא היוצר את הקשר הקיומי בין מעלה ומטה, שמתבטא בסופו של דבר במים לשתייה. הנקודה שמפתיעה אותי בלימוד כאן היא איך התוהו והבוהו מצליחים להזין את העולם מתוך ההעלם שלהם, איך מתוך התהום החשוכה ביותר יוצאים מים, שאף מביאים לשמחה: "הרי אז יש שמחה ושטות שהרי מתפשט התוהו בעולם". כאשר אנו כבני אדם פוגשים את התוצאות של התהליך הזה אנו מופתעים מכך שהתוהו, שאיננו מכירים כלל, הוא בסופו של דבר מה שמחיה אותנו.

## חושך ואש

אחרי התוהו והבוהו, המרכיב הבא של הבריאה הוא החושך: "וְהָאָרֶץ

הָיְתָה תֹהוּ וָבֹהוּ וְחֹשֶׁךְ עַל פְּנֵי תְהוֹם". את החושך מזהה הזוהר עם אש בגוון שחור. האש יכולה להופיע במספר גוונים שכל אחד מהם שייך לכוח כלשהו או למידה מסוימת. במקומות אחרים הזוהר מציע מעין מדיטציה כנגד אור הנר.[7] כשמתבוננים בנר אפשר לראות שההילה החיצונית של השלהבת היא צהובה־אדומה, אך ככל שנכנסים פנימה הצבע מתכהה – ירוק, ואז כחול, עד שבנקודה הפנימית ביותר האש היא שחורה. החושך יכול דווקא להאיר, אלא שכאשר הוא מתחזק ומתחבר אל התוהו – "וחושך **על פני תהום**"[8] – הוא נעשה שחור ואפל.

בהמשך הפסקה עובר הזוהר לעסוק ביצחק המבקש לברך את בנו עשו. לכאורה מה הקשר? נראה שבמישור המיתולוגי הזוהר קושר את החושך – האש השחורה – למידת הדין, והעיקרון שהוא מבקש לבטא הוא שמידת הדין כשלעצמה איננה שלילית, אך כאשר היא מפרנסת את הרע היא מוגדרת כרע. יצחק אבינו הוא הדמות הנושאת את מידת הדין, ודרכו אפשר להבין את המעבר הזה שקורה לדין. יצחק האוהב את בנו עשו עד כדי כך שהוא מעוניין לברך ולפרנס אותו, נמצא במצב של עיניים כהות מפני שהוא מתחבר אל החושך, אל מידת הדין השלילית, ומסביר פניו אל הרע. עם זאת, הדין עצמו יכול להיות גם חיובי: בסופו של דבר יצחק מברך את בנו יעקב ומעביר לו את האור.

## רוח על המים

בניגוד לחושך ולאש המבטאים את ה'תוהו', הבוהו מקבל ביטוי דרך הרוח והמים: "וְרוּחַ אֱלֹהִים מְרַחֶפֶת עַל פְּנֵי הַמָּיִם". ההקבלה כאן מחדדת שוב את ההבדל בין השניים, אם היסוד של התוהו הוא החושך, היסוד של הבוהו הוא האור. אם בתוך תוכו של התוהו בוערת אש,

7. לדוגמה זוהר ח"א נ ע"ב.
8. כך כותב על אתר בהערות 'דרך אמת' על הזוהר בשם הרקנאטי: "שמלת תהום נגזר ממלת תהו והמ"ם נוספת כמ"ם של חינם ריקם" (הערת העורכים).

הרי שבמעמקי הבוהו זורמים מים. לעומת האש החשוכה והכוח שיש בה להחריב, בכוחם של המים להחיות.

לצד המים באה הרוח המרחפת על פני המים ויוצרת קול. כפי שכבר ראינו בזוהר, הקול והניגון (בניגוד לתוכן ולמילים) הם הכוח הרוחני – הכוח של הסוד.[9] מדוע נדרש כאן הקול? איך הוא משפיע על המים?

אני רוצה להזכיר כאן מדרש יסודי ביותר, והוא המיתוס המפורסם על דוד המלך ומי התהום (סוכה נג ע"א). המדרש מספר שמי התהום ביקשו לעלות ולשטוף את העולם, ודוד המלך ניסה להתמודד עם סכנתם והוריד אותם הרחק למטה. דא עקא, שאז מי התהום ירדו נמוך מדי, והעולם עמד בסכנת התייבשות. בשלב זה פנה דוד אל מי התהום כדי להעלות אותם, אך הפעם אל המקום המדויק שלהם שבו הם מזינים את העולם אך לא מאיימים עליו. את ההעלאה אל המקום המדויק הזה עושה דוד על ידי שירה של חמש עשרה שירי המעלות. כוחה של רוח אלוקים הוא דווקא בריחוף שלה על פני המים. כמו הניגון והשיר, הרוח נוגעת ולא נוגעת. זהו הדיוק הדרוש למי התהום, שאותו משיג דוד באמצעות הנגינה שלו. ייתכן שכך יש לפרש גם את ביטוי הזוהר על הרוח המנהיגה את המים "זה כמה שצריך לו וזה כמה שצריך לו". זוהי החוכמה של המנגן, איך לשלוח את הכמות המדויקת של הרוח, האוויר, אל תוך כלי הנגינה. המנגן צריך לדעת מתי לקצר את נשיפת האוויר ומתי להאריך אותה על מנת להגיע למנגינה שהוא מבקש להעביר הלאה.

9. ראו לעיל עמ' 41–42.

## רוח ודממה דקה

"תֹּהוּ" – עֲלֵיהּ שַׁרְיָא שֵׁם 'שַׁדַּי'.

"תֹּהוּ" – עליו שורה שם 'ש־די'.

"בֹּהוּ" – עֲלֵיהּ שַׁרְיָא שֵׁם 'צְבָאוֹת'.

"בֹּהוּ" – עליו שורה שם 'צ־באות'.

"חֹשֶׁךְ" – עֲלֵיהּ שַׁרְיָא שֵׁם 'אֱלֹהִים'.

"חֹשֶׁךְ" – עליו שורה שם 'אלוהים'.

"רוּחַ" – עֲלֵיהּ שַׁרְיָא שֵׁם 'יהו"ה'.

"רוּחַ" – עליה שורה שם 'הוי"ה'.

"רוּחַ חָזָק מְפָרֵק הָרִים לֹא בָרוּחַ ה'" וְגוֹ' (מלכים א יט, יא) – שְׁמָא דָא לָא הֲוֵי בֵּיהּ, דְּהָא 'שַׁדַּי' שָׁלְטָא עֲלֵיהּ בְּרָזָא דְּתֹהוּ.

"רוּחַ חָזָק מְפָרֵק הָרִים לֹא בָרוּחַ ה'" וְגוֹ' (מלכים א יט, יא) – שם זה אין בו, שהרי 'ש־די' שולט עליו בסוד התוהו.

"וְאַחַר הָרוּחַ רַעַשׁ לֹא בָרַעַשׁ ה'" (שם) – דְּהָא שֵׁם 'צְבָאוֹת' שָׁלְטָא בֵּיהּ בְּרָזָא דְּבֹהוּ. וְעַל דָּא אִקְרֵי בֹּהוּ "רַעַשׁ", דְּלָאו אִיהוּ בְּלָא רַעַשׁ.

"וְאַחַר הָרוּחַ רַעַשׁ לֹא בָרַעַשׁ ה'" (שם) – שהרי שם 'צ־באות' שולט בו בסוד הבוהו, ועל כך נקרא הבוהו "רַעַשׁ", שאינו בלא רעש.

"וְאַחַר הָרַעַשׁ אֵשׁ לֹא בָאֵשׁ ה'" (שם) – דְּהָא שְׁמָא דֶּ'אֱלֹהִים' שָׁלְטָא בֵּיהּ מִסִּטְרָא דְּחֹשֶׁךְ.

"וְאַחַר הָרַעַשׁ אֵשׁ לֹא בָאֵשׁ ה'" (שם) – שהרי שם של 'אלוקים' שולט בו מצד החושך.

"וְאַחַר הָאֵשׁ קוֹל דְּמָמָה דַקָּה" (שם) – הָכָא אִשְׁתְּכַח שֵׁם 'יהו"ה'.

"וְאַחַר הָאֵשׁ קוֹל דְּמָמָה דַקָּה" (שם) – כאן נמצא שם 'הוי"ה'.

אַרְבַּע פִּרְקִין הָכָא, דְּאִנּוּן פִּרְקֵי גוּפָא וְאֵבְרִין יְדִיעָן דְּאִנּוּן אַרְבָּעָה, וְאִנּוּן תְּרֵיסַר. וְהָכָא

ארבעה פרקים כאן, שהם פרקי הגוף ואיברים ידועים שהם ארבעה, והם שנים עשר. וכאן

| | |
|---|---|
| שְׁמָא גְלִיפָא דִּתְרֵיסַר אַתְוָון דְּאִתְמְסַר לְאֵלִיָּהוּ בִּמְעָרָה. | שם חקוק של שתים עשרה אותיות שנמסר לאליהו במערה. |

המקום המרכזי שיש לרוח בבריאת העולם בא לידי ביטוי גם בהמשך הזוהר, שבו מופיע רובד נוסף – רובד המידות האלוקיות המתגלות בשמותיו השונים של הקב"ה. רובד זה הוא 'זוהרי' מאוד מפני שהוא מאפיין מאוד את דרך החשיבה של הזוהר באופן מובחן מן המדרשים השונים.

הזוהר מזהה את ארבעת הרכיבים שבפסוק – התוהו, הבוהו, החושך והרוח, עם ארבעה משמותיו של הקב"ה. לצורך זיהוי זה פונה הזוהר לסיפור יסודי מאוד בעולמו, סיפור אליהו בהר חורב (מלכים א יט). לפי פשט הסיפור נראה שבמרכז הבריחה של אליהו נמצאת השאלה הקיומית שאדם שואל את עצמו: איפה נמצא אלוקים? אליהו הרי בורח ממקום למקום לאחר שהוא לא מצליח להכניע את המלך אחאב ולהטות את עם ישראל לעבודת ה' מלאה. אליהו חש שהנוכחות של ה' בעולם קטנה. איפה אלוקים? הוא שואל את עצמו. בתוך בריחתו הוא נשלח על ידי מלאך ללכת עד הר חורב, הוא הר סיני. שם הוא מקבל תשובה לשאלה זו במה שנראה כשיא ההתגלות:

> וַיֹּאמֶר צֵא וְעָמַדְתָּ בָהָר לִפְנֵי ה' וְהִנֵּה ה' עֹבֵר וְרוּחַ גְּדוֹלָה וְחָזָק מְפָרֵק הָרִים וּמְשַׁבֵּר סְלָעִים לִפְנֵי ה' לֹא בָרוּחַ ה' וְאַחַר הָרוּחַ רַעַשׁ לֹא בָרַעַשׁ ה'. וְאַחַר הָרַעַשׁ אֵשׁ לֹא בָאֵשׁ ה' וְאַחַר הָאֵשׁ קוֹל דְּמָמָה דַקָּה. (מלכים א יט, יא-יב)

הקב"ה מגלה לאליהו שאלוקים נמצא דווקא בדממה, בשקט, במקום שאיננו רועש, במקום הפחות צפוי. אך הפשט הזה טומן בתוכו בעיה רצינית, שהרי הקב"ה נמצא בכל מקום ובכל זמן, איך נוכל לומר שהוא נמצא דווקא בדממה ולא בסערה?

הזוהר מתקשה גם הוא בפסוק הזה, אך הוא שואל את השאלה בצורה אחרת. נקודת המוצא שלו היא שהקב"ה נמצא בכל מקום (זאת

גם החוויה של אליהו), אלא שהשאלה שמטרידה אותו אינה איפה אלוקים בעולם אלא איפה היא ההופעה **העליונה ביותר** של אלוקים בעולם? היכן אלוקים הכי גלוי, הכי ניתן להשגה? התשובה לכך מבוססת על ההנחה שהקב"ה מופיע בעולם דרך שמות שונים, והשאלה היא איזה מהם הוא המשמעותי ביותר. הזוהר עונה לעצמו שההופעה העליונה מכולן היא שם הוי"ה, השם הזה מבטא את ההופעה המושלמת ביותר של הקב"ה. הקב"ה אכן מופיע ברוח הסערה – אך דרך השם 'ש־די'; הוא מופיע ברעש – אך דרך השם 'צ־באות'; הוא מופיע גם באש – אך דרך השם 'אלוהים'. הופעת הרחמים, שהיא המידה העליונה ביותר, מתרחשת בקול הדממה הדקה, דרך שם הוי"ה.[10]

את השמות הללו מיישם הזוהר גם בתהליך הבריאה, כאשר הרוח מקבלת פה דגש מיוחד. הרוח היא זו שמזוהה עם שם הוי"ה שהוא השם העליון מכולם, קול דממה דקה. הקול והניגון הם הרכיב שבו הקב"ה מתגלה באופן הצלול ביותר.

## המידות, השמות וביקורת המקרא

יסוד ההכרה בשמותיו השונים של אלוקים עומד במרכז ספר הזוהר וגם במרכז המחלוקת עליו. החולקים על הזוהר רואים כאן עניין שהוא על גבול העבודה זרה שכן ריבוי השמות של אלוקים עלול להתפרש כהכרה בכוחות אלוקיים עצמאיים ונפרדים זה מזה. מאידך, ריבוי השמות דווקא תורם להכרה באחדות ה' בעולם משום שהוא מאפשר לאלוקים להימצא בעולם כולו, בכל הבחינות ובכל הרמות השונות שלו. למשל אצלנו, אפילו התוהו, הבוהו והחושך הופכים להיות חלק מן העניין האלוקי, ונבדלותם זה מזה מבוארת בכך שהם קשורים לשמות שונים של ה'. אדרבה, חוסר ההכרה בשמות השונים

10. אם נלך בדרך הקבלה, ניתן לזהות בין השמות השונים לספירות: שד"י – יסוד (המילה שדי היא מלשון 'משדד המערכות' וזה מקשר את המידה הזו למידת הדין העוקרת הרים ומשברת סלעים), צבא"ות – נצח והוד, אלוהים – מלכות, הוי"ה – תפארת.

מאַבֵּן את הקב"ה לבחינה אחת, להופעה סטטית יחידה. הנסיון לייחד את אלוקים בשם אחד כאילו יש לו רק כתובת אחת, מצמצם אותו מדי. דווקא ההיכרות בחושך ובקיומו של הפן האלוקי בתוהו ובצד הרע מנכיחה את אלוקים בעולם הרבה יותר מהתפיסה המייחדת את אלוקים רק בטוב.

ההתעניינות של ספר הזוהר בשמות השונים של אלוקים מקרבת אותו באופן מפתיע לאסכולה של ביקורת המקרא, אך בו בזמן גם מבדילה אותו מהם. אנשי ביקורת המקרא מייחסים חשיבות רבה לשמותיו השונים של הא־ל מפני שלדעתם זהו ביטוי מרכזי לכך שהתנ"ך נוצר בשכבות שונות ונערך על בסיס מקורות שונים שבכל אחד מהם נקרא הקב"ה בשם אחר. הזוהר דומה להם במשקל הרב שהוא מעניק לשמות ה' ובכך הוא בעצם מתנהג כפרשן של פשט התורה. ההבדל בין ביקורת המקרא לבין הזוהר אינו בשאלות שהם שואלים אלא בתשובות שהם עונים: ביקורת המקרא מזהה בטקסט הופעות שונות של בני אדם, הזוהר מזהה בו הופעות שונות של אלוקים.

# אור שבעת הימים

# היום הראשון: ויהי אור

## זוהר ח"א טז ע"ב – יז ע"א

האור הוא הדבר הראשון שנברא: "וַיֹּאמֶר אֱלֹהִים יְהִי אוֹר וַיְהִי אוֹר" (בראשית א, ג). לפיכך הוא מקבל חשיבות מיוחדת אצל הזוהר. האור הוא נקודת המעבר המופלאה בין האין ליש, בין הנסתר לגלוי, בין כלל הבריאה לפרטיה, והדבר מרתק את הזוהר.

לצד זאת, היום הראשון מתאפיין בנוכחותו של החושך לצד האור: "וַיַּרְא אֱלֹהִים אֶת הָאוֹר כִּי טוֹב וַיַּבְדֵּל אֱלֹהִים בֵּין הָאוֹר וּבֵין הַחֹשֶׁךְ. וַיִּקְרָא אֱלֹהִים לָאוֹר יוֹם וְלַחֹשֶׁךְ קָרָא לָיְלָה" (שם, ד-ה). האור אינו מבטל את החושך, אלא שניהם מתקיימים יחד, והעובדה הזו מביאה את הזוהר לעיסוק מעמיק בשני הצדדים הללו שהעולם עומד עליהם ושהיחסים ביניהם נעים כל העת מהיבדלות להתכללות וחוזר חלילה.

### כלל ופרט וכלל

"וַיֹּאמֶר אֱלֹהִים יְהִי אוֹר וַיְהִי אוֹר" – מֵהָכָא אִיהוּ שֵׁירוּתָא לְאַשְׁכָּחָא גְּנִיזִין הֵיךְ אִתְבְּרֵי עָלְמָא בִּפְרָט. דְּעַד הָכָא הֲוָה בִּכְלָל, וּבָתַר אִתְהַדַּר כְּלָל לְמֶהֱוֵי

"וַיֹּאמֶר אֱלֹהִים יְהִי אוֹר וַיְהִי אוֹר" – מכאן הוא ההתחלה למצוא הסודות הגנוזים איך נברא העולם בפרט. שעד כאן היה בכלל, ואחר כך חזר הכלל

כְּלַל וּפְרַט וּכְלָל. עַד הָכָא הֲוָה כֹּלָּא תַּלְיָיא בַּאֲוִירָא מֵרָזָא דְאֵין סוֹף, כֵּיוָן דְּאִתְפְּשַׁט חֵילָא בְּהֵיכָלָא עִלָּאָה, רָזָא דֶּאֱלֹהִים, כְּתִיב בֵּיהּ אֲמִירָה — "וַיֹּאמֶר אֱלֹהִים", דְּהָא לְעֵילָא לָא כְּתִיב בֵּיהּ אֲמִירָה בִּפְרָט. וְאַף עַל גַּב דִּ"בְּרֵאשִׁית" מַאֲמָר הוּא, אֲבָל לָא כְּתִיב בֵּיהּ 'וַיֹּאמֶר'. דָּא "וַיֹּאמֶר" אִיהוּ קַיְּימָא לְמִשְׁאַל וּלְמִנְדַּע.

להיות כלל ופרט וכלל. עד כאן היה הכול תלוי באוויר מסוד אין סוף, ביוון שהתפשט הכוח בהיכל העליון, סוד אלוהים, כתוב בו אמירה — "וַיֹּאמֶר אֱלֹהִים", שהרי למעלה לא כתוב בו אמירה בפרט. ואף על גב ש"בְּרֵאשִׁית" הוא מאמר, אבל לא כתוב בו 'ויאמר'. "וַיֹּאמֶר" הזה הוא עומד לשאול ולדעת.

"וַיֹּאמֶר" — חֵילָא דְאִתְרָם, וַאֲרָמוּתָא בַּחֲשַׁאי מֵרָזָא דְאֵין סוֹף בְּרָזָא דְּמַחֲשָׁבָה.

"וַיֹּאמֶר" — כוח שהתרומם, והרמתו בחשאי מסוד אין סוף בסוד המחשבה.

"וַיֹּאמֶר אֱלֹהִים" — הַשְׁתָּא אוֹלִיד הַהוּא הֵיכָלָא מִמַּה דְּאִתְעֲדִיאַת מִזַּרְעָא דְקֹדֶשׁ וְאוֹלִיד בַּחֲשַׁאי, וְהַהוּא דְּאִתְיְלַד אִשְׁתְּמַע לְבַר. מָאן דְּאוֹלִיד לֵיהּ אוֹלִיד בַּחֲשַׁאי דְּלָא אִשְׁתְּמַע כְּלָל. כֵּיוָן דְּנָפַק מִנֵּיהּ מָאן דְּנָפַק, אִתְעֲבִיד קוֹל דְּאִשְׁתְּמַע לְבָר.

"וַיֹּאמֶר אֱלֹהִים" — עכשיו הוליד אותו ההיכל ממה שהרתה מזרע של קודש והוליד בחשאי, ואותו שנולד נשמע בחוץ. מי שהוליד אותו הוליד בחשאי שלא נשמע כלל. כיוון שיצא ממנו מה שיצא, נעשה קול שנשמע בחוץ.

היחס בין הפסוק הראשון של פרשיית הבריאה "בְּרֵאשִׁית בָּרָא אֱלֹהִים אֵת הַשָּׁמַיִם וְאֵת הָאָרֶץ" (בראשית א, א) לבין המשך תיאור הבריאה דורש פרשנות ברמת הפשט. נראה שההסבר המתקבל על הדעת הוא שפסוק זה הוא כותרת לבריאת העולם כולה וההמשך הוא תיאור מפורט איך הבריאה התרחשה: "וְהָאָרֶץ הָיְתָה תֹהוּ וָבֹהוּ... וַיֹּאמֶר אֱלֹהִים יְהִי אוֹר..." והלאה. יש כאן בעצם מבנה ספרותי שהוא בבחינת מידת 'כלל ופרט' משלוש עשרה המידות שהתורה נדרשת בהן.

אומנם רש"י אינו מפרש את הפסוק הראשון באופן זה, אלא כתיאור זמן למשפט הבא (בראשית ברא אלוהים את השמיים ואת הארץ, הארץ הייתה תוהו ובוהו),[1] אך מעניין לציין שגם הוא מוצא בפרשיות הבריאה את העיקרון הספרותי של כלל ופרט. לפי פירושו תיאור הבריאה שבפרק א כולו הוא בבחינת כלל, לעומת תיאור הבריאה שבפרק ב שמוסיף את הפרטים.[2]

גם הזוהר מפרש את הפסוקים הראשונים של בראשית בצורה דומה, אך בסגנון משלו. הוא מוסיף לכלל ולפרט הגלויים עוד כלל נוסף, כך שהמבנה שהוא מציע הוא 'כלל ופרט כלל'. מעבר לכך, עיקרון זה לפי דעתו איננו מסגרת ספרותית בלבד אלא עניין אונטולוגי בבריאת העולם – כך אירעו הדברים בפועל. המערכת שאותה מציג הזוהר היא שמה'כלל' שהוא המידה הגבוהה ביותר, מידת כתר, מתפרטות מידות מסוימות אשר מתנקזות בסוף שוב אל ה'כלל' האחרון שהוא מידת מלכות – מידת כנסת ישראל. לדברי הזוהר מערכת זו מתבטאת בתהליך בריאת העולם: הפסוק הראשון "בְּרֵאשִׁית בָּרָא..." מבטא את המידה העליונה ביותר ככלל, ואילו הפסוקים הבאים שבהם מתוארת הבריאה לפי ימים הם הפירוט של המידות כך שכל יום מבטא מידה אחרת: יום ראשון חסד, יום שני גבורה וכן הלאה. הזוהר אינו מתייחס בפירוש לשאלה מהו הכלל האחרון כאן, ואני רוצה להציע שהחתימה של מעשה בראשית בשבת היא הביטוי לכלל שאחרי הפרטים. השבת, שהיא סיום המלאכה, היא הכלל האחרון. השערה זו שלי מתאימה לזיהוי נפוץ בזוהר של השבת עם המידה האחרונה – מידת המלכות.[3]

הכלל הראשון, 'בראשית', הוא ההיכל העליון הבלתי ניתן להשגה,

1. העניין הפרשני כאן דורש עיון רב. רש"י לא מפרש את המילה 'בראשית' – 'בהתחלה' מכיוון שלדעתו המילה 'ראשית' היא צורת נסמך. בפירוש 'דעת מקרא' מובאות שתי השיטות הללו ושם נוטים לפרש כמו הפירוש הראשון שהובא למעלה, שלא כרש"י.
2. ראו למשל רש"י בראשית ב, ד: "אלה – האמורים למעלה".
3. ראו למשל בזוהר ח"ב פח ע"ב.

אך הפירוט שלו מתחיל להיות נגיש יותר דרך הממד האנושי של דיבור – "וַיֹּאמֶר אֱלֹהִים...". האמירות המופיעות במעשה בראשית הן ההתפרטות. כבר עמדנו על כך שחז"ל, ובעקבותיהם הזוהר, מחשיבים את המילה 'בראשית' למאמר הראשון מבין עשרת המאמרות שבהם נברא העולם אף על פי שאין בו לשון מפורשת של אמירה.[4] לפי הזוהר, חריגות זו מבטאת מאפיין עליון ביותר הקיים במאמר הראשון, ממד שאינו ניתן לתפיסה. המאמר הראשון עומד על הגבול שבין הגלוי לנסתר ומשמש כממוצע הראשון בתהליך הבריאה שהוא גם תהליך הגילוי. זוהי הסיבה שאנו מתייחסים אליו ככלל ולא כפרט.[5]

אומנם, אף על פי שה'אמירות' הן גלויות יותר ביחס ל'בראשית' והן התחלה של נושא לדיבור ולדרשה, הן עדיין נשארות בחשאי. 'בראשית' הוא הסוד הכמוס שאין אפשרות לעסוק בו כלל וכלל, ואילו 'ויאמר' הוא כבר סוד שיכול להיאמר – ועדיין הוא בגדר של סוד.[6] יש הבדל בין הסוד שאנו יודעים עליו אבל איננו יכולים להתייחס אליו, לבין הסוד שמדבר אלינו. אומנם הוא נשאר סוד, אבל כבר אפשר לעסוק בו.

4. ראו לעיל עמ' 35.
5. לפי זה ניתן לצפות שגם הכלל האחרון יהיה כלול בספירה של עשרת המאמרות, אלא שלא תופיע בו המילה 'ויאמר'. הדבר מתאים להצעה שהועלתה כאן שהמאמר העשירי הוא "וַיְכֻלּוּ" (בראשית ב, א). לפי זה עשרת המאמרות כוללים בעצם שמונה הופעות של המילה 'ויאמר' ועוד מאמר כללי בהתחלה ומאמר כללי בסוף, וזאת על אף שבגמרא דיברו על תשע בלבד. ניתן להעלות את האפשרות שכשם שהגמרא לא מנתה את הפסוק "וַיֹּאמֶר לָהֶם אֱלֹהִים פְּרוּ וּרְבוּ" (שם א, כח) כמאמר מכיוון שאין זה מאמר בורא, כך ניתן שלא למנות גם את המאמר האחרון המופיע במעשה היום השישי – "וַיֹּאמֶר אֱלֹהִים הִנֵּה נָתַתִּי לָכֶם אֶת כָּל עֵשֶׂב" (שם, כט).
6. בגמרא (חגיגה יא ע"ב) מובא חילוק בין דרישה במה שהיה קודם לבריאה, שאסורה לגמרי, לבין דרישה בימי הבריאה עצמם, המותרת: "יכול ישאל אדם קודם שנברא העולם? תלמוד לומר: 'לְמִן הַיּוֹם אֲשֶׁר בָּרָא אֱלֹהִים אָדָם עַל הָאָרֶץ' (דברים ד, לב). יכול לא ישאל אדם מששת ימי בראשית? תלמוד לומר: 'לְיָמִים רִאשֹׁנִים אֲשֶׁר הָיוּ לְפָנֶיךָ' (שם)".

על מנת להמחיש את המעבר בין הסוגים השונים של הסוד מביא הזוהר דימוי מעולם היווצרות התינוק. חז״ל אומרים: ״רחם שמכניסין בו בחשאי, מוציאין ממנו בקולי קולות״ (ברכות טו ע״ב), כלומר העיבור עצמו נעשה בצנעה בין איש לאישה, אך בלידה נשמע רעש גדול של תינוק היוצא לעולם בבכייה. בדומה לכך, העולם התחיל בחשאי, בשקט, אך בסוף הבריאה עולה מן הדברים קול הנשמע לכול.

את התבנית הזאת של עיבור ולידה רואה הזוהר גם בתהליך היווצרותה של מחשבה אנושית בשכל האדם. משהו נכנס לתודעה של האדם באופן שקט, ולאט לאט משתלשל עד שהוא יוצא החוצה בדיבור שנשמע. מעניין שהמילה לעיבור באנגלית 'conceive' משמשת גם בהקשר להיווצרות של מחשבה: בשפה המדוברת באנגלית קיים ביטוי ׳לְעַבֵּר את המחשבה׳ (to conceive a thought).

לפי הזוהר מחשבה באה לעולם מאב ואם הנקראים בשפת הספירות ׳חוכמה׳ ו׳בינה׳ ומזוהים עם האותיות י׳ ו־ה׳. כמו העיבור הנוצר בחושך, בפרטיות ובסוד, כך גם המחשבה נוצרת בסתר מבלי שנהיה מודעים אליה. החוכמה מתחברת אל הבינה ומשם, דרך הספירות, יוצאת המחשבה אל העולם בדיבור או במעשה. בחז״ל מופיע ביטוי מעניין: ״שתוק, כך עלה במחשבה״ (מנחות כט ע״ב). את הביטוי הזה אומר הקב״ה למשה כתשובה לכמה מן השאלות שמשה שואל כאשר הוא עולה למרום. אני רוצה לדרוש את הביטוי הזה כך: ׳שתוק כאשר עולה המחשבה, אל תגיב. אין מה לומר אז, אי אפשר לדבר׳. המחשבה מתחילה בחשאי בצורה מופשטת ואז מתפתחת אל תוך תחום מוגדר הניתן להסבר. הגבול בין המחשבה הראשונית לבין הפיתוח שלה, בין ראשיתו של העיבור בחשאי לילד שיוצא ממנו בקולי קולות, הוא הגבול המסתורי שבין האין ליש.

## האור והרז

| | |
|---|---|
| ״יְהִי אוֹר״ — כָּל מַה דְּנָפַק, בְּרָזָא דָא נָפַק. | ״יְהִי אוֹר״ — כל מה שיצא, בסוד זה יצא. |

"יְהִי" — עַל רָזָא דְאַבָּא וְאִמָּא, דְּאִיהוּ 'י"ה'. וּלְבָתַר אִתְהַדַּר לִנְקוּדָה קַדְמָאָה, לְמֶהֱוֵי שֵׁירוּתָא לְאִתְפַּשְׁטָא לְמִלָּה אָחֳרָא.

"יְהִי" — על סוד של אבא ואימא, שהוא 'י"ה'. ואחר כך חזר לנקודה הראשונה, להיות ראשית להתפשט לדבר אחר.

"אוֹר וַיְהִי אוֹר" — אוֹר דִּכְבָר הֲוָה.

"אוֹר וַיְהִי אוֹר" — אור שכבר היה.

"אוֹר" — דָּא רָזָא סְתִימָא, אִתְפַּשְּׁטוּתָא דְּאִתְפְּשַׁט וְאִתְבְּקַע מֵרָזָא דְסִתְרָא דַּאֲוִיר עִלָּאָה סְתִימָא. בָּקַע בְּקַדְמִיתָא וְאַפִּיק חַד נְקוּדָה סְתִימָא מֵרָזָא דִילֵיהּ, דְּהָא אֵין סוֹף בָּקַע מֵאֲוִירָא דִילֵיהּ וְגָלֵי הַאי נְקוּדָה י'. כֵּיוָן דְּהַאי י' אִתְפְּשַׁט, מַה דְּאִשְׁתָּאַר אִשְׁתְּכַח 'אוֹר' מֵהַהוּא רָזָא דְּהַהוּא אֲוִיר סְתִימָאָה.

"אוֹר" — זה סוד נסתר, התפשטות שהתפשטה ונבקעה מסוד של סתר האוויר העליון הנסתר. בקע בתחילה והוציא נקודה נסתרת אחת מהסוד שלו, שהרי אין סוף בקע מהאוויר שלו וגילה נקודה זו י'. כיוון ש־י' זו התפשטה, מה שנשאר נמצא 'אור' מאותו סוד של אותו אוויר נסתר.

כַּד אִשְׁתְּכַח מִנֵּיהּ נְקוּדָה קַדְמָאָה י', אִתְגְּלֵי לְבָתַר עֲלֵיהּ, מָטֵי וְלָא מָטֵי. כֵּיוָן דְּאִתְפְּשַׁט, נָפַק, וְאִיהוּ הוּא אוֹר דְּאִשְׁתָּאַר מֵאֲוִיר. וְהַיְינוּ אוֹר דִּכְבָר הֲוָה, וְהָא קַיְּימָא. נָפַק וְאִסְתַּלַּק וְאִתְגְּנִיז וְאִשְׁתָּאַר חַד נְקוּדָה מִנֵּיהּ, לְמֶהֱוֵי מָטֵי תָּדִיר בְּאוֹרַח גְּנִיזוּ בְּהַהִיא נְקוּדָה, מָטֵי וְלָא מָטֵי. נָהִיר בֵּיהּ בְּאוֹרַח נְקוּדָה קַדְמָאָה דְּנָפַק מִנֵּיהּ, וּבְגִין כָּךְ כֹּלָּא אָחִיד דָּא בְּדָא, נָהִיר בְּהַאי וּבְהַאי.

כשנמצאה ממנו נקודה ראשונה י', התגלה אחר כך עליה, נוגע ולא נוגע. כיוון שהתפשט, יצא, והוא הוא האור שנשאר מאוויר, והיינו אור שכבר היה, וזה עומד. יצא והסתלק ונגנז, ונשארה נקודה אחת ממנו שתהיה נוגעת תמיד בדרך גניזות באותה נקודה, נוגעת ולא נוגעת. מאיר בו בדרך נקודה ראשונה שיצאה ממנו, ומשום כך הכול אחוז זה בזה, מאיר בזה ובזה.

את הגבול שבין הנסתר לגלוי אנו עוברים דרך האור – "וַיֹּאמֶר אֱלֹהִים יְהִי אוֹר". האור הוא המאמר הראשון, והוא המתווך בין הנסתר לגלוי. האור הוא גלוי לעין ועם זאת 'אור' בגימטריה 'רז'. אנו רואים את האור אך צריך לזכור שהוא בא מהרז, מהסוד.

מהו אותו אור? את הביטוי "וַיְהִי אוֹר" מבין הזוהר כמתייחס לאור הגנוז שקדם למעשה בראשית: "אור שכבר היה", אור סודי שאנו יודעים על קיומו אך איננו מכירים אותו. המילה 'ויהי' היא בלשון עבר, והיא מלמדת אותנו שהאור שאנו רואים אינו יצירה חדשה אלא גילוי של אור שכבר היה קיים פעם בהעלם.

הזוהר ממשיך ומסביר שהאור הזה יצא מן האוויר, הוא האין סוף – "מסוד של סתר האוויר העליון הנסתר". במקומות אחרים הזוהר מחלק את תהליך הדיבור לשלושה חלקים: הבל, קול, מילים.[7] ההבל נוצר מהנשימה עצמה, הקול הוא צליל מסוים והמילים נוצרות באמצעות חיתוך העיצורים בלשון, בשפתיים ובשאר כלי הדיבור. ה'אוויר' המוזכר כאן בזוהר הוא ההבל, המקור של הדיבור, וכך פירש רבי חיים ויטאל ב'דרך אמת' שאותיות 'ויאמר' הן אותיות 'מאויר'. האוויר עצמו הוא האין סוף והאור הוא המעבר בין האין ליש.

לאותיות של שם הוי"ה יש כאן תפקיד חשוב. האותיות י' ו־ה' הראשונות בשם הוי"ה מתייחסות כאמור למידות האבא והאימא שאותן תיארנו קודם כמולידות את המחשבה. האות י' היא מידת החוכמה הכוללת שני תפקידים הפוכים אך גם משלימים. מצד אחד החוכמה היא זו **שנולדה**. היא האות **שיוצאת** מהמילה 'אויר' ונותנת לנו את ה'אור', כלומר היא יוצאת מן ההעלם אל הגילוי ומאפשרת לנו משהו מוגדר ובעל תפיסה. מצד שני החוכמה היא גם **המולידה**. היא **נכנסת** למילה 'אור' ויוצרת את ה'אויר' המאפשר לאור להתגלות ובכך היא מחברת אותנו אל העולם הרוחני ביותר. את הדואליות הזו מכנה הזוהר בביטוי אהוב עליו "מטי ולא מטי" – נוגע ולא נוגע. ביטוי זה מתאר את מעמדם של דברים כקשורים למקור שלהם ובאותו זמן נפרדים

7. ראו למשל: זוהר ח"ב רסב ע"ב, זוהר ח"א קסה ע"ב.

ממנו, כמו בן שמצד אחד ממשיך את אביו וכך הוא מחובר אליו, ויחד עם זאת הוא נפרד ממנו ועומד בפני עצמו.

## היקרשות הימין והשמאל

כַּד סָלִיק, כֹּלָּא סָלְקִין וְאִתְאַחֲדָן בֵּיהּ, וְאִיהוּ מָטֵי וְאִגְנִיז בַּאֲתַר דְּאֵין סוֹף וְכֹלָּא חַד אִתְעֲבִיד. הַהוּא נְקוּדָה דְּאוֹר, אוֹר אִיהוּ. וְאִתְפְּשַׁט וּנְהִירוּ בֵּיהּ שֶׁבַע אַתְוָון דְּאַלְפָּא בֵּיתָא, וְלָא אִקְרִישׁוּ וְלַחִים הֲווּ. נָפַק חֹשֶׁךְ לְבָתַר, וְנָפְקוּ בֵּיהּ שֶׁבַע אַתְוָון אָחֳרָן דְּאַלְפָּא בֵּיתָא, וְלָא אִקְרִישׁוּ וְקַיְימוּ לַחִים. נָפַק רָקִיעַ דְּאַפְרִישׁ מַחְלוֹקֶת דִּתְרֵין סִטְרִין, וְנָפְקוּ בֵּיהּ תְּמַנְיָא אַתְוָון אָחֳרָנִין, כְּדֵין כ"ב. דִּלְגוּ שֶׁבַע אַתְוָון דְּהַאי סִטְרָא וְשֶׁבַע דְּהַאי סִטְרָא, וְאִתְגְּלִיפוּ כֻּלְהוּ בְּהַהוּא רָקִיעַ וַהֲווּ קַיְימֵי לַחִים. אִקְרִישׁ הַהוּא רָקִיעַ וְאִקְרִישׁוּ אַתְוָון, וְאִגְלִימוּ וְאִתְצַיְירוּ בְּצִיּוּרַיְיהוּ, וְאִגְלִיף תַּמָּן אוֹרַיְיתָא לְאַנְהָרָא לְבַר.

כשעולה, הכול עולים ונאחזים בו, והוא מגיע ונגנז במקום של אין סוף, והכול נעשה אחד. אותה נקודת אור, היא אור. והתפשט והאירו בו שבע האותיות של האלבפית, ולא קרשו, ולחים היו. יצא חושך אחר כך, ויצאו בו שבע אותיות אחרות של האלבפית, ולא נקרשו ועמדו לחים. יצא רקיע שהפריד מחלוקת של שני צדדים, ויצאו בו שמונה אותיות אחרות, אז כ"ב. דילגו שבע אותיות של צד זה ושבע של צד זה, ונחקקו כולם באותו רקיע והיו עומדים לחים. נקרש אותו רקיע ונקרשו האותיות, והתגלמו והצטיירו בציוריהם, ונחקקה שם התורה להאיר החוצה.

"יְהִי אוֹר" — דְּהוּא אֵל גָּדוֹל, רָזָא דְּנָפִיק מֵאֲוִיר קַדְמָאָה. "וַיְהִי" — רָזָא דְּחֹשֶׁךְ דְּאִקְרֵי אֱלֹהִים, אוֹר דְּאִתְכְּלִיל שְׂמָאלָא בְּיָמִינָא. וּכְדֵין

"יְהִי אוֹר" — שהוא אל גדול סוד שיצא מאוויר ראשון. "וַיְהִי" — סוד של חושך שנקרא אלוהים, אור שנכלל שמאל בימין. ואז

| | |
|---|---|
| מֵרָזָא דְאֵל הֲוֵי אֱלֹהִים, אִתְכְּלִיל יָמִינָא בִּשְׂמָאלָא וּשְׂמָאלָא בְּיָמִינָא. | מסוד של אל נהיה אלוהים, נכלל ימין בשמאל ושמאל בימין. |
| "וַיַּרְא אֱלֹהִים אֶת הָאוֹר כִּי טוֹב" — דָּא עַמּוּדָא דְאֶמְצָעִיתָא. "כִּי טוֹב" — אַנְהִיר עֵילָּא וְתַתָּא וּלְכָל שְׁאָר סִטְרִין בְּרָזָא יהו"ה, שְׁמָא דְּאָחִיד לְכָל סִטְרִין. | "וַיַּרְא אֱלֹהִים אֶת הָאוֹר כִּי טוֹב" — זה עמוד האמצעי. "כִּי טוֹב" — האיר מעלה ומטה ולכל שאר הצדדים בסוד הוי"ה, השם שאוחז את כל הצדדים. |
| "וַיַּבְדֵּל אֱלֹהִים" וְגוֹ' — אַפְרִישׁ מַחְלוֹקֶת לְמֶהֱוֵי כֹּלָּא שְׁלִים. | "וַיַּבְדֵּל אֱלֹהִים" וְגוֹ' — הפריד מחלוקת להיות הכול שלם. |

המאמרות של בריאת העולם הם צירופים של אותיות, כלומר המילים היוצרות את העולם יכולות להתפרק לאותיות שלכל אחת מהן משמעות משלה. כעת הזוהר מתאר את המשך הבריאה כהתפשטות והארה של שאר אותיות האלפבית אחרי ה־י'.

העניין הראשון המאפיין את המהלך המרכזי של הבריאה, של הגילוי, הוא התפשטות מנקודה אחת החוצה. ה־י' היא הנקודה הזו שמתפשטת אל אותיות אחרות – שבע אותיות מכל צד, שהן שבע מידות מצד ימין ושבע מידות מצד שמאל. הן צד הימין שהוא האור והחסד, הן צד השמאל שהוא הגבורה והחושך, כוללים בתוכם כל אחד שבעה גוונים שונים, שבע פנים שונות של אותה הנקודה. זוהי בדיוק משמעותה של ההתפשטות – שנקודה אחת מרוכזת זורמת דרך קו מלמעלה למטה ובתוך כך מתרחבת לגוונים רבים.

העניין השני המאפיין את הבריאה הוא התגשמותם של כוחות מופשטים, מה שהזוהר כאן מתאר כמעבר מלח לקרוש. האותיות לפני הבריאה הינן אותיות לחות, גמישות, הן מרחפות על פני המים. הרקיע תפקידו להבדיל, להכיר בקצוות השונים ולתת לכל אחד מהם מקום. דווקא ההבדלה הזו מייצרת את קו האמצע בתוך הרקיע, ובזכות קו האמצע הזה יכולות האותיות להיקרש וליצור לעצמן ישות קונקרטית.

הזוהר מציין שהתורה חקוקה על הרקיע, וזאת מפני שהיא ממלאת בדיוק את אותה פונקציה. תפקידה של התורה הוא לקחת את דבר ה׳ ולתת לו מסגרת מוגדרת – מה מותר ומה אסור, מתי חייב ומתי פטור – ובכך להעניק קיום לעולם כולו.

## התכללות החושך באור

את החלוקה בין חושך לאור אנו מכירים והיא פשוטה לנו: יש שני ניגודים המבטאים חיובי ושלילי ושניהם עומדים זה כנגד זה. הזוהר עצמו מבוסס על החלוקה הקלסית הזו. פעמים רבות אני קורא לזוהר ׳ספר הזוגיות׳ משום שכולו עסוק בחלוקה הזו בין ימין ושמאל, בין חושך לאור, בין איש לאישה, בין חיובי לשלילי, בין חסד לדין. אבל אני רוצה להדגיש שבשונה מהחלוקה הרגילה שאנו עושים, הזוהר מכיר בכך ששני הצדדים זולגים זה לתוך זה ומתבטאים האחד בתוך האחר. החלוקה איננה דיכוטומית.

את האור מבריאת העולם שבו אנו עוסקים רואה הזוהר כתוצר של התפתחות ושל מעבר בין ימין ושמאל. השלב הראשון נובע מהימין – ״יְהִי אוֹר״, הוא הא־ל הגדול היוצא מהאוויר הקדמון כפי שתואר בתחילת המאמר. אבל השלב הבא הוא ״וַיְהִי אוֹר״, המורה על התכללות השמאל בימין. המילה ׳ויהי׳ מזוהה אצל חז״ל כמילה שלילית: ״כל מקום שנאמר ויהי אינו אלא לשון של צער״ (מגילה י ע״ב). כאשר אנו פוגשים מילה זו בתנ״ך אנו צריכים להניח שמשהו שלילי הולך לקרות. כך לדוגמה במגילת אסתר הפסוק ״וַיְהִי בִּימֵי אֲחַשְׁוֵרוֹשׁ״ (אסתר א, א) הוא הפותח את הסיפור על ניסיונו של המן להשמיד את עם ישראל. גם מגילת רות הפותחת בפסוק ״וַיְהִי בִּימֵי שְׁפֹט הַשֹּׁפְטִים״ (רות א, א) מתארת רעב ומוות. הזוהר מניח שגם כאן המילה ׳ויהי׳ צריכה לאותת לנו על קושי, על דין. אומנם המאמר הוא ״יְהִי אוֹר״, ואור שייך לצד של חסד, אך הוא מתגלה בפועל דרך ה־׳ויהי׳, דרך הדין.

יש כאן עניין הדורש התעמקות גדולה, שאני יכול לזהות כמרכזי

מאוד בזוהר: האור הנובע רק מצד הימין איננו שלם. ייתכן שהוא חזק מדי ואיננו יכולים לסבול אותו, לקבל ממנו ולהשתמש בו. לכן, אחרי שלב החסד הראשוני של "יְהִי אוֹר" אנו זקוקים לצד הקשה והמצמצם של "וַיְהִי אוֹר". אנו רגילים לכך ששם 'אלוהים' מזוהה עם מידת הדין, אך עלינו לשים לב ששם זה עצמו מתחלק לשניים וחציו הראשון הוא השם 'א־ל' אשר בזוהר מזוהה עם מידת החסד. אם כן, מידת החסד כלולה במידת הדין; היא ההתחלה של שם הדין והיא בעצמה יוצרת אותו.

רק אחרי ששני השלבים הללו מתרחשים, אחרי ה'יהי' וה'ויהי' ואחרי שהחסד מתכלל בדין, רק אז נאמר: "וַיַּרְא אֱלֹהִים אֶת הָאוֹר כִּי טוֹב". ה'טוב' הוא העמוד האמצעי, ההתכללות של החושך בתוך האור. זוהי המידה האמצעית אשר התכונה שלה היא שהיא מקשרת בין מעלה למטה. אם דיברנו על ספר הזוהר כספר הזוגיות צריך להמשיך ולומר שהמטרה הגדולה של הזוגיות היא החיבור בין שני הצדדים, שאף צד לא יישאר לבד.

זה נכון בנוגע לחסד ולדין, אבל מבחינת הזוהר הימצאותה של מידה מחברת חיונית ליצירת חיבורים נוספים בעולם. אחד הזוגות שהזוהר מנסה לחבר ביניהם הוא המעלה והמטה, כלומר העולם הזה והעולם הבא. מידת החסד ומידת הדין כשלעצמן הן קיצוניות ומשום כך אינן יכולות לשמש כמתווכות בין מעלה למטה, רק החיבור בין השניים מחבר בין מעלה למטה ואז נוצרת ההרמוניה בין שני העולמות.

## יסוד, מלכות ותשוקה

"וַיִּקְרָא אֱלֹהִים" וְגוֹ' — מַהוּ "וַיִּקְרָא"? קָרָא וְזַמִּין לְאַפָּקָא מֵהַאי אוֹר שְׁלִים דְּקַיְימָא בְּאֶמְצָעִיתָא, חַד נְהִירוּ דְּאִיהוּ יְסוֹדָא דְּעָלְמָא, דַּעֲלֵיהּ קַיָּמִין עָלְמִין. וּמֵהַהוּא אוֹר שְׁלִים,

"וַיִּקְרָא אֱלֹהִים" וְגוֹ' — מהו "וַיִּקְרָא"? קרא והזמין להוציא מהאור השלם הזה שעומד באמצע, אור אחד שהוא יסוד העולם שעליו עומדים העולמות. ומאותו אור שלם,

עַמּוּדָא דְאֶמְצָעִיתָא, אִתְפְּשַׁט יְסוֹדָא חַי עָלְמִין, דְּאִיהוּ "יוֹם" מִסִּטְרָא דִּימִינָא.

עמוד האמצעי, התפשט יסוד חי העולמים, שהוא "יום" מצד הימין.

"וְלַחֹשֶׁךְ קָרָא לָיְלָה" — קְרָא וְזַמִּין וְאַפִּיק מִסִּטְרָא דְחֹשֶׁךְ חַד נוּקְבָא, סִיהֲרָא דְשָׁלְטָא בְּלֵילְיָא, וְאִקְרֵי 'לָיְלָה', רָזָא דְ'אדנ"י', אֲדוֹן כָּל הָאָרֶץ.

"וְלַחֹשֶׁךְ קָרָא לָיְלָה" — קרא והזמין והוציא מצד החושך נקבה אחת, הלבנה ששולטת בלילה ונקראת לילה, הסוד של 'א־דני', אדון כל הארץ.

עָאל יָמִינָא בְּהַהוּא עַמּוּדָא שְׁלִים דִּבְאֶמְצָעִיתָא כָּלִיל בְּרָזָא דִּשְׂמָאלָא, וְסָלִיק לְעֵילָא עַד נְקוּדָה קַדְמָאָה, וְנָטִיל וְאָחִיד תַּמָּן מִלָּה דִּתְלַת נְקוּדִין: חֹלָם, שׁוּרֶק, חִירִק — זֶרַע קֹדֶשׁ — דְּהָא לֵית זַרְעָא דְאִזְדְּרַע בַּר בְּרָזָא דָא, וְאִתְחַבַּר כֹּלָּא בְּעַמּוּדָא דְאֶמְצָעִיתָא, וְאַפִּיק יְסוֹדָא דְעַלְמָא, וּבְגִין כָּךְ אִקְרֵי 'כֹּל', דְּאָחִיד לְכֹלָּא בִּנְהִירוּ דְּתִיאוּבְתָּא.

נכנס הימין באותו העמוד השלם שבאמצע כלול בסוד השמאל, ועלה למעלה עד נקודה ראשונה, ולקח ואחז שם דבר של שלוש נקודות: חולם, שורוק, חיריק — זרע קודש — שהרי אין זרע שנזרע מלבד בסוד הזה, והתחבר הכול בעמוד האמצעי, והוציא יסוד העולם, ומשום כך נקרא 'כל', שאוחז את הכול באור של תשוקה.

שְׂמָאלָא לָהִיט בְּתוֹקְפָּא וְאָרַח, בְּכוּלְהוּ דַּרְגִּין אָרַח רֵיחָא. וּמֵהַהוּא לְהִיטוּ דְּאֶשָּׁא אַפִּיק הַהִיא נוּקְבָא סִיהֲרָא. וְהַהוּא לְהִיטוּ הֲוָה חָשֵׁךְ בְּגִין דַּהֲוָה מֵחֹשֶׁךְ. וּתְרֵין סִטְרִין אִלֵּין אַפִּיקוּ תְּרֵין דַּרְגִּין אִלֵּין, חַד דְּכַר וְחַד נוּקְבָא.

השמאל לוהט בכוח ומריח, בכל הדרגות מריח ריח. ומאותו להט של אש הוציאה אותה נקבה את הירח. ואותו הלהט היה חושך, בגלל שהיה מחושך. ושני הצדדים הללו הוציאו שתי הדרגות הללו, אחד זכר ואחד נקבה.

ההרמוניה אינה נשארת לעד... מייד אחרי החיבור בין החסד לדין, הקב"ה מוציא כל צד שוב אל מהות עצמית נפרדת: "וַיַּבְדֵּל אֱלֹהִים בֵּין הָאוֹר וּבֵין הַחֹשֶׁךְ" ואז "וַיִּקְרָא אֱלֹהִים לָאוֹר יוֹם וְלַחֹשֶׁךְ קָרָא לָיְלָה". קריאת שם היא הוצאה של דבר מסוים הנמצא באמצע אל הוויה עצמית משלו. בתוך האחדות אין שמות שונים משום שהכול מעורבב. רק ביציאה מהערבוב כל תכונה מקבלת את הצביון העצמי שלה, כל צד מקבל שם.

האור, שהוא היום, בא מצד הימין ומזוהה עם מידת חי העולמים הנקראת גם מידת היסוד. מידה זו, כמו היום, מתאפיינת בחיות. זוהי המידה הזכרית שיוצאת החוצה, נראית לעין כול ופועלת בכוחה.

לעומת זאת, מתוך החושך יוצא הלילה שמזוהה עם המידה הנקבית, המלכות. גם מידה זו מאירה, אך באותו אופן שבו הלבנה מאירה – הארה לפי מידה. הלבנה מתאפיינת בהשתנות שלה. בתחילת החודש היא בקושי מאירה, אך באמצעו אורה הוא כמעט כמו אור היום.

הזוהר מוסיף ומתאר את האופן שבו היסוד משפיע למלכות. התיאור הזה מתעמק ונעשה קשה להבנה, ובכל זאת ננסה קצת לקלוט. אני רואה כאן הקבלה לתיאור שראינו בתחילת הפרשה, שם הזוהר דורש את שמו ואת עניינו ומתאר את השם 'זוהר' כתיאור של כוח פועל ויוצר.[8] כוח היצירה נובע מעלייה לנקודה עליונה שאחריה באה התפרדות ממנה. הזוהר הוא הזרע, הוא מידת היסוד האוספת את המידות שמעליה ומורידה אותן ליישום למידת המלכות. לפי הזוהר העלייה והירידה האלה נעשות על ידי "אור של תשוקה", תשוקה המוכרת לנו כאש בוערת. האש אשר עולה ויורדת היא שמביאה בסופו של דבר את היצירה. התשוקה הזו היא קריטית מבחינת הזוגיות. עליה אנו מדברים משום שהיא הגורמת לחיבור והיא המביאה ליצירה.

8. ראו לעיל עמ' 37.

## שני סוגי האור

עד כאן תיאר הזוהר את האור כביטוי לצד ימין, צד החסד, הבא לידי ביטוי גם במידת היסוד. אולם בסוף המאמר מתברר שגם צד שמאל מייצר אור: "השמאל לוהט... ומאותו להט של אש הוציאה אותה נקבה את הירח". האור של השמאל הוא אור של אש.

נראה שישנם שני סוגים של אור. יש אור הנובע מתוך החושך, מתוך השרפה ומתוך החורבן. זהו אור של דין, בבחינת אִשָּׁהּ של גיהינום. זהו האור שאנו פוגשים בדרך כלל בחיינו, חסד שניכר רק על רקע הדין: תודה על ישועה מצרה, נחמה מאובדן, התקרבות של רחוקים, שלום לאחר מלחמה. אך יש גם אור עצמי, אור היום, האור הגנוז. זהו האור הראשוני של העולם: אור שאינו תגובה על החושך, טוב עצמי שאיננו עומד ביחס אל הרע. אפשר לחלק ולומר שהאור העצמי נברא ביום הראשון, ולעומת זאת האור הרחוק מהמקור הוא אור החמה והלבנה שנברא רק ביום הרביעי.

אומנם יש יתרון לאור הבא מתוך החושך, ויש יתרון לאהבה הבאה בעקבות מריבה. אמת היא שהאור ביום הרביעי מפותח ומורכב יותר מאשר ביום הראשון. ובכל זאת אנחנו עדיין מייחלים ומתגעגעים לאור העצמי ולאהבה הראשונית. הפלא של הסנה הבוער מלמד אותנו את הנקודה הזו: האש של הסנה לא כילתה אותו מפני שהיא הייתה אש מעולם אחר, אור שאינו כרוך בכיליון. נכון שאין גשם בלא עננים, אך נראה שהגשם האידיאלי הוא דווקא בבחינת "יִפְתַּח ה׳ לְךָ אֶת אוֹצָרוֹ הַטּוֹב אֶת הַשָּׁמַיִם" (דברים כח, יב), גשם אלוקי הבא כביכול ביום בהיר ללא החושך והקושי הנלווים אל הברכה.

# היום השני: מחלוקת ושמיים

## זוהר ח"א יז ע"א

הפעולה הבולטת ביותר שנעשית ביום השני לבריאה היא הפרשה והבדלה: "וַיֹּאמֶר אֱלֹהִים יְהִי רָקִיעַ בְּתוֹךְ הַמָּיִם וִיהִי **מַבְדִּיל** בֵּין מַיִם לָמָיִם. וַיַּעַשׂ אֱלֹהִים אֶת הָרָקִיעַ **וַיַּבְדֵּל** בֵּין הַמַּיִם אֲשֶׁר מִתַּחַת לָרָקִיעַ וּבֵין הַמַּיִם אֲשֶׁר מֵעַל לָרָקִיעַ וַיְהִי כֵן" (בראשית א, ו-ז). אף על פי שכבר ביום הראשון ראינו הבדלה בין האור ובין החושך, הזוהר מציין שהמחלוקת בעולם נוצרה דווקא מתוך ההבדלה ביום השני. ככלל, המספר שתיים הוא ביטוי משמעותי למהות של המחלוקת מפני שבהגדרתו הוא התחלת הפיצול והפירוד. על רקע זה ייכנס הזוהר לדיון עמוק במהות המחלוקת ובהופעות שלה בעולם.

## מחלוקת קורח ועדתו

"וַיֹּאמֶר אֱלֹהִים יְהִי רָקִיעַ בְּתוֹךְ הַמָּיִם" וְגוֹ' — הָכָא בִּפְרַט רָזָא לְאַפְרָשָׁא בֵּין מַיִין עִלָּאִין לְתַתָּאֵי בְּרָזָא דִשְׂמָאלָא, הָכָא מַחְלוֹקֶת בְּרָזָא דִשְׂמָאלָא. דְּעַד הָכָא רָזָא דִּימִינָא הוּא וְהָכָא הוּא רָזָא דִשְׂמָאלָא, וּבְגִין כָּךְ אַסְגִיאוּ

"וַיֹּאמֶר אֱלֹהִים יְהִי רָקִיעַ בְּתוֹךְ הַמָּיִם" וְגוֹ' — כאן בפרט הסוד להפריד בין מים עליונים לתחתונים בסוד השמאל. כאן מחלוקת בסוד השמאל, שעד כאן סוד הימין הוא וכאן הוא סוד השמאל, ומשום כך הרבו

מַחְלוֹקֶת בְּגִין דָּא לְיָמִינָא. יָמִינָא אִיהוּ שְׁלִימָא דְכֹלָּא, וּבְגִין כָּךְ בְּיָמִינָא כְּתִיב כֹּלָּא, דְּהָא בֵּיהּ תַּלְיָיא כָּל שְׁלִימוּ. כַּד אִתְעַר שְׂמָאלָא אִתְעַר מַחְלוֹקֶת, וּבְהַהוּא מַחְלוֹקֶת אִתְתַּקַּף אֶשָּׁא דְרוּגְזָא וְנָפִיק מִנֵּיהּ מֵהַהוּא מַחְלוֹקֶת גֵּיהִנֹּם. וְגֵיהִנֹּם בִּשְׂמָאלָא אִתְעַר וְאִתְדָּבַּק.

מחלוקת בגלל זה לימין. הימין הוא שלמות הכול, ומשום כך בימין כתוב הכול, שהרי בו תלויה כל השלמות. כשהתעורר השמאל התעוררה מחלוקת, ובאותה מחלוקת התחזקה אש הרוגז ויצא ממנה מאותה מחלוקת גיהנום. וגיהנום בשמאל התעורר ונדבק.

חָכְמְתָא דְמשֶׁה בְּהָא אִסְתַּכַּל, וּבְעוֹבָדָא דִּבְרֵאשִׁית אַשְׁגַּח. בְּעוֹבָדָא דִּבְרֵאשִׁית הֲוָה מַחְלוֹקֶת שְׂמָאלָא בְּיָמִינָא, וּבְהַהוּא מַחְלוֹקֶת דְּאִתְעַר בֵּיהּ שְׂמָאלָא, נָפַק בֵּיהּ גֵּיהִנֹּם וְאִתְדְּבַק בֵּיהּ. עַמּוּדָא דְאֶמְצָעִיתָא, דְּאִיהוּ יוֹם תְּלִיתָאי, עָאל בֵּינַיְיהוּ וְאַפְרִישׁ מַחְלוֹקֶת וְאַסְכִּים לִתְרֵין סִטְרִין. וְגֵיהִנֹּם נָחִית לְתַתָּא וּשְׂמָאלָא אִתְכְּלִיל בְּיָמִינָא וַהֲוָה שְׁלָמָא בְּכֹלָּא.

חוכמתו של משה בזה הסתכל, ובמעשה בראשית התבונן. במעשה בראשית הייתה מחלוקת שמאל עם ימין, ובאותה מחלוקת שהתעורר בו השמאל יצא בו גיהנום ונדבק בו. העמוד האמצעי, שהוא יום שלישי, נכנס ביניהם והפריד המחלוקת והסכים לשני צדדים. וגיהנום ירד למטה ושמאל נכלל בימין והיה שלום בכול.

כְּגַוְונָא דָא מַחְלוֹקֶת קֹרַח בְּאַהֲרֹן, שְׂמָאלָא בְּיָמִינָא. אִסְתַּכַּל משֶׁה בְּעוֹבָדָא דִּבְרֵאשִׁית, אָמַר: לִי אִתְחַזֵּי לְאַפְרָשָׁא מַחְלוֹקֶת בֵּין יָמִינָא לִשְׂמָאלָא. אִשְׁתַּדַּל לְאַסְכָּמָא בֵּינַיְיהוּ, וְלָא בָּעֵי שְׂמָאלָא וְאַתְקַף קֹרַח בְּתוּקְפֵיהּ.

בעין זה מחלוקת קורח על אהרן, שמאל בימין. הסתכל משה במעשה בראשית, אמר: לי ראוי להפריד מחלוקת בין ימין ושמאל. השתדל להסכים ביניהם, ולא רצה השמאל והתחזק קורח בחוזקו.

אָמַר, וַדַּאי גֵּיהִנֹּם בְּתוּקְפָּא

אמר, ודאי גיהנום בכוח

| | |
|---|---|
| דְמַחֲלֹקֶת שְׂמָאלָא אִצְטְרִיךְ לְאִתְדַּבְּקָא. הוּא לָא בָּעֵי לְאִתְדַּבְּקָא לְעֵילָא וּלְאִתְכַּלְּלָא בְּיָמִינָא, וַדַּאי יֵחוֹת לְתַתָּא בְּתוּקְפָּא דְרוּגְזָא דִילֵיהּ. | של מחלוקת השמאל צריך להתדבק. הוא לא רצה להידבק למעלה ולהיכלל בימין, ודאי ירד למטה בתוקף הרוגז שלו. |

הזוהר מסביר שההבדלה שנעשתה ביום הראשון בין האור לבין החושך עדיין אינה נחשבת למחלוקת משום שהיא נובעת מצד הימין, וככזאת היא שלמה במהותה ויש בה פן חיובי. לעומת זאת ביום השני ההבדלה נובעת מצד השמאל. צד השמאל הוא היוצר את המחלוקת הקשה, את הדין. זוהי מעין מערכת בחירות, השמאל מתחלק וחולק כדי שיבחרו בו. העובדה שרק ביום השני הביטוי "וַיַּרְא אֱלֹהִים כִּי טוֹב" אינו מופיע, מחדדת את הקושי שביום זה, והיא זו שהביאה את חז"ל למסקנה שאש הגיהנום נבראה ביום השני (פסחים נד ע"א). הזוהר קושר את הגיהינום למחלוקת באופן ישיר. לדבריו סוג המחלוקת שיוצא מן השמאל מעורר רוגז המביא לחיינו את הגיהינום.

המחלוקת הראשונה שבה מטפל הזוהר היא מחלוקת קורח ועדתו על אהרן,[1] שהיא אולי המחלוקת הבסיסית והיסודית ביותר שקיימת בתורה. הזוהר מספר שבשעת המחלוקת הזו משה "במעשה בראשית התבונן", והוא מסביר שמשה לא עסק בסיפור הבריאה רק בפן האינטלקטואלי שלו אלא גם כדי ללמוד איך להתמודד בפועל עם המחלוקת שעליו. גם במדרש מופיע הקשר בין הפעילות של משה למעשה בראשית. משה אומר לקורח: "בֹּקֶר וְיֹדַע ה' אֶת אֲשֶׁר לוֹ" (במדבר טז, ה), ועל כך מביא רש"י במקום: "אמר לו משה, גבולות

1. הביטוי "מחלוקת קורח באהרן" מעיד שקורח חלק דווקא על אהרן ולא על משה. אף על פי שזה לא כתוב במפורש בזוהר, אני רוצה להציע שקורח חלק דווקא על אהרן משום שהוא מונה לדורות – בן אחר בן ימשיכו את כהונתו – בעוד שהנהגתו של משה הייתה זמנית וכידוע אין לבניו תפקיד או משמעות בדורות שלאחריו.

חלק הקדוש ברוך הוא בעולמו, יכולים אתם להפוך בקר לערב, כן תוכלו לבטל את זו...".

מה לומד משה מן המחלוקת שהייתה בבריאת העולם? לפי הזוהר הוא לומד מן היום השלישי, הכולל בתוכו את שני הצדדים, שאין לבטל את המחלוקת אלא לגייס אותה. ואכן במקום לברוח מן המחלוקת המתעוררת עליו, משה נענה לה פנים בפנים.

בפועל, קורח לא היה מעוניין להגיע לשלום, וכך התברר שמדובר כאן במחלוקת מסוג אחר. העניין הזה נוגע באחד מהנושאים היסודיים ביותר בזוהר והוא השאלה מתי המחלוקת מביאה לידי קיום ומתי היא מביאה לידי חורבן, לידי גיהינום. הזוהר עוסק במקומות רבים בבעיה של השמאל. מצד אחד הזוהר מציב לעצמו את האתגר לכלול את השמאל בימין, שכן באופן הזה הרע ישתלב בבניין העולם ויהיה רתום לטוב. מצד שני הוא רואה את הסכנה ואת החורבן הגדול שעלולים לצמוח מן החיבור עם הרע. סוד הבריאה והמידות האלוקיות הוא היכולת לעשות הפרדה שגורמת ייחוד ולא חלילה ליצור הפרדה שלילית שמביאה לידי מחלוקת.

## מחלוקת לשם שמיים סופה להתקיים

וְעַל דָּא לָא בָּעֵי קֹרַח לְאַסְכָּמָא הַאי מַחְלוֹקֶת בִּיְדָא דְמֹשֶׁה, בְּגִין דְּלָא הֲוָה לְשֵׁם שָׁמַיִם. וְלָא חָיִישׁ לִיקָרָא דִלְעֵילָא וְאַכְחִישׁ עוֹבָדָא דִבְרֵאשִׁית. כֵּיוָן דְּחָמָא מֹשֶׁה דַּהֲוָה מַכְחִישׁ עוֹבָדָא דִבְרֵאשִׁית וְאִתְדְּחָא אִיהוּ לְבַר, כְּדֵין "וַיִּחַר לְמֹשֶׁה מְאֹד" (במדבר טז, טו).

"וַיִּחַר לְמֹשֶׁה" — עַל דְּאַכְחִישׁוּ לֵיהּ, דְּלָא אַסְכִּים הַהוּא מַחְלוֹקֶת.

ועל כן לא רצה קורח להסכים מחלוקת זו ביד משה, מפני שלא הייתה לשם שמיים. ולא חשש לכבוד שלמעלה והכחיש מעשה בראשית. כיוון שראה משה שהכחיש מעשה בראשית ונדחה הוא החוצה, אזי "וַיִּחַר לְמֹשֶׁה מְאֹד" (במדבר טז, טו).

"וַיִּחַר לְמֹשֶׁה" — על שהכחישו אותו, שלא הסכים לאותה מחלוקת.

"מְאֹד" — עַל דְּאַכְּחִישׁוּ עוֹבָדָא דִבְרֵאשִׁית.

"מְאֹד" — על שהכחישו מעשה בראשית.

וּבְכֹלָּא אַכְּחִישׁ קֹרַח, בְּעֵילָּא וּבְתַתָּא, דִּכְתִיב "בְּהַצֹּתָם עַל ה'" (במדבר כו, ט) — הָא תַּתָּא וְעֵילָּא. וְעַל דָּא אִתְדָּבַק כְּמָה דְּאִתְחֲזֵי לֵיהּ.

ובכול הכחיש קורח, במעלה ובמטה, שכתוב "בְּהַצֹּתָם עַל ה'" (במדבר כו, ט) — הרי למטה ולמעלה. ועל כן נדבק כמו שראוי לו.

מַחֲלֹקֶת דְּאִתְתַּקַּן כְּגַוְונָא דִלְעֵילָּא וְסָלִיק וְלָא נָחִית וְאִתְקַיַּים בְּאֹרַח מֵישָׁר — דָּא מַחְלוֹקֶת דְּשַׁמַּאי וְהִלֵּל. וְקוּדְשָׁא בְּרִיךְ הוּא אַפְרִישׁ בֵּינַיְיהוּ וְאַסְכִּים לוֹן. וְדָא הֲוָה מַחְלוֹקֶת לְשֵׁם שָׁמַיִם, וְשָׁמַיִם אַפְרִישׁ מַחְלוֹקֶת, וְעַל דָּא אִתְקְיַּם. וְדָא הֲוָה כְּגַוְונָא דְּעוֹבָדָא דִבְרֵאשִׁית. וְקֹרַח, בְּעוֹבָדָא דִבְרֵאשִׁית אַכְּחִישׁ בְּכֹלָּא. וּפְלוּגְתָּא דְּשָׁמַיִם הֲוָה, וּבְעָא לְאַכְּחָשָׁא מִלֵּי דְאוֹרַיְיתָא. וַדַּאי בְּאִתְדַּבְּקוּתָא דְּגֵיהִנֹּם הֲוָה, וְעַל דָּא אִתְדַּבַּק בַּהֲדֵיהּ.

מחלוקת שנתקנה בעין שלמעלה ועולה ולא יורדת ומתקיימת בדרך ישר — זו מחלוקת של שמאי והלל. והקדוש ברוך הוא הפריד ביניהם והסכים להם. וזו הייתה מחלוקת לשם שמיים, ושמיים הפרידו מחלוקת, ועל כן התקיים. וזה היה כעין מעשה בראשית. וקורח, במעשה בראשית הכחיש בכול. ומחלוקת של שמיים הייתה, ורצה להכחיש דברי תורה. ודאי בהתדבקות הגיהנום היה, ועל כן נדבק בו.

וְרָזָא דָא בְּסִפְרָא דְאָדָם. חֹשֶׁךְ כַּד אִתְעַר, אִתְעַר בְּתוּקְפֵּיהּ וּבְרָא בֵּיהּ גֵּיהִנֹּם, וְאִתְדָּבַּק בַּהֲדֵיהּ בְּהַהוּא מַחְלוֹקֶת. כֵּיוָן דְּשָׁכִיךְ רוּגְזָא וְתוּקְפָּא, אִתְעַר מַחְלוֹקֶת כְּגַוְונָא אָחֳרָא, מַחְלוֹקֶת דִּרְחִימוּ.

וסוד זה בספרו של אדם. כשחושך מתעורר, מתעורר בתוקפו וברא בו גיהינום, ונדבק איתו באותה מחלוקת. כיוון ששוקט הרוגז והתוקף, מתעוררת מחלוקת בגוון אחר, מחלוקת של אהבה.

וּתְרֵין מַחְלוֹקֶת הֲווּ, חַד שֵׁירוּתָא

ושתי מחלוקות היו, אחת

וְחַד סִיּוּמָא. וְדָא אִיהוּ אָרְחֵהוֹן דְּצַדִּיקַיָּיא — שֵׁירוּתָא דִלְהוֹן בְּקַשְׁיוּ וְסוֹפָא דִלְהוֹן בְּנַיְיחָא. קֹרַח הֲוָה שֵׁירוּתָא דְמַחְלוֹקֶת כְּפוּם רוּגְזָא וְתוּקְפָּא, וְאִתְדַּבַּק בַּגֵּיהִנָּם. שַׁמַּאי, סוֹפָא דְמַחְלוֹקֶת. כַּד רוּגְזָא בְּנַיְיחָא אִצְטְרִיךְ לְאַתְעָרָא מַחְלוֹקֶת דִּרְחִימוּ וּלְאַסְכָּמָא עַל יְדָא דְשָׁמַיִם.

התחלה ואחת סיום. וזוהי דרכם של הצדיקים — התחלה שלהם בקושי וסוף שלהם במנוחה. קורח היה ראשית המחלוקת כפי הרוגז והתקיפות, ונדבק בגיהינום. שמאי, הסוף של המחלוקת. כשהרוגז במנוחה צריך היה לעורר מחלוקת של אהבה ולהסכים על ידי השמיים.

הקשר בין מעשה בראשית למחלוקת של קורח אינו מקרי, כפי שכבר אמרנו, והוא מבוסס גם על המשנה במסכת אבות אשר מגדירה שני סוגי מחלוקת:

> כל מחלוקת שהיא לשם שמים, סופה להתקים. ושאינה לשם שמים, אין סופה להתקים. איזו היא מחלוקת לשם שמים? זה מחלוקת הלל ושמאי. ושאינה לשם שמים? זו מחלוקת קרח וכל עדתו. (אבות פ"ה מי"ז)

הביטויים 'מתקיים' ו'לשם שמיים' הם ביטויים מדויקים שלא באו כאן במקרה. ביטויים אלה מרמזים על מעשה בראשית שהוא **קיום** העולם ועל היום השני בבריאה שבו נבראו **השמיים**. המחלוקת החיובית היא לשמם של השמיים, היא מקיימת את השמיים ואת הבריאה כולה. לעומת זאת המחלוקת שאינה לשמה מחריבה את העולם.

את המחלוקת שהיא לשם שמיים מאפיין הזוהר במילים "והקדוש ברוך הוא הפריד ביניהם והסכים להם". מוטיב ההסכמה של הקב"ה עם המחלוקת מופיע גם במדרשים העוסקים במחלוקת בית שמאי ובית הלל בנוגע לבריאת העולם. ישנן מספר מקבילות בחז"ל למחלוקת יסודית זו שביניהן יש דמיון וגם הבדלים. נביא כאן את גרסת הפרקי

דרבי אליעזר (שבאופן כללי הוא מדרש הקרוב לרוח הזוהר מכמה בחינות):[2]

> בית שמאי אומר: שמים נבראו תחלה ואחר כך הארץ, שנאמר: "בְּרֵאשִׁית בָּרָא אֱלֹהִים אֵת הַשָּׁמַיִם וְאֵת הָאָרֶץ" (בראשית א, א).
>
> ובית הלל אומר: הארץ נבראת תחלה ואחר כך שמים, שנאמר: "לְפָנִים הָאָרֶץ יָסַדְתָּ וּמַעֲשֵׂה יָדֶיךָ שָׁמָיִם" (תהילים קב, כו).
>
> (פרקי דרבי אליעזר יח, א)

המדרש ממשיך להביא ראיות לכאן ולכאן ולבסוף מסכם:

> נכנס תחרות ביניהם עד ששרתה עליהם רוח הקודש והסכימו אלו לאלו – שניהם נבראו בשעה אחת ורגע אחד. מה עשה הקב"ה, פשט יד ימינו ונטה שמים ופשט יד שמאלו ויסד ארץ, שנאמר: "אַף יָדִי יָסְדָה אֶרֶץ וִימִינִי טִפְּחָה שָׁמָיִם" (ישעיהו מח, יג).
>
> (שם)

המדרש הזה יוצר כאן אלמנט של 'מיניה וביה': מחלוקת הלל ושמאי אינה רק מחלוקת לשם שמיים, אלא **שנושא** המחלוקת של הלל ושמאי הוא השמיים.[3] הם חלקו על עצם העניין של מעשה בראשית. גם העניין הזה תומך בתפיסת הזוהר שהמחלוקת שבמעשה בראשית היא אב הטיפוס למחלוקות בכלל. יש כאן סוד עדין כחוט השערה: המחלוקת

2. ראו למשל בפירוש הרד"ל לפרקי דר' אליעזר, שלאורך פירושו מפנה פעמים רבות לזוהר ומראה הקבלות בין הספרים.
3. אגב, מעניין לראות שבית שמאי טוענים שהשמיים נבראו תחילה לעומת בית הלל הטוענים שהארץ נבראה תחילה. ייתכן שמחלוקת זו היא ביטוי כללי למהות המחלוקות ביניהם: בית שמאי מסתכלים מלמעלה, מהשמיים, וקובעים הלכה למטה בארץ. לעומתם בית הלל מתחילים לקבוע הלכה דווקא מהארץ, והתנועה שלהם היא מלמטה למעלה אל עבר השמיים.

מצד אחד הכרחית לעולם ועשויה אף להביא לכך שהקב"ה יתערב ויגלה את עצמו בהכרעתו, אך מצד שני היא עלולה להחריב את הכול.

המחלוקת החיובית מתוארת כתהליך שמתחיל באופן קשה ונגמר בטוב. המחלוקת הקשה כגיהינום שהתחילה אצל קורח התגלגלה והגיעה למנוחה ולרוגע על ידי שמאי שבמחלוקתו עם הלל הביא את השמיים להתערב ולהכריע. בלי המחלוקת היה נמנע מאיתנו גילוי אלוקי זה. נראה שברקע עומדים דברי חז"ל:

> אמר רבי חייא בר אבא: אפילו האב ובנו הרב ותלמידו שעוסקין בתורה בשער אחד נעשים אויבים זה את זה ואינם זזים משם עד שנעשים אוהבים זה את זה, שנאמר: "אֶת וָהֵב בְּסוּפָה" (במדבר כא, יד), אל תקרי בְּסוּפָה אלא בְּסוֹפָהּ.
>
> (קידושין ל ע"ב)

המדרש משחק כאן עם הלשון ודורש את המילה התמוהה 'והב' על פי מילים קרובות: קודם כול 'אויב', ולאחר מכן 'אוהב'. הדואליות המצויה במילה זו מרמזת על המעבר משנאה לאהבה המתרחש אצל לומדי תורה – בין רב לתלמיד ובין אב לבנו.

עולות לי מספר אסוציאציות נוספות לתהליך דומה. חז"ל אומרים שיצר הרע "תחילתו מתוק וסופו מר" (ויקרא רבה פרשה טז, ח), אך יצר הטוב בדיוק להפך "תחילתו מר וסופו מתוק" (דברים רבה פרשה ז, ג). ניתן לדייק ולומר – סופו לא יהיה מתוק אם תחילתו לא תהיה מרה. כך גם בסיפור האישה הסוטה, לפחות לפי ההסתכלות של חז"ל: בסופו של דבר הסיפור המזעזע הזה של אישה הנחשדת בניאוף עשוי להביא לידי שלום, שהרי אם מתברר שהאישה אינה סוטה היא מתברכת בילד, מה שמחזק את הקשר בין הבעל לאשתו. הקב"ה מוכן לכך שיימחה שמו על המים כדי להביא שלום בין איש לאשתו (סוטה ז ע"א), הוא מוכן לוותר על עצמו בתחילה כדי ששמו יוכר לאחר מכן. שוב, הדברים מתחילים במחלוקת אך מסתיימים באחדות, בשלום.

יש נושא שעסקתי בו לפני שנים, והעברתי עליו שיעורים רבים.

בתחילת מסכת שבת מופיעה סדרה של 'י"ח דבר', שמונה עשרה מחלוקות בין בית הלל לבית שמאי בנוגע לתחומים יסודיים בהלכה, ובהן נקבעה הלכה כבית שמאי אף על פי שבדרך כלל נפסקת ההלכה כבית הלל. מדובר על אירוע היסטורי שמתואר במקורות, אם כי לא כל כך ברור מה קרה שם. התיאור הוא ש'באותו היום' אירעה התכנסות של שתי האסכולות כאשר בשיאה תלמידי בית שמאי הצליחו לקבוע הלכה כמותם באותם שמונה עשר דברים. מבחינה היסטורית, אפשר להציג את האירוע הזה כמחלוקת ההלכתית הראשונה בישראל.[4]

לפי הירושלמי, נראה בפשטות שאי אפשר לשנות לעולם את ההלכות הללו, גם לא על פי המנגנון המוכר שלפיו בית דין מאוחר יכול לבטל את דברי בית הדין הקודם כאשר הוא גדול ממנו בחוכמה ובמניין.[5] על השאלה מדוע דווקא י"ח הלכות אלו אינן ניתנות לשינוי עונה הירושלמי משום ש"עמדה להם בנפשותם" (שבת פ"א ה"ד). הלשון הסתומה הזו מתפרשת כנראה כהכרעה בכוח החרב כפשוטו: בית שמאי הרגו באותו יום את אנשי בית הלל.[6] אני מציע לפרש זאת

4. אומנם ידוע שהמחלוקת הראשונה בחז"ל היא מחלוקת יוסי בן יועזר ויוסי בן יוחנן בעניין הסמיכה במסכת חגיגה (פ"ב מ"ב), אך ישנם מקורות שמהם משתמע ששמאי והלל ייסדו את המחלוקת כקונספט. החידוש של בית שמאי ובית הלל אינו רק בעצם העובדה שחלקו אלא בכך שמיסדו את המחלוקת כחלק יסודי מזהותם. ראו למשל ירושלמי חגיגה פ"ב ה"ב: "בראשונה לא היתה מחלוקת בישראל אלא על הסמיכה בלבד ועמדו שמאי והלל ועשו אותן ד' משרבו תלמידי ב"ש ותלמידי ב"ה ולא שימשו את רביהן כל צורכן ורבו המחלוקות בישראל ונחלקו לשתי כתות אילו מטמאין ואילו מטהרין ועוד אינה עתידה לחזור למקומה עד שיבוא בן דוד" (הערת העורכים).
5. וכלשון הרמב"ם: "בית דין גדול שדרשו באחת מן המדות כפי מה שנראה בעיניהם שהדין כך ודנו דין, ועמד אחריהם בית דין אחר ונראה לו טעם אחר לסתור אותו הרי זה סותר ודן כפי מה שנראה בעיניו, שנאמר 'אל השופט אשר יהיה בימים ההם', אינך חייב ללכת אלא אחר בית דין שבדורך" (משנה תורה הלכות ממרים פ"ב ה"א).
6. ירושלמי שבת פ"א ה"ד: "תנא ר' יהושע אונייא תלמידי ב"ש עמדו להן מלמטה והיו הורגין בתלמידי ב"ה. תני ששה מהן עלו והשאר עמדו עליהן בחרבות וברמחים".

כך: מכיוון שההכרעה הייתה מלווה בשפיכות דמים היא הפכה להכרעה רצינית שאי אפשר לשנותה. דברים אלו הם קשים וקיצוניים. בעצם אנו אומרים שעניין שהוכרע בכוח הנשק מקבל תוקף של דאורייתא.

על כל פנים, תיאור זה מנוגד לכאורה לדברי הגמרא בנוגע למחלוקות בית שמאי ובית הלל: "אלו ואלו דברי אלהים חיים" (עירובין יג ע"ב). הגמרא הידועה הזו מלמדת דווקא על אווירה פלורליסטית ששררה בין בית שמאי ובית הלל. יתרה מזו, המשנה אומרת ש"לא נמנעו בית שמאי מלישא נשים מבית הלל, ולא בית הלל מבית שמאי" (יבמות פ"א מ"ד), וזאת על אף שחלקו בענייני אישות. הדברים הגיעו לידי כך שכפי שראינו מחלוקת בית שמאי ובית הלל נעשתה הדוגמה, ב־ה' הידיעה, למחלוקות לשם שמיים.

כדי ליישב את המקורות הללו זה עם זה ניתן להציע את הרעיון שבו אנו עוסקים: המחלוקת מתחילה באופן קשה, אך נגמרת באופן של אהבה. בית שמאי ובית הלל אכן לא נמנעו מלהתחתן אלה באלה, אך זהו המצב שאליו הגיעו בסופו של דבר לאחר מחלוקת חריפה הרבה יותר. עצם האזכור של העובדה הזאת נובע מכך שכנראה הם באמת היו רחוקים, וזה דבר פלא שהם התחתנו זה בזה. ההתחלה כנראה באמת הייתה קשה; בתחילה הם הרגו זה בזה. רק לאחר מכן, לאחר שנעשה תהליך ארוך ומעמיק, הם עשו שלום.

יש שלוש מדרגות ביצירות ספרותיות. יש יצירות של דתיים, שאצלם כל הסיפור, מההתחלה ועד הסוף, הוא נחמד. כל המציאות נחמדה. ואם תגידו לדתיים שיש בעיה קטנה – שהמציאות איננה תואמת את אווירת הסיפורים שהם כותבים ושבמציאות זה לא כל כך פשוט – יענו לך הדתיים: 'לא נורא, שלפחות בסיפורי החסידים יהיה כך!', והם מסתפקים בזה. מדרגה מעל זאת, עדיין במסגרת הדתית, היא הז'אנר של המערבונים. בהתחלה יש דרמה – האינדיאני לוקח את היפהפייה בשבי, ואז מופיע גדוד של לבנים בהובלת הגיבור החיובי והוא נלחם ומושיע עד שבסוף הוא לוקח אותה והם מתחתנים. בסיפור הזה לא הכול לגמרי ורוד: בהתחלה יש מתח ולא יודעים מה יהיה, אבל הסוף הוא ממש נחמד. מדרגה שלישית היא הספרות המודרנית,

שכידוע המייסד שלה הוא רבי נחמן מברסלב.[7] ההגדרה של הספרות הזו היא שאין בה 'הֶפִּי אֶנד', מהתחלה ועד הסוף המצב גרוע.

המודל של הזוהר כאן הוא המודל האמצעי. אומנם בהתחלה יש מחלוקת, יש דרמה והיא יכולה להיות מאוד קשה, אך בסוף יבוא משיח. הזוהר מחדד עוד יותר את העניין ואף טוען שאם לא תהיה דרמה בהתחלה, לא יהיה סוף טוב לאחר מכן. סופה של מחלוקת צריך להיות אהבה שזוכה להסכמה מן השמיים, מעין בת קול שיוצאת ומכריזה "אלו ואלו דברי אלוהים חיים". בת הקול יוצאת ומסכימה על עצם קיומה של המחלוקת ובו בזמן היא מכריעה שהלכה כבית הלל.

## איחוד תורה שבכתב ותורה שבעל פה

וְרָזָא דָא "יְהִי רָקִיעַ בְּתוֹךְ הַמָּיִם וִיהִי מַבְדִּיל" – דָא מַחְלוֹקֶת קַדְמָאָה, אִתְעָרוּ דְּרוּגְזָא וְתוּקְפָּא. בָּעָא לְאַפְרָשָׁא, וְאִתְעַר גֵּיהִנֹּם עַד דְּרוּגְזָא וְתוּקְפָּא אִצְטַנָּן. וּכְדֵין "וַיַּעַשׂ אֱלֹהִים אֶת הָרָקִיעַ" וְגוֹ' – אִתְעַר מַחְלוֹקֶת דִּרְחִימוּ וַחֲבִיבוּ וְקִיּוּמָא דְּעָלְמָא. וּבְרָזָא דָא מַחְלוֹקֶת שַׁמַּאי וְהִלֵּל, דְּתוֹרָה שֶׁבְּעַל פֶּה עָאלַת בִּרְחִימוּ גַּבֵּי תּוֹרָה שֶׁבִּכְתַב וַהֲווּ בְּקִיּוּמָא שְׁלִים.

וזה סוד "יְהִי רָקִיעַ בְּתוֹךְ הַמָּיִם וִיהִי מַבְדִּיל" – זו מחלוקת ראשונה, התעוררות של רוגז וכוח. רצה להפריד, והתעורר גיהנום עד שהרוגז והכוח הצטננו. ואז "וַיַּעַשׂ אֱלֹהִים אֶת הָרָקִיעַ" וְגוֹ' – התעוררה מחלוקת של אהבה וחביבות וקיום העולם. ובסוד זה המחלוקת של שמאי והלל, שהתורה שבעל פה נכנסה באהבה לתורה שבכתב והיו בקיום שלם.

7. על השפעתו של רבי נחמן על הספרות העברית החדשה ראו צבי מרק, **כל סיפורי רבי נחמן מברסלב**, ירושלים תשע"ד, מבוא, עמ' 24-17 (הערת העורכים).

הזוהר קושר בין המחלוקת החיובית של שמאי והלל, לחיבור התורה שבכתב עם התורה שבעל פה. החיבור הזה מתרחש לפי הזוהר כאשר "התורה שבעל פה נכנסה באהבה לתורה שבכתב". מה פשר הביטוי הזה? ומהו הקשר למחלוקת שמאי והלל?

אילולא דמיסתפינא, הייתי אומר כך: ברמב"ם מובאות שלוש דרגות במידת התוקף והקביעות של הלכות שונות. הדרגה הראשונה היא זו של הלכות שנלמדו מן התורה שבכתב על פי אחת מן המידות שהתורה נדרשת בהן. להלכות אלו יש תוקף דאורייתא, אבל כל בית דין יכול לבטל אותן כפי ראות עיניו אם הוא רואה לנכון לדרוש את הפסוקים אחרת. הדרגה השנייה היא תקנות ומנהגים שבית דין גוזר, למשל חנוכה, ואת אלה יכול לבטל רק בית דין שגדול בחוכמה ובמניין מבית הדין שגזר את הגזרה. אף על פי שבפועל קשה יהיה לבטל הלכות מסוג זה, מבחינה עקרונית זוהי עדיין אפשרות. בדרגה השלישית כלולות הלכות שנועדו לשמש סייג לתורה. הלכות אלו אינן ניתנות לביטול כלל. כך אומר הרמב"ם:

> במה דברים אמורים בדברים שלא אסרו אותן כדי לעשות סייג לתורה אלא כשאר דיני תורה. אבל דברים שראו בית דין לגזור ולאסרן לעשות סייג, אם פשט איסורן בכל ישראל אין בית דין גדול אחר יכול לעקרן ולהתירן אפילו היה גדול מן הראשונים.

(הלכות ממרים פ"ב ה"ג)

הרמב"ם אומר שסייג לתורה אינו ניתן לביטול לעולם, גם לא על ידי בית דין גדול בחוכמה ובמניין. זה מוזר משום שהיינו מצפים שהלכות שהן בגדר דאורייתא יהיו הרבה יותר קשות לביטול מהלכות שהן תקנה או גזרה. נראה לי שההסבר הוא שסייג לתורה נחשב כחלק מהתורה ולכן אי אפשר לבטל אותו. זה כמו בצבא, שאחרי פרק זמן הגרב הופכת להיות חלק מהרגל ואי אפשר כבר להסיר את הגרב בלי לפגוע ברגל... או משל אחר – פעם שאלתי: איך הקירות של מאה

שערים עדיין עומדים? והתשובה היא – בגלל כל המודעות שתולים עליהם כל הזמן...

על כל פנים נראה שלפי הרמב"ם יש הלכות של חכמים שמקבלות תוקף של דאורייתא. כאשר הזוהר אומר שהתורה שבעל פה נכנסת לתורה שבכתב, הוא נוקט כשיטת הרמב"ם. הוא מבין שהתורה שבכתב אינה רק חמשת חומשי תורה אלא מצטרפים אליה גם דברים מסוימים שחכמים אמרו. מחלוקת הלל ושמאי התחילה בחרב ובשפיכות דמים, ולכן היא 'נכנסה' לתורה שבכתב והפכה להיות חלק ממנה. הזוהר כאן אינו יורד לפרטים איזו הלכה נחשבת תורה שבעל פה ואיזו תורה שבכתב, אלא מדגיש את התמונה השלמה שבה התורה שבעל פה מתמזגת עם התורה שבכתב. עצם האחדות בין השתיים מבטל את הערעור על אחד החלקים, ולכן התוצאה היא "והיו בקיום שלם".

יש כאן דבר פנטסטי. אחד היסודות של היהדות הוא האחדות בין התורה שבכתב והתורה שבעל פה. אבל הבעיה היא שהשתיים אינן הולכות יחד באופן חלק כל כך, וקיים מתח תמידי בין הפשט לדרש. אומנם בדורות האחרונים הרגישו חלק מגדולי ישראל שהאחדות הזו מתנתקת, ואז נכתבו יצירות ספרותיות אדירות כמו 'תורה תמימה' של ר' ברוך הלוי אפשטיין והסדרה 'תורה שְׁלֵמָה' של הרב מנחם מנדל כשר. תלמידי חכמים אלו שמו לעצמם את המטרה לאחד בין התורה שבכתב לבין מדרשי חז"ל והם עשו זאת באמצעות הצגה של המדרשים השונים של חז"ל לצד הפסוקים שאליהם הם מתייחסים. בשמות של הספרים הללו רואים את המטרה שלהם – תורה שלמה ותמימה.

הזוהר כאן מתמודד עם המתח שבין התורה שבכתב לתורה שבעל פה במישור עקרוני יותר. הוא עומד על כך שבין השתיים קיים הבדל מהותי עמוק, ועליו הוא בא לגשר. אחד הביטויים העמוקים של התורה שבעל פה הוא המחלוקת, עד כדי כך שהלל ושמאי מצטיירים בתודעה שלנו כאבות התורה שבעל פה משום שיש ביניהם מחלוקת. והנה, טוען הזוהר, הלל ושמאי עצמם נכנסים לתורה שבכתב ומתאחדים איתה. הלל ושמאי הם אב הטיפוס לא רק למחלוקת שסופה טוב אלא גם לתורה שבעל פה שסופה טוב משום שהיא מתאחדת עם התורה

שבכתב. בסופו של דבר המתח בין שתי התורות מוביל להשלמה ביניהן ולא לניתוק.

העיסוק כאן באיחוד שבין התורות הוא חלק מהעיסוק החוזר ונשנה בזוהר באיחוד בין ימין לשמאל. הצד השמאלי שיש במחלוקת התורה שבעל פה, המגיע אפילו לאלימות, נכנס לתוך החסד של התורה שבכתב. כמו במקומות רבים אחרים, אפשר לראות כאן מעין דגל של הזוהר שיש לו יחס אמביוולנטי לצד הקשה שבמציאות, צד השמאל. מצד אחד הוא שלילי ומצד שני הוא חלק מהמידות האלוקיות. כך גם בהנהגה המעשית של האדם – אם אתה מדביק את השמאל לתוך הימין, הוא חיובי, אך אם אתה משאיר אותו מנותק הוא יהיה שלילי.

## מקומה של ההבדלה

הַבְדָּלָה אִיהוּ וַדַּאי בִּשְׂמָאלָא. כְּתִיב הָכָא הַבְדָּלָה, "וִיהִי מַבְדִּיל" (בראשית א, ו), וּכְתִיב "וַיַּבְדֵּל" (שם, ז), וּכְתִיב הָתָם "הַמְעַט מִכֶּם כִּי הִבְדִּיל" וְגוֹ' (במדבר טז, ט), וּכְתִיב "בָּעֵת הַהִיא הִבְדִּיל ה' אֶת שֵׁבֶט הַלֵּוִי" (דברים י, ח). דְּהָא וַדַּאי לֵית הַבְדָּלָה אֶלָּא בַּשֵּׁנִי, בַּאֲתַר שְׂמָאלָא. וְאִי תֵימָא: הַבְדָּלָה בַּשֵּׁנִי אִיהוּ וַדַּאי, אַמַּאי הַבְדָּלָה בְּלֵוִי דְּאִיהוּ תְּלִיתָאָה? הַבְדָּלָה בְּשִׁמְעוֹן אִצְטְרִיךְ דְּאִיהוּ שֵׁנִי! אֶלָּא אַף עַל גַּב דְּלֵוִי אִיהוּ תְּלִיתָאָה, לְדַעְתָּא דְיַעֲקֹב שֵׁנִי הֲוָה. וּלְעוֹלָם בַּשֵּׁנִי הֲוָה, וְכֹלָּא בְּאֹרַח מֵישָׁר, בְּאֹרַח שְׁלִים כִּדְקָא יְאוּת.

הבדלה היא ודאי בשמאל. כתוב כאן הבדלה, "וִיהִי מַבְדִּיל" (בראשית א, ו), וכתוב "וַיַּבְדֵּל" (שם, ז), וכתוב שם "הַמְעַט מִכֶּם כִּי הִבְדִּיל וְגוֹ' (במדבר טז, ט), וכתוב "בָּעֵת הַהִיא הִבְדִּיל ה' אֶת שֵׁבֶט הַלֵּוִי" (דברים י, ח). שהרי ודאי אין הבדלה אלא בשני, במקום שמאל. ואם תאמר: הבדלה היא בשני ודאי, למה הבדלה בלוי שהוא שלישי? הבדלה צריכה להיות בשמעון שהוא שני! אלא אף על גב שלוי הוא שלישי, לדעת יעקב היה שני. ולעולם בשני היה, והכול בדרך ישר בדרך שלם כראוי.

הַבְדָּלָה בְּמוֹצָאֵי שַׁבָּת – בֵּין אִנּוּן דְּשַׁלִּיטִין בְּיוֹמֵי חוֹל לְשַׁבָּת. וְכַד נָפִיק שַׁבָּת, סָלְקָא מִגֵּיהִנֹּם חַד סִטְרָא מֵעֵינָא בִּישָׁא דְּבָעָא לְשַׁלְטָאָה בְּשַׁעֲתָא דְּאָמְרִין יִשְׂרָאֵל "וּמַעֲשֵׂה יָדֵינוּ כּוֹנְנָה עָלֵינוּ" (תהילים צ, יז). וְנָפִיק מֵהַהוּא דַּרְגָּא דְּאִקְרֵי שְׂמָאלָא, וּבָעֵי לְאִתְעַרְבָא בְּזַרְעָא דְּיִשְׂרָאֵל וּלְשַׁלְטָאָה עֲלַיְיהוּ יִשְׂרָאֵל.

הבדלה במוצאי שבת – בין אותם ששולטים בימי החול לשבת. וכשיוצאת שבת, עולה מגיהנום צד אחד מעין הרעה שרוצה לשלוט בשעה שישראל אומרים "וּמַעֲשֵׂה יָדֵינוּ כּוֹנְנָה עָלֵינוּ" (תהילים צ, יז). ויוצא מאותה דרגה שנקראת שמאל, ורוצה להתערב בזרע של ישראל ולשלוט עליהם, על ישראל.

וְיִשְׂרָאֵל עַבְדֵי עוֹבָדָא בַּהֲדַס וּבְיַיִן וְאָמְרֵי הַבְדָּלָה, וְאִתְפְּרַשׁ מִנַּיְיהוּ. וּמָאִיךְ הַהוּא סִטְרָא וְעָאל לְדוּכְתֵּיהּ בִּשְׁאוֹל, אֲתַר דְּקֹרַח וְסִיעֲתֵיהּ תַּמָּן, דִּכְתִיב "וַיֵּרְדוּ הֵם וְכָל אֲשֶׁר לָהֶם חַיִּים שְׁאוֹלָה" (במדבר טז, ל). וְאִנּוּן לָא נָחְתֵי תַּמָּן עַד דְּעַבְדֵי יִשְׂרָאֵל הַבְדָּלָה מִנְּהוֹן, דִּכְתִיב "הִבָּדְלוּ מִתּוֹךְ הָעֵדָה" וְגוֹ' (שם, כא).

וישראל עושים מעשה בהדס ויין ואומרים הבדלה, ונפרד מהם, ונשפל אותו צד ונכנס למקומו בשאול, מקום שקורח ועדתו שם, שכתוב "וַיֵּרְדוּ הֵם וְכָל אֲשֶׁר לָהֶם חַיִּים שְׁאוֹלָה" (במדבר טז, ל). והם לא יורדים לשם עד שעושים ישראל הבדלה מהם, שכתוב "הִבָּדְלוּ מִתּוֹךְ הָעֵדָה" וְגוֹ' (שם, כא).

וּלְעוֹלָם הַבְדָּלָה בַּשֵּׁנִי, דְּאִיהוּ שְׂמָאלָא. בְּשֵׁירוּתָא, וְתוּקְפָּא וְרוּגְזָא דְּאִתְעַר שְׂמָאלָא בְּמַחֲלוֹקֶת עַד לָא שָׁכִיךְ בִּנְיָיחָא, וְאִתְבְּרֵי בֵּיהּ גֵּיהִנֹּם – כְּדֵין אִתְבְּרִיאוּ כָּל אִנּוּן מַלְאָכִים דְּקַטְרְגֵי לְמָארֵיהוֹן לְעֵילָא וְאָכִיל לוֹן נוּרָא וְאִתּוֹקְדוּ, וְכֵן כָּל שְׁאָר

ולעולם הבדלה היא בשני, שהוא השמאל. בתחילה, כאשר התוקף והרוגז שעורר השמאל במחלוקת טרם שקט במנוחה ונברא בו גיהנום – אז נבראו כל אותם מלאכים שמקטרגים לריבונם למעלה, ואכלה אותם האש ונשרפו, וכן כל שאר אלה

| | |
|---|---|
| אִנּוּן דְּמִתְבַּטְּלֵי וְלֵית לוֹן קִיּוּמָא וְאִתְאֲכָלוּ בְּנוּרָא. כְּגַוְונָא דָא קֹרַח לְתַתָּא, וְכֹלָּא כְּגַוְונָא דָא. | שמתבטלים ואין להם קיום ונאכלו באש. בעין זה קורח למטה, והכול בעין זה. |

ביטוי נוסף לאופיו של היום השני כמבטא את צד השמאל מוצא הזוהר במושג ההבדלה המופיע בו – "וִיהִי מַבְדִּיל בֵּין מַיִם לָמָיִם" (בראשית א, ו). בעיני הזוהר ההבדלה היא עניין שבמהותו שייך לשמאל, והוא מביא מקורות נוספים שבהם זה כך.

ראשית, שבט לוי. הרקע למחלוקת קורח עצמו היא השתייכותו לשבט לוי, כפי שאומר לו משה: "הַמְעַט מִכֶּם כִּי הִבְדִּיל אֱלֹהֵי יִשְׂרָאֵל אֶתְכֶם" (במדבר טז, ט). קורח מעורר מחלוקת משום שהוא מבני לוי, הבן השני, ועל שבט זה נאמר שהוא הובדל משאר שבטי ישראל – משמע, הוא שייך לצד השמאל. כאן מקשה הזוהר – הרי לוי הוא הבן השלישי? הזוהר מצפה שהשבט השייך לשמאל יהיה השני, אך הרי השבט השני אינו לוי אלא שמעון הבא אחרי ראובן הבכור.

אלא שלזוהר תפיסה קבלית שמשנה את ההבנה הזו, תפיסה הבנויה על ההבנה המעמיקה שלו בסיפור תולדות יעקב ומה הם מסמלים. לפי הזוהר, כוונת האדם בזמן הביאה משמעותית מאוד בנוגע לילד שיוולד מהקשר המיני הזה. כיוון שיעקב התכוון לשכב בליל הכלולות הראשון שלו עם רחל, הבן שנולד מאותה ביאה אינו נחשב לבן הבכור של לאה, והוא אינו נספר. הבן הבכור של יעקב באופן שלם של כוונה ומעשה הוא שמעון, ומכך עולה שבנו השני הוא לוי. אם לוי הוא הבן השני, הוא מתחבר ליום השני של הבריאה, הווי אומר לנקודת המחלוקת שעליה אנו מדברים, ומכאן נובעת מחלוקת קורח שהוא משבטו.

האסוציאציה הבאה של הזוהר היא למצוות ההבדלה במוצאי שבת. רגע צאת השבת הוא נקודת המעבר בין הקודש לחול, וזוהי ההזדמנות של השמאל להתעורר ולנסות לקחת לעצמו את השלטון. כדי להתגבר על בעיה זו אנו עושים הבדלה. בהבדלה אנו מכריזים שיש הבדל בין הקודש לבין החול. כאשר אנו מפרידים בין השמאל

לימין אנו בעצם מקצים לשמאל מקום. איננו דוחים אותו לגמרי אבל זה על מנת שאחרי כן יהיה אפשר להיפרד ממנו ולנצח אותו. הפסוק בתהילים אומר: "בִּפְרֹחַ רְשָׁעִים כְּמוֹ עֵשֶׂב וַיָּצִיצוּ כָּל פֹּעֲלֵי אָוֶן" (תהלים צב, ח), הרשעים צצים ופורחים, אך מטרתה של פריחה זו היא "לְהִשָּׁמְדָם עֲדֵי עַד" (שם). הפריחה הזו היא שמאפשרת לזהות אותם ולהשמיד אותם יותר בקלות.

מתוך תפיסה זו, הזוהר מקשר את ההבדלה להשבת הרשעים לגיהינום. בשבת אש הגיהנום כבויה ולכן יש לרשעים מנוחה, אך במוצאי שבת, עם ההבדלה, האש נדלקת שוב והרשעים חוזרים אליה. סופם של הרשעים כולם כסופו של קורח, סמל המחלוקת השלילית.

## מים עליונים, מים תחתונים ומה שביניהם

"יְהִי רָקִיעַ" — אִתְפְּשַׁט פְּשִׁיטוּ דָא מִן דָּא. 'אֵל' קִטְפָּא יָמִינָא, 'אֵ"ל גָּדוֹל', אִתְפְּשַׁט פְּשִׁיטוּ מִן גּוֹ מַיָּיא, לְאִשְׁתַּלָּמָא שְׁמָא דָא 'אֵ"ל' וּלְאִתְכַּלָּלָא בְּהַהוּא פְּשִׁיטוּ דָּא בְּדָא.

"יְהִי רָקִיעַ" — יתפשט התפשטות זו מזו. 'א־ל' — כתף ימין ימין, 'א־ל גדול' יתפשט התפשטות מתוך המים, שיושלם השם הזה 'א־ל', ושיתכלל באותה התפשטות זה בזה.

וְאִתְפַּשַּׁט 'אֵל' מֵ'אֱלֹהִים' — 'הי"ם' אִלֵּין אִתְפַּשָּׁטוּ וְאִתְהַפָּכוּ לְמֶהֱוֵי מַיִין תַּתָּאִין — 'ימ"ה'. הַהוּא פְּשִׁיטוּ דְּאִתְפַּשַּׁט בַּשֵּׁנִי, מַיִין עִלָּאִין, הי"ם — "זֶה הַיָּ"ם גָּדוֹל" (תהילים קד, כה), הי"ם מַיִין עִלָּאִין — הִפּוּכָא דְּאִלֵּין אַתְוָון — ימ"ה, מַיִין תַּתָּאִין. כֵּיוָן דְּאִתְתַּקְנוּ, אִתְעֲבִידוּ כֹּלָּא כְּלָלָא חֲדָא וְאִתְפַּשַּׁט שְׁמָא דָא בְּכַמָּה דוּכְתֵּי.

והתפשט 'א־ל' מ'א־להים' — 'הי"ם' אלה התפרדו והתהפכו להיות מים תחתונים, 'ימ"ה'. אותה התפשטות שהתפשט בשני, מים עליונים, 'הי"ם', "זֶה הַיָּם גָּדוֹל" (תהילים קד, כה). 'הי"ם' — מים עליונים, ההפך של האותיות האלה — 'ימ"ה' מים תחתונים. כיוון שהיתַקנו, נעשו הכול כלל אחד והתפשט שם זה בכמה מקומות.

מַיִין עִלָּאִין דְּכוּרִין, וּמַיִין תַּתָּאִין נוּקְבֵי. בְּקַדְמִיתָא הֲווּ מַיִם בְּמַיִם, עַד דְּאִתְפְּרָשׁוּ לְאִשְׁתְּמוֹדְעָא מַיִין עִלָּאִין וְתַתָּאִין — דָּא 'אלהי"ם' וְדָא 'אדנ"י', וְדָא ה' עִילָּאָה וְ־ה' תַּתָּאָה. מַה כְּתִיב? "וַיַּעַשׂ אֱלֹהִים אֶת הָרָקִיעַ" — אִתְפַּשְּׁטוּתָא דָּא נָטַל שְׁמָא דָא 'אלהים', מַיִין עִלָּאִין, וּמַיִין תַּתָּאִין, 'אדני'. וְעִם כָּל דָּא כֵּיוָן דְּאִשְׁתְּלִימוּ מַיִין דְּכוּרִין בְּמַיִין נוּקְבִין, שְׁמָא דֶ'אֱלֹהִים' אִתְפַּשַּׁט בְּכֹלָּא.

מים עליונים זכרים, ומים תחתונים נקבות. בתחילה היו מים במים, עד שנפרדו להכיר מים עליונים ותחתונים — זה 'א־להים' וזה 'א־דני', וזו ה' עליונה ו־ה' תחתונה. מה כתוב? "וַיַּעַשׂ אֱלֹהִים אֶת הָרָקִיעַ" — התפשטות זו לקח שם זה 'א־להים', מים עליונים, ומים תחתונים, 'א־דני'. ועם כל זה, ביוון שנשלמו מים זכרים במים נקבות, שם 'א־להים' התפשט בכול.

כעת הזוהר חוזר מהעיסוק במחלוקת השלילית שמעוררת את הגיהינום, מחלוקת קורח ועדתו, אל הממד הכללי יותר של ההבדלה בין צדדים שבאה לידי ביטוי ברקיע המפריד בין המים העליונים למים התחתונים. מושגים אלו הם רוויי משמעויות בזוהר, ובהמשך בספרות הקבלה.

הרקיע מבדיל בין המים העליונים למים התחתונים, בין הימין לשמאל, בין הזכר לנקבה. הזוהר מחלק את שם 'א־להים' לשניים, כאשר החלק הראשון הוא שם 'א־ל', ואילו בחלק השני, 'הי"ם' באים לידי ביטוי שני סוגי המים. כאשר קוראים את האותיות האלה כסדרן מקבלים את המילה 'הַיָּם', בלשון זכר, ואלו הם המים העליונים. לעומת זאת כאשר קוראים אותן במהופך מקבלים 'יָמָה' בלשון נקבה, ואלו הם המים התחתונים. כאשר עצם כלשהו משתקף במים הוא תמיד ייראה הפוך בהשתקפות שלו, ואפשר לומר שזאת התמונה שהזוהר רואה כאן: המים התחתונים משקפים את המים העליונים ולכן ההופעה שלהם הפוכה.

מבחינה קיומית המים העליונים והמים התחתונים מייצגים שני מישורים במציאות. המים העליונים הם העולם המתוקן, המחובר

לקב"ה בזרימה ישירה. לעומת זאת, המים התחתונים הם 'העולם התחתון' כמו שאנו מכנים אותו, העולם היומיומי שלנו שהוא בעל אופי עצמאי ומתנהל בכוחות עצמו מתוך רצונות משלו.

הדגש של הזוהר כאן הוא שעצם ההבדלה מאפשרת את הייחוד – "כיוון שהיתַקנו, נעשו הכול כלל אחד". מתוך ערבוב אי אפשר להגיע לאחדות באופן מתוקן. כאשר הצד הזכרי אינו ברור והצד הנקבי אינו ברור, אין יכולת של חיבור אמיתי, חיבור שמביא לידי יצירה. נוצר בלבול, אולי תוהו ובוהו וחושך. בדרך כלל אנו מייחסים לאברהם את מידת החסד וליצחק את מידת הדין. אלו הן שתי דמויות השונות זו מזו באופן קוטבי, אך אילולא היו נבדלות זו מזו באופן ברור כל כך, לא היה יכול לצאת יעקב השלישי שבין האבות ולהשלים ביניהם במידת התפארת.

## זכר ונקבה

וְאַף עַל גַּב דְּאַפְרִישׁ בֵּין מַיִין עִלָּאִין לְתַתָּאִין, מַחְלוֹקֶת לָא אִתְבַּטַּל עַד יוֹם תְּלִיתָאֵי, וְאַסְכִּים מַחְלוֹקֶת וְאִתְיָשַּׁב כֹּלָּא בְּדוּכְתֵּיהּ כִּדְקָא יְאוּת. וּבְגִין מַחְלוֹקֶת דָּא – אַף עַל פִּי דְּאִיהוּ קִיּוּמָא דְעָלְמָא – לָא כְּתִיב "כִּי טוֹב" בַּשֵּׁנִי, דְּלָא אִשְׁתְּלִים עוֹבָדָא. מַיִין עִלָּאִין וּמַיִין תַּתָּאִין הֲווּ כַּחֲדָא, וְלָא הֲווּ תּוֹלָדִין בְּעָלְמָא עַד דְּאִתְפְּרָשׁוּ וְאִשְׁתְּמוֹדָעוּ וּבְגִין כָּךְ עָבְדוּ תּוֹלָדִין.

ואף על גב שהפריד בין מים עליונים לתחתונים, המחלוקת לא התבטלה עד יום שלישי, והוסכמה המחלוקת, והתיישב הכול במקומו כראוי. ובגלל מחלוקת זו – אף על פי שהוא קיום העולם – לא כתוב "כי טוב" בשני, שלא נשלם המעשה. מים עליונים ומים תחתונים היו כאחד, ולא היו תולדות בעולם עד שנפרדו ונודעו ומשום כך עשו תולדות.

בפסקה זו מופיעים יחד שני עניינים המובאים גם במדרשים. העניין הראשון הוא החיסרון שביום השני. חז"ל, וכמוהם הזוהר, הבחינו

שהביטוי "כי טוב" שמופיע בכל אחד מימי הבריאה חסר ביום השני, ומאידך מופיע פעמיים ביום השלישי.[8] כלומר, עם כל חשיבותה של המחלוקת ועל אף הכוח שלה להפרות – "אף על פי שהיא קיום העולם" – אנו עדיין מזהים שיש בה חיסרון, לא נאמר בה "כי טוב".

העניין השני שמשותף לזוהר ולמדרש הוא דימוי המים העליונים והמים התחתונים לזכר ונקבה:

> אמר רבי לוי: המים העליונים זכרים והתחתונים נקבות, והן אומרים אלו לאלו: קבלו אותנו, אתם בריותיו של הקדוש ברוך הוא ואנו שלוחיו. מיד הם מקבלים אותן, הדא הוא דכתיב:
> "תִּפְתַּח אֶרֶץ" (ישעיהו מה, ח) – כנקבה זו שהיא פותחת לזכר.
> "וְיִפְרוּ יֶשַׁע" (שם) – שהן פרין ורבין.
> "וּצְדָקָה תַצְמִיחַ יַחַד" (שם) – ירידת גשמים.
> "אֲנִי ה' בְּרָאתִיו" (שם) – לכך בראתיו לתקונו של עולם ולישובו.
> (בראשית רבה פרשה יג, יג)

על פי המדרש והזוהר, החיבור של המים העליונים והתחתונים יוצר תולדות, ממש כמו חיבור של זכר ונקבה. ייתכן שהכוונה לצמחייה שעולה מן הארץ ביום השלישי.

החידוש של הזוהר הוא בכך שהוא קושר בין שתי הנקודות הללו. לדבריו, המטרה איננה המחלוקת אלא החיבור בין הצדדים החולקים שקורה בסופו של התהליך. נכון שהמחלוקת חשובה ומשמעותית ובלעדיה תהליך החיבור לא יתרחש, אך היא איננה התחנה הסופית.

הביטוי לכך שאכן נוצרה הרמוניה בין הניגודים היא רק כאשר שני הצדדים מביאים לעולם יחד משהו משותף "ומשום כך עשו תולדות". הדוגמה האולטימטיבית לעיקרון זה היא בני זוג, איש ואישה. מעצם הגדרתם הזכר והנקבה שונים זה מזה ואף חולקים זה על זה.

8. ראו בראשית רבה פרשה ד, ו.

לפעמים אני מתבדח ואומר שהם כל כך שונים שהם אפילו לא נראים אותו דבר... ההרמוניה ביניהם באה לידי ביטוי רק כאשר מחיבורם נוצר ילד. כך מסביר רש"י את הפסוק "וְהָיוּ לְבָשָׂר אֶחָד" (בראשית ב, כד): "הולד נוצר על ידי שניהם, ושם נעשה בשרם אחד".

אם כן, שני הימים הללו, השני והשלישי, מחוברים זה לזה: היום השני הוא הכנה ליום השלישי, ואילו היום השלישי הוא סיום מה שהתחיל ביום השני. האפשרות לחיבור מתבססת על הפירוד, על ההכרה בשוני ועל המחלוקת. זהו עניינו של היום השני. אין בו "כי טוב" משום שהמצב של מחלוקת כשלעצמו, אף שהוא הכרחי, הוא מצב מסוכן. ואכן ביום השני נברא גם הגיהנום, נפתח הפתח לחורבן, לקושי ולנזקים בלתי הפיכים, לכאורה. ההרמוניה שנוצרת ביום השלישי היא ההוכחה דה־פקטו שהמחלוקת של היום השני אכן הייתה משתלמת; היא ההוכחה שהמחלוקת נוהלה בצורה הנכונה והובילה אל המטרה הרצויה.

## רזי אותיות שם הוי"ה

וְעִם כָּל דָּא, אַף עַל גַּב דְּהַבְדָּלָה הֲוֵי בַּשֵּׁנִי וּמַחְלוֹקֶת בֵּיהּ הֲוָה, יוֹם תְּלִיתָאֵי אַסְכִּים בְּכֹלָּא, דְּהוּא שְׁמָא דְּאִיגְלַף בִּגְלִיפוֹי 'י־ה־ו־ה' לְאִסְתַּכְּמָא מַיִין עִלָּאִין וּמַיִין תַּתָּאִין: ה' עִלָּאָה, ה' תַּתָּאָה, ו' בֵּינַיְיהוּ לְאַשְׁלָמָא בִּתְרֵין סִטְרִין.

ועם כל זה, אף על גב שהבדלה הייתה בשני והמחלוקת בו הייתה, יום השלישי הסכים בכול, שהוא שם שנחקק בחקיקתו 'הוי"ה' להסכים בין מים עליונים ומים תחתונים: ה' עליונה, ה' תחתונה, ו' ביניהן להשלים בשני צדדים.

וְסִימָנָא דָא: "מֵי הַיַּרְדֵּן", מַיִין עִלָּאִין, "קָמוּ נֵד אֶחָד" (יהושע ג, טז) — מַיִין תַּתָּאִין נָחֲתוּ לְיַמָּא, וְיִשְׂרָאֵל אָזְלֵי בְּאֶמְצָעִיתָא.

וסימן זה: "מי הירדן", מים עליונים, "קָמוּ נֵד אֶחָד" (יהושע ג, טז) — מים תחתונים ירדו לים, וישראל הלכו באמצע.

חָמֵשׁ רְקִיעִין כְּתִיבֵי הָכָא, וְחַי הָעוֹלָמִים אָזִיל בְּהוּ וְאַנְהִיג בְּהוּ, וְכֻלְּהוּ כְּלִילָן דָּא בְּדָא. וְאִלְמָלֵא הַאי מַחְלוֹקֶת דְּאִסְתַּכַּם עַל יְדֵי דְּאֶמְצָעִיתָא לָא אִתְכְּלִילוּ וְלָא אִשְׁתַּיְּירוּ. חֲמֵשׁ מְאָה שְׁנִין אִנּוּן דְּאִילָנָא דְחַיֵּי דָּבִיק בְּהוּ לְמֶעְבַּד אִבִּין וְתוֹלָדִין לְעָלְמָא, וְכָל מֵימוֹי דִּבְרֵאשִׁית דְּנָגְדִין וְאִתְמַשְׁכָן מִבְּרֵאשִׁית אִתְפַּלְגוּ תְּחוֹתוֹי עַל יְדֵיהּ. וְדָוִד מַלְכָּא נָקִיט כֹּלָּא, וְאִיהוּ פָּלִיג לְבָתַר, דִּכְתִיב "וַיְחַלֵּק לְכָל הָעָם לְכָל הֲמוֹן" וְגוֹ' (שמואל ב ו, יט), וּכְתִיב "תִּתֵּן לָהֶם יִלְקֹטוּן" (תהילים קד, כח), וּכְתִיב "וַתָּקָם בְּעוֹד לַיְלָה וַתִּתֵּן טֶרֶף" וְגוֹ' (משלי לא, טו).

חמישה רקיעים כתובים כאן, וחי העולמים הולך בהם ומנהיג בהם, וכולם כלולים זה בזה. ואלמלא מחלוקת זו שהוסכמה על ידי האמצע לא נכללו ולא השתיירו. חמש מאות שנים הן שעץ החיים דבק בהן לעשות פירות ותולדות לעולם, וכל מימי בראשית ששופעים ונמשכים מבראשית נחלקו תחתיו על ידו. ודוד המלך לקח הכול, והוא חילק אחר כך, שכתוב "וַיְחַלֵּק לְכָל הָעָם לְכָל הֲמוֹן" וְגוֹ' (שמואל ב ו, יט), וכתוב "תִּתֵּן לָהֶם יִלְקֹטוּן" (תהילים קד, כח), וכתוב "וַתָּקָם בְּעוֹד לַיְלָה וַתִּתֵּן טֶרֶף וְגוֹ' (משלי לא, טו).

לאור הקשר העמוק בין היום השני ליום השלישי, עורך הזוהר דרשת אותיות המבארת כיצד משתקפים אירועי היום השני בשם האלוקי הקשור ליום השלישי, שם הוי"ה, השם המְמַצֵּעַ המבטא את מידת התפארת.[9]

כפי שכבר הזכרנו, לפי תפיסת הזוהר והמקובלים השמות השונים של אלוקים הם ביטוי לצדדים השונים שלו. צד הימין וצד השמאל מתבטאים בשמות שונים של חסד ודין, ואילו שם הוי"ה מבטא את

9. רמז לזיהוי היום השלישי עם שם הוי"ה מופיע בצורת הדפוס של המאמר הבא בזוהר (ח"א יח ע"א) הפותח בהדגשת אותיות הוי"ה בתוך ארבע המילים הפותחות את היום השלישי: "וַ"יֹּאמֶר אֱל"הִים יִקָּ"וּו "הַמַּיִם" (הערת העורכים).

הרמוניה ביניהם ולכן הוא נחשב לגבוה ביותר. עם זאת, בתוך שם הוי"ה עצמו קיים מתח: המתח בין ה־ה' העליונה שהיא ה־ה' הראשונה שבשם, ובין ה־ה' התחתונה שהיא הה' השנייה בשם. המחלוקת בין שתי ה־ה' נובעת דווקא מכך שהן דומות זו לזו, ממש כפי שכשמסתכלים אל האופק בים קשה מאוד להבדיל בין המים העליונים (השמיים) למים התחתונים (הים) הנושקים זה לזה. בין שתי ה־ה' שוכנת האות ו'. ה־ו' מפרידה ביניהן אך למעשה גם מחברת אותן זו לזו, כפי שמעידה צורתה האנכית והישרה המחברת בין מעלה ומטה, וכפי שמעיד תפקידה התחבירי הרווח כ־ו' החיבור – ה־ו' מפרידה על מנת לחבר.

על פי הקבלה, ה־ה' הראשונה מזוהה עם מידת הבינה ואילו ה־ה' האחרונה עם מידת המלכות, שתיהן מידות נקביות. לעומת זאת ה־ו' מזוהה עם שש המידות (חסד, גבורה, תפארת, נצח, הוד ויסוד) שהן הצד הזכרי. מידות אלו מחברות בין המידה הנשית העליונה למידה הנשית התחתונה.

## הרקיע המחבר

הזוהר ממשיך ושם את הדגש על ה־ו', הרקיע.

המילה 'רקיע' מופיעה בפרשיית היום השני חמש פעמים. הזוהר לומד מכך שקיימים חמישה רקיעים העומדים כל אחד בפני עצמו ומתחברים למידת חי העולמים, היא מידת היסוד – אנלוגיה לחמש המידות חסד, גבורה, תפארת, נצח והוד, שהיסוד מתווסף עליהן וכולל אותן יחד. הדבר בא לידי ביטוי בגימטריה של האות ו' שהיא שש. שש המידות מבדילות בין המידות העליונות – חוכמה ובינה – לבין המידה התחתונה, מידת מלכות; אך שוב, ההבדלה כאן היא גם מחברת, היא דרך לחיבור וליצירת ולדות.

המהלך הזה מתאים גם לתיאור הפיזי של גן עדן שעץ החיים עומד במרכזו. גן עדן מתואר בפסוקים כדֶלתה – המקום שאליו מגיע נהר אחד מרכזי וממנו הוא מתפצל ליובלים רבים. עץ החיים הוא חמש המידות הזורמות דרך מידת היסוד להשקות את הגן, ודוד

המלך שהוא מידת המלכות אוסף את השפע של הזרימה הזו ומחלק אותה. כאן אנו נוגעים בשתי התכונות המרכזיות של מידת המלכות: הראשונה היא היכולת לאסוף ולקבל, והשנייה היא היכולת לחלק לכל אחד במידה הנכונה והראויה לו. השפע מגיע מלמעלה, מהאות ו׳, אך מידת המלכות יודעת לחלק אותה. הזוהר מקשר את הדברים לאישה ב'אשת חיל' שעליה נאמר "וַתִּתֵּן טֶרֶף לְבֵיתָהּ" (משלי לא, טו): זהו המבנה המסורתי של משפחה – הגבר עובד ומביא את הכסף, והאישה מחלקת אותו בין הצרכים השונים ומשתמשת בו במידה הנכונה.

## האמביוולנטיות שבמחלוקת

בְּשַׁעֲתָא דְּאִתְעַר מַחְלוֹקֶת בְּתוּקְפָּא דִּשְׂמָאלָא, אַסְגֵּי וְאַתְקֵף הוֹרְפִּילָא דְּטִיפְסָא, וְנָפְקוּ מִתַּמָּן טְסִירִין וְאִקְרִישׁוּ מִיָּד בְּלָא לַחוּתָא כְּלָל. וַהֲווּ דְּכַר וְנוּקְבָא, וּמִנְהוֹן אִתְפְּרָשׁוּ זַיְינִין בִּישִׁין לִזְנַיְיהוּ. וְהָכָא תַּקִּיפוּ דְּרוּחַ מְסָאֲבָא בְּכָל אִנּוּן תּוּקְפִין טְסִירִין, וְאִנּוּן רָזָא דְעָרְלָה. אִלֵּין אִתָּקְפוּ בְּזַיְינִין תַּקִּיפִין, חַד אֶפְעֶה וְחַד נָחָשׁ, וְתַרְוַויְיהוּ חַד. אֶפְעֶה אוֹלִיד לְשִׁבְעִין שְׁנִין בְּחִבּוּרָא חֲדָא, אִתְהַדַּר כֹּלָּא לְשֶׁבַע שְׁנִין דְּנָחָשׁ.

בשעה שמחלוקת מתעוררת בחוזק השמאל, מתרבה ומתחזקת שלהבת הדינים, ויצאו משם קליפות ונקרשו מייד בלי לחות בכלל. ונעשו זכר ונקבה, ומהם נפרדו מינים רעים למיניהם. וכאן התקיפות של רוח הטומאה בכל אותן קליפות חזקות, והם סוד הערלה. אלה התחזקו במינים חזקים, אחד אפעה ואחד נחש, ושניהם אחד. אפעה מוליד לשבעים שנים בחיבור אחד, חוזר הכול לשבע שנים של נחש.

הָכָא אִיהוּ רָזָא דְּגֵיהִנֹּם דְּאִקְרֵי בְּשֶׁבַע שְׁמָהָן, יֵצֶר הָרָע בְּשֶׁבַע שְׁמָהָן אִקְרֵי. וּבְכַמָּה דַּרְגִּין אִתְפַּשַּׁט מְסָאֲבוּ מֵהָכָא לְעָלְמָא

כאן הוא סוד הגיהנום שנקרא בשבעה שמות, יצר הרע נקרא בשבעה שמות. ובכמה דרגות התפשטה הטומאה מכאן

| | |
|---|---|
| וְכֹלָּא מֵרָזָא דִשְׂמָאלָא טַב וּבִישׁ,<br>וְאִיהוּ יִשּׁוּבָא דְעָלְמָא. | לעולם, והכול מסוד השמאל<br>טוב ורע, והוא יישוב העולם. |
| הָכָא שְׁמָא גְלִיפָא דִתְמַנֵּי סָרֵי<br>אַתְוָון מְמַנָּא עַל גִּשְׁמֵי רָצוֹן,<br>נְדָבָה וּבְרָכָה, יִשּׁוּבָא דְעָלְמָא. | כאן שם חקוק של שמונה עשרה<br>אותיות ממונה על גשמי רצון,<br>נדבה וברכה, יישוב של העולם. |

עד כאן פירט הזוהר את מבנה המידות והשתלשלותן בצד הקדושה, ממחלוקת היום השני ואילך. בסיום המאמר מזכיר לנו הזוהר שגם למחלוקת השלילית יש השתלשלות משלה והמבנה שלה דומה, שכן לכל דרכי הפעולה בקדושה יש מבנה דומה בטומאה. המספר שבע הוא מספר מרכזי בתורה, ובפרט במבנה הספירות. כנגד זאת מבקש הזוהר להראות שמספר זה דומיננטי לא פחות בעולמות הסטרא אחרא, באספקטים השליליים של המציאות. לצורך כך נעזר הזוהר בדרשות חז״ל שונות העומדות על קיומו של המספר שבע בעולמות הסטרא אחרא: האפעה מוליד אחת לשבעים שנה, הנחש מחליף את עורו כל שבע שנים, לגיהנום יש שבעה שמות, וכן ליצר הרע.[10] הזוהר מבקש לומר שגם בסטרא אחרא יש הרמוניה, יש זכר ונקבה המתחברים ומולידים. ההבדל העיקרי בין צד הקדושה לצד הטומאה הוא ההבדל בין החי והדינמי לבין הסטטי. על הקליפות הנוצרות מכוחות הדין אומר הזוהר שהן ״נקרשו מייד בלי לחות כלל״, הן קופאות מייד עם התעוררות המחלוקת; עולמות הסטרא אחרא נקרשים בלא לחות של חיים, ומתוך כך נוצר הרע לגווניו. זאת בניגוד לצד הקדושה שאותו תיאר הזוהר במאמר הקודם ״ולא נקרשו, ועמדו לחים״. הקדושה זורמת; החסד זורם לתוך המחלוקת ומאפשר לברכה הגדולה ביותר, ברכת הגשם, לרדת ולהשפיע לעולם.

10. מקורות לעניינים אלו מופיעים בבכורות ח ע״א; עירובין יט ע״א; סוכה נב ע״א; פרקי דרבי אליעזר יד, ו.

במאמר הזה הזוהר משתמש שוב ושוב במושג המחלוקת באופן דו־משמעי. מצד אחד הוא מתאר באמצעותו את החלוקה בין הטוב לרע, ומצד שני הוא מתאר חלוקה פנימית שקיימת בתוך הטוב עצמו. אין זה אמצעי ספרותי בלבד, אלא אמביוולנטיות שקיימת בתודעת הזוהר ממש שפעמים רואה את הדברים כך ופעמים אחרת. הדו־משמעות הזו היא ממש האני מאמין של הזוהר: צד השמאל יכול להיות חיובי בבחינת אשת חיל, אך עלול להיות שלילי בבחינת אשת זנונים. בחסידות חידשו שהנקודה הזו עובדת גם הפוך: לימוד התורה עלול לתת כוח לסטרא אחרא אם לא מכוונים אותו נכון, אם לא מייחדים אותו לשם שמיים.

ההכרה במורכבות הזו חשובה מאוד. עצם ההבנה שקיימים כאן הבדלים דקים וניואנסים שבכוחם לשנות את התמונה כולה, היא משמעותית. כמעט שאין אפשרות לנסח כלל ברור וחד־משמעי מתי צד הדין והמחלוקות הוא רע ומתי טוב, מתי יש לקרבו ומתי להוציאו מחוץ לגדר. אך עצם המודעות לכך שהנושא כל כך לא פשוט תוביל אותנו בעזרת השם בסופו של דבר לחיבורים החיוביים ותרחיק אותנו מן השליליים. בכוחה של ההתבוננות במעשה בראשית להנחות אותנו כיצד להתמודד עם המחלוקות בחיינו וכיצד להגיע בהן להכרעה, להסכמה ולאחדות.

# היום השלישי א:
# התכנסות, התגלות וייחוד
### זוהר ח"א יח ע"א – יח ע"ב

היום השלישי לבריאה מתחלק לשני חלקים: החלק הראשון הוא השלמה של מלאכת המים שהתחילה כבר ביום השני לבריאה, והחלק השני הוא יצירת הצומח על הארץ. אנו נתמקד תחילה בחלק הראשון. התיאור בתורה באופן פשוט הוא תיאור של גילוי היבשה, שכן היבשה קיימת אך היא מכוסה מים: "וַיֹּאמֶר אֱלֹהִים יִקָּווּ הַמַּיִם מִתַּחַת הַשָּׁמַיִם אֶל מָקוֹם אֶחָד וְתֵרָאֶה הַיַּבָּשָׁה" (בראשית א, ט). הכוונה היא שהמים התחתונים אשר הובדלו כבר מהרקיע יתאספו אל מקום אחד, וכך תתגלה היבשה.

בשתי הפעולות הללו, היקוות המים והתגלות היבשה, טועם הזוהר טעם של חיבור. המים הנקווים יחד הם המידות המתחברות לאחד, והיבשה הנחשפת היא ההתגלות הנכספת של השכינה בעולם הזה. מכאן האפשרות לתקן את המחלוקת שביום השני.

## איסוף, גילוי, ייחוד

"וַיֹּאמֶר אֱלֹהִים יִקָּווּ הַמַּיִם" וְגוֹ' – בְּאֹרַח קַו, לְמֶהֱוֵי בְּאֹרַח

"וַיֹּאמֶר אֱלֹהִים יִקָּווּ הַמַּיִם" וְגוֹ' – בדרך קו, להיות בדרך

מֵישָׁר. דְּהָא מֵרָזָא דְּהַהִיא נְקוּדָה קַדְמָאָה נָפַק כֹּלָּא בִּסְתִימוּ עַד דְּמָטֵי וְאִתְכַּנִּישׁ לְהֵיכָלָא עִלָּאָה. וּמִתַּמָּן נָפִיק בְּקַו מֵישַׁר לִשְׁאָר דַּרְגִּין, עַד דְּמָטֵי לְהַהוּא אֲתַר חַד דְּכָנִישׁ כֹּלָּא בִּכְלַל דְּכַר וְנוּקְבָא. וּמַאן אִיהוּ? חַי עָלְמִין.

ישרה. שהרי מסוד של אותה נקודה ראשונה הכול יצא בנסתר עד שהגיע והתכנס להיכל העליון. ומשם יצא בקו ישר לשאר הדרגות עד שמגיע לאותו מקום אחד שכונס הכול בכלל של זכר ונקבה. ומיהו? חי העולמים.

"הַמַּיִם" — דְּנַפְקֵי מִלְעֵיל, מֵאֵת ה׳ עִלָּאָה.

"הַמַּיִם" — שיוצאים מלמעלה, מאת ה־ה׳ העליונה.

"מִתַּחַת הַשָּׁמַיִם" — ו׳ זְעֵירָא. וְעַל דָּא ו׳ ו׳ — חַד "שָׁמַיִם" וְחַד "מִתַּחַת הַשָּׁמַיִם".

"מִתַּחַת הַשָּׁמַיִם" — ו׳ קטנה. ועל כן ו׳ ו׳ — אחד שמיים ואחד מתחת השמיים.

כְּדֵין "וְתֵרָאֶה הַיַּבָּשָׁה" — דָּא ה׳ תַּתָּאָה. דָּא אִתְגְּלִי, וְכָל שְׁאָר אִתְכַּסֵּי. וּמִגּוֹ הַאי בַּתְרָאָה, אִשְׁתְּמַע בְּסוּכְלְתָנוּ הַהוּא דְּאִתְכַּסֵּי.

אז "וְתֵרָאֶה הַיַּבָּשָׁה" — זו ה׳ תחתונה. זו התגלתה, וכל השאר התכסה. ומתוך האחרונה הזו, נודע בשכל אותו שהתכסה.

"אֶל מָקוֹם אֶחָד" — בְּגִין דְּהָכָא הוּא קִשּׁוּרָא דְּיִחוּדָא דְּעָלְמָא עִלָּאָה, "ה׳ אֶחָד וּשְׁמוֹ אֶחָד" (זכריה יד, ט) — תְּרֵין יִחוּדִין: חַד דְּעָלְמָא עִלָּאָה לְאִתְיַחֲדָא בְּדַרְגּוֹי, וְחַד דְּעָלְמָא תַּתָּאָה לְאִתְיַחֲדָא בְּדַרְגּוֹי. קִשּׁוּרָא דְּיִחוּדָא דְּעָלְמָא עִלָּאָה עַד הָכָא אִיהוּ. חַי עָלְמִין תַּמָּן אִתְבְּסִים, וְאִתְקַשַּׁר עָלְמָא עִלָּאָה בְּיִחוּדָא דִּילֵיהּ, וּבְגִין כָּךְ אִקְרֵי "מָקוֹם אֶחָד". כָּל דַּרְגִּין וְכָל

"אֶל מָקוֹם אֶחָד" — בגלל שכאן הוא קשר הייחוד של העולם העליון. "ה׳ אֶחָד וּשְׁמוֹ אֶחָד" (זכריה יד, ט) — שני ייחודים: אחד של העולם העליון להתייחד בדרגותיו, ואחד של העולם התחתון להתייחד בדרגותיו. קשר הייחוד של העולם העליון הוא עד כאן. חי העולמים שם מתבשם, ונקשר העולם העליון בייחוד

| | |
|---|---|
| שַׁיְיפִין מִתְכַּנְּשִׁין תַּמָּן, וַהֲווּ כֻּלְּהוּ בֵּיהּ חַד בְּלָא פֵּירוּדָא כְּלָל. וְלֵית דַּרְגָּא דְאִתְיַיחֲדָן תַּמָּן בְּיִחוּדָא חַד אֶלָּא הַאי, וּבֵיהּ אִתְכַּסְּיָין כֻּלְּהוּ בְּאֹרַח סָתִים בְּתִיאוּבְתָּא חַד. עַד הָכָא בְּדַרְגָּא דָא אִתְיַיחַד עָלְמָא דְאִתְגַּלְיָיא בְּעָלְמָא דְאִתְכַּסְיָיא. | שלו, ומשום כך נקרא "מָקוֹם אֶחָד". כל הדרגות וכל האיברים מתכנסים שם, ונהיים כולם בו אחד, בלי פירוד כלל. ואין דרגה שמתייחדת שם בייחוד אחד אלא זו, ובו מתכסים כולם בדרך נסתר בהשתוקקות אחת. עד כאן בדרגה זו מתייחד העולם הנגלה בעולם הנסתר. |

משמעות המילה 'יקוו' הוא 'יתכנסו', כמו מִקְוֶה שהמים נאספים אליו למקום אחד. הזוהר מבקש לזהות את המידה האלוקית הבאה לידי ביטוי בהיקוות המים למקום אחד. המילה 'יקוו' מציינת איסוף, ואילו היינו מחפשים מידה אשר מבטאת את תכונת האיסוף, ללא ספק היינו בוחרים במידת המלכות. המלכות היא המידה התחתונה ביותר, זו המכנסת את כל המידות אל תוכה, ולכן אחד משמותיה המפורסמים הוא 'כנסת ישראל'. תכונת האיסוף של מידת המלכות קשורה גם להיותה מידה נקבית, אשר במהותה היא מקבלת ומכניסה לתוכה.

אולם למרבה ההפתעה הזוהר משייך את עניין כינוס המים במקום אחד למידה אחרת, מידת 'חי העולמים' – זהו כינוי למידת היסוד הנמצאת מעל למידת המלכות. הרבה פעמים אני אומר שהכיף של ספר הזוהר הוא היכולת שלו לא להיות מוגבל לשיטתיות. כך גם כאן: למרות הקונוטציה המיידית שמעורר כינוס המים למידת מלכות המקבלת, אנו מגלים שמידת היסוד, שבדרך כלל נתפסת כמידה משפיעה, היא המידה המופיעה כאן. נראה שגם מידת היסוד יכולה להיחשב מידה מכנסת.

אל הזיהוי של היקוות המים עם מידת היסוד מגיע הזוהר כדרכו מתוך דיוק באותיות: כפילות האות ו' במילה 'יקוו'. האות ו' היא הקו הישר, המאונך, המקשר בין מעלה למטה. ה־ו' הראשונה היא המידה העליונה יותר – מידת תפארת, וה־ו' השנייה היא המידה

התחתונה – מידת יסוד. הצד השווה שביניהן הוא שיחד הן יוצרות קו אמצעי שעובר בין המידות הקיצוניות שמימין ומשמאל. חז״ל ביטאו את היחס בין המידות הללו על ידי פרסונפיקציה שלהן בדמותם של יעקב ויוסף. יעקב הוא מידת התפארת ויוסף הוא מידת יסוד. כאשר הם הסבירו את סיבת אהבתו של יעקב דווקא ליוסף הם אמרו: ״שהיה זיו איקונין שלו דומה לו״ (בראשית רבה פרשה סו, ח). יעקב הוא המידה העליונה יותר, מה שהזוהר מכנה כאן ׳שמיים׳, ויוסף הצדיק הוא המידה התחתונה יותר, מה שהזוהר מכנה כאן ׳מתחת השמיים׳. שניהם יחד מהוים את קו האמצע של המידות, ואותם מייצגות שתי ה־ו׳ שבמילה ׳יקוו׳.

במבנה המידות האלוקיות, המקביל לשם הוי״ה, ה־ו׳ מוקפת משני צידיה באות ה׳. כפי שכבר הזכרנו בשם הוי״ה יש ה׳ כפולה, והסדר כאן הוא חשוב – ה־ה׳ הראשונה נחשבת עליונה וה־ה׳ השנייה תחתונה. לפי הזוהר ה־ה׳ העליונה מתאחדת עם ה־ו׳ העליונה, כלומר עם ה־ו׳ הראשונה במילה יקוו, שבשמיים, ואחרי כן ה־ה׳ התחתונה תתאחד עם ה־ו׳ התחתונה, שמתחת השמיים.

מקום הייחוד הוא מה שהפסוק שלנו קורא – ״מָקוֹם אֶחָד״. ב׳מקום האחד׳ מתרחש ייחוד של המידות הנפרדות לגוף אחד, מה שהזוהר יקרא בהמשך ״ייחודא עילאה״.

## הייחוד התחתון

עָלְמָא דְאִתְגַּלְיָיא אִתְיַיחַד אוּף הָכִי לְתַתָּא, וְעָלְמָא דְאִתְגַּלְיָיא אִיהוּ עָלְמָא דְתַתָּאָה: ״וָאֶרְאֶה אֶת ה׳״ (ישעיהו ו, א), ״וַיִּרְאוּ אֶת אֱלֹהֵי יִשְׂרָאֵל״ (שמות כד, י), ״וּכְבוֹד ה׳ נִרְאָה״ (במדבר יד, י), ״וַיֵּרָא כְבוֹד ה׳״ (במדבר יז, ז), ״כְּמַרְאֶה הַקֶּשֶׁת וְגוֹ׳ כֵּן מַרְאֶה

העולם הנגלה מתייחד גם כן למטה, והעולם הנגלה הוא עולם התחתון: ״וָאֶרְאֶה אֶת ה׳״ (ישעיהו ו, א), ״וַיִּרְאוּ אֶת אֱלֹהֵי יִשְׂרָאֵל״ (שמות כד, י), ״וּכְבוֹד ה׳ נִרְאָה״ (במדבר יד, י), ״וַיֵּרָא כְבוֹד ה׳״ (במדבר יז, ז), ״כְּמַרְאֶה הַקֶּשֶׁת וְגוֹ׳ כֵּן

הַנֹּגַהּ סָבִיב הוּא מַרְאֵה דְּמוּת כְּבוֹד ה׳״ (יחזקאל א, כח). וְדָא אִיהוּ רָזָא ״וְתֵרָאֶה הַיַּבָּשָׁה״.

מַרְאֵה הַנֹּגַהּ סָבִיב הוּא מַרְאֵה דְּמוּת כְּבוֹד ה׳״ (יחזקאל א, כח). וזהו סוד ״וְתֵרָאֶה הַיַּבָּשָׁה״.

״כְּמַרְאֵה הַקֶּשֶׁת״ – זֶה חַי עָלְמִין. וְזֶהוּ ״אֶת קַשְׁתִּי נָתַתִּי בֶּעָנָן״ (בראשית ט, יג) – דָּא מַלְכוּת; ״נָתַתִּי״ – מִן יוֹמָא דְאִתְבְּרֵי עָלְמָא. בְּיוֹמָא דְעִיבָא דְּאִתְחַזֵּי קֶשֶׁת מַרְאֶה דְמוּת כְּבוֹד ה׳, אִתְעַר שְׂמָאלָא לְאִתְתַּקְּפָא, נָפְקַת רָחֵל ״וַתְּקַשׁ בְּלִדְתָּהּ״ (בראשית לה, טז). מִיכָאֵל בְּסִטְרָא דָא, רְפָאֵל בְּסִטְרָא דָא, גַּבְרִיאֵל בְּסִטְרָא דָא. וְאִנּוּן גְּוָונִין דְּאִתְחַזְיָין בְּהַהוּא דְמוּת – חִיוַּר וְסוּמָק וְיָרוֹק.

״כְּמַרְאֵה הַקֶּשֶׁת״ – זה חי העולמים. וזהו ״אֶת קַשְׁתִּי נָתַתִּי בֶּעָנָן״ (בראשית ט, יג) – זו מלכות; ״נָתַתִּי״ – מיום שנברא העולם. ביום מעונן כשנראית הקשת מראה דמות כבוד ה׳, מתעורר השמאל להתגבר, יוצאת רחל ״וַתְּקַשׁ בְּלִדְתָּהּ״ (בראשית לה, טז). מיכאל בצד זה, רפאל בצד זה, גבריאל בצד זה, והם הגוונים שנראים באותה דמות – לבן ואדם וירוק.

״כֵּן מַרְאֵה הַנֹּגַהּ סָבִיב״ – נְהִירוּ דְּאִתְכַּסְיָיא בְּגִלְגּוּלָא דְּחֵיזוּ דְעֵינָא.

״כֵּן מַרְאֵה הַנֹּגַהּ סָבִיב״ – אור שהתכסה בגלגל מראה העין.

״הוּא מַרְאֵה דְּמוּת כְּבוֹד ה׳״ – גְּוָונִין דְּאִתְיַחֲדָא יִחוּדָא תַּתָּאָה לְפוּם יִחוּדָא דְּאִתְיַחַד יִחוּדָא דִלְעֵילָא.

״הוּא מַרְאֵה דְּמוּת כְּבוֹד ה׳״ – הגוונים שהתייחדו בייחוד התחתון הם לפי הייחוד שהתייחד ייחוד עליון.

״ה׳ אֱלֹהֵינוּ ה׳״ (דברים ו, ד) – גְּוָונִין סְתִימִין דְּלָא אִתְחֲזָן. וְאִתְקַשְּׁרָן אֶל מָקוֹם אֶחָד – יִחוּדָא חָדָא בְּעִלָּאָה. גְּוָונִין בַּקֶּשֶׁת לְתַתָּא לְאִתְיַחֲדָא בְּהוּ – חִוָּור, סוּמָק וְיָרוֹק כִּגְוָונִין סְתִימִין, וְאִנּוּן

״ה׳ אֱלֹהֵינוּ ה׳״ (דברים ו, ד) – גוונים נסתרים שלא נראים. ומתקשרים אל מקום אחד – ייחוד אחד בעליון. הגוונים בקשת למטה להתייחד בהם – לבן אדום וירוק כמו

יִחוּדָא אָחֳרָא, רָזָא "וּשְׁמוֹ אֶחָד" (זכריה יד, ט).

"בָּרוּךְ שֵׁם כְּבוֹד מַלְכוּתוֹ לְעוֹלָם וָעֶד" — יִחוּדָא דִלְתַתָּא. יִחוּדָא עִלָּאָה — "שְׁמַע יִשְׂרָאֵל ה' אֱלֹהֵינוּ ה' אֶחָד" (דברים ו, ד). דָּא לָקֳבֵיל דָּא.

גוונים נסתרים, והם ייחוד אחר, סוד "וּשְׁמוֹ אֶחָד" (זכריה יד, ט).

"ברוך שם כבוד מלכותו לעולם ועד" — הייחוד שלמטה; הייחוד העליון — "שְׁמַע יִשְׂרָאֵל ה' אֱלֹהֵינוּ ה' אֶחָד" (דברים ו, ד). זה כנגד זה.

מידת היסוד שאוספת את המים אל מקום אחד גורמת לייחוד בממד העליון, ואז מגיע תורו של הייחוד התחתון. הייחוד התחתון מתואר במילים "וְתֵרָאֶה הַיַּבָּשָׁה". עניין הראייה משמעותי כאן מאוד, כי עניינו של הייחוד הזה הוא בעצם ההתגלות של המידות העליונות למטה. התגלותו של הקב"ה בעולם הזה היא המחברת ביניהם. למעשה ייחוד זה לבדו הוא נראה לעין כי הייחוד שנעשה למעלה הוא נסתר והגילוי יכול להתרחש רק למטה. אומנם מי שיש לו שכל, כלשונו של הזוהר, יכול לראות בעולם הזה את הרמזים למתרחש בעולם העליון.

גילוי הארץ קשור למה שאנו מכנים גילוי שכינה. יש המתרגמים לאנגלית את הביטוי 'שכינה' כ־divine presence כלומר, האלוקות הנוכחת. הווי אומר, השכינה היא הנוכחות האלוקית בעולם, היא הגילוי. מצב של גילוי שכינה הוא מצב של ייחוד בין העולמות.

מהו הגילוי שעליו מדובר כאן וממנו אפשר ללמוד על המתרחש בעולמות העליונים? גילוי האלוקות הברור ביותר הוא דרך התורה, וכאן ניתן לפרש בשתי דרכים שונות. ניתן להסביר שמדובר על תורת הנגלה, שהיא החלק בתורה שגלוי לנו ושמקובל לעסוק בו. לפי זה, אף על פי שתורת הנגלה עצמה היא לכאורה פשוטה ומובנת, היא עשויה לקשר אותנו לעולם הסוד. הסבר אפשרי אחר הוא שגילוי האלוקות שהזוהר מתאר הוא תורת הנסתר שפחות מוכרת לנו, אך בכל זאת היא קיימת בעולם ואם נעסוק בה נוכל להגיע דרכה לגילוי של סודות עליונים.

על כל פנים, המצב האידיאלי שהזוהר מתאר הוא שבמקביל לייחוד למעלה מתרחש ייחוד למטה. תיאור זה מזכיר את הקטע הזוהרי המפורסם 'כגוונא' שיש קהילות רבות האומרות אותו בליל שבת, והוא מתחיל כך: "כגוונא דאנון מתיחדין לעילא באחד, אוף הכי איהי אתיחדת לתתא ברזא דאחד, למהוי עמהון לעילא חד לקבל חד", ובתרגום: 'כגון אלו שמתייחדים למעלה באחד, כך גם היא מתייחדת למטה בסוד אחד להיות עימהם למעלה, אחד מקביל לאחד' (זוהר ח"ב קלה ע"א). בליל שבת העולם שלמטה מתאחד עם העולם שלמעלה; השבת היא מימוש של עולם אידיאלי, עולם מאוחד. עם זאת, במשך השבוע המצב הוא כנראה לא ממש כך, לפחות לא באופן טבעי.

## אפשר לראות את אלוקים, דרך ההסתרה

הייחוד התחתון, דהיינו גילויו של הקב"ה במציאות שלנו, הוא עניין מורכב ואפילו בעייתי מבחינה תיאולוגית. כדי להמחיש את נקודת הגילוי הזוהר בוחר לצטט רשימה של פסוקים שהם פרובלמטיים מאוד עבור מה שאני מכנה 'יהדות הרמב"ם'. התפיסה האינטלקטואלית־רמב"מיסטית הרגילה היא שאי אפשר לראות את אלוקים. הקב"ה הוא אַיִן והוא תכלית ההפשטה, ולכן כל פעם שיש בתנ"ך פסוק שמדבר על ראיית אלוקים הולכים הפרשנים ומסבירים את המשמעות המופשטת של הדברים איך הדימוי הוא משל ליחס מסוים אל אלוקים. הזוהר לעומת זאת אינו מפחד לעסוק בראיית ה' כפשוטה. מן הפסוק "כִּי לֹא יִרְאַנִי הָאָדָם וָחָי" (שמות לג, כ), משמע שכנראה אפשר לראות את האלוקים; אומנם התוצאה היא מוות אך הראייה היא ראייה. גם יעקב אמר: "כִּי רָאִיתִי אֱלֹהִים פָּנִים אֶל פָּנִים וַתִּנָּצֵל נַפְשִׁי" (בראשית לב, לא), הוא מעיד על עצמו שהוא ראה אלוקים והוא מודע לכך שהוא יוצא דופן משום שהוא ניצל. זוהי המשמעות של "וְתֵרָאֶה הַיַּבָּשָׁה" – היא נראית, נגלית.

אומנם, למעשה גם הזוהר עצמו אינו מדבר על התגלות אלוקית מלאה. יש לשים לב שהיבשה היא שנגלית – והיבשה היא מידת

המלכות בלבד, מידת השכינה, שביחס למידות שמעליה נחשבת למסתירה ומכסה. זוהי מידה שמצד אחד יכולה להיראות לעיני האדם, ומצד שני דרכה יכול האדם לראות אספקטים מסוימים של אלוקים שברובדים אחרים לא ניתן לראות.

היו תקופות שבהן הסולטן היה יושב מאחורי פרגוד והיה לו דובר שתיווך בינו לבין הבאים אליו. כך התקשורת איתו אף פעם לא הייתה ישירה (במציאות הזו השתמש ר׳ נחמן בסיפור ׳מעשה ממלך עניו׳, שבו המלך יושב מאחורי כילה ונסתר מבני אדם). ניקח את הדימוי הזה אלינו: השמיים אינם מתגלים ישירות, אלא דרך היבשה. ועל זו הדרך, האישה היא הגילוי של האיש; הכוח החזק והמופשט יותר מתגלה דרך מדיום חלש ומוחשי, הזכרי מתגלה דרך הנקבי.

איך מגלה האדמה את השמיים? אולי בכך שהיא מסתירה את מי התהום מתחתיה. דווקא בכך שהיא מכסה על מי התהום היא מבליטה את השמיים. ללא היבשה, קשה היה להבחין בין השמיים לים, ההבדל ביניהם היה מטושטש, הם היו נראים כמעורבבים.

העניין הזה של גילוי דרך הסתרה, בא לידי ביטוי באופן מגוון במקורות לראיית ה׳ שהזוהר מביא, מקורות שלכולם מכנה משותף של ראייה, אך ראוי לבחון כל פסוק בהקשר הספציפי שלו. המקורות הללו נלקחו ברובם מן הפרשיות המיסטיות במקרא: ישעיהו רואה את ה׳ יושב על כיסא רם ונישא ומשה ואהרן עם הזקנים רואים את אלוקי ישראל לאחר מעמד הברית בהר סיני. ביטוי הראייה מופיע גם בראש הפרשייה שנחשבת לגולת הכותרת של תורת הקבלה – מעשה המרכבה שבפרק א של יחזקאל, הפותח בביטוי "וָאֶרְאֶה מַרְאוֹת אֱלֹהִים" (יחזקאל א, א). בכלל, השורש רא"י/רא"ה מופיע הרבה בפרק זה.

על רקע זה מעניין לראות ששני הפסוקים האחרים מגיעים דווקא מפרשיות שבהן מתואר משבר. הפסוק הראשון לקוח מחטא המרגלים: "וַיֹּאמְרוּ כָּל הָעֵדָה לִרְגּוֹם אֹתָם בָּאֲבָנִים וּכְבוֹד ה׳ נִרְאָה בְּאֹהֶל מוֹעֵד אֶל כָּל בְּנֵי יִשְׂרָאֵל" (במדבר יד, י), והפסוק השני לקוח ממחלוקת קורח ועדתו: "וַיְהִי בְּהִקָּהֵל הָעֵדָה עַל מֹשֶׁה וְעַל אַהֲרֹן וַיִּפְנוּ אֶל אֹהֶל מוֹעֵד

וְהִנֵּה כִסָּהוּ הֶעָנָן וַיֵּרָא כְּבוֹד ה׳" (במדבר יז, ז). גם בזמנים קשים אלו, ואולי דווקא בזכותם, יש הזדמנות לגילוי.

על כל פנים, הזוהר מבקש לתאר יותר מקרוב את גילוי השכינה, ולשם כך הוא בוחר להתמקד בפסוק מיחזקאל, המקדים את מעשה המרכבה: "כְּמַרְאֵה הַקֶּשֶׁת אֲשֶׁר יִהְיֶה בֶעָנָן בְּיוֹם הַגֶּשֶׁם כֵּן מַרְאֵה הַנֹּגַהּ סָבִיב הוּא מַרְאֵה דְּמוּת כְּבוֹד ה׳, וָאֶרְאֶה וָאֶפֹּל עַל פָּנַי וָאֶשְׁמַע קוֹל מְדַבֵּר" (יחזקאל א, כח).

הביטוי הראשון כאן הוא "מַרְאֵה הַקֶּשֶׁת". כלפי הקשת אנו מוצאים אצל חז"ל יחס אמביוולנטי הנובע מן המתח בין הנסתר לנגלה. מצד אחד הקשת נמנית אצל חז"ל בין הדברים שאסור להסתכל בהם, יחד עם דמותו של הנשיא והידיים של הכוהנים בשעה שהם מברכים (חגיגה טז ע"א). מצד שני יש ברכה שמברכים על ראיית הקשת, משמע שמסתכלים עליה. האמביוולנטיות הזאת נובעת מכך שהקשת קשורה למידת הדין, וזה בכמה מובנים: קודם כול, היא משמשת ככלי מלחמה. חוץ מזה, היא נקבעה כאות וסימן לדין, למבול שהיה אמור להחריב את הארץ אלמלא הבטחת ה׳.

מן הפסוקים שבפרשת נח נראה שהקשת נבראה מייד אחרי צאתו של נח מן התיבה, אך הזוהר מדייק בלשון העבר של הפסוק: "את קשתי נתתי בענן, זו מלכות, נתתי מן היום שנברא העולם". הקשת היא חלק ממעשה בראשית, ובריאת העולם עצמה היא מעשה של דין, של יצירת גבולות, של קביעת גדרים. לפי זה נפרש שהקשת אכן נבראה במעשה בראשית, ולאחר המבול היא נקבעה לשמש כאות.[1] היא מייצגת אפוא את מעשה בראשית כולו שנברא במידת הדין.

אף על פי שזה לא כתוב כאן במפורש, אולי אפשר למצוא בזוהר

1. הרמב"ן בפירושו על בראשית ט, יב מפרש כך בפשט הפסוקים גם כן. הוא טוען גם שעל פי הטבע ידוע לנו שהקשת נראית כאשר קרני השמש חודרות דרך טיפות מים, ואם כן מדובר בתופעה טבעית שבהכרח נבראה במעשה בראשית. בעומקים נוספים הרמב"ן מפרט גם הוא את ממד הדין שיש בקשת וכדאי לעיין שם.

גישה הדומה לרבי נחמן הרואה את העולם הזה כעולם של דין וקושי, וכפי שבא למשל לידי ביטוי באמירה שלו שהעולם הזה הוא גיהנום (ליקוטי מוהר"ן תניינא, קיט). המוטיב הזה מופיע באופן אחר במעשה האחרון שרבי נחמן סיפר, מעשה מ"ז' בעטלערס, שבו מופיעות דמויות של בעלי מומים כגון עיוור, חירש וחיגר, וכל אחד מהם מכריז על עצמו ואומר 'אין אני עיוור כלל, אין אני חירש כלל'. האמירה שלהם היא שכל המגבלות הן בעולם הזה דווקא, ואילו הם אינם נמצאים בגדרים של העולם הזה אלא מעבר להם ולכן אינם באמת מוגבלים. לפי זה הדרך להגיע אל האלוקים היא לקפוץ מעבר לעולם הזה.

ביטוי נוסף לדין שקיים בעצם המציאות הוא המושג 'הגשמה', במובן של ביצוע והורדה למעשה. בהגשמה יש אלמנט מובנה של דין, של קושי, מפני שתמיד יהיה פער בין התכנון הרעיוני להגשמתו בפועל. הגשמת חלום יכולה להיות נוראית מפני שהיא תמיד תהיה קריקטורה של החלום עצמו וכנראה לא תשתווה אליו בדיוק אף פעם.

צריך להבין שהגילוי של מידת השכינה מתרחש דווקא דרך הדין, כמו הקשת שנראית רק יחד עם הענן, עם החושך. בדומה לכך, הכוהן הגדול יכול להיכנס לקודש הקודשים רק כאשר יש מסך המסתיר את האור – "כִּי בֶּעָנָן אֵרָאֶה עַל הַכַּפֹּרֶת" (ויקרא טז, ב). הזוהר מקשר לכאן גם את יציאתה לאור של רחל אימנו. רחל בדרך כלל מבטאת את מידת המלכות, וגם כאן הזוהר מצביע על כך שהגילוי הגדול של רחל, הלידה שלה, קורה דווקא כאשר קשה לה. דווקא מתוך הקושי נוצרת לידה, נוצרים מלאכים של חסד, גבורה ותפארת.[2]

הקשת היא סמל שמרתק את הזוהר במיוחד מפני שהוא כולל את שלושת הגוונים – לבן, אדום, ירוק. צבעים יסודיים אלו אומרים לנו שיש בקשת קו ימין, קו שמאל וקו אמצע. הקווים הללו נמצאים זה ליד זה, צמודים, אך אינן מעורבבים. כל מידה עומדת בפני עצמה אך יש לה גם יחס למידות האחרות. בסופו של דבר, השכינה מופיעה בכל הגוונים וכל המידות באות בתוכה לידי ביטוי.

2. "וַתְּקַשׁ בְּלִדְתָּהּ" בהיפוך אותיות **וקשת** (דרך אמת).

## כדי לראות את אלוקים צריך לעצום עיניים

המשך התיאור במעשה מרכבה הוא "כֵּן מַרְאֵה הַנֹּגַהּ סָבִיב". מראה הנוגה הוא מעין הילה סביב המרכבה, ולפי הזוהר המראֶה הזה נחזה דרך גלגל העין ולא בהסתכלות רגילה. דבר מעניין הוא שכאשר העין מתגלגלת אחורנית היא אינה מפסיקה לראות אלא היא רואה גוונים מעורבבים זה עם זה, בלתי ניתנים להסברה. היו שהשתמשו בטכניקות מסוימות כדי לעצום עיניים ובו בזמן להמשיך לראות. בדרכים אלו הם גילו צבעים פסיכודליים, ערבוב של גוונים אשר לא ניתן לתפיסה רגילה.

ייתכן שהזוהר מציע כאן מתודה להתבוננות בקריאת שמע. המטרה של קריאת שמע היא להגיע לאחדות, ומשום כך אנו עוצמים עיניים כדי שהגוונים יהיו מאוחדים. כדי לראות את אלוקים צריך לעצום עיניים.

הפרדוקס הזה הוא הסוד של הזוהר. הפתיחה של קריאת שמע מתחלקת לשני חלקים: 'שְׁמַע יִשְׂרָאֵל' שאנו אומרים בקול ו'ברוך שם כבוד מלכותו' שאנו אומרים מייד אחרי זה בלחש. שני החלקים מבטאים את אותו עניין אך בממדים שונים. המטרה המוצהרת שחז"ל קשרו לקריאת שמע היא 'קבלת עול מלכות שמיים',[3] אולם הדבר המעניין הוא שהפסוק של שמע אינו פונה אל הקב"ה כמלך, לפחות לא באופן גלוי. עם זאת, בנסתר המלך כן מופיע בפסוק של שמע: במילה האחרונה, 'אחד', שאחת המשמעויות שלה היא 'מלך'. אנו רואים זאת למשל בפסוק: "כִּמְעַט שָׁכַב **אַחַד הָעָם** אֶת אִשְׁתֶּךָ" (בראשית כו, י) שם מפרשים אונקלוס ורש"י את הביטוי אחד העם – 'המלך של העם'.

3. משנה ברכות פ"ב מ"ב: "א"ר יהושע בן קרחה למה קדמה 'שמע' ל'והיה אם שמוע' אלא כדי שיקבל עליו עול מלכות שמים תחלה ואחר כך יקבל עליו עול מצות". וכן בגמרא ברכות יג ע"ב: "תנו רבנן: "שמע ישראל ה' אלהינו ה' אחד" – זו קריאת שמע של רבי יהודה הנשיא. אמר ליה רב לרבי חייא: לא חזינא ליה לרבי דמקבל עליה מלכות שמים. אמר ליה: בר פחתי! בשעה שמעביר ידיו על פניו מקבל עליו עול מלכות שמים".

ברור שחז"ל ראו את הפסוק "שְׁמַע יִשְׂרָאֵל" כפסוק המתייחס למלך, שהרי הם הוסיפו אותו לקובץ של פסוקי המלכויות בתפילת ראש השנה. לעומת זאת, האמירה "ברוך שם כבוד מלכותו לעולם ועד" כוללת במפורש את המילה 'מלך', וכך מגלה למטה את הייחוד הנסתר של המלכות הנעשית למעלה. יש כאן פרדוקס נפלא: את האמירה הנסתרת אנו אומרים בקול, ואילו את האמירה הגלויה אנו לוחשים. זהו הפרדוקס של הגלוי והנסתר: כאשר העניין נסתר אפשר לומר אותו כפי שהוא, אך כאשר הוא גלוי צריך להסתיר אותו, ללחוש אותו.

## ייקוו — קו הגבול

"יִקָּווּ" — מְדִידוּ דְּקַו וּמִשְׁחָתָא, הָכָא שִׁית תֵּיבִין וְהָכָא שִׁית תֵּיבִין. מִשְׁחָתָא — בּוֹצִינָא דְּקַרְדִינוּתָא, דִּכְתִיב "מִי מָדַד בְּשָׁעֳלוֹ מַיִם" (ישעיהו מ, יב). וְדָא אִיהוּ "יִקָּווּ הַמַּיִם". הָכָא שִׁעוּרָא דְיוֹצֵר עָלְמִין, יו"ד ה"א וא"ו ה"א.

"יִקָּווּ" — מדידה של קו ומידה. כאן שש תיבות וכאן שש תיבות. המידה — מבוח ניצוץ השחור, שכתוב "מִי מָדַד בְּשָׁעֳלוֹ מַיִם" (ישעיהו מ, יב). וזהו "יִקָּווּ הַמַּיִם". כאן שיעור של יוצר העולמות, יו"ד ה"א ו"ו ה"א.

"קָדוֹשׁ קָדוֹשׁ קָדוֹשׁ" (ישעיהו ו, ג) — דָּא אִיהוּ "יִקָּווּ הַמַּיִם".

"קָדוֹ"שׁ קָדוֹ"שׁ קָדוֹ"שׁ" (ישעיהו ו, ג) — זהו "יִקָּווּ הַמַּיִם".

"ה' צְבָאוֹת" (שם) — דָּא אִיהוּ "אֶל מָקוֹם אֶחָד", בְּרָזָא דִשְׁמָא דָא.

"ה' צְבָאוֹת" (שם) — זהו "אֶל מָקוֹם אֶחָד", בסוד של שם זה.

"מְלֹא כָל הָאָרֶץ כְּבוֹדוֹ" (שם) — דָּא "וְתֵרָאֶה הַיַּבָּשָׁה". רָזָא גְלִיפָא שְׁמָא דְיִחוּדָא 'כוז"ו במוכס"ז כוז"ו'.

"מְלֹא כָל הָאָרֶץ כְּבוֹדוֹ" (שם) — זה "וְתֵרָאֶה הַיַּבָּשָׁה". סוד חקיקת שם הייחוד 'כוז"ו במוכס"ז כוז"ו'.

לאחר שדרשנו את המילה 'יקוו' בהדגשה על האות ו' הכפולה שמחברת בין מעלה למטה, הזוהר חוזר אל הפסוק הזה והפעם מתבונן בשורש המילה. 'יקוו' מלשון קו. קו הוא כלי מדידה, כמו חבל שבאמצעותו קובעים גבולות בין שטחים שונים. הקו שהזוהר מתאר כאן נובע בלשונו מתוך ה"בוצינא דקרדינותא", ניצוץ השחור. ביטוי זה כבר פגשנו בפתיחה המסתורית של הפרשה שם מתואר איך בריאת העולם התחילה מתוך נקודת החושך.[4] מסתבר שמקור החושך הזה ממשיך לשחק תפקיד בבריאת העולם גם ביום השלישי. בעניין הקו כגבול אומרת הגמרא: "תנא: תֹּהוּ – קו ירוק שמקיף את כל העולם כולו שממנו יצא חשך" (חגיגה יב ע"א). מכאן אנחנו רואים שהגבול נובע מצד החושך, מצד הדין, אך המטרה של הגבול הזה היא לאפשר לעולם להתקיים. קיים מתח בין הארץ לבין הים: הארץ היא סופית ומוגבלת, ואילו המים הם אין סופיים. המילה 'מים' עצמה נוטה בלשון רבים בלבד משום שאין דבר כזה מים ביחיד, הם תמיד מרובים ללא גבול. המשורר בתהילים ביטא את המתח הזה במזמור ברכי נפשי: "גְּבוּל שַׂמְתָּ בַּל יַעֲבֹרוּן בַּל יְשׁוּבוּן לְכַסּוֹת הָאָרֶץ" (תהילים קד, ט): המים מייחלים תמיד להציף את העולם, והארץ צריכה לעמוד על המשמר ולחזק את הגבולות. הזוהר מוסיף שהמתח הזה בין הגבול לבין האין סופי אינו קשור רק לקיום העולם ולאיזון הכוחות שפועלים בו, אלא זהו מתח הקיים גם בקב"ה עצמו. מצד אחד הוא "קָדוֹשׁ קָדוֹשׁ קָדוֹשׁ" (ישעיהו ו, ג), הוא מעבר לכל השגה ותפיסה. מצד שני "מְלֹא כָל הָאָרֶץ כְּבוֹדוֹ" (שם), הוא מתגלה וממלא את העולם הזה.

4. ראו לעיל עמ' 29.

# היום השלישי ב: מחזור השפע

## זוהר ח"א יח ע"ב

הזוהר פונה לפרש את החלק השני של יום השלישי, בריאת הצומח למיניו: "וַיֹּאמֶר אֱלֹהִים תַּדְשֵׁא הָאָרֶץ דֶּשֶׁא עֵשֶׂב מַזְרִיעַ זֶרַע עֵץ פְּרִי עֹשֶׂה פְּרִי לְמִינוֹ אֲשֶׁר זַרְעוֹ בוֹ עַל הָאָרֶץ וַיְהִי כֵן" (בראשית א, יא).

הצומח מתאפיין בכך שהוא מזין חלקים אחרים של הבריאה, הן את הבהמות והחיות הן את האדם. הזוהר יראה שקיימת כאן מחזוריות שהאדם במרכזה – עליו להעלות את הצומח חזרה לקב"ה, ואז הצומח יתברך מחדש, וחוזר חלילה.

## התיקון של בני האמונה

"תַּדְשֵׁא הָאָרֶץ דֶּשֶׁא עֵשֶׂב" וְגוֹ' – הַשְׁתָּא אַפִּיקַת חֵילָא בְּאִנּוּן מַיִּין דְּאִתְכְּנָשׁוּ לַאֲתַר חָד, וְנַגְדִּין בְּגַוֵּיהּ גּוֹ טְמִירוּ סְתִימָאָה, וְנָפְקִין בְּגַוֵּיהּ טְמִירִין עִלָּאִין וְחַיָּלִין קַדִּישִׁין, דִּי כָּל אִנּוּן בְּנֵי מְהֵימְנוּתָא מְתַקְּנָן לוֹן בְּתִקּוּנָא דִּמְהֵימְנוּתָא בְּהַהִיא פּוּלְחָנָא דְּמָארֵיהוֹן.

"תַּדְשֵׁא הָאָרֶץ דֶּשֶׁא עֵשֶׂב" וְגוֹ' – עתה הוציאה כוח באותם מים שהתכנסו למקום אחד. ונמשכים בתוכו תוך טמירות נסתרת, ויוצאים בתוכו טמירים עליונים וצבאות קדושים שכל אותם בני האמונה מתקנים אותם בתיקון האמונה באותה עבודה של ריבונם.

וְרָזָא דָא "מַצְמִיחַ חָצִיר לַבְּהֵמָה" וְגוֹ' (תהילים קד, יד) — דָא בְּהֵמָה דִּרְבִיעָאָה עַל אֶלֶף טוּרִין, וּמְגַדְּלִין לָהּ בְּכָל יוֹמָא הַהוּא חָצִיר. וְחָצִיר דָא אִנּוּן מַלְאָכִין שַׁלִּיטִין לְפוּם שַׁעֲתָא דְּאִתְבְּרִיאוּ בַּשֵּׁנִי וְקַיָּימִין לְמֵיכְלָא דְהַאי בְּהֵמָה, בְּגִין דְּאִית אֶשָּׁא אָכְלָא אֶשָּׁא.

"וְעֵשֶׂב לַעֲבוֹדַת הָאָדָם" (שם) — עֵשֶׂב דָא אִלֵּין אוֹפַנִּין וְחַיּוֹת וּכְרוּבִים. דְּכֻלְּהוּ מְתַקְּנָן גּוֹ תִּקּוּנַיְיהוּ, וְקַיָּימִין לְאִתְתַּקְּנָא בְּשַׁעֲתָא דִּבְנֵי נָשָׁא אַתְיָין לְפוּלְחָנָא דְּמָארֵיהוֹן בְּקָרְבְּנֵיהוֹן וּבִצְלוֹתָא, דְּדָא אִיהוּ "עֲבוֹדַת הָאָדָם". וְעֵשֶׂב דָא אִזְדַּמַּן וְאִתְעַתַּד לַ"עֲבוֹדַת הָאָדָם" — לְאִתְתַּקְּנָא בְּתִקּוּנֵיהּ כִּדְקָא יְאוּת.

וְכַד אִנּוּן מִתְתַּקְּנָן בְּהַהִיא "עֲבוֹדַת הָאָדָם", לְבָתַר מִנַּיְיהוּ נָפְקֵי מְזוֹנֵי וְטָרְפִּין לְעָלְמָא, דִּכְתִיב "לְהוֹצִיא לֶחֶם מִן הָאָרֶץ" (שם).

וְדָא אִיהוּ "עֵשֶׂב מַזְרִיעַ זֶרַע", דְּהָא חָצִיר לָא מַזְרִיעַ זֶרַע אִיהוּ אֶלָּא אִזְדַּמַּן לְמֵיכְלָא דְאֶשָּׁא קַדִּישָׁא, וְעֵשֶׂב לְתִקּוּנָא דְעָלְמָא.

וְכָל דָא "לְהוֹצִיא לֶחֶם מִן

וזה סוד "מַצְמִיחַ חָצִיר לַבְּהֵמָה" וְגוֹ' (תהילים קד, יד) — זו בהמה שרובצת על אלף הרים, ומגדלים לה בכל יום אותו חציר. וחציר הזה הוא אותם מלאכים שליטים לפי שעה שנבראו בשני ועומדים למאכל לבהמה הזו, מכיוון שיש אש אוכלת אש.

"וְעֵשֶׂב לַעֲבוֹדַת הָאָדָם" (שם) — עשב זה הוא האופנים והחיות והכרובים. שכולם מתוקנים בתיקוניהם, ועומדים להיתקן בשעה שבני אדם באים לעבודת ריבונם בקורבניהם ובתפילה, שזוהי "עֲבוֹדַת הָאָדָם". ועשב זה מזומן ומוכן ל"עֲבוֹדַת הָאָדָם" להיתקן בתיקונו כראוי.

וכשהם מיתקנים באותה "עֲבוֹדַת הָאָדָם", אחר כך יוצאים מהם מזונות וטרף לעולם, שכתוב "לְהוֹצִיא לֶחֶם מִן הָאָרֶץ" (שם).

וזהו "עֵשֶׂב מַזְרִיעַ זֶרַע" — שהרי חציר אינו מזריע זרע אלא מזומן למאכל של אש קדושה, והעשב הוא לתיקון העולם.

וכל זה "לְהוֹצִיא לֶחֶם מִן

| | |
|---|---|
| הָאָרֶץ" — כָּל תִּקּוּנִין דִּבְנֵי נָשָׁא, דְּקָא מְתַקְּנָא לְהַאי עֵשֶׂב אֶרֶץ. דְּפוּלְחָנָא דִּלְהוֹן לְמָארֵיהוֹן, לְסַפְּקָא עַל יְדֵיהוֹן מֵהַהִיא אֶרֶץ טַרְפֵּי וּמְזוֹנֵי לְהַאי עָלְמָא וּלְאִתְבָּרְכָא בְּנֵי נָשָׁא מִבִּרְכָן דִּלְעֵיל. | הָאָרֶץ" — כל התיקונים של בני האדם, כדי לתקן את עשב הארץ הזה. כי עבודתם לריבונם, לספק על ידם מאותה ארץ טרף ומזונות לעולם הזה ושיתברכו בני אדם מברכות של מעלה. |

הזוהר רואה ביציאת הצמחייה מן האדמה משל לחיים הרבים שנובעים מתוך מידת המלכות, מתוך הנוכחות האלוקית. בתהליך הזה הוא מעניק ל"בני מהימנותא", כלומר בני האמונה, תפקיד חשוב ומכריע. בני האמונה הם בעלי הנסתר, והם משמשים בתפקיד כפול. מצד אחד עליהם ליילד פרטים מתוך השורש הכללי – האמונה – החוצה, ומצד שני עליהם לקשר את כל הפרטים שנולדו חזרה אל האמונה. יש אצלם תנועה מהפנים אל החוץ ומהחוץ אל הפנים.

מהם אותם פרטים הנולדים מן האמונה? את הביטוי "ונפקין בגויה טמירין עילאין וחיילין קדישין" מפרש בעל הסולם: "יוצאות ונולדות בתוכה נשמות נעלמות עליונות וצבאות קדושים". כלומר, תולדות אותו ייחוד שמתרחש בעליונים הן נשמות ומלאכים. פירוש זה של בעל הסולם מתאים מאוד לרוח הכללית של הזוהר משום שהוא מציב במקומות רבים את עיקר עבודת האדם בהולדת ילדים, כלומר במשיכת נשמות לתוך העולם.

את העניין הזה מוצא הזוהר גם בפסוק "מַצְמִיחַ חָצִיר לַבְּהֵמָה וְעֵשֶׂב לַעֲבֹדַת הָאָדָם לְהוֹצִיא לֶחֶם מִן הָאָרֶץ" (תהילים קד, יד). לפי הזוהר, הבהמה שבפסוק אינה בהמה סתם אלא יצור בעל אופי מיסטי. בסוף ספר איוב (איוב מ) מתאר הקב"ה לפני איוב את ה'בהמות' ואת הלווייתן כדמויות ענקיות וחזקות, תיאור שנועד להמחיש את חולשתו של האדם בפני איתני הטבע וקל וחומר בפני בוראם. פסוקים אלו עומדים בבסיסן של הרבה דרשות חז"ל, למשל הדרשה בנוגע לסעודת

הלווייתן ושור הבר המזומנת לצדיקים לעתיד לבוא. אחת הדרשות הללו אומרת:

"בְּהֵמוֹת בְּהַרְרֵי אָלֶף" (תהילים נ, י): רבי יוחנן וריש לקיש ורבנן.
רבי יוחנן אומר: בהמה אחת היא ורבוצה על אלף הרים ואלף הרים מגדלין לה כל מיני עשבים והיא אוכלת, שנאמר "כִּי בוּל הָרִים יִשְׂאוּ לוֹ" (איוב מ, ה).
וריש לקיש אמר: בהמה אחת היא רבוצה על אלף הרים ואלף הרים מגדלין לה מאכל לאכילתן של צדיקים והיא אוכלת. מאי טעמא? "וְהָיָה הַשָּׁרוֹן לִנְוֵה צֹאן" (ישעיהו סה, י).
ורבנן אמרי: בהמה אחת היא ורבוצה על אלף הרים ואלף הרים מגדלין לה מיני בהמות והיא אוכלת. מאי טעמא? שנאמר "וְכָל חַיַּת הַשָּׂדֶה יְשַׂחֲקוּ שָׁם" (איוב מ, כ).

(ויקרא רבה פרשה כב, י)

לא כאן המקום להתעמק בכל אחת משיטות האמוראים במדרש. העניין הכללי הוא שהבהמה הזו שבהררי האלף יש בה משהו מיתולוגי, והזוהר מרשה לעצמו לרכוב על היסוד הזה. בהמה היא כינוי למלכות אשר רובצת על הארץ, ועם זאת ניזונה מלמעלה ומקבלת כוח מן המלאכים. היא אש שאוכלת אש. ביום השלישי קורה דבר דומה. כאמור, המידה המרכזית המעסיקה את הזוהר היא מידת המלכות. מתן תזונה למידת המלכות על מנת לקיים אותה מתאפשר דווקא ביום השלישי מפני שיום קודם – ביום השני – נבראו המלאכים, ואחד מתפקידיהם הוא להיות אחראים על הצמחים כמו שאמרו חז"ל "אין לך כל עשב ועשב מלמטה שאין לו מזל ברקיע שמכה אותו ואומר לו גדל" (בראשית רבה פרשה י, ו). אם כן, הצמחים ניזונים מן המלאכים, אך משמשים מזון לחיה 'בהמות' שהיא גם כן סוג של מלאך.

כמו הבהמות, גם בני האדם שהם בני אמונה מעלים בחזרה את גידולי הארץ למקורם העליון ומתקנים אותם. עבודתו של האדם היא

הקרבת הקורבנות, שהם הלחם של הקב"ה: "אֶת קָרְבָּנִי לַחְמִי לְאִשַּׁי" (במדבר כח, ב).

אבל הזוהר אינו מסיים כאן, אלא מוסיף נדבך נוסף. הקורבן שנועד כביכול להזין את הקב"ה מביא בסופו של דבר לכך שהקב"ה מזין את העולם בחזרה – "לְהוֹצִיא לֶחֶם מִן הָאָרֶץ". בדומה לכך נאמר בחז"ל שאילו הגויים היו יודעים מה המזבח נותן לעולם הם לא היו מחריבים אותו כי הם היו מבינים שהוא מזין גם אותם.[1] ולא רק קורבנות; חז"ל דרשו את הפסוק: "לֹא תֹאכְלוּ עַל הַדָּם" (ויקרא יט, כו): "לא תאכלו קודם שתתפללו על דמכם" (ברכות י ע"ב). דרשה זו מניחה שפשט הפסוק הוא שאין לאכול מקורבן לפני שניתן דמו על המזבח, וגוזרת מכאן שמכיוון שבימינו התפילה ממלאת את מקום הקורבן, גם לפני התפילה אסור לאכול. לעומת זאת, לאחר התפילה מותר, מפני שהתפילה היא זו שמושכת את השפע לאדם ומזינה אותו.

העיקרון הזה נכון גם לגבי מידת המלכות בכלל: המלכות, המידה הנשית, זקוקה לפרנסה, אך היא גם זו שמפרנסת. היא אוספת את כל המידות אל תוכה אך גם מעבירה אליהן חזרה כוח.

## פנים גדולות, פנים קטנות

"עֵץ פְּרִי עֹשֶׂה פְּרִי" — דַּרְגָּא עַל דַּרְגָּא, דְּכַר וְנוּקְבָא. כְּמָה דְּעֵץ פְּרִי אַפִּיק חֵילָא דְּעֵץ עוֹשֶׂה פְּרִי, אוּף הָכָא אַפִּיק אִיהוּ. וּמָאן אִיהוּ? אִלֵּין אִנּוּן כְּרוּבִים וְתִמְרוֹת. מַאי תִּמְרוֹת? אִלֵּין אִנּוּן דְּסָלְקֵי בִּתְנָנָא דְקָרְבָּנָא וּמִתְתַּקְּנֵי בַּהֲדֵיהּ, וְאִיקְרוּן "תִּימְרוֹת עָשָׁן" (שיר השירים ג, ו). וְכֻלְּהוּ קַיָּימִין

"עֵץ פְּרִי עוֹשֶׂה פְּרִי" — דרגה על דרגה, זכר ונקבה. כמו שעץ פרי מוציא כוח של עץ עושה פרי, גם כאן מוציא הוא. ומיהו? אלה אותם כרובים ותִמרות. מה זה תִמרות? אלה אותם שעולים בעשן הקורבן ומיתקנים יחד עימו, ונקראים "תִּימְרוֹת עָשָׁן" (שיר השירים

1. ראו סוכה נה ע"ב.

בְּתִקּוּנַיְיהוּ לַעֲבוֹדַת הָאָדָם, מַה דְּלָא קַיְימָא כֵּן חָצִיר דְּהָא אִתְעַתַּד לְמֵיכַל דִּכְתִיב "הִנֵּה נָא בְהֵמוֹת אֲשֶׁר עָשִׂיתִי עִמָּךְ חָצִיר כַּבָּקָר יֹאכֵל" (איוב מ, טו).

ג, ו). וכולם עומדים בתיקוניהם לעבודת האדם, מה שאין כן החציר שהרי עתיד להיאכל שכתוב "הִנֵּה נָא בְהֵמוֹת אֲשֶׁר עָשִׂיתִי עִמָּךְ חָצִיר כַּבָּקָר יֹאכֵל" (איוב מ, טו).

"עֵץ פְּרִי עוֹשֶׂה פְּרִי" — דְּיוּקְנָא דִּכַר וְנוּקְבָא, "וּדְמוּת פְּנֵיהֶם פְּנֵי אָדָם" (יחזקאל א, י). אִלֵּין לָאו אִנּוּן כְּאִנּוּן כְּרוּבִים. אִלֵּין — אַפֵּי רַבְרְבָן בִּדְיקְנָא חֲתִימָא; כְּרוּבִים — אַפֵּי זוּטְרֵי כְּרַבְיָין. "פְּנֵי אָדָם" — כָּל דְּיוּקְנִין כְּלִילָן בְּהוּ בְּגִין דְּאִנּוּן אַפִּין רַבְרְבִין, וּמִצְטַיְירִין בְּהוּ צִיּוּרִין גְּלִיפִין בִּגְלוּפֵי שְׁמָא מְפֹרָשׁ בְּאַרְבַּע סִטְרֵי דְּעָלְמָא — מִזְרָח, מַעֲרָב, צָפוֹן וְדָרוֹם.

"עֵץ פְּרִי עוֹשֶׂה פְּרִי" — דמות זכר ונקבה, "וּדְמוּת פְּנֵיהֶם פְּנֵי אָדָם" (יחזקאל א, י). אלה אינם כאותם כרובים. אלה — פנים גדולות בחתימת זקן; כרובים — פנים קטנות כמו תינוקות. "פְּנֵי אָדָם" — כל הדמויות כלולות בהם מכיוון שהם פנים גדולים, ומצטיירים בהם ציורים חקוקים כמו חקיקת שם המפורש בארבעת צדדי העולם — מזרח, מערב, צפון ודרום.

לאחר הייחוד הרוחני בין שמיים לארץ, האדמה מוציאה תולדות – פירות – והזוהר מסביר שגם הפירות הללו עצמם מתחלקים לשניים. הזוהר מדייק בלשון הכתוב "עֵץ פְּרִי עֹשֶׂה פְּרִי" (בראשית א, יא) ומזהה בכפילות שתי דרגות של מהות אחת. את הדרגות האלה הוא מקביל לחלוקה הקבועה בזוהר בין זכר לנקבה: הזכר הוא 'עץ עושה פרי', פוטנציאלי, והנקבה היא 'עץ פרי', היא מממשת אותו. אומנם, מכיוון שהפרי המרכזי של הארץ הוא לדעת הזוהר הקורבנות שמביאים ממנה, הזוהר מתרגם את הדברים למושגים 'כרובים' ו'תִמְרוֹת'. התמרות הן "תִּימְרוֹת עָשָׁן" (שיר השירים ג, ו) – התוצאה הרוחנית של הקורבנות

הגשמיים, של עבודת האדם שתוארה קודם, ואילו הכרובים הם הצורה שהעשן מקבל.[2]

אנו מוצאים שוב ושוב שבכל הדרגות השונות יש זכר ונקבה. מה שמבדיל בין המדרגה העליונה יותר של הייחוד ביניהם למדרגה התחתונה של הייחוד הוא הממד של הגודל, או אם תרצו הגיל. במדרגה העליונה אנו מתייחסים לפנים גדולות החתומות בזקן, ובמדרגה התחתונה הפנים הן קטנות, כמו פני נערים. להבחנה הזאת יש מקור בגמרא:

> אמר רב אחא בר יעקב: גמירי [למדנו] אין פני כרובים פחותין מטפח...
> ומאי [מהו] כרוב?
> אמר רבי אבהו: כרביא [כמו ילד], שכן בבבל קורין לינוקא רביא [קוראים לילד 'רביא'].
> אמר ליה [לו] אביי: אלא מעתה דכתיב [שכתוב]: "פְּנֵי הָאֶחָד פְּנֵי הַכְּרוּב וּפְנֵי הַשֵּׁנִי פְּנֵי אָדָם" (יחזקאל י, יד) – היינו כרוב היינו אדם!
> אפי רברבי ואפי זוטרא [פנים גדולות ופנים קטנות].
> (סוכה ה ע"ב)

במעשה המרכבה ביחזקאל מתוארות ארבע דמויות החקוקות על ארבעת צדדיו של כיסא הכבוד: פני כרוב, פני אריה, פני נשר ופני אדם. רבי אבהו טוען שהכרוב הוא אדם צעיר, והגמרא מקשה עליו: הרי האדם כבר מופיע על הכיסא וקיימת כאן כפילות, ההיגיון אומר שאדם

2. הזוהר בפרשת אחרי מות ח"ג נט ע"א אומר שהקב"ה מתגלה על הכפורת בענן. מכיוון שעל הכפורת אין ענן אלא רק כרובים נראה שהזוהר סבור שהיו שם עננים בדמות כרובים, וזה נראה לי גם פשט המקרא: ניתן לראות בפירוש זהות בין הכרובים לבין העננים למשל בפסוקים כמו "יֹשֵׁב הַכְּרוּבִים" (תהילים פ, ב), "וַיִּרְכַּב עַל כְּרוּב וַיָּעֹף" (תהילים יח, יא) שבהם הקב"ה מתואר כשוכן על הכרובים, על העננים.

וכרוב אינם אותו דבר. התשובה שהגמרא מציעה היא "אפי רברבי ואפי זוטרא", כלומר הפנים הן אותו סוג של פנים אלא שהכרובים הם צעירים יותר מהאדם ולכן נחשבים ברייה נפרדת. זה מסתדר היטב גם עם התיאור שגודלן של פני הכרובים היה בסך הכול טפח.

הדיון הזה הוא בעייתי משום שהוא עוסק במושגים רוחניים ומופשטים בעודו משתמש בשפה פיזית מאוד. צריך להבין שהתירוץ של הגמרא "אפי רברבי ואפי זוטרא" אינו תירוץ צדדי הבא להיפטר מהשאלה אלא יש בו משהו מהותי. העניין הזה בא ללמד אותנו שבמרכבה האלוקית עצמה יש בחינה של גדלות ויש בחינה של קטנות. אנו למדים מכאן שלכל אחת מן הבחינות יש חשיבות בפני עצמה, חשיבות רבה עד כדי כך שלכל אחת מגיע מקום נפרד בכיסא הכבוד.

אגב, מפשט הפסוקים נראה לי שיש זיהוי – או לפחות חיבור מסוים – בין הכרוב לשור דווקא, שכן המרכבה מתוארת ביחזקאל פעמיים, כשבאחת מהן מופיע הכרוב ובאחרת – השור.[3] לשניהם, לאדם הצעיר ולשור, יש קונוטציה של דין או סכנה. השור נמנה בראש הרשימה של ארבעת אבות הנזיקין, ואם הכרוב הוא כמו ילד, הרי ילד גם כן נחשב כמזיק. כך או כך, שוב אנו פוגשים כאן את התמצית של הזוהר שהיא הדואליות: יש לאלוקות שתי פנים, פנים צעירות של איש מלחמה ופנים של בעל זקן בוגר ומלא רחמים, 'זקנה ביום דין, ובחרות ביום קרב'. אפשר לראות את החלוקה בין צעיר למבוגר כפן נוסף של החלוקה הרגילה לזכר ונקבה: הזכר בעל הזקן מקביל לאדם המבוגר, ואילו הנקבה, שלה אין זקן, מקבילה לאדם הצעיר. המקובלים גם הם עסקו הרבה בחילוק בין 'אריך אנפין' – הפנים הארוכות, ו'זעיר אנפין' – הפנים הקטנות, והם השתמשו ברעיונות אלו כחלק מבניין הספירות שלהם. לביטוי אריך אנפין יש אסוציאציות של זקן ארוך, סבלנות, ארך אפיים, חסד – לעומת זעיר אנפין, פנים מגולחות של חייל, דין. הפנים הקטנות והפנים הגדולות – החסד והדין; האדם ארך האפיים לעומת האדם הממוקד, התכליתי, הלוחם, הדתי שיודע מה

3. ראו עוד על כך לקמן, עמ' 152.

הוא רוצה. באופן כללי זה הקדוש ברוך הוא לעומת השכינה, המקור של השפע לעומת המקבלים. אלו הן שתי מהויות שונות לחלוטין.

בניתוח מעמיק לדמותו של רשב"י, הן במקורות של חז"ל הן בזוהר, אפשר לומר שרשב"י עצמו ניחן בשתי הפנים הללו, הפנים הארוכות והפנים הקטנות, שכן ישנו רשב"י של הנגלה כפי שהוא מופיע בפסקי ההלכות שלו במשנה ובתלמוד, ורשב"י של הנסתר כפי שהוא מופיע באגדות של חז"ל וכמובן גם בספר הזוהר.

# היום הרביעי: מיעוט הלבנה

## זוהר ח"א השמטות סימן ג, דף רנב ע"א

כשחז"ל עיינו בפסוקי הבריאה של היום הרביעי, הם שמו לב לכמה בעיות בפשט הפסוקים. שתיים מהן מעסיקות את הזוהר ביותר והן הבסיס לדרשה שלו בעניין. הבעיה הראשונה היא השינוי שחל בתיאור המאורות: "וַיַּעַשׂ אֱלֹהִים אֶת שְׁנֵי הַמְּאֹרֹת הַגְּדֹלִים אֶת הַמָּאוֹר הַגָּדֹל לְמֶמְשֶׁלֶת הַיּוֹם וְאֶת הַמָּאוֹר הַקָּטֹן לְמֶמְשֶׁלֶת הַלַּיְלָה וְאֵת הַכּוֹכָבִים" (בראשית א, טז) – בתחילה שני המאורות הם גדולים, ורגע אחד אחרי כן יש מאור אחד גדול ואחד קטן. הבעיה השנייה היא הכתיב החסר של המילה 'מְאֹרֹת'. הכתיב הזה שולח את חז"ל למילה 'מְאֵרָה', קללה.

שני הדיוקים האלו הביאו את חז"ל ליצירת המדרש המפורסם על מיעוט הלבנה. מדרש זה מופיע במסכת חולין (ס ע"ב), ויש לו מקבילות בבראשית רבה (פרשה ו, ג) ובפרקי דרבי אליעזר (ו, א-ב). לפי דעתי זהו המדרש הכי נועז והכי דרסטי שקיים בדברי חז"ל. בפשטותו הוא מעמיד את הקב"ה בצורה הכי אנושית שאנו מכירים במקורות; הוא מתאר את הקב"ה כמי שעושה טעות ושעל טעות זו הוא צריך להביא כפרה. שעות בילינו הדסה ואני עם כל מיני מקורות כדי להבין את הנושא הזה. שלא כמנהגי, הכנתי את השיעור הזה, ויש בזה חיסרון, כי עכשיו אני צריך הרבה כיבוש היצר ללמד אותו מבלי לגלוש לעוד ועוד עניינים...

הזוהר מביא וריאציה משלו למדרש הזה, ובהמשך נעמוד על

ההבדלים בינו לבין המדרשים האחרים ועל הסיבות להם הקשורות לדרכו הייחודית.

## בין אליליות לזוהר

לפני שנלמד את דברי הזוהר עצמו נביא כמה דברים שיכניסו אותנו לאווירה שבה הזוהר נמצא. בחפירות ארכיאולוגיות בבתי כנסת מימי הבית השני נמצאו פסיפסים ובהם הדמות הפגאנית של הסול (מלך העולם) וסביבו שנים עשר הכוכבים. דמויות אלו נלקחו בבירור ממקדשים פגאניים שבהם מופיע מלך העולם רכוב על מרכבה וסביב ראשו קרניים המעוצבות ככתר. ייתכן שבתי הכנסת הללו הם עדות חיה למגמה שקיימת בזוהר – וייתכן שכבר בספרות חז״ל – של העברת מושגים מן העולם הגויי לעולם היהודי, מעולם פגאני לעולם של זוהר.[1] בניגוד לתפיסה הרגילה הדוחה את האמונות האליליות על הסף, בעולמו של הזוהר יש מקום לסברה שקיימים אלים אלטרנטיביים וקיים היגיון מסוים בעבודה זרה – אם כי זה כמובן נשאר אצלו בגדר סברה ולא בגדר מעשה חלילה. משום כך אין זה מבהיל כאשר אנו פוגשים עולמות יהודים אשר התייחסו לדמיות ולמושגים מעין אלו ואין זה מפתיע שאנו מוצאים יסודות פגאניים שנכנסו לתוך הטקסט המדרשי והזוהרי. לדוגמה, חז״ל מציינים ששמשון הגיבור, ששמו נגזר מן המילה שמש, נקרא על שם קונו.[2] גם יעקב אבינו מכונה במדרש 'שמש',[3] והרי יעקב גם הוא כינוי לקב״ה.[4] למעשה ניתן לזהות את

1. ליבס כתב על כך בספרו: **פולחן השחר: יחס הזוהר לעבודה זרה**, ירושלים 2011.
2. סוטה י ע״א: "וא״ר יוחנן: שמשון על שמו של הקדוש ברוך הוא נקרא, שנאמר: 'כִּי שֶׁמֶשׁ וּמָגֵן ה' אֱלֹהִים' וגו' (תהילים פד, יב). אלא מעתה, לא ימחה! אלא מעין שמו של הקדוש ברוך הוא, מה הקדוש ברוך הוא מגין על כל העולם כולו, אף שמשון מגין בדורו על ישראל".
3. בראשית רבה פרשה פד, יא: "בשעה שאמר יוסף 'הִנֵּה הַשֶּׁמֶשׁ וְהַיָּרֵחַ' וגו' (בראשית לז, ט) אמר יעקב: מי גילה לו ששמי שמש?".
4. פסוק מפתח לעניין זה הוא: "וַיַּצֶּב שָׁם מִזְבֵּחַ וַיִּקְרָא לוֹ אֵל אֱלֹהֵי יִשְׂרָאֵל" (בראשית לג, כ). חז״ל מציעים באופן מפתיע להבין את הפסוק כך ששמו של יעקב הוא

הכיוון הזה כבר במקרא: בחלקו הראשון של מזמור יט בתהילים מתוארים השמיים שבמרכזם השמש, ובחלקו השני, בלי שום הפרדה, מתוארים שבחי התורה. זאת אומרת שהמזמור הזה קושר בין השמש לתורה.

אז נכון שהשמש היא עבודה זרה, אך הדבר תלוי בהקשר של הדברים. ייתכן שבמסורת שלנו השמש מייצגת חלק מסוים באלוקות, וכך גם לגבי הלבנה. על רקע זה נראה את דרשת הזוהר.

## הביאו כפרה עליי

אָמַר רַבִּי יִצְחָק: עָשָׂה הַקָּדוֹשׁ בָּרוּךְ הוּא הֲנֵי מְאוֹרוֹת וְהִנִּיחָם בְּזֶה הָרָקִיעַ לִהְיוֹת מֶמְשָׁלָה עַל הָאָרֶץ וּלְהִשְׁתַּמֵּשׁ בָּהֶם הַבְּרִיּוֹת, וּשְׁנֵיהֶם נָתְנוּ אוֹרָם בְּשָׁוֶה.

אמר רבי יצחק: עשה הקדוש ברוך הוא המאורות הללו והניחם בזה הרקיע להיות ממשלה על הארץ ולהשתמש בהם הבריות, ושניהם נתנו אורם בשווה.

אָמְרָה הַלְּבָנָה: אֵין נָאֶה לְהִשְׁתַּמֵּשׁ וּלְהִתְנַהֵג בִּשְׁנֵי כְּתָרִים בְּשָׁוֶה.

אמרה הלבנה: אין נאה להשתמש ולהתנהג בשני כתרים בשווה.

מֶה עָשָׂה הַקָּדוֹשׁ בָּרוּךְ הוּא? הִמְעִיט אוֹתָהּ. וְהַיְינוּ הַכַּפָּרָה שֶׁל שְׂעִיר רֹאשׁ חֹדֶשׁ שֶׁנֶּאֱמַר בּוֹ "חַטָּאת לַה'" (במדבר כח, טו).

מה עשה הקדוש ברוך הוא? המעיט אותה. וזוהי הכפרה של שעיר ראש חודש שנאמר בו "חַטָּאת לַה'" (במדבר כח, טו).

'א־ל': "אמר רבי אחא אמר רבי אלעזר: מנין שקראו הקב"ה ליעקב אל, שנאמר "וַיִּקְרָא לוֹ אֵל אֱלֹהֵי יִשְׂרָאֵל" ... ומי קראו אל? אלהי ישראל" (קידשין יח ע"א). הרמב"ן על פסוק זה מסביר את העניין בהתאמה לפשט התורה ומביא גם רמז לסוד. ואומנם בזוהר, 'יעקב' מציין לעיתים קרובות את מידת התפארת או את כל שש המידות של זעיר אנפין (הערת העורכים).

| | |
|---|---|
| אָמַר רַבִּי יַעֲקֹב: וּבְכַמָּה אֲתַר תָּנֵינָן דָּא וְלָא אִתְיָישְׁבָא בְּלִבָּאִי עִנְיָינָא. | אמר רבי יעקב, בכמה מקומות שנינו את זה, ולא התיישב בליבי העניין. |
| כַּד אֲתָא רַב נַחְמָן אָתוּ וְשָׁיְילוּהוּ. אָמַר: כְּמַשְׁמָעוֹ. | כשבא רב נחמן באו ושאלו אותו. אמר: כמשמעו. |
| אָמַר רַבִּי יְהוּדָה לְרַבִּי יַעֲקֹב: כְּלוּם אַתָּה רוֹצֶה לַעֲבוֹר עַל דִּבְרֵי חֲבֵרֶיךָ? | אמר רבי יהודה לרבי יעקב: כלום אתה רוצה לעבור על דברי חבריך? |
| אִשְׁתִּיק. | שתק. |

רבי יעקב בזוהר מתייחס בפירוש לכך שמדובר במדרש מוכר ומפורסם: "בכמה מקומות שנינו את זה". ואומנם, המקור המרכזי שבו מופיע המדרש הזה הוא בגמרא. העלילה שם היא מפורטת הרבה יותר, והאמירות נוקבות יותר. נקרא את המדרש הזה, ונשים לב לשלבים השונים שבו: הטענות שהלבנה מעלה, התגובות של הקב"ה לטענות אלו והניסיונות לפייסה ולבסוף הכניעה של הקב"ה וסיבת הבאת הקורבן בשמו.

> רבי שמעון בן פזי רמי [השליך, הראה סתירה מפסוק על פסוק]: כתיב: "וַיַּעַשׂ אֱלֹהִים אֶת שְׁנֵי הַמְּאֹרֹת הַגְּדֹלִים", וכתיב: "אֶת הַמָּאוֹר הַגָּדֹל לְמֶמְשֶׁלֶת הַיּוֹם וְאֶת הַמָּאוֹר הַקָּטֹן"!
> אמרה ירח לפני הקב"ה: ריבונו של עולם, אפשר לשני מלכים שישתמשו בכתר אחד?
> אמר לה: לכי ומעטי את עצמך.
> אמרה לפניו: ריבונו של עולם, הואיל ואמרתי לפניך דבר הגון אמעיט את עצמי?
> אמר לה: לכי ומשול ביום ובלילה.
> אמרה ליה: מאי רבותיה [מה אקבל מזה], דשרגא בטיהרא מאי אהני [נר בצהריים מה מועיל]?

אמר לה: זיל [לכי], לימנו [יספרו] בך ישראל ימים ושנים.
אמרה ליה: יומא נמי [יום גם] אי אפשר דלא מנו ביה תקופותא [שלא יספרו בו תקופות], דכתיב [שכתוב]: "וְהָיוּ לְאֹתֹת וּלְמוֹעֲדִים וּלְיָמִים וְשָׁנִים" (בראשית א, יד).
אמר לה: זיל [לכי], ליקרו צדיקי בשמיך [יקראו צדיקים בשמך]: יעקב הקטן, שמואל הקטן, דוד הקטן.
חזייה דלא קא מיתבא דעתה [ראה שלא מתיישבת דעתה],
אמר הקב"ה: הביאו כפרה עלי שמיעטתי את הירח.
והיינו דאמר רבי שמעון בן לקיש: מה נשתנה שעיר של ראש חדש שנאמר בו "לַה'" (במדבר כח, טו)? אמר הקב"ה: שעיר זה יהא כפרה על שמיעטתי את הירח.
(חולין ס ע"ב)

בסוף המדרש מתאר ריש לקיש את הקב"ה – באופן נועז ביותר – כמי שעושה טעות שעליה עליו להביא כפרה. ריש לקיש, שבתחילת דרכו היה גזלן, ליסטים, הוא שאומר את הסברה הנוראה הזאת.

ריש לקיש אומר את הדברים על מנת להסביר את עניינה של שעיר החטאת שמובא בראש חודש, שקיים בו אלמנט ייחודי: נאמר עליו "לְחַטָּאת לַה'" (במדבר כח, טו) בעוד שבשאר המועדים נאמר "חַטָּאת" סתם (שם, כב, ועוד). מכך מסיק ריש לקיש שבראש חודש הכפרה היא על הקב"ה עצמו. "לה'" – עבור ה'.

הלימוד מהפסוק הזה אינו פשוט, מפני שהגמרא בשבועות (ט ע"א) – שמביאה גם כן את דברי ריש לקיש – מסבירה שמן המילה "לַה'" לומדים דבר אחר – ששעיר ראש חודש מכפר "על שאין בה ידיעה בתחילה ולא בסוף", מקרה מיוחד מאוד של חטא שאדם חוטא בלי שמץ של מודעות לכך, לא לפני החטא ולא לאחריו. כאשר חוסר המודעות האנושית לגבי החטא הוא מוחלט מביאים כפרה "לַה'", לקב"ה בלבד, כי הקב"ה הוא היחיד שמודע למעשה.[5] מכיוון שחכמים

5. יש להדגיש שמקרה שכזה הוא שונה מסוגי עבירות המוכרים לנו מהעולם

החזיקו בהנחה שאין לומדים מפסוק אחד יותר מעניין אחד, יש כאן בעיה. מסקנת הגמרא היא ששתי הדרשות קיימות ואינן מבטלות זו את זו מכיוון שיש לדייק שהביטוי "לחטאת לַה'", עם האות ל', אינו הביטוי שהיינו מצפים לראות לפי אף אחד משני הפירושים. רק אם נלמדים מן הפסוק שני העניינים גם יחד, מובנת הלשון "לה'".

על כל פנים, מדברי ריש לקיש נשמע שהקב"ה חטא ושהוא זקוק לכפרה. זה עניין קשה עד כדי כך שמישהו לא התאפק והעיר בצד הגמרא "זהו סוד מסודות הקבלה ואין להבינו כמשמעו ח"ו, כי כל כבודה בת מלך פנימה"...[6] כדי להתמודד עם המתח שאנו נוגעים בו, הפרשנים הקלסיים בגמרא מסבירים את מיעוט הלבנה בצורה מעודנת יותר מההבנה הדרסטית שאנחנו רואים בפשט.

רש"י בשבועות איננו גורס "הביאו כפרה **עלי**" אלא "הביאו כפרה", ומפרש – "להפיס דעתה של לבנה", כלומר הקב"ה לא באמת חטא ולא באמת צריך להביא קורבן, הדבר נועד רק לפייס את הלבנה. לעומת זאת, התוספות כן גורסים את המילה 'עלי' אך מפרשים את הקונטקסט שלה בצורה אחרת לגמרי: "שעיר זה יהא כפרה עלי – פירש בערוך: שעיר זה כפרה לישראל, ועלי לקבוע זמן כפרה זו, וקבעתי בראש חודש להפיס דעתה של ירח". כלומר, יש כאן שני משפטים נפרדים: הראשון, 'שעיר זה יהא כפרה', כלומר עם ישראל צריך להביא כפרה. השני, 'עלי' – תפקידי לקבוע לכפרה הזאת זמן, ואת הזמן אקבע בראש חודש כדי לפייס את הירח.

לפי שני הפירושים, הכפרה איננה מוסבת על הקב"ה, והיא איננה באה במובן של בקשת מחילה על חטא של הקב"ה אלא במובן של

ההלכתי: כאן לא רק שהאדם לא חטא במזיד, הוא גם לא נקרא שוגג, מפני שלשוגג הייתה ידיעה מתחילה שנשכחה ממנו רק בשעת המעשה, ואילו אדם זה אינו מכיר את האיסור הבסיסי. מקרה זה אינו נכנס אפילו להגדרה של אנוס, שהרי האנוס, או מי שמעיד עליו, בסופו של דבר מודעים לכך שהוא עשה עבירה, אלא שעשה אותה בעל כורחו.

6. הערה שהודפסה בתוך מסורת הש"ס בגמרא בשבועות.

פיצוי ללבנה על המצב שנגזר עליה.[7] כלומר, על פי פירושים אלו הצד הדרסטי של הגמרא מנוטרל; הקב"ה איננו מואשם בחטא וממילא איננו צריך להביא כפרה על עצמו. הקורבן הוא רק פיצוי ללבנה על הנזק שנגרם לה. זה כמו אדם שנותן עונש לילד שלו, ואחרי זה כשהוא רואה שהוא בוכה הוא נותן לו סוכריה על מקל כדי לפצות אותו (אני לא הייתי עושה לא את זה ולא את זה, באמת חיסרון גדול...). נראה לי שזה לא הפשט הפשוט של הגמרא, אבל צריך להבין שאין כאן ניסיון של הפרשנים להתמקח עם הגמרא אלא זהו שיקול אמיתי בפרשנות הפשט, כיוון שאכן מטריד לומר שהקב"ה צריך כפרה.[8]

## גרסת הזוהר לעומת גרסת הגמרא

כל הדיון הזה קשור לגרסה המופיעה בגמרא, בחולין ובשבועות, אך הגרסה בזוהר היא שונה מכמה בחינות. קודם כול, נושא הוויכוח בגמרא הוא 'מי המלך', והטענה של הלבנה היא שצריך לבחור – או את השמש או את הירח. גם אם נפרש שהלבנה אינה מבקשת לשלוט בעצמה, אלא היא סתם יֶקית מסודרת שאומרת 'תחליט מי המלך', עדיין הנושא הוא מי מהן שולטת. לעומת זאת בזוהר הטענה של הירח היא "אין נאה להשתמש ולהתנהג בשני כתרים בשווה", הקב"ה צריך לבחור לו **כתר** אחד. הנושא אינו מי המלך אלא באיזה כתר המלך ישתמש, כשהמלך הוא הקב"ה. אי אפשר שתי כיפות, כיפה שחורה וכיפה סרוגה. צריך לבחור אחת... הזוהר אינו מוותר על המאבק

7. לפי דעתי הגרסה ההתחלתית שעליה רש"י ותוספות התבססו היא שונה, אך פירושיהם הסופיים זהים. אך לפי דעת פרופ' ליבס הם אינם בדיוק אותו הדבר. אני חושב שבעובדה ששני הפירושים משתמשים בדיוק באותו ביטוי – 'להפיס דעתה של לבנה' – יש ראיה לדעתי.

8. יתרון נוסף של הפירוש הזה הוא שלפיו ברור מה פתאום הקב"ה מטיל את הבאת השעיר על ישראל. אילו הייתה כאן כפרה על חטא של הקב"ה, לא ברור מה ישראל קשורים. אומנם התרגלנו במשך ההיסטוריה היהודית שבכל פעם ששניים רבים, אומרים שהיהודים אשמים... ובכל זאת יותר מסתדר לומר שמדובר בקורבן שישראל מביאים ממילא, ורק העיתוי שלו נקבע כפיצוי ללבנה.

שבסיפור אבל הוא משנה את מעמדם של הצדדים הנאבקים: אין אלו כוחות עצמאיים נפרדים, אלא כוחות השייכים לקב"ה. אין כאן שני מלכים הנאבקים על הכתר כל אחד לטובת עצמו, אלא זה מאבק של שני כתרים המבקשים את מקומם על ראשו של מלך אחד. חיזוק להבנה זו בזוהר נמצא בגרסה המקבילה לסיפור זה בזוהר חדש, שם הטענה מנוסחת כך: "אין נאה לך להתנהג בשני כתרים בשווה". בגרסת הזוהר חדש ברור למי ה'לך' פונה, הוא פונה לקב"ה.[9]

אבל זה לא הכול. צריך להיכנס לעולמו של הזוהר ולדייק בלשונו, והביטוי 'כתרים' נושא בזוהר משמעות רבה. מפורסם אצל החוקרים שבגוף הזוהר (שלא כמו בשכבות האחרות שלו) לא נעשה שימוש בביטוי 'ספירות' לתיאור המידות האלוקיות, ובמקומו נפוץ למטרה זו הביטוי 'כִּתְרִין' – כתרים. לפי זה, השאלה הנשאלת כאן 'באיזה כתר המלך ישתמש' משמעותה: באיזו מידה הקב"ה מנהיג ומתגלה?

גם בעניין הכפרה הזוהר מציג את העניין באופן שונה מהגמרא. לגמרא יש אמירה קיצונית: היא מגדירה את מיעוט הלבנה כחטא של הקב"ה, עד כדי כך שהוא עצמו זקוק לכפרה. לעומת זאת, נראה שהביטוי בזוהר "והיינו הכפרה של שעיר ראש חודש" הוא ביטוי עדין יותר אשר נאמר באופן סתמי ואיננו מופנה כלפי הקב"ה בדווקא. לא הקב"ה הוא זה שצריך את הכפרה. ייתכן שהסיבה לנוסח הפושר הזה היא בדיוק הבעייתיות שעליה עמדנו קודם, זו שאיתה רש"י ותוספות התמודדו – קשה מאוד לומר שהקב"ה חטא ומביא כפרה.

בנקודה זו אני רוצה להביא הערה חשובה של ידידי יודל'ה, המכונה פרופסור ליבס. ליבס מציין שיש מקומות שבהם חז"ל אמרו סודות יותר דרמטיים ומרחיקי לכת מאשר הזוהר, וההבדל בין הסודות של חז"ל לסודות של הזוהר אינו בתוכן שלהם אלא במידת המודעות של האומרים את הסודות הללו. חז"ל אומרים את דבריהם בתמימות וכמעט שאינם שמים לב לרדיקליות של הדברים. לעומת זאת, הזוהר מודע כל הזמן לכך שהוא עוסק בסודות עמוקים שהשתיקה יפה להם,

9. זוהר חדש שיר השירים פז ע"א, וכך מופיע גם בשינויי גרסאות של בעל הסולם.

וזאת בדיוק הסיבה לכך שהוא עוסק כל כך הרבה בשתיקה שבאה יחד עם הגילוי ובמתח שבין שמירת הסודות לבין פרסומם. העניין הזה בא לידי ביטוי בדברי רשב״י שמובאים בזוהר שהוא גדול יותר ממשה מפני שמשה לא ידע כי קרן עור פניו ואילו הוא, רשב״י, כן יודע (זוהר ח״ג קלב ע״ב). הוא מודע.

מהלך זה לא יישב את דעתו של רבי יעקב בזוהר, משום שהוא הכיר את המדרש בנוסחו המקורי, ופשוטו הוא – שלא כמו רש״י ותוספות – שהקב״ה חטא ומבקש מעם ישראל להביא כפרה על חטאו. תחושת האי־נוחות מן המדרש הזה היא אולי התגובה הדתית הרגילה.

מאידך, התשובה של רב נחמן – ״כמשמעו״, פירושה ׳הדברים הם כפשוטם׳. תגובה זו מתחברת לכך שבאופן כללי הזוהר תופס את עצמו כספר הפשט: המדרש צריך להיות מובן כפשוטו אף על פי שזה אולי מזעזע את הקורא הדתי. וריאציה נוספת להבנה זו היא בפירוש הביטוי ׳כמשמעו׳ כאומר ׳לא צריך לדבר על זה׳, כלומר זאת המשמעות הפשוטה ואין לגעת בה וגם לא לשאול עליה. כך או כך, הזוהר אינו נבהל מאמירות רדיקליות ונועזות והוא מסוגל לקבל אותן כפשוטן ולהכיל אותן.

עם זאת, אפילו בין חכמי הזוהר התשובה ׳כמשמעו׳ שנויה במחלוקת. רבי יהודה טוען: חס וחלילה לומר שהדברים כפשוטם, חס וחלילה לומר שהקב״ה חטא. איך אתה יכול בכלל להעלות זאת על דעתך!

על טענה זו רבי יעקב שותק. בשתיקה זו יש מצד אחד הודאה והכנעה – נכון, איך אפשר בכלל לומר מה שאמרתי; אך מצד שני זוהי שתיקה שמשאירה חלל פנוי, שעדיין נותנת מקום להבנה הפשטית, שהקב״ה חטא והוא זקוק לכפרה.

## שוויון מול היררכייה

| | |
|---|---|
| רַבִּי יוֹסֵי בְּרַבִּי שִׁמְעוֹן בֶּן לָקוֹנְיָא אֲתָא לְמֶחֱמֵי לְרַבִּי אֶלְעָזָר | רבי יוסי ברבי שמעון בן לקוניא בא לראות את רבי אלעזר חתנו. |

חֲתָנֵיהּ. נַפְקַת בְּרַתֵּיהּ וְשַׁקְלָת יְדוֹהִי לְנַשְׁקָא לְהוֹן, וַאֲמַר לָהּ: לְבִי וּמַעֲטִי אֶת עַצְמֵךְ מִקָּמֵיהּ בַּעֲלִיךְ דְּאִיהוּ קַדִּישָׁא.

יצאה בתו ולקחה ידיו לנשק אותן. אמר לה: לכי ומעטי עצמך מלפני בעלך, שהוא קדוש.

שָׁמַע רַבִּי אֶלְעָזָר, אָמַר: כְּעָן יָדַעְנָא, אֲנָא מַדְכָּרְנָא מִלָּה חַד דְּאִיהִי מַרְגְּלָא יַקִּירָא דְּאִתְמָר עַל סִיהֲרָא — כִּדְתָנֵינָן דְּקוּדְשָׁא בְּרִיךְ הוּא אָמַר לְסִיהֲרָא: לְבִי וּמַעֲטִי אֶת עַצְמֵךְ, דְּחָשְׁבָה סִיהֲרָא דְלָא אִתְיְיהִיב שׁוּלְטָנָא לָהּ.

שמע רבי אלעזר, אמר: עכשיו ידעתי, אני נזכר בדבר אחד שהוא מרגלית יקרה שנאמר על הלבנה — כמו ששנינו שהקדוש ברוך הוא אמר ללבנה: לכי ומעטי את עצמך, שחשבה הלבנה שלא ניתן לה שלטון.

אָמַר לֵיהּ חָמוֹהִי: אֲנָא כָּךְ שְׁמַעְנָא, וְכָךְ הֲוָה מְסוּדָּר בְּלִבָּאי, וּבְגִין דְלָא אַעְבָּר עַל דַּעֲתוֹהִי דְּחַבְרָאֵי, שָׁתַקְתִּי.

אמר לו חמיו: כך אני שמעתי, וכך היה מסודר בליבי, וכדי שלא לעבור על דעת חבריי שתקתי.

יש תופעה ספרותית חשובה שמופיעה בזוהר הרבה ומכונה 'סיפור מסגרת': דברי התורה בזוהר נאמרים לעיתים קרובות בתוך הקשר של סיפור. במקרים כאלה נכון להניח שהסיפור עצמו טעון לימוד, ושהוא מהווה מימוש והדהוד לתוכן של דברי התורה עצמם.

כאן הסיפור הוא שרבי יוסי בן שמעון בן לקוניא הולך לבקר את חתנו רבי אלעזר ואת בתו. כשהוא מגיע הבת יוצאת לקראתו ומנשקת את ידי אביה מתוך כבוד, והוא בתגובה אומר לה "לכי מעטי את עצמך לפני בעלך". הסיטואציה הזו היא בעצם מימוש של המדרש שאותו אנו לומדים בהקשר בין אישי. הן המילים הן ההתרחשות הם מקפצה עבור חכמים לדרוש בנושא מיעוט הלבנה. סיפור המסגרת והדרשה תומכים זה בזה. אך האם מדובר רק בקישור אסוציאטיבי או שהסיפור הוא חלק מן הדרשה עצמה? כדי להשיב על כך, ניכנס לסיפור וננסה להבין אותו לעומקו.

נראה שקיים מתח בין ההסתכלות של הבת לבין ההסתכלות של האב. בעיני הבת הציר העיקרי של היחסים הוא בינה לבין אביה, בין הדורות, לכן היא באה לנשק את ידי אביה. לעומת זאת האב סבור שהציר העיקרי שבו הבת צריכה לפעול הוא הציר שבין איש לאשתו, ולכן הוא אומר לה – לכי ומעטי עצמך כלפי בעלך. מהי משמעותה של המחלוקת הזאת ביניהם? מדוע כל כך חשוב לר' יוסי ברבי שמעון בן לקוניא להעיר לבתו את ההערה הזאת?

גם תוכן הדרשה עצמו מופיע פה בגוון אחר ודווקא חריף יותר מזה שבגמרא. טענת הלבנה בגמרא "אפשר לשני מלכים שישתמשו בכתר אחד?" יכולה להתפרש כבקשה כללית להסדרה צודקת ושוויונית של תחומי הסמכות של החמה והלבנה. כך עולה גם מהמשך ההתמקחות של הלבנה עם הקב"ה, שבו היא מתחשבנת איתו על פרטי הפרטים שבהם החמה מקבלת יותר ממנה. לעומת זאת, פה בזוהר נאמר במפורש שהלבנה התקוממה על כך "שלא ניתן לה שלטון". הלבנה רוצה שלטון, היא מעולם לא ביקשה שוויון. היא רוצה היררכייה שהיא עומדת בראשה, היא רוצה לקבל יותר מאשר הצד השני.

עניין נוסף שיש לתת עליו את הדעת הוא השתיקה. רבי יוסי ברבי שמעון בן לקוניא אומר "וכדי שלא לעבור על דעת חבריי שתקתי", ובמבט ראשון שתיקה זו נראית מקבילה לשתיקתו של רבי יעקב נוכח גערתו של רבי יהודה. השאלה הגדולה כאן היא על מה חושב רבי יוסי ברבי שמעון בן לקוניא שצריך לשתוק. הרי בניגוד לזוהר קודם, רבי אלעזר כלל לא הזכיר את העניין של "הביאו עלי כפרה", שהיה לכאורה הביטוי הפרובלמטי בדרשה, הביטוי שמשתמע ממנו שהקב"ה חטא וטעה. העדר הביטוי הזה לדעתי מצביע על משהו.

אני רוצה להציע כאן פירוש דרסטי ונורא: ייתכן שמה שמזעזע כאן את רבי יוסי ברבי שמעון בן לקוניא הוא **עצם המעשה של מיעוט הלבנה**, ולא ה'חזרה בתשובה' של הקב"ה עליו. רבי יוסי מזדהה עם דברי הקב"ה שנעשה פה חטא שצריך להביא עליו כפרה. אף על פי שייתכן שמבחינה מוסרית מיעוט הלבנה הוא מעשה מובן בהקשר שבו היא מבקשת יותר מהמגיע לה, רבי יוסי חש שבכל זאת

מדובר בפעולה קשה ובעייתית שהקב"ה צריך להביא עליה כפרה גם אם הייתה לה הצדקה. אחרי שמפנימים את הבעיה הזו צריך גם לשתוק.

כאן כמובן עולה השאלה – מה כל כך מטלטל בכך שהקב"ה מיעט את הלבנה? מדוע הקב"ה חש צורך לכפר על מעשה זה, ומדוע רבי יוסי מזועזע ממנו כל כך? כדי להעמיק בדברים נעיין בדברי הזוהר במקום אחר (זוהר בראשית כ ע"א):

| | |
|---|---|
| מִכָּאן וּלְהָלְאָה אִתְפַּשַּׁט דָּא בְּדָא וְאִתְלַבַּשׁ דָּא בְּדָא, עַד דְּאִשְׁתַּכַּח דָּא לְבוּשָׁא לְדָא וְדָא לְדָא; דָּא מוֹחָא וְדָא קְלִיפָּה. וְאַף עַל גַּב דְּדָא לְבוּשָׁא, אִתְעֲבִיד אִיהוּ מוֹחָא לְדַרְגָּא אָחֳרָא. | מכאן והלאה התפשט זה בזה והתלבש זה בזה, עד שנמצא זה לבוש לזה, וזה לזה; זה מוח וזו קליפה. ואף על גב שזה לבוש, נעשה הוא מוח לדרגה אחרת. |
| וְכֹלָּא כְּגַוְונָא דָּא אִתְעֲבִיד הָכִי לְתַתָּא. עַד כִּי בְּצֶלֶם דָּא אִיהוּ בַּר נָשׁ בְּהַאי עָלְמָא: מוֹחָא וּקְלִיפָּה, רוּחָא וְגוּפָא. וְכֹלָּא אִיהוּ תִּקּוּנָא דְּעָלְמָא. | והכול בעין זה נעשה כך למטה, עד כי בצלם זה האדם הוא בעולם הזה: מוח וקליפה, רוח וגוף. והכול הוא תיקון של העולם. |
| כַּד הֲוַת סִיהֲרָא בְּשִׁמְשָׁא בְּדִבְקוּתָא חֲדָא, הֲוַת סִיהֲרָא בִּנְהִירוּ. כֵּיוָן דְּאִתְפָּרְשָׁא מִן שִׁמְשָׁא וְאִתְפַּקְדַּת עַל חֵילָהָא, אַזְעִירַת גַּרְמָהּ, אַזְעִירַת נְהוֹרָא, וְאִתְבְּרוּן קְלִיפִּין עַל קְלִיפִּין לְגְנִיזוּ דְּמוֹחָא. וְכֹלָּא תִּקּוּנָא דְמוֹחָא. | כשהייתה הלבנה עם השמש בדבקות אחת, הייתה הלבנה באור. כיוון שנפרדה מהשמש והופקדה על כל חילותיה, הקטינה את עצמה, הקטינה את אורה, ונבראו קליפות על קליפות לגניזות המוח. והכול תיקון של המוח. |
| וְעַל דָּא "יְהִי מְאֹרֹת" (בראשית א, יד) חָסֵר. וְכָל דָּא לְתִקּוּנָא | ועל זה "יְהִי מְאֹרֹת" (בראשית א, יד) חסר. וכל זה לתיקון |

| | |
|---|---|
| דְעָלְמָא. וְדָא הוּא דִכְתִיב "לְהָאִיר עַל הָאָרֶץ" (שם, יז). | העולם. וזהו שכתוב "לְהָאִיר עַל הָאָרֶץ" (שם, יז). |

בראשית קטע זה מדבר הזוהר בשבח המבנה ההירכי בבריאה: בתחילה היה עולם שבו הכול מחובר והכול שווה. בעולם ההוא השמש והירח האירו את אותו האור. לאחר מכן נוצרה הפרדה בין המדרגות השונות, כך שהמדרגה העליונה היא המוח של המדרגה הנמוכה ממנה, והמדרגה הנמוכה היא קליפתה של העליונה והעליונה מתלבשת בה. מאידך, אותה מדרגה תחתונה היא עצמה מוח עבור המדרגה שתחתיה וזו שתחתיה היא לבוש לה, וכן הלאה. יש גבוה מעל גבוה, פנימי בתוך פנימי. בעולם כזה שכולו הירכי, לא יכלו השמש והירח להישאר שווים זה לזה, והירח התמעט. הממד ההירכי משתקף באופן חד בדרך שבה רבי אלעזר תיאר את כאבה של הלבנה "שלא ניתן לה שלטון". הלבנה שאפה להירכיה מן ההתחלה, אלא שהיא רצתה לעמוד בראשה.

למעשה, הזוהר מתאר שני עולמות: עולם שאין בו הפרדה, שבו לשמש ולירח אור זהה, ולעומתו עולם הירכי שבו הירח ממעיט את עצמו. נשים לב שדווקא במציאות של הפרדה אפשר לערוך השוואות ולדרג מי גדול ממי. בעולם של אחדות השוואת הממדים אינה רלוונטית שהרי כולם שווים.

איזה עולם עדיף, השווה או ההירכי? זאת שאלה טובה, יש צדדים לכאן ולכאן. אני נזכר במשנה במסכת ביכורים המתארת את חגיגות הבאת הביכורים לירושלים. גם שם יש התלבטות לגבי ערך השוויון. במשנה נאמר "לפי כבוד הנכנסים היו יוצאים" (ביכורים פ"ג מ"ג), כלומר שאם מביא הביכורים היה אדם גדול, היה יוצא לקראתו אחד מגדולי העיר. על פרט זה מקשה הירושלמי: "וכי יש גדול וקטן בירושלים?" (ירושלמי ביכורים פ"ג ה"ג) זאת אומרת שבעיני הירושלמי, בירושלים התקיים מעין סוציאליזם. מצד שני, יש גם מקורות הפוכים שמהם משתמע שהשוויון הזה בירושלים היה דווקא שלילי ואף הביא לחורבנה: "לא חרבה ירושלים אלא בשביל שהושוו קטן וגדול" (שבת קיט ע"ב).

גם כאן בזוהר אפשר לראות חיזוק לכל אחד מן הצדדים. מצד אחד, לפי תיאורו של הזוהר הפרדת הבריאה למדרגות שונות היא זו שממעטת את אור הלבנה; זוהי ירידה עצומה מבחינת הלבנה. מעבר לכך, בסוף הקטע מציין הזוהר "ונבראו קליפות על קליפות לגניזות המוח", כלומר זהו מקור כל הקליפות בעולם, קליפות באסוציאציה לכוחות הרע. ההפרדה וההיררכיה הן שורש כל הרע בבריאה.

מצד שני, סוף המשפט הוא 'לגניזות המוח' כלומר הקליפה מְגִנָּה על התוך, והזוהר אף מוסיף: "וכל זה לתיקון העולם", כלומר המעמדות וההפרדה ביניהם מאפשרים לאור לעבור בכל המדרגות השונות ולתקן את כולן.

ההתלבטות שעולה מקריאת הקטע הזה בזוהר היא אם ראוי לבנות מערכת מרובדת לכתחילה, כי אין מציאות שבה דברים מתנהלים כמו שצריך בשוויון, או שמא להפך, עולם של אחדות גמורה הוא העולם האידיאלי. ייתכן שהקב"ה צריך להביא כפרה על כך שמיעט את הלבנה, ובכך נתן מקום לכוחות אפלים ולקליפות. זה מה שהטריד כל כך את רבי יוסי ברבי שמעון בן לקוניא: הוא הבין שמיעוט הלבנה משמעותו מַעֲבָר לעולם היררכי שבו מתקיימות בהכרח גם קליפות וסטרא אחרא ממש. זוהי הסיבה שהוא שתק.

בתו של רבי יוסי נמצאת צעד אחד קדימה מעבר לשתיקה של אביה: היא מואסת בעולם ההיררכי הזה, ומנסה להעמיד עולם שבו אין הפרדה, אין היררכיה ואין חטא. לכן היא מנשקת את ידי אביה ובכך פונה לציר של אב ובתו, שבו אין כל מאבקי כוח: ביחסי הורים וילדים קיימת סוג של אחדות, כיוון שבאופן טבעי הנמוך מתבטל לגבוה ממנו ומתוך כך מתאחד איתו. בין אב לבת אין מאבקים, אין יצר הרע, אין את השאלה מי ישלוט, כיוון שהרצף הוא טבעי ומובן. יש מדרגות אבל הן משתלשלות זו מזו, אין ביניהן הפרדה.

אבל רבי יוסי אביה אומר לה ללכת לנשק את ידי בעלה במקום את ידיו שלו. הוא משיב אותה אל העולם המורכב של היררכיה בין בעל לאשתו שכנגדו היא מתמרדת. רבי יוסי מבין שעם כל הבעייתיות שבדבר, זהו העולם כיום: עולם מופרד, היררכי, מורכב ומסובך, שבו

טמונה תמיד זעקתה של הלבנה על כך שהיא מועטה. הוא דוחף את ביתו אל הציר האחר, אל ציר האיש והאישה, ציר הזוגיות בינה לבין רבי אלעזר. ציר זה מבטא את הכניסה לעולם האפל שאליו הזוהר מתייחס בביטוי 'כמשמעו' כשהוא מציע לא לשאול ולקבל אותו בשתיקה. זהו עולם ארוטי שבו יש יצר הרע ויש מאבקים מי גדול ממי ומי ישלוט על מי, עולם שבו אחד אומר כך והאחת אומרת אחרת, והשאלה היא כמו מי ההלכה.

ככלל, הדתיות של הזוהר בנויה על המחלוקת, היא נמצאת במישור שבין איש לאשתו וזה יוצר דתיות שאיננה מסורתית. האחדות שעליה הזוהר מדבר ללא הרף היא אחדות שנוצרת דרך החלקים השונים דווקא; זאת בניגוד למונותאיזם הקלסי, המבוסס על הפילוסופיה, מונותאיזם של אחדות מוחלטת שהרב קוק כינה "מונותיאיזם שמם ומדברי".[10] לעומת זאת הזוהר הוא מיתולוגי: הוא מתאר עולם שיש בו קדושה מצד אחד וסטרא אחרא מצד שני, וביניהן מתחולל מאבק איתנים. יש כאן דרמה מפני שכידוע דרמה בנויה על קונפליקט. אילולא הדרמה, המציאות הייתה משעממת. האחדות הקלסית שעומדת במרכזו של העולם הדתי שלנו, "שְׁמַע יִשְׂרָאֵל ה' אֱלֹהֵינוּ **ה' אֶחָד**" (דברים ו, ד), איננה האחדות שאותה מחפש הזוהר. האחדות שמעניינת את הזוהר היא דווקא זו שבין המידות השונות, דווקא על בסיס הגוונים הרבים. גם בזוהר אומרים 'אחד' אלא שהאחד של הזוהר בנוי מחלקים, מ־א' שמתחברת ל־ח' המתחברת ל־ד', מידות שונות המשתרגות זו בזו.

ההבנה הזו של הזוהר מתיישבת יפה עם הגרסה לאגדת המאורות המופיעה במדרש רבה:

> רבי יודן בשם רבי תנחום ב"ר חייא ורבי פנחס בשם ר' סימון אמר: מאחר שהוא קורא אותן גדולים הוא חוזר ופוגם אותם:

10. אגרות ראיה א, עמ' מח. וראו גם אורות הקודש ב, עמ' תג.

"אֶת הַמָּאוֹר הַגָּדֹל לְמֶמְשֶׁלֶת הַיּוֹם וְאֶת הַמָּאוֹר הַקָּטֹן לְמֶמְשֶׁלֶת הַלַּיְלָה". אתמהא!

אלא על ידי שנכנס בתחומו של חבירו.
אמר רבי פנחס: בכל הקרבנות כתיב: "שְׂעִיר עִזִּים אֶחָד חַטָּאת" (במדבר כט, ה, ועוד),
ובראש חדש כתיב: "וּשְׂעִיר עִזִּים אֶחָד לְחַטָּאת לַה'" (שם כח, טו).
אמר הקב"ה: הביאו כפרה עלי שמיעטתי את הירח, שאני הוא שגרמתי לו להכנס בתחומו של חבירו...
(בראשית רבה פרשה ו, ג)

מדיוק לשון המדרש "מאחר שהוא קורא אותם גדולים, הוא חוזר ופוגם **אותם**" משתמע שבסופו של דבר הן השמש הן הירח נפגמים. גם השמש נפגמת מכך שהירח מתמעט. הדבר דומה לאיש ואישה שרבים מי קובע, הגבר או האישה. הבעיה במקרה כזה היא שלא משנה מה תהיה התוצאה, שניהם ייפגעו מעצם הדיון בשאלה מי מעל מי, מעצם העובדה שהם עברו מעולם אחדותי לעולם נפרד והיררכי. מבחינה זו הזוהר דומה למדרש, שהרי גם הוא תיאר את מיעוט הלבנה כשינוי קוסמי במבנה העולמות, שינוי שנוגע לכול. הזוהר כואב את עצם ההפרדה שפוגעת בשני הצדדים – הן החזק הן החלש. אומנם כפי שראינו הזוהר משבח את ההפרדה – רבי יוסי ברבי שמעון בן לקוניא הרי מדריך את ביתו להיכנס לעומק המורכבות של עולם הזוגיות ההיררכי – אך הוא גם מחפש את האחדות והשוויון. לדרמה צריך להיות 'הֶפִּי אֶנְד', הקונפליקט שנוצר מריבוי המידות ומן ההתנגשות בין הבחינות השונות צריך להיפתר בסוף. באחרית הדברים כולם צריכים לנצח, צריך לסיים באחדות.

למעשה, במדרש הזה מופיע ביטוי אפילו חד יותר לכך שמיעוט הלבנה אינו עניינה האישי אלא הוא הפרת ההרמוניה בבריאה כולה. המדרש מציין שהירח 'נכנס בתחומו של חברו'. הכוונה היא לכך

שלפעמים הירח נגלה לעין גם בשעות היום, בעיקר בבוקר. הירח נוכח גם בזמן השלטון של השמש, הוא 'יוצא לרעות בשדות זרים', וזה הדבר שעליו מצטער הקב"ה: "שאני הוא שגרמתי לו להיכנס בתחומו של חברו".[11] המדרש והזוהר שניהם מוטרדים מאותו עניין. לדידם, עצם מיעוט הלבנה על ידי הקב"ה הוא המזעזע כל כך, והוא המעשה שעליו נדרשת כפרה כי הוא מפר את האיזונים הדקים ואת הסטטוס־קוו העדין שביקום.

מאידך, בחוסר האיזון טמון גם פוטנציאל לתיקון משמעותי הרבה יותר. השוויון אומנם מביא לכך שכולם ישמרו על כוחם כך שאף אחד מן הצדדים לא ייפגע, אבל יש בו גם נוקשות; הוא יוצר מסגרות הרמטיות שמביאות כל צד להתבצר בעצמו. לעומת זאת דווקא ההיררכיה ביסודה מאפשרת גם הפרה שלה. בעולם היררכי מתקיים כל הזמן חיכוך ומאבק בין הצדדים, וממילא נוצרות פרצות שמאפשרות לכוחות לזלוג זה לתוך זה. זה מה שבסופו של דבר מביא את הצדדים להתערבב ולהתאחד ברמות עמוקות יותר.

## גילוי סוד מיעוט הלבנה

פָּתַח רַבִּי אֶלְעָזָר וְאָמַר: "אַשְׁרֶיךָ יִשְׂרָאֵל מִי כָמוֹךָ עַם נוֹשַׁע בַּה' מָגֵן עֶזְרֶךָ וַאֲשֶׁר חֶרֶב גַּאֲוָתֶךָ" (דברים לג, כט). אָמַר רַבִּי אֶלְעָזָר: וְכִי גַּאֲוָתָן שֶׁל יִשְׂרָאֵל בַּחֶרֶב הוּא? לָאו הָכִי, דְּהָא חֶרֶב לְעֵשָׂו אִתְיְהִיבַת, דִּכְתִיב: "וְעַל חַרְבְּךָ תִחְיֶה" (בראשית כז, מ)!

פתח רבי אלעזר ואמר: "אַשְׁרֶיךָ יִשְׂרָאֵל מִי כָמוֹךָ עַם נוֹשַׁע בַּה' מָגֵן עֶזְרֶךָ וַאֲשֶׁר חֶרֶב גַּאֲוָתֶךָ" (דברים לג, כט). אמר רבי אלעזר: וכי גאוותם של ישראל בחרב הוא? לא כך, שהרי החרב ניתנה לעשו, שכתוב: "וְעַל חַרְבְּךָ תִחְיֶה" (בראשית כז, מ)!

11. נראה שהמדרש מסתמך כאן על הגמרא בחולין, שלפיה הקב"ה מנסה לפצות את הלבנה על הקטנתה בכך שהיא תופיע ביום ולא רק בלילה.

אֶלָּא הָכִי שְׁמַעְנָא מֵאֲבוֹי, דְּאִלֵּין תַּלְמִידֵי חֲכָמִים, דְּכַד שַׁמְעִין מִלָּה וְלָא אִתְיַישְׁבָא בְּלִבְּהוֹן, וְאִינּוּן מַגִּיחֵי קְרָבָא דֵּין עִם דֵּין כְּאִינּוּן מַגִּיחֵי קְרָבָא בְּחַרְבָּא, וּבַעְיָין לְקַטְלָא דֵּין לְדֵין עֲלָהּ.

אלא כך שמעתי מאבי, שאלו תלמידי חכמים, שכאשר שומעים דבר ולא מתיישב בליבם, הם עורכים קרב זה עם זה כאותם עורכי קרבות בחרב, ורוצים להרוג זה את זה עליה.

בעוד רבי יוסי מציין שהעדיף לשתוק ולא לפרט בנושא מיעוט הלבנה כדי שלא לעבור על דעת חבריו, רבי אלעזר מבקש לגלות את הסוד שבדברים. המתח בין רבי אלעזר לרבי יוסי חותנו הוא מתח יסודי ששזור בזוהר לכל אורכו – המתח בין החשיפה לכיסוי. מתח זה מגיע לשיאו בזוהר במעמד האידרא כאשר רשב"י אומר: "ווי אי גלינא, ווי אי לא גלינא" – 'אוי לי אם אגלה, אוי לי אם לא אגלה' (זוהר ח"ג קכז ע"ב). הבחירה בגילוי הסודות אינה מובנת מאליה כלל בעולמו של הזוהר, ולכן רבי אלעזר חש צורך להקדים ולהסביר איך הוא מעז לעשות זאת. הפסוק שבו הוא משתמש לשם כך הוא הפסוק האחרון בברכות משה לישראל, לקראת סוף פרשת וזאת הברכה: "אַשְׁרֶיךָ יִשְׂרָאֵל מִי כָמוֹךָ עַם נוֹשַׁע בַּה' מָגֵן עֶזְרֶךָ וַאֲשֶׁר חֶרֶב גַּאֲוָתֶךָ וְיִכָּחֲשׁוּ אֹיְבֶיךָ לָךְ וְאַתָּה עַל בָּמוֹתֵימוֹ תִדְרֹךְ" (דברים לג, כט). אלו הן המילים האחרונות שמשה רבנו אמר, וזה תמוה. יש עיקרון ידוע שדבריו האחרונים של אדם מבטאים את המהות של חייו, וכאן אני שואל: האם זאת המהות של משה? חרב גאותך, וייכחשו אויבך לך, על במותימו תדרוך! האם זאת המורשת שמשה משאיר לנו?

רבי אלעזר מוטרד מאותו עניין עצמו, אלא שהוא מתמקד במילים "חֶרֶב גַּאֲוָתֶךָ" המופיעות בפסוק. הוא מקשה: "וכי גאוותם של ישראל בחרב הוא?" הרי מעלתו הגדולה של עם ישראל אינה כוחו במלחמה, החרב מאפיינת את עשו ולא את יעקב. את התשובה לדבר מביא רבי אלעזר בשם אביו רשב"י.

אחת הדרכים של חז"ל להתמודד עם פסוקים ממין זה היא לעשות לתוכן הקשה טרנספורמציה מן העולם הממשי לעולם

הדימויים, וכך עושה גם רשב"י. הוא דורש את המלחמה שבפסוק כמטפורה – המלחמה היא מלחמת התורה והלוחם הוא התלמיד חכם. הפסוק שמעלה על נס את עוצמתו הצבאית של עם ישראל הוא משל שמשמעותו שצריך לאזור כוחות ולהילחם על גילוי הסודות. לאורו של היסוד הזה הולך רבי אלעזר, ומבקש לגלות את סוד פגימת הלבנה.

## יעקב ועשו

וּמִלָּה דָּא דְּקָא אַמְרֵי חַבְרָנָא כַּךְ הִיא, וְכַךְ גָּזְרָנָא בְּרָזָא דְּמַתְנִיתִין דִּילָן: דְּכַד בָּרָא קוּדְשָׁא בְּרִיךְ הוּא לְשִׁמְשָׁא וּלְסִיהֲרָא, גְּזַר עַל שִׁמְשָׁא לְמֶהֱוֵי שׁוּלְטָנָא דְעֵשָׂו, וְעַל סִיהֲרָא לְמֶהֱוֵי בְּעָלְמָא דֵין שׁוּלְטָנָא דְיַעֲקֹב. וּמָנֵי עֲלֵיהוֹן תַּקִּיפִין רַבְרְבִין עַד דְּיֵיתוּן תְּרֵין אוּמַיָּיא אִלֵּין.

ודבר זה שאמרו חברינו כך היא, וכך גזרנו בסוד משנתנו: שכאשר ברא הקדוש ברוך הוא את השמש ואת הלבנה, גזר על השמש להיות השלטון של עשו, ועל הלבנה להיות בעולם הזה השלטון של יעקב. ומינה עליהם גדולים ותקיפים עד שיבאו שתי האומות הללו.

וְהַהוּא רַבְרְבָא דְּאִתְמָנִי עַל סִיהֲרָא בְּגִין אוּמָּה דְּיַעֲקֹב בָּעָא מִן קוּדְשָׁא בְּרִיךְ הוּא דְּיִתְיְיהַב שׁוּלְטָנָא לְסִיהֲרָא בְּעָלְמָא דֵין, כְּלוֹמַר אוּמָּה דְּיַעֲקֹב.

ואותו גדול שהתמנה על הלבנה בשביל האומה של יעקב רצה מן הקדוש ברוך הוא שיינתן שלטון ללבנה בעולם הזה, כלומר לאומה של יעקב.

אָמַר קוּדְשָׁא בְּרִיךְ הוּא: וְכִי מָה אֲנָא בָּעֵי אוּמָּה דְּיַעֲקֹב... אֶלָּא בְּעָלְמָא דְּאָתֵי לְשַׁלְטָאָה בְּהוּ עַל כָּל אוּמַיָּיא. אֲבָל בְּעָלְמָא דֵין לְכִי וּמַעֲטִי אֶת עַצְמֵךְ וְהִשְׁתַּעְבְּדִי בְּגָלוּתָא לְמִזְכֵּי לָךְ בְּעָלְמָא דְּאָתֵי.

אמר הקדוש ברוך הוא: וכי מה אני צריך אומה של יעקב... אלא בעולם הבא לשלוט בהם על כל האומות. אבל בעולם הזה לכי ומעטי את עצמך והשתעבדי בגלות לזכות אותך לעולם הבא.

וְכַד אָתוּ אוּמָה דְיַעֲקֹב וְאִתְרָעֲמוּ קַמֵּיהּ דְקוּדְשָׁא בְּרִיךְ הוּא עַל דְאִתְנְטָל מִנְּהוֹן שׁוּלְטָנָא וְאִתְיְיהִיב לְעֵשָׂו, אָמַר לוֹן קוּדְשָׁא בְּרִיךְ הוּא: וְכִי מָה אַתּוּן בָעָאן שׁוּלְטָנָא בְּעַלְמָא דֵין? דְהָא אֲנָא עֲרַבְנָא לְשַׁלְטָאָה לְכוּ לְעַלְמָא דְאָתֵי עַל כָּל אוּמַיָּיא.

וּבְגִין כַּךְ "הָבִיאוּ כַּפָּרָה עָלַי", כְּלוֹמַר: עַל אוֹתָהּ הַבְטָחָה שֶׁאֲנִי עָרֵב, לְכוּ וְהָבִיאוּ כַּפָּרָה וְהִתְעַסְּקוּ בַּתּוֹרָה — וְעָלַי לָתֵת לָכֶם שָׂכָר טוֹב, וְעָלַי לְהַשְׁלִיט אֶתְכֶם עַל כָּל הָעַמִּים, שֶׁעַל מְנָת כֵּן מִעַטְתִּי אֶת הַיָּרֵחַ בָּעוֹלָם.

וכשבאו אומה של יעקב והתרעמו לפני הקדוש ברוך הוא על שניטל מהם השלטון וניתן לעשו, אמר להם הקדוש ברוך הוא: וכי מה אתם רוצים שלטון בעולם הזה? שהרי אני ערב להשליט אתכם לעולם הבא על כל האומות.

ומשום כך "הביאו כפרה עליי", כלומר: על אותה הבטחה שאני ערב לכו והביאו כפרה והתעסקו בתורה — ועלי לתת לכם שכר טוב, ועלי להשליט אתכם על כל העמים, שעל מנת כן מיעטתי את הירח בעולם.

בפתיחתו של רבי אלעזר לדברים כבר היה רמז לתוכן שלהם – הוא הזכיר את חרבו של עשו. ואכן עיקר דרשתו תתבסס על האנלוגיה שבין החמה והלבנה לעשו ויעקב. גם במדרש רבה שהובא לעיל מתרחש המעבר הזה, אך באופן פתאומי. כך ממשיך המדרש:

> רבי לוי בשם רבי יוסי בר אלעאי אמר: דרך ארץ הוא, שיהא הגדול מונה לגדול והקטן מונה לקטן. עשו מונה לחמה שהיא גדולה, ויעקב מונה ללבנה שהיא קטנה.
>
> אמר רב נחמן: והוא סימן טב. עשו מונה לחמה שהיא גדולה: מה חמה הזאת שולטת ביום ואינה שולטת בלילה, כך עשו יש לו חלק בעולם הזה ואין לו חלק לעולם הבא. יעקב מונה ללבנה שהיא קטנה: מה הלבנה הזו שולטת בלילה וביום, כך יעקב יש לו חלק בעולם הזה ובעולם הבא.

> רב נחמן אמר: כל זמן שאורו של גדול קיים אין אורו של קטן מתפרסם, שקע אורו של גדול מתפרסם אורו של קטן. כך, כל זמן שאורו של עשו קיים אין אורו של יעקב מתפרסם, שקע אורו של עשו מתפרסם אורו של יעקב, הדא הוא דכתיב: ״קוּמִי אוֹרִי כִּי בָא אוֹרֵךְ וּכְבוֹד ה׳ עָלַיִךְ זָרָח. כִּי הִנֵּה הַחֹשֶׁךְ יְכַסֶּה אֶרֶץ״ וְגוֹ׳ (ישעיהו ס, א-ב).
>
> (בראשית רבה פרשה ו, ג)

המדרש מתמקד בלוח השנה של עשו, אדום, שהתבטא כבר בתקופת חז״ל בלוח הרומאי שנקבע על פי השמש. לעומת זאת, ישראל קובעים את לוח השנה שלהם על פי הלבנה. זוהי נקודה מעניינת, כי הם בעצם הופכים את פגם הלבנה למעלה, את החיסרון ליתרון, שכן רק בזכות הדינמיות של ירח המתחסר ומתמלא חליפות ניתן למנות את החודשים. המדרש מדגיש גם שישראל מקבילים ללבנה מבחינה אלגורית, ודווקא לצדדים החיוביים שבה: הלבנה אומנם התמעטה, אך היא בכל זאת מופיעה גם בלילה וגם ביום, כמו שניתן לראות לפעמים, בעיקר בשעות הבוקר אחרי הזריחה או בערב לפני השקיעה. בכך יש לה יתרון על השמש שמופיעה אך ורק ביום; וכך גם ישראל מתקיימים גם לעתיד לבוא בניגוד לאומות העולם.

הנימה במדרש היא אופטימית ומעודדת. הוא מתמקד בעתיד וכמעט שאינו עוסק במצבם העגום של ישראל בהווה. הזוהר, לעומת זאת, כן מתעכב על כך ומתאר בהרחבה את המרמור ואת הכאב של ישראל בגלותם. עם ישראל אומרים: ׳אנחנו רוצים לשלוט, די להיות עלובים׳. הזוהר מעלה כאן בעצם את הבעיה הקלסית של ההיסטוריוסופיה היהודית – איך ייתכן שעם ישראל, העם הנבחר, נתון בגלות תחת שלטון זר? כותרתו של ספר הכוזרי היא ׳ספר הגנה על הדת הבזויה׳, והיא ממחישה בדיוק את הבעיה הזו: דת ישראל מושלכת בזויה שנים לאין קץ, ושום שינוי אינו נראה באופק. הציונות הייתה הראשונה להפוך את הקערה על פיה ולנסות לשנות את המעמד של עם ישראל, אבל עד אליה ההנחה הרווחת הייתה שישראל שפלים,

בזויים ונתונים למשיסה. תמצית תשובתו של ריה"ל בכוזרי לעובדות האלה היא שנכון שאין לעם ישראל שלטון, אך אין זה אומר שלדת היהודית אין תוקף. באותה רוח, הזוהר מציע לקבל את המציאות הזאת ולא להתקומם כנגדה. יעקב צריך להקטין עצמו בעולם הזה, וזה עצמו יביא לו עולם הבא. במילים אחרות, הזוהר כאן נוקט גישה שיכולה להראות כגישה אנטי־ציונית: העליבוּת שלנו עצמה תזכה אותנו בחיי נצח. משקלה של הגישה הזו רב בעיני הזוהר עד כדי כך שהוא מוציא אותה מפיו של הקב"ה עצמו שמוכן להיות ערב על עתידנו ועל העולם הבא אם נקבל עלינו את צרות הגלות. הקב"ה בעצם חותם בשמו על המהלך הזה.

אותו משפט פרובלמטי "הביאו עליי כפרה" מקבל פה הסבר אחר לגמרי. הקריאה היא כך: 'הביאו, עליי הכפרה!' – עליכם להביא כפרה על עצמכם ולהקריב קורבנות מטפוריים בכך שתעסקו בתורה, ועליי הערבות לכפר עליכם ולשלם לכם. עליי האחריות. הגויים ישלטו בעולם הזה, ואתם בני ישראל תעסקו בתורה ועל ידי כך תגיעו לעולם הבא. הזוהר משנה את הריתמוס של המשפט ומעביר את הביטוי מכפרה על הקב"ה לכפרה דרך הקב"ה, כלומר דרך התורה וקיומה.

## נשיקה על הראש

אָתָא רַבִּי יוֹסֵי וּנְשָׁקֵיהּ בְּרֵישֵׁיהּ, וְקָרָא לִבְרַתֵּיהּ וְאָמַר לָהּ: קוּטְפִיזָא דִּנְהוֹרִיתָא וּבוֹצִינָא דְּאִתְפָּרְשָׁא בְּטַבְוָון אִית גַּבָּךְ. זַכָּאָה אַנְתְּ וְזַכָּאָה חוּלָקֵיךְ, וְזַכָּאָה חוּלָקִי דְזָכֵינָא לְמֶחֱמֵי כָּךְ.

בא רבי יוסי ונשקו בראשו, וקרא לבתו ואמר לה: כלי הגדול של האור והמנורה שנחלקה בטובות יש לך. אשרייך ואשרי חלקך, ואשרי חלקי שזכיתי לראות כך.

רבי אלעזר עשה כאן מהלך מדהים לנוכח סוגיית מיעוט הלבנה הקשה כל כך: הוא העביר את הדיון מהפן האישי של האדם הבודד,

שניתן לפרש שהשמש והירח מבטאים צדדים שונים בתוכו, אל הפן הלאומי – ובכך שפך אור אחר לגמרי על הסיפור. פתאום נפתחה הדרך לפרשנות חדשה לחלוטין של הביטוי הבעייתי "הביאו עליי כפרה", פרשנות שלפיה ישראל הם שמבקשים כפרה, והקדוש ברוך הוא הוא המכפר ולא המתכפר.

המהלך הזה של רבי אלעזר מרשים כל כך את רבי יוסי חותנו, שהוא ניגש אליו, נושק לו על ראשו ומשבח אותו מאוד לפני אשתו.

# היום החמישי: על תנינים וחיות אחרות

### זוהר ח"ג ס ע"א – ס ע"ב

ביום החמישי לבריאה נבראו העופות, דגי הים והשרצים. בתוך התיאור הכולל של המינים הללו בולט מין אחד המוזכר במפורש "וַיִּבְרָא אֱלֹהִים אֶת הַתַּנִּינִם הַגְּדֹלִים וְאֵת כָּל נֶפֶשׁ הַחַיָּה הָרֹמֶשֶׂת אֲשֶׁר שָׁרְצוּ הַמַּיִם לְמִינֵהֶם" (בראשית א, כא). מה מיוחד בתנינים שדווקא הם נזכרים בשמם במעשה בראשית?

הזוהר התעניין מאוד באותם תנינים והזכיר אותם במספר מקומות. אולם כדי לרדת לעומקם של דברים עלינו להבין קודם כול אילו מין חיות הן התנינים המדוברים לפי פשטי המקראות. אחרי כן נוכל להיכנס פנימה לתוך עולם בעלי החיים המיתולוגיים שבזוהר.

## זיהוי התנין

לכאורה יש שלושה בעלי חיים שונים שנקראים בתנ"ך תנין.

מסיפור הבריאה נראה שהתנין חי בים, ושהוא מאופיין בעיקר בגודלו החריג: "וַיִּבְרָא אֱלֹהִים אֶת הַתַּנִּינִם הַגְּדֹלִים". אם הגודל הוא המאפיין העיקרי של התנין, נראה שמדובר בברייה שאנו קוראים לה היום לווייתן, וכך אכן פירשו חז"ל על פסוק זה. בהקשר הזה יש

חשיבות גם לפסוק באיוב: "הֲיָם אָנִי אִם תַּנִּין כִּי תָשִׂים עָלַי מִשְׁמָר" (איוב ז, יב). איוב אומר 'אני לא ים ולא תנין שעליהם אתה שם משמר'. לדעתי הנחת היסוד שעומדת ברקע הפסוק הזה היא שהים שואף כל הזמן להתפרץ קדימה, לעלות על הארץ ולהטביע אותה, והקב"ה מרסן אותו ואינו מאפשר לו לעשות זאת. התנין כאן הוא עוד ביטוי לים – כשם שמלך מבטא את מדינתו כולה, כך התנין מבטא את הים. לכן גם התנין נתון למשמר. איוב מזכיר זאת כדי להדגיש את התלונה שלו – מדוע הקב"ה מתייחס ככה גם אליו, מרסן אותו כאילו בלי סיבה. על כל פנים, עולה מכאן שהלווייתן והים זהים במהות שלהם. במאגיה אנחנו מכירים את העניין שחלק מן הדבר מבטא את השלם, לדוגמה אם נביא איזו שערה של אדם למכשף הוא יוכל להשמיד דרכה את האדם כולו, כאן זה יותר מזה: לא רק שהתנין-לווייתן הוא חלק מהים, אחת מן הבריות הרבות שבו, אלא שהוא עצמו מבטא את המהות של הים.

עוד מקום שכדאי להתעכב עליו הוא פסוק מפורסם מתהילים. מי שמגיע בזמן לבית הכנסת ואומר פסוקי דזמרה אומר כל יום: "הַלְלוּ אֶת ה' מִן הָאָרֶץ תַּנִּינִים וְכָל תְּהֹמוֹת" (תהילים קמח, ז). מהם התהומות? כנראה הים, ואם כן שוב נראה שהתנין הוא מלך הים, משמע הלווייתן. לצד זאת, כבר עמדנו על כך שלמילה 'תהומות' יש קשר ודאי ל'תוהו ובוהו' ול'חושך על פני תהום' שקדמו לבריאה. ה'תהומות' קשורים גם לגברת אחת, מפלצת שמופיעה בכמה מיתוסים מסופוטומיים וגם מצריים, ששמה בגויים וקצת בישראל – 'תיהמת' (בעברית שם זה עוברת ל'תהום'). לפי המסופר תיהמת מרדה באל הבורא והאל הכריע אותה. היא נוראה. זה מזכיר את העניין שהזכרתי של הים הגועש שהקב"ה צריך לרסן ולכבוש. עניין נוסף הוא שאותה 'תיהמת' היא נקבה, וגם בתנין שלנו יש צד נקבי שעוד נדבר עליו.

אפשרות שנייה היא שהתנין המקראי הוא מה שאנחנו קוראים לו היום תנין – הקרוקודיל, שחי בנילוס. סוג כזה של תנין אנחנו מוצאים כנראה בנבואה המופנית לפרעה מלך מצרים שבה פרעה הוא התנין:

בֶּן אָדָם שִׂים פָּנֶיךָ עַל פַּרְעֹה מֶלֶךְ מִצְרָיִם וְהִנָּבֵא עָלָיו וְעַל מִצְרַיִם

> כְּלֵה. דַּבֵּר וְאָמַרְתָּ כֹּה אָמַר ה׳ אֱלֹהִים הִנְנִי עָלֶיךָ פַּרְעֹה מֶלֶךְ מִצְרַיִם הַתַּנִּים הַגָּדוֹל הָרֹבֵץ בְּתוֹךְ יְאֹרָיו אֲשֶׁר אָמַר לִי יְאֹרִי וַאֲנִי עֲשִׂיתִנִי. (יחזקאל כט, ב–ג)

בהמשך הנבואה מתואר חורבן קשה שיבוא על מצרים:

> וְנָתַתִּי חַחִים בִּלְחָיֶיךָ וְהִדְבַּקְתִּי דְגַת יְאֹרֶיךָ בְּקַשְׂקְשֹׂתֶיךָ וְהַעֲלִיתִיךָ מִתּוֹךְ יְאֹרֶיךָ וְאֵת כָּל דְּגַת יְאֹרֶיךָ בְּקַשְׂקְשֹׂתֶיךָ תִּדְבָּק. וּנְטַשְׁתִּיךָ הַמִּדְבָּרָה אוֹתְךָ וְאֵת כָּל דְּגַת יְאֹרֶיךָ עַל פְּנֵי הַשָּׂדֶה תִּפּוֹל לֹא תֵאָסֵף וְלֹא תִקָּבֵץ לְחַיַּת הָאָרֶץ וּלְעוֹף הַשָּׁמַיִם נְתַתִּיךָ לְאָכְלָה. וְיָדְעוּ כָּל יֹשְׁבֵי מִצְרַיִם כִּי אֲנִי ה׳ יַעַן הֱיוֹתָם מִשְׁעֶנֶת קָנֶה לְבֵית יִשְׂרָאֵל. בְּתָפְשָׂם בְּךָ בַכַּף תֵּרוֹץ וּבָקַעְתָּ לָהֶם כָּל כָּתֵף וּבְהִשָּׁעֲנָם עָלֶיךָ תִּשָּׁבֵר וְהַעֲמַדְתָּ לָהֶם כָּל מָתְנָיִם. (שם ד–ז)

בעולם העתיק הקרוקודיל נחשב כיצור השולט ביאור, ולכן הוא מתאים לשמש משל למלך מצרים. עם זאת יש לציין שבפסוקים אלו מתאפיין התנין ב״דְגַת יְאֹרֶיךָ״, דגים ששייכים אליו וכפופים לו, מה שמעורר את הרושם שגם הוא כמוהם מין דג, וזה יותר מתאים ללווייתן. בנוסף לכך, כתוב שיש לו קשקשת וגם זה מאפיין של דג. בעייתיות נוספת בזיהוי התנין כקרוקודיל בפסוקים אלה היא שיחזקאל אומר שם שה׳ ייקח את התנין ואת כל הדגים איתו ויזרוק אותם למדבר, והם כולם ימותו. זה איום שפחות רלוונטי לקרוקודיל, שיכול לחיות בצורה מסוימת גם בארץ. אני לא יודע כמה זמן הוא יכול לשרוד, אבל מה שמפחיד בקרוקודיל זה דווקא העניין שהוא יכול גם לצאת מן המים ולטרוף מחוצה להם. האיום לזרוק אותו למדבר מתאים יותר ללווייתן.

מה שמשותף לשתי האופציות הללו, הקרוקודיל והלווייתן הוא ששניהם אימתניים, מפחידים וגדולים, שליטים של הטריטוריה. בנוסף לכך, יש להם אורך חיים מופלג.

בנבואה נוספת של יחזקאל כתוב:

> בֶּן אָדָם שָׂא קִינָה עַל פַּרְעֹה מֶלֶךְ מִצְרַיִם וְאָמַרְתָּ אֵלָיו כְּפִיר גּוֹיִם נִדְמֵיתָ וְאַתָּה כַּתַּנִּים בַּיַּמִּים וַתָּגַח בְּנַהֲרוֹתֶיךָ וַתִּדְלַח מַיִם בְּרַגְלֶיךָ וַתִּרְפֹּס נַהֲרוֹתָם. כֹּה אָמַר ה׳ אֱלֹהִים, וּפָרַשְׂתִּי עָלֶיךָ אֶת רִשְׁתִּי בִּקְהַל עַמִּים רַבִּים וְהֶעֱלוּךָ בְּחֶרְמִי. (יחזקאל לב, ב-ג)

פרעה מלך מצרים מדומה כאן הן לאריה הן לתנין. האריה נחשב למלך חיות היבשה ואם כן נראה שמקבילו בפסוק התנין הוא מלך חיות הים, מה שמתחבר יותר עם הלווייתן.[1] עוד חיזוק לכך שמדובר בלווייתן הוא שהציד שלו מתבצע באמצעות רשת "וּפָרַשְׂתִּי עָלֶיךָ אֶת רִשְׁתִּי". זאת לא נראית לי כדרך המקובלת לצוד קרוקודיל.

מצד שני התנין כאן חי בנהר ולא בים "וַתָּגַח בְּנַהֲרוֹתֶיךָ", מה שמחזק את האפשרות שמדובר בקרוקודיל דווקא. שוב נשארנו עם החידה – קרוקודיל או לווייתן.

האפשרות השלישית לזיהוי התנין היא נחש. כאשר אהרן זורק את המטה לפני פרעה נאמר "וַיְהִי לְתַנִּין" (שמות ז, י), וברור שהתנין שם הוא נחש, כי הרי נאמר לפני כן "וַיַּשְׁלִיכֵהוּ אַרְצָה וַיְהִי לְנָחָשׁ" (שמות ד, ג). באופן דומה, בשירת האזינו נאמר: "חֲמַת תַּנִּינִם יֵינָם וְרֹאשׁ פְּתָנִים אַכְזָר" (דברים לב, לג). גם בפסוק הזה ברור לי שהתנינים הם נחשים שכן 'חמת' היא רעל – הארס של הנחש.

בספר ישעיהו מופיעה נבואה שבה הלווייתן והנחש מופיעים יחד בחברת התנין: "בַּיּוֹם הַהוּא יִפְקֹד ה׳ בְּחַרְבּוֹ הַקָּשָׁה וְהַגְּדוֹלָה וְהַחֲזָקָה עַל לִוְיָתָן נָחָשׁ בָּרִחַ וְעַל לִוְיָתָן נָחָשׁ עֲקַלָּתוֹן וְהָרַג אֶת הַתַּנִּין אֲשֶׁר בַּיָּם" (ישעיהו כז, א).

מצד אחד שוב נאמר כאן שהתנין חי בים, והוא נמצא בחברה טובה, עם שני לווייתנים נוספים... מצד שני, בפסוק מוזכר גם הנחש. אומנם נחש ולווייתן הם שני בעלי חיים שונים לגמרי מבחינה זואולוגית, אבל בפסוק הם הולכים יחד, ואיתם גם התנין. אינני יודע

1. הצמד הזה מופיע גם בפסוק "תִּרְמֹס כְּפִיר וְתַנִּין" (תהילים צא, יג) – נראה שהפסוק מציין את מלך הים ואת מלך היבשה, כדי לפאר את הקב"ה הרומס אותם.

מהם נחש בריח ונחש עקלתון, על כל פנים זה ממש 'בית דין צדק' – שלושה בעלי חיים שלא הייתי רוצה לשתות איתם תה... והקב"ה מכניע את שלושתם.

ניתן לומר שיש איזו צפיפות בין שלוש האפשרויות האלה כבר בפשוטם של דברים: שלושתם בעלי חיים שהם מזיקים, אויבי האדם. זה מה שמשותף להם.

הזוהר דלהלן מצד אחד יעמיק בסכנתם הרבה של כוחות הדין הפראיים, ומאידך יציג את האפשרות שדווקא הם יהפכו לשעשוע גדול.

## השדה והים

וְתָאנָא: כְּתִיב "זָמְמָה שָׂדֶה וַתִּקָּחֵהוּ" (משלי לא, טז). הֲדָא הוּא דִכְתִיב "וְכָל חַיַּת הַשָּׂדֶה יְשַׂחֲקוּ שָׁם" (איוב מ, כ).

ולמדנו: כתוב "זָמְמָה שָׂדֶה וַתִּקָּחֵהוּ" (משלי לא, טז). זהו שכתוב "וְכָל חַיַּת הַשָּׂדֶה יְשַׂחֲקוּ שָׁם" (איוב מ, כ).

וְעַל דָּא כְּתִיב "זֶה הַיָּם גָּדוֹל וּרְחַב יָדַיִם וְגוֹ' שָׁם אֳנִיּוֹת יְהַלֵּכוּן" וְגוֹ' (תהילים קד, כה), כְּמָה דְּאַתְּ אָמֵר "הָיְתָה כָּאֳנִיּוֹת סוֹחֵר מִמֶּרְחָק תָּבִיא לַחְמָהּ" (משלי לא, יד). "מִמֶּרְחָק" — וַדַּאי. מֵרֵישָׁא דְּמוֹחָא וּמֵעֵילָּא דְּרֵישָׁא. "תָּבִיא לַחְמָהּ" — עַל יְדָא דְּצַדִּיק.

ועל כן כתוב "זֶה הַיָּם גָּדוֹל וּרְחַב יָדַיִם וְגוֹ' שָׁם אֳנִיּוֹת יְהַלֵּכוּן" וְגוֹ' (תהילים קד, כה), כמו שנאמר "הָיְתָה כָּאֳנִיּוֹת סוֹחֵר מִמֶּרְחָק תָּבִיא לַחְמָהּ" (משלי לא, יד). "מִמֶּרְחָק" — ודאי. מראש המוח וממעלה של הראש. "תָּבִיא לַחְמָהּ" — על ידי הצדיק.

כַּד מִזְדַּוְּוגָן כְּחַד, כְּדֵין חֵידוּ בְּכֹלָּא. הֲדָא הוּא דִכְתִיב "לִוְיָתָן זֶה יָצַרְתָּ לְשַׂחֶק בּוֹ" (תהילים קד, כו).

כשמזדווגים כאחד, אזי שמחה בכול. זהו שכתוב "לִוְיָתָן זֶה יָצַרְתָּ לְשַׂחֶק בּוֹ" (תהילים קד, כו).

הפסוק "זָמְמָה שָׂדֶה וַתִּקָּחֵהוּ" (משלי לא, טז) נאמר על השכינה, ואנו נוהגים לשיר אותו בליל שבת כחלק מ'אשת חיל'. הסיבה שאנו אומרים את המזמור הזה בליל שבת היא שלפי המקובלים החלק הראשון של שבת, ליל שבת, שייך לשכינה, שהיא אשת החיל. השדה שבפסוק הוא ביטוי נוסף לשכינה, ואליו מחבר הזוהר פסוק נוסף שבו מופיעה המילה הזאת: "וְכָל חַיַּת הַשָּׂדֶה יְשַׂחֲקוּ שָׁם" (איוב מ, כ).

מושג השדה בזוהר מזכיר לי את מה שאני מרגיש לפעמים לגבי המדבר. כיום לעירוניים כמונו המילה שדה נשמעת רומנטית, היא עושה לנו אסוציאציה של טבע ושל שקט. אבל במקרא, ואולי גם בזוהר, השדה הוא מחוץ ליישוב, הוא המקום של החיות הרעות ושל המזיקים. בשדה הרג קין את הבל, ועשו הוא איש שדה. כשאנחנו יוצאים מהיישוב אנחנו מתפללים תפילת הדרך, ובה מופיעים שני אלמנטים שהתחברו לעניין אחד: שודדים וחיות רעות. תפילת הדרך נתקנה ביסודה עבור מי שיוצא מיישוב ליישוב, מפני שבזמנם הסכנה העיקרית נשקפה למי שיוצא לשדה.[2] השדה הוא המקום של השודדים, ואולי יש כאן גם קשר לשדים.

לאחר שהזוהר מטפל בעניין השדה, הוא עובר באופן אסוציאטיבי לעסוק בים, שגם הוא מוזכר ב'אשת חיל': "הָיְתָה כָּאֳנִיּוֹת סוֹחֵר" (משלי לא, יד). בדומה לשדה, ייתכן שכיום יש גם לים הקשר חיובי כמו ספינות תענוגות, אבל פעם הים היה מקום הסכנה. פעם הים היה מקום שבו טבעו ספינות. השדה והים מופיעים בזוהר כמקומות שבהם שולטים כוחות הדין.

אבל במקומות אלו של דין קיימת הזדמנות גם למשהו גבוה יותר. בהמשך הפסוק חל מפנה: "מִמֶּרְחָק תָּבִיא לַחְמָהּ" (שם). השדה

2. היום אנו מוסיפים בתפילת הדרך 'ותצילנו מתאונות דרכים' ובכל זאת מקפידים לומר את התפילה רק כשיוצאים מהעיר. הרבה פעמים אני תוהה לעצמי מדוע, הרי תאונות דרכים הן סכנה גם בתוך העיר, ואולי אף יותר, שהרי בעיר נוסעות יותר מכוניות.

והים הריקים מאנשים, מתמלאים שניהם בשפע. אשת החיל מביאה את לחמה דווקא מן המרחק. השפע מגיע ממקור השפע עד למרחקים. בכוחו למלא אפילו מקומות ריקים של דין בכוחות חיוביים.

הזוהר עובר מדימויים הלקוחים מן העולם הגיאוגרפי, שדה וים, לדימוי מתחום גוף האדם. מקור השפע בגוף הוא המוח: מהמוח, מההילה שמעל לראש, זורם השפע לכל הגוף. מהאור שמעל לראש, משם מתחיה הגוף. ומה מחבר בין הראש לגוף? בלשון הזוהר: "תביא לחמה, על ידי הצדיק". השכינה מקבלת את השפע מהצדיק. כאן הזוהר עובר לשפה קבלית, ומזכיר את הצמד הקבוע שמופיע בזוהר בהרבה מאוד ניסוחים שהמפורסם ביניהם הוא "קודשא בריך הוא ושכינתיה". הצדיק הוא השדכן המחבר, הוא המקשר בין מקור השפע – הזכר, לבין הנקבה – השכינה. השכינה כשלעצמה "רַגְלֶיהָ יֹרְדוֹת מָוֶת" (משלי ה, ה), מקיפים אותה כוחות של דין. האישה מעוררת אסוציאציה של מוות בכמה מקומות. אומנם נאמר על חוה "הִוא הָיְתָה אֵם כָּל חָי" (בראשית ג, כ), אבל הלוא היא גם זו שהביאה מוות לעולם בכך שאכלה מעץ הדעת ופיתתה את אדם לעשות כן. מידת הצדיק שבזוהר, והאדם הצדיק בפועל מושכים שפע מהמוח אל האישה, אל כוחות הדין. כאשר נוצר החיבור הזה, אומר הזוהר, הלווייתן הנורא הופך למקור שעשועים: "לִוְיָתָן זֶה יָצַרְתָּ לְשַׂחֶק בּוֹ". החיות המשחקות הן כבר נושא לסרט יפה של נשיונל ג'יאוגרפיק.

כשהייתי נער קראתי את 'מובי דיק', ספר שמתאר מרדף אחר לווייתן. הלווייתן מוצג ב'מובי דיק' כעוצמתי ומסוכן מאוד. אגב בתרגום שאני קראתי, המתרגם החליט לתרגם את המילה האנגלית ללווייתן ל'תנין'. הלווייתן הנורא הזה הופך פתאום לחיית מחמד, יש לו תקנה. כאשר יורד שפע מלמעלה, האישה, שהביאה לנו את המוות, שפתחה את תיבת הפנדורה שממנה יצאו כל האסונות בעולם, הופכת למקור של שמחה וצחוק. אם השדה, הים, האישה, מקבלים שפע, הם יכולים להפוך למקור לחיים. אפשר גם לטייל בשדה, לשחק שם. חיות השדה, מפלצות הים ושאר המזיקים יכולים להתמתק.

אילו היה לי כוח הייתי יוצא לשוק והייתי מדבר על הקשר שקיים

בזוהר בין צחוק לבין דין. צחוק אינו דבר שניתן להגדיר בקלות, זה לא סתם כך שחור לבן, יש כאן גוונים. בניגוד לאינטואיציה הבסיסית, צחוק יכול לבוא מהדין, מיצחק אבינו שעליו נאמר "וּפַחַד יִצְחָק הָיָה לִי" (בראשית לא, מב). יצחק הוא איש שדה: הוא זורע בשדה, והוא אוהב את עשו היוצא לצוד בשדה יותר מאשר את יעקב האיש התם יושב האוהלים. דוגמה נוספת לדין המתהפך לנועם הוא שבט לוי. אחרי חטא העגל הלוויים הם אלה ששלפו חרבות והרגו איש את אחיו ואת קרובו. גם בזוהר הלוויים מבטאים תמיד את מידת הדין. ובכל זאת, בסוף הלוויים הם שמנגנים בבית המקדש, הם שמביאים את התענוג של השירה. הלוויים הם גם מלווים, הם גם מקרבים. אולי גם המילה לווייתן קשור ללוויה – התנין האיום הופך להיות מלווה.

| | |
|---|---|
| תָּאנָא: אֶלֶף וַחֲמֵשׁ מְאָה מָארֵי תְּרִיסִין, מָארֵי דְּשׁוּלְטָנוּתָא, אִתְאַחֲדָן מֵהַאי סִטְרָא, דְּאִינּוּן גִּיבָּרִין. | למדנו: אלף וחמש מאות בעלי מגינים, בעלי שלטון, נאחזים מהצד הזה, שהם גיבורים. |
| בִּידוֹי דְּהַהוּא דְּאִקְרֵי נַעַר, אַרְבַּע מַפְתְּחִין רַבְרְבָן. | בידי אותו שנקרא נער, ארבעה מפתחות גדולים. |
| תַּנִּינַיָּיא אַזְלִין תְּחוֹת סְפִינָה דְּהַאי יַמָּא רַבָּא לְאַרְבַּע זָוְיָין: דָּא אָזִיל לְסִטְרָא דָּא, וְדָא אָזִיל לְסִטְרָא דָּא, וְכֵן כֻּלְּהוּ. | תנינים הולכים תחת הספינה של הים הגדול הזה לארבע זוויות: זה הולך לצד זה, וזה הולך לצד זה, וכך כולם. |
| אַרְבַּע חֵיזוּ דְּאַנְפִּין אִתְחַזְיָין בְּהוּ, וְכַד אִתְכְּלִילָן בְּחַד, כְּתִיב "וּדְמוּת פְּנֵיהֶם פְּנֵי אָדָם" (יחזקאל א, י), פְּנֵיהֶם דְּכֹלָּא. | ארבעה מראות של פנים נראים בהם, וכשנכללים באחד, כתוב "וּדְמוּת פְּנֵיהֶם פְּנֵי אָדָם" (יחזקאל א, י), פניהם של כולם. |
| אַפֵּי רַבְרְבֵי וְאַפֵּי זוּטְרֵי כְּלִילָן כְּחַד לְעֵילָּא. תְּרֵי סַלְקִין וְשָׁאטִין, וּתְרֵין מַגְרוֹפִין בִּידַיְיהוּ. אֶלֶף | פנים גדולות ופנים קטנות כלולות באחד למעלה. שניים עולים ומשוטטים ושתי מגרפות |

טוּרִין סַלְקִין וְעָאלִין בְּכָל יוֹמָא מִשַּׁקְיוּ דְּהַהוּא יַמָּא, לְבָתַר אִתְעֲקָרוּ מִנֵּהּ וְסַלְקִין לְיַמָּא אָחֳרָא.

בידיהם. אלף הרים עולים ונכנסים בכל יום מהשקאת אותו הים, אחר כך נעקרים ממנה ועולים לים אחר.

את הביטוי לכוחות הדין בעולם האנושי רואה הזוהר, באופן מפתיע, בתלמידי החכמים העוסקים בהלכה. הוא מכנה אותם כאן "מארי תריסין". תריס הוא מגן המשמש בקרב, ואת הכינוי הזה עבור תלמידי חכמים אחנו מוצאים למשל בסיפור המפורסם על הדחת רבן גמליאל "המתן עד שייכנסו בעלי תריסין לבית המדרש" (ברכות כז ע"ב). הזוהר מציג כאן את אנשי ההלכה כלוחמים, כאנשי גבורה הבאים מצד הדין. הם ההמשך של התיאור הקודם של הלווייתן וחיות השדה.

הזוהר מחבר את תלמידי החכמים עם התנינים שהולכים מתחת לספינה. ייתכן שהרקע לקישור הזה הוא הביטויים 'תנן ו'תניא' המופיעים בגמרא כאשר היא מצטטת משניות וברייתות. המילים הללו מזכירות את המילה 'תנין', וכנראה הזוהר חושב שההלכות עלולות להיות מפחידות, כאילו פותחות את הפה והולכות לבלוע אותנו...[3] אך הן גם נותנות לנו חיים.

אנשי הדין אוחזים בידיו של מי שנקרא 'נער'. בהרבה מקומות בזוהר המילה 'נער' היא כינוי לראש המלאכים – מטטרון, השוכן מתחת לעולם המידות האלוקיות, הספירות.[4] כאן הזוהר מתאר את מטטרון כמפקדם של כל בעלי התריסין ובעלי השלטון. כל הכוחות האלו הם הנער, בבחינת 'בחרות ביום קרב'. מטטרון מתואר בזוהר כמחזיק מפתחות גדולים – זהו דימוי של סוהר, מעין מלאך המוות המחזיק את מפתחות החיים. הדימוי הזה מופיע בתרבויות נוספות.

ניתן לומר שהזוהר רואה את כוחות הדין לא רק כבעיה שצריך

3. ראו במבוא, עמ' כ-כא.
4. הכינוי 'נער' בהקשר של מטטרון הוא במשמעות 'משרת', כפי שיבואר בהרחבה להלן בפרק 'ארבעה נהרות ופרדס'.

להמתיק אותה אלא כחלק אימננטי במבנה של העולם. אפילו בארבע חיות הקודש הנושאות באיזשהו אופן את המרכבה האלוקית ש"ארבעה מראות של פנים נראים בהם", רואה הזוהר ביטוי של כוחות הדין. דנו בחיות אלה בהרחבה לעיל,[5] אך לעניות דעתי הבולטת שבהן, הן בפסוקים ביחזקאל הן במציאות ההיסטורית הוא השור. כאמור, בפרק א ביחזקאל מוזכר שאחת החיות היא שור, ואילו בפרק י השור אינו מוזכר ואת מקומו תופס הכרוב שמוזכר במעשה מרכבה עוד מספר פעמים בהקשרים אחרים. חז"ל פירשו מה שפירשו ובכך דנו לעיל,[6] אך לפי דעתי הפשט הוא שהכרוב הוא הוא השור, והוא קרוי כך על שם פעולת החרישה שהוא עושה הנקראת בארמית 'כרבא'.[7] זוהי הסיבה שבני ישראל יצרו בחטא העגל דווקא צורה של שור – הכרוב כשור היה סוג של פסל שהיה מקובל בפולחנים הקדומים, לא רק בישראל.

אני מאוד אוהב ארכיאולוגיה, ופעם הלכתי אחרי אשתי ללובר ולבריטיש מוזיאון. במקומות האלה ניתן לראות את כל מה ששדדו הבריטים והצרפתים מהמזרח התיכון, ובין השאר מוצגים שם כרובים מאשור. זה מרשים מאוד לראות אותם בפועל. מדובר בשוורים מכונפים גדולים, מפחידים שעמדו כידוע בפתחי הארמונות של המלכים האשוריים – אני לא הייתי נכנס. כשאתה רואה את זה, אתה מבין מה זה שור... השור נושא את המרכבה שהרי פרות ושוורים היו כמובן בהמות הרכיבה הקלסיות בעולם העתיק, כמו הפרות שנשאו את הארון מארץ פלישתים. לפי דעתי גם שני הכרובים שעל ארון הברית, שעליהם השכינה, היו שני שוורים, כמו במרכבת יחזקאל.

5. עמ' 126.
6. עמ' 127.
7. מפירוש רש"י לפסוק "וַיְהִי עוֹד **כִּבְרַת** הָאָרֶץ לָבוֹא אֶפְרָתָה" נראה שרש"י הבין שגם בעברית השורש כר"ב, או בחילוף אותיות כב"ר, מציין חרישה. הפרשנים התחבטו במילה זו ורש"י מפרש שמדובר על שיעור קרקע מסוים. רש"י מביא דוגמה לדבר מן הביטוי 'צמד כרם' (על פי ישעיהו ה, י), שהוא שיעור מרחק של עבודת צמד שוורים בכרם, ומכך ניתן להסיק שלפיו גם "כִּבְרַת הָאָרֶץ" היא מידת קרקע הקשורה לשור החורש, מה גם שאונקלוס תרגם את הביטוי 'כברת הארץ' בחילוף אותיות 'כרובת ארעא' (הערת העורכים).

על כל פנים, בניגוד לכל האלבומים של מלאכת המשכן, הם לא היו ציפורים. העניין האלוקי נישא על גבי חיות קודש מטילות מורא, על גבי נערים, על גבי חיילים, על גבי כוחות הדין.

הזוהר מצידו אינו מדגיש את השור אלא דווקא 'חיה' אחרת – את האדם. איכשהו כאן בזוהר, אולי כמו אצל דרווין, האדם הוא חלק מעולם החי. הוא גם המזיק ביותר שבו – האדם הוא היצור שגרם להכי הרבה הרג בעולם. יש שיר כזה על בריאת העולם, שאומר בעצם שהכול היה נחמד עד שהקב"ה ברא את האדם.[8]

אבל הזוהר אינו מסתפק באדם כעוד חיה אחת. הוא מוסיף: "וכשנכללים באחד, כתוב: 'ודמות פניהם פני אדם', פניהם של כולם" – כל ארבע החיות יחד יוצרות אדם שהוא כבר לא האדם של דרווין אלא, באיזשהו אופן לא ברור ואולי קרוב למיסטיקה, דבר חדש ועליון. מידת הדין היא לא רק סכנה ונזק, יש בה איזה הוד.

לצד זאת, הזוהר מדגיש שגם בתוך המרכבה האלוקית של הדין יש "פנים גדולות ופנים קטנות". גם במושגים האלה עסקנו לעיל,[9] ואנו רואים שוב את העיקרון החוזר – הזוהר הוא ספר הזוגיות. גם כאשר הוא מתאר את המרכבה האלוקית כהתגלות של מידת הדין, הוא מזכיר לנו שהיא מכילה גם "פנים גדולות" המבטאים את הזכר, את מידת החסד.

הזוהר מוסיף ומתאר את עוצמתם של כוחות הדין: "אלף הרים עולים ונכנסים בכל יום". הציור הזה מתייחס למין נוסף של מפלצת המתואר בספר איוב (מ), בהמות, שחז"ל אמרו שהוא זוללת יבול של אלף הרים, ושותה בלגימה אחת את כל הירדן: "כִּי יָגִיחַ יַרְדֵּן אֶל פִּיהוּ" (איוב מ, כג). אני חושב שהזוהר בא לומר בעיקר שלמרות העוצמה של הכוחות האלו, יש להם תקנה. אחרי שהאדם, על הדין שבו, מקבל

8. נתן זך, 'כשאלוהים אמר בפעם הראשונה', בתוך: **שירים שונים**, הוצאת הקיבוץ המאוחד, 1960 (הערת העורכים).
9. עמ' 127, פנים גדולות, פנים קטנות.

שפע, הוא כאילו נכנס לים ייחודֵי השפע – "אחר כך נעקרים ממנה (מעולם הדין) ועולים לים אחר".

## עולמות השמאל

לֵית חוּשְׁבָּנָא לְאִינּוּן דְּאִתְאַחֲדָן בְּשַׂעֲרָהָא. תְּרֵין בְּנִין יַנְקִין כָּל יוֹמָא דְּאִקְרוּן מְאַלְלֵי אַרְעָא. וְדָא הוּא רָזָא דְסִפְרָא דִּצְנִיעוּתָא, דִּכְתִיב "וַיִּשְׁלַח יְהוֹשֻׁעַ בִּן נוּן מִן הַשִּׁטִּים שְׁנַיִם אֲנָשִׁים מְרַגְּלִים חֶרֶשׁ לֵאמֹר" (יהושע ב, א). וְאִלֵּין יַנְקִין מִתְּחוֹת סִטְרֵי אֶבְרָהָא.

אין חשבון לאותם הנאחזים בשערותיה. שני בנים יונקים כל יום שנקראים מרגלי הארץ, וזהו סוד של ספרא דצניעותא, שכתוב "וַיִּשְׁלַח יְהוֹשֻׁעַ בִּן נוּן מִן הַשִּׁטִּים שְׁנַיִם אֲנָשִׁים מְרַגְּלִים חֶרֶשׁ לֵאמֹר" (יהושע ב, א). ואלו יונקים מתחת צדדי איבריה.

תְּרֵין בָּנוֹת בִּתְחוֹת רַגְלָהָא, וְעַל דָּא כְּתִיב "וַיִּרְאוּ בְּנֵי הָאֱלֹהִים אֶת בְּנוֹת הָאָדָם" (בראשית ו, ב). וְאִלֵּין מִתְאַחֲדָן בְּטוּפְרֵי דְּהַהִיא עַרְסָא. וְדָא הוּא דְּתָנֵינָן, דִּכְתִיב "אָז תָּבֹאנָה שְׁתַּיִם נָשִׁים זוֹנוֹת אֶל הַמֶּלֶךְ" (מלכים א ג, טז). "אָז תָּבֹאנָה" — וְלָא מִקַּדְמַת דְּנָא. וּבְזִמְנָא דְּיִשְׂרָאֵל לְתַתָּא אַהֲדְרוּן קְדָל מִבָּתַר קוּדְשָׁא בְּרִיךְ הוּא, מַאי כְּתִיב? "עַמִּי נוֹגְשָׂיו מְעוֹלֵל וְנָשִׁים מָשְׁלוּ בוֹ" (ישעיהו ג, יב) — וַדַּאי.

שתי בנות תחת רגליה, ועל זה כתוב "וַיִּרְאוּ בְּנֵי הָאֱלֹהִים אֶת בְּנוֹת הָאָדָם" (בראשית ו, ב). ואלו נאחזים בציפורני אותה מיטה. וזהו ששנינו, שכתוב "אָז תָּבֹאנָה שְׁתַּיִם נָשִׁים זוֹנוֹת אֶל הַמֶּלֶךְ" (מלכים א ג, טז). "אָז תָּבֹאנָה" — ולא מקודם לכן. ובזמן שישראל למטה מחזירים עורף מאחר הקדוש ברוך הוא, מה כתוב? "עַמִּי נוֹגְשָׂיו מְעוֹלֵל וְנָשִׁים מָשְׁלוּ בוֹ" (ישעיהו ג, יב) — ודאי.

בִּידָא שְׂמָאלָא שַׁבְעִין עַנְפִין דְּמִתְגַּדְּלִין בֵּין נוּנֵי יַמָּא, כֻּלְּהוּ סוּמָקֵי כְּוַורְדָא. וְעֵילָּא מִנְּהוֹן

ביד שמאל שבעים ענפים שמגודלים בין דגי הים, כולם אדומים כשושנה. ומעליהם ענף

| | |
|---|---|
| עַנְפָּא חַד סוּמָקָא יַתִּיר, דָּא סָלִיק וְנָחִית. וְכֻלְּהוּ אִתְחַפְיָין בְּשַׂעֲרָהָא. | אחד יותר אדום, זה עולה ויורד. וכולם מתכסים בשערותיה. |
| מָארֵי דְּלִישָׁנָא בִּישָׁא, כַּד נָחִית חִוְיָא, אִתְעָבִיד מְקַפֵּץ עַל טוּרִין מְדַלְגָא עַל טִנָרֵי, עַד דְּיִשְׁכַּח טַרְפָּא דְּאָחִיד בְּטוּפְרֵי, וְיֵיכוּל. כְּדֵין שָׁכִיךְ, וְאִתְחַזָּר לִישָׁנֵיהּ לְטָב. | בעל הלשון הרע, כשיורד הנחש, נעשה מקפץ על ההרים מדלג על הסלעים, עד שימצא טרף שאחוז בציפורניים, ויאכל. אז שוקט, וחוזרת לשונו לטוב. |

הזוהר עובר לציור נוסף של מידת הדין – אישה מסוכנת שהזוהר כאן מאפיין אותה בעיקר כבעלת שערות. לדעתי מדובר בלילית. לילית היא דמות שמסתובבת כאן במזרח אלפי שנים. באנציקלופדיה המקראית אפשר לראות תבליט שלה, ואכן יש לה שיער ארוך, ראסטות כאלה. השיער מופיע בזוהר כמה וכמה פעמים כאלמנט המבטא דין, ככוח של דין. הסיבה לכך היא אולי הקשר בין המילה 'שיער' לסערה בים, וכן לשעיר במשמעות שד, "וּשְׂעִירִים יְרַקְּדוּ שָׁם" (ישעיהו יג, כא). ואומנם, במקרא מצינו שאנשי בעלי שיער קשורים למידת הדין: על עשו נאמר "כֻּלּוֹ כְּאַדֶּרֶת שֵׂעָר" (בראשית כה, כה); ולהבדיל גם אליהו הנביא, שהיה מפחיד מאוד בעיני אחאב והרג לא מעט אנשים, היה "בַּעַל שֵׂעָר" (מלכים ב א, ח) בניגוד לאלישע הקרח. אליהו גם לבש אדרת שיער (שם ב, ח).

הזוהר מוסיף שלאותה לילית, שהיא ספק מקור המוות וספק אם כל חי, יש שני בנים. נראה שהם לא כל כך נחמדים, הם מזכירים לי את האחים רמוס ורמולוס היונקים מהזאבה, אחים שלפי המיתולוגיה הרומית הם שייסדו את העיר רומא כשגדלו. הזוהר מכנה את הבנים הללו "מרגלי הארץ" וקושר אותם עם שני המרגלים ביריחו מספר יהושע. אלא שבניגוד למרגלים ההם, כאן למרגלים יש אסוציאציה

לא כל כך חיובית. אלו הם אנשי משטרת המחשבות, השב"כניקים, שרושמים כל דבר.

מלבד שני הבנים, יש ללילית גם "שתי בנות תחת רגליה". העניין הזה מתקשר לפי הזוהר לסיפור בסוף פרשת בראשית "וַיִּרְאוּ בְנֵי הָאֱלֹהִים אֶת בְּנוֹת הָאָדָם כִּי טֹבֹת הֵנָּה וַיִּקְחוּ לָהֶם נָשִׁים מִכֹּל אֲשֶׁר בָּחָרוּ" (בראשית ו, ב). זוהי פרשייה מיתולוגית שמשמעותה אינה כל כך פשוטה, אבל לפי הזוהר והמדרשים שלפניו הפסוק מספר על שני מלאכים – עזא ועזאל – שנפלו ממעלתם והלכו אחרי בנות האדם, והם כוחות הרוע ומקור הכשפים בעולם. המלאכים הם שני הבנים, והנשים שהם לקחו להם הן שתי הבנות.

התיאור של הזוהר הוא שהבנות יונקות מרגליה של לילית. ברור לי שהאסוציאציה שעומדת ברקע היא מה שכתוב על השכינה "רַגְלֶיהָ יֹרְדוֹת מָוֶת" (משלי ה, ה). יניקת כוחות הדין היא מהרגליים דרך הציפורניים, "ואלו נאחזים בציפורני אותה מיטה". בקבלה יש עניין שלם לקצוץ ציפורניים בערב שבת, עם זהירות שלא לזרוק את הציפורניים האלה כדי שלא ידרכו עליהן.

הבנות הללו אוחזות בשכינה, במלך שלמה, "אז תבאנה שתים זונות אל המלך שלמה". הכוונה היא שוב, שכוחות הדין נאחזים במידת המלכות שיש לה זיקה לטוב ולרע.

הזוהר מוסיף ומתאר את עולם השמאל באופן ציורי:

"ביד שמאל שבעים ענפים שמגודלים בין דגי הים" – הדגים אצל הזוהר הם יצורי ענק שיותר דומים ללוויתנים, לפני שנעשו נחמדים אצלנו...

"ומעליהם ענף אחד יותר אדום" – בזוהר ואצל המקובלים בדרך כלל הצבע האדום הוא סמל לעשו שהוא אֱדום. זה סמל גם לדם שהוא הנפש, הקשורה למידת הדין.

"בעל הלשון הרע, כשיורד הנחש, נעשה מקפץ על ההרים מדלג על הסלעים" – הזוהר מקשר בין בעל לשון הרע לנחש. לפעמים ההתרשמות היא שחז"ל חשבו שהנחש מכיש באמצעות הלשון. מלבד

זאת, הלשון עצמה נראית כנחש. מכל מקום, בעל הלשון הרע מתואר כאן כנחש שהוא אבי הרע בעולם.

## לתת טרף לעזאזל

זַכָּאִין אִינּוּן יִשְׂרָאֵל דִּמְזַמְּנִין לֵיהּ טַרְפֵּיהּ. אַהֲדַר לְאַתְרֵיהּ, עַיִּיל בְּנוּקְבָּא דִּתְהוֹמָא רַבָּא.

אשריהם ישראל שמזמנים לו טרפו. חוזר למקומו, נכנס לנקב תהום רבה.

מה עושים עם התנינים, עם הלווייתן, עם לילית? איך מתמודדים איתם? קודם הזוהר הציע להמתיק אותם באמצעות חסד, אבל כאן, בסיכום הדברים, הוא רומז לכיוון אחר. מופיע כאן בקיצור רעיון שהזוהר מפתח במקומות נוספים, למשל בעניין השעיר לעזאזל: יש לתת לעזאזל טרף, הוא צריך לקבל את המנה שלו. זה רעיון שיש לו הרבה השלכות, והזוהר מעיין בו רבות. אבא שלי היה אומר בשעת תפילת מנחה שמנחה נותנים לסטרא אחרא, לעשו. זה לא סתם, בשעת השקיעה יש התגברות של הדין, ואז נותנים לעשו את חלקו. מה המשמעות המעשית של לתת ליצר הרע את חלקו? בדרך כלל אני אומר – להתחתן... ואז שיהיה שלום בית.

# היום השישי: לברוא או לא לברוא, זאת השאלה

## זוהר ח"א כג ע"א – כג ע"ב

אנו פונים כעת לעסוק ביום השישי לבריאה שבו נברא האדם. התורה מתארת את תחילת הבריאה של האדם כך: "וַיֹּאמֶר אֱלֹהִים נַעֲשֶׂה אָדָם בְּצַלְמֵנוּ כִּדְמוּתֵנוּ" (בראשית א, כו). מה שקשה כאן מבחינה פרשנית זאת המילה 'נַעֲשֶׂה' הכתובה בלשון רבים. הניסוח הזה מעלה בעיה תיאולוגית גדולה משום שמשתמע ממנו שהאדם נברא בידי יותר מישות אחת. זוהי הבעיה הקלסית של 'שתי רשויות', כלומר שלכאורה יש יותר מכוח אלוקי אחד.

על פי פשט אפשר להתמודד עם הבעיה הזו ולפרש שלשון הרבים אינה אלא עניין סגנוני שמטרתו להביע כבוד ואדנות דרך הריבוי, שהרי נהוג שמלכים ואנשים מכובדים מדברים על עצמם בלשון רבים.[1] אומנם חז"ל לא הלכו בדרך הזו, אלא פירשו פסוק זה כהתייעצות של הקב"ה לגבי בריאת האדם עם מיני בריאות שכבר נבראו – המלאכים למשל,[2] מה שנתפס כאקט של ענווה מצידו. את הזוהר, הקרוב למחשבה המיתולוגית, לא מטרידה הבעיה התיאולוגית של

1. ראו פירוש דעת מקרא על בראשית עמ' כה.
2. ראו בראשית רבה פרשה ח, ג-ח.

שיתוף בבריאה, אלא עצם המתח בין הכוחות השמימיים המתלבטים בבריאת האדם. הוא מביא את תוכן הדיון בין הקדוש ברוך הוא למלאכים, עם ניואנסים הייחודיים לו, ומתוך כך הולכים ומתבררים ייחודיותו של האדם ותפקידו בעולם.

נעיר שיש במאמר זה תבנית שמופיעה פעמים רבות בזוהר, והיא שיחה בין רבי שמעון לתלמידיו החברים בחבורת הזוהר. החברים תפקידם להקשות על דברי רבי שמעון ובכך הם "מאלצים" את רבם לספק הסברים עמוקים ושורשיים יותר ממה שנראה על פני השטח. כך מתגלים סודות התורה לעומקם וכך מתגלה גם גדולתו של רבי שמעון. מדיום השיחה אינו רק תכסיס ספרותי אלא הוא חלק מן המסר של הזוהר – הסודות אינם יכולים להתגלות סתם כך, אלא הדבר נעשה שלב אחר שלב, רובד אחר רובד, מתוך שיחה ומתוך השתוקקות של השומעים להיכנס עוד ועוד פנימה.

לצד זאת, כאן מקבל פורמט השיחה רובד נוסף של משמעות: בדרשה זו רבי שמעון ותלמידיו מגלגלים דרכם את הדינמיקה המיתולוגית שאותה הם לומדים. החברים לוקחים על עצמם את תפקיד המלאכים המקטרגים אשר מעלים את הטענות כנגד בריאת האדם, ואילו רבי שמעון מגלם כביכול את השכינה המגנה עליו. המסגרת של הסיפור היא הדרך שבה לומדי הזוהר חווים בעצמם את הסוד הנלמד. אין הם מדברים על מיתולוגיה רחוקה בשמיים אלא על שאלות קיומיות שהם עצמם חווים אותן, ורבם – המזוהה כביכול עם האלוקים – פותר להם אותן.

## ההתמודדות עם קטרוג המלאכים

דָּבָר אַחֵר: "נַעֲשֶׂה אָדָם בְּצַלְמֵנוּ כִּדְמוּתֵנוּ" — הָא אוּקְמוּהָ חַבְרַיָּיא עַל מַלְאֲכֵי הַשָּׁרֵת, דְּאִנּוּן אָמְרֵי הַאי קְרָא.

דבר אחר: "נַעֲשֶׂה אָדָם בְּצַלְמֵנוּ כִּדְמוּתֵנוּ" — הרי העמידוהו החברים על מלאכי השרת, שהם אומרים את הפסוק הזה.

אָמַר לְהוּ: בָּתַר דַּהֲווּ יָדְעִין מַה דַּהֲוָה וּמַה דַּעֲתִיד לְמֶהֱוֵי, וְאִנּוּן הֲווּ יָדְעִין דַּעֲתִיד לְמֶחֱטֵי — אַמַּאי בָּעוּ לְמֶעְבַּד לֵיהּ!

אמר להם: אחר שהיו יודעים מה שהיה ומה שעתיד להיות, והם היו יודעים שעתיד לחטוא — למה רצו לעשות אותו!

וְלָא עוֹד, אֶלָּא דְּעַזָּא וַעֲזָאֵל הֲווּ מְקַטְרְגֵי עֲלֵיהּ. בִּזְמְנָא דְּאָמַר שְׁכִינְתָּא לְקוּדְשָׁא בְּרִיךְ הוּא "נַעֲשֶׂה אָדָם", אָמְרוּ: "מָה אָדָם וַתֵּדָעֵהוּ" (תהילים קמד, ג) — מָה אַתְּ בָּעֵי לְמִבְרֵי אָדָם? "וַתֵּדָעֵהוּ" — דַּעֲתִיד לְמֶחֱטֵי קַמָּךְ בְּאִתְּתָא דִילֵיהּ, דְּאִיהִי חֹשֶׁךְ! דְּאוֹר אִיהוּ דְּכוּרָא, וְחֹשֶׁךְ נוּקְבָא, שְׂמָאלָא, חֹשֶׁךְ דִּבְרִיאָה.

ולא עוד, אלא שעזא ועזאל היו מקטרגים עליו. בזמן שאמרה שכינה לקדוש ברוך הוא "נַעֲשֶׂה אָדָם", אמרו: "מָה אָדָם וַתֵּדָעֵהוּ" (תהילים קמד, ג) — מה אתה רוצה לברוא אדם? "וַתֵּדָעֵהוּ" — שעתיד לחטוא לפניך באשתו, שהיא חושך? שאור הוא זכר, וחושך נקבה, שמאל, חושך של בריאה.

בְּהַהוּא זִמְנָא שְׁכִינְתָּא אֲמָרַת לוֹן: בְּהַאי דְּאַתּוּן מְקַטְרְגִין אַתּוּן עֲתִידִים לְמִנְפַּל, כְּדִכְתִיב "וַיִּרְאוּ בְנֵי הָאֱלֹהִים אֶת בְּנוֹת הָאָדָם כִּי טוֹבֹת הֵנָּה" וְגוֹ' (בראשית ו, ב). וְטָעוּ בְּהוֹן, וְאַפִּיל לוֹן שְׁכִינְתָּא מִקְּדוּשָּׁה דִּלְהוֹן.

באותו זמן אמרה להם השכינה: בזה שאתם מקטרגים אתם עתידים לנפול, כמו שכתוב "וַיִּרְאוּ בְנֵי הָאֱלֹהִים אֶת בְּנוֹת הָאָדָם כִּי טוֹבֹת הֵנָּה" וְגוֹ' (בראשית ו, ב). וטעו בהן, והפילה אותם השכינה מקדושתם.

אָמְרוּ חַבְרַיָּיא: רַבִּי רַבִּי, אַדְּהָכִי עַזָּא וַעֲזָאֵל לָא הֲווּ מְשַׁקְּרִין בְּמִלּוּלַיְיהוּ, דְּוַדַּאי בְּנוּקְבָא עֲתִיד אָדָם לְמֶחֱטֵי.

אמרו החברים: רבי רבי, בין כך עזא ועזאל לא היו משקרים בדבריהם, שוודאי בנקבה עתיד אדם לחטוא.

אָמַר לְהוּ, הָכִי אָמְרָה שְׁכִינְתָּא: אַתּוּן אִזְדַּמַּנְתּוּן לְקַטְרְגָא קֳדָמַי

אמר להם, כך אמרה השכינה: אתם הזדמנתם לקטרג לפניי

יַתִּיר מֵחֵילָא דִּמְרוֹמָא, אִי אַתּוּן הֲוֵיתוּן שַׁפִּירִין מֵאָדָם בְּעוֹבָדַיְיכוּ יָאוֹת לְכוּ לְקַטְרְגָא עֲלֵיהּ. אֲבָל אִיהוּ עֲתִיד לְמֶחֱטֵי בְּאִתְּתָא חָדָא, אַתּוּן בְּנָשִׁין סַגִּיאִין. חִבָּתֵיכוֹן יַתִּיר מִבְּנֵי נָשָׁא, כְּמָה דִּכְתִיב "וַיִּרְאוּ בְּנֵי הָאֱלֹהִים אֶת בְּנוֹת הָאָדָם" וְגוֹ', אֶת 'בַּת הָאָדָם' לֹא נֶאֱמַר, אֶלָּא "אֶת בְּנוֹת הָאָדָם". וְלָא עוֹד אֶלָּא אִם אָדָם חָב, הָא אַקְדִּים לֵיהּ תְּשׁוּבָה לְאַהֲדָרָא לְמָארֵיהּ לְאַתְקָנָא בַּמֶּה דְּחָב.

יותר מצבא המרום. אם אתם הייתם יפים מאדם במעשיכם נאה לכם לקטרג עליו. אבל הוא עתיד לחטוא באישה אחת, אתם בנשים רבות. החיבה שלכם יותר מבני אדם, כמו שכתוב "וַיִּרְאוּ בְּנֵי הָאֱלֹהִים אֶת בְּנוֹת הָאָדָם" וְגוֹ'. את 'בת האדם' לא נאמר, אלא "אֶת בְּנוֹת הָאָדָם". ולא עוד, אלא אם אדם חוטא, הרי מקדים לו תשובה לחזור לריבונו לתקן במה שחטא.

אָמְרוּ לֵיהּ חַבְרַיָּיא: אִי הָכִי אַמַּאי כּוּלֵי הַאי?

אמרו לו החברים: אם כך, למה כל זה?

אָמַר רַבִּי שִׁמְעוֹן לְחַבְרַיָּיא אִי לָא דַּהֲוָה הָכִי, דְּבָרָא קוּדְשָׁא בְּרִיךְ הוּא יִצְרָא טָבָא וּבִישָׁא דְּאִנּוּן אוֹר וְחֹשֶׁךְ — לָא הֲוָה זְכוּ וְחוֹבָה לְאָדָם דִּבְרִיאָה. אֶלָּא דְּאִתְבְּרִי מִתַּרְוַויְיהוּ, וּבְגִין דָּא "רְאֵה נָתַתִּי לְפָנֶיךָ הַיּוֹם אֶת הַחַיִּים" וְגוֹ' (דברים ל, טו).

אמר רבי שמעון לחברים: אם לא היה כך, שברא הקדוש ברוך הוא יצר טוב ורע שהם אור וחושך — לא הייתה זכות וחובה לאדם של בריאה. אלא שנברא משניהם, ולכן "רְאֵה נָתַתִּי לְפָנֶיךָ הַיּוֹם אֶת הַחַיִּים" וְגוֹ' (דברים ל, טו).

אָמְרוּ לֵיהּ: כּוּלֵי הַאי אַמַּאי? וְלָא הֲוָה שַׁפִּיר דְּלָא אִתְבְּרֵי, דְּלָא לְמֵיחַב וּלְגַרְמָא כָּל מַה דְּגָרִים לְעֵילָא, וְלָא הֲוָה לֵיהּ לָא עֹנֶשׁ וְלָא שָׂכָר?

אמרו לו: כל זה למה? ולא היה יפה שלא נברא, שלא יחטא ויגרום כל מה שגרם למעלה, ולא היה לו לא עונש ולא שכר?

אָמַר לוֹן: מִן הַדִּין הֲוָה לֵיהּ לְמִבְרְיֵיהּ כָּךְ, בְּגִין דְּאוֹרַיְיתָא בְּגִינֵיהּ אִתְבְּרִיאַת, דִּכְתִיב בָּהּ עוֹנְשָׁא לְרַשִׁיעַיָּיא וְאַגְרָא לְצַדִּיקַיָּיא. וְלָא הֲוָה אַגְרָא לְצַדִּיקַיָּיא וְעוֹנְשָׁא לְרַשִׁיעַיָּיא אֶלָּא בְּגִין אָדָם דִּבְרִיאָה, "לֹא תֹהוּ בְרָאָהּ לָשֶׁבֶת יְצָרָהּ" (ישעיהו מה, יח).

אמר להם: מן הדין היה לו לבוראו כך, בגלל שהתורה בגללו נבראה, שכתוב בה עונש לרשעים ושכר לצדיקים. ולא היה שכר לצדיקים ועונש לרשעים אלא בגלל אדם של בריאה, "לֹא תֹהוּ בְרָאָהּ לָשֶׁבֶת יְצָרָהּ" (ישעיהו מה, יח).

אָמְרוּ: וַדַּאי כְּעַן שְׁמַעְנָא מַה דְּלָא שְׁמַעְנָא עַד הַשְׁתָּא, דְּוַדַּאי לָא בְרָא קוּדְשָׁא בְּרִיךְ הוּא מִלְּתָא דְּלָאו אִיהוּ צָרִיךְ.

אמרו: ודאי בעת שמענו מה שלא שמענו עד עכשיו, שוודאי לא ברא הקדוש ברוך הוא דבר שלא צריך.

וְלֹא עוֹד, אֶלָּא אוֹרַיְיתָא דִּבְרִיאָה אִיהוּ לְבוּשָׁא דִּשְׁכִינְתָּא, וְאִי אָדָם לָא הֲוָה עָתִיד לְמִבְרֵי הֲוַת שְׁכִינְתָּא בְּלָא כִסּוּיָא כְּגַוְונָא דְּעָנִי. וּבְגִין דָּא כָּל מָאן דְּחָב כְּאִלּוּ אַפְשִׁיט לִשְׁכִינְתָּא מַלְבּוּשָׁהָא, וְהַאי אִיהוּ עוֹנְשָׁא דְּאָדָם. וְכָל מָאן דִּמְקַיֵּים פִּקּוּדִין דְּאוֹרַיְיתָא כְּאִלּוּ הוּא לָבִישׁ לִשְׁכִינְתָּא בִּלְבוּשָׁהָא. וּבְגִין דָּא אוּקְמוּהָ בְּכִסּוּיָא דְצִיצִית וּתְפִלִּין "כִּי הִיא כְסוּתוֹ לְבַדָּהּ הִיא שִׂמְלָתוֹ לְעוֹרוֹ בַּמֶּה יִשְׁכָּב" (שמות כב, כו) — בְּגָלוּתָא, וְהָא אוּקְמוּהָ. תָּא חֲזֵי: חֹשֶׁךְ אִיהוּ אוּכְמוּ דְּאוֹרַיְיתָא, אוֹר — חֵיוְרוּ דְּאוֹרַיְיתָא.

ולא עוד, אלא התורה של בריאה היא לבוש השכינה, ואם אדם לא היה עתיד להיברא הייתה השכינה בלי כיסוי כמו עני. ולכן כל מי שחטא כאילו הפשיט לשכינה את מלבושיה, וזהו עונש האדם. וכל מי שמקיים מצוות התורה כאילו הלביש לשכינה את מלבושיה. ולכן העמידוה בכיסוי הציצית ותפילין "כִּי הִיא כְסוּתוֹ לְבַדָּהּ הִיא שִׂמְלָתוֹ לְעוֹרוֹ בַּמֶּה יִשְׁכָּב" (שמות כב, כו) — בגלות, והרי העמידוה. בוא ראה: חושך הוא שחור של התורה, אור — לבן של התורה.

כמו במקומות רבים נוספים, הזוהר פותח את הדרשה בביטוי ״הא אוקמוה חברייא״ – הרי העמידוה החברים. ביטוי זה הוא פתיחה לציטוט ממדרשי חז״ל המכונים ׳חברים׳. הזוהר כאן מתייחס למדרשים העוסקים בפירוש לשון הרבים שבמילים ״נַעֲשֶׂה אָדָם״. כאמור, יש כמה מדרשים כאלה ברקע וחז״ל אכן מתארים את המלאכים כמשתתפים בדיון על בריאת האדם. העניין הוא שקשה למצוא מדרש אחד שמתאר את האירוע הזה בדיוק כפי שמתאר אותו הזוהר.

ההבדל הראשון בין הזוהר למדרשים נוגע למקומם של המלאכים בעלילה. בניגוד למדרשים המפורסמים שבהם המלאכים מגיבים להצעתו של אלוקים לברוא את האדם ומתנגדים לה, לפי תיאורו של הזוהר המלאכים הם שיוזמים את ההצעה,[3] וההתנגדות מגיעה מצד שני מלאכים ספציפיים שמקטרגים עליה – ׳עזא׳ ו׳עזאל׳.

ההבדל השני בין הזוהר למדרשים נוגע לפרשנות הפסוק ״נַעֲשֶׂה אָדָם״. כאמור, לרבי שמעון אין קושי תיאולוגי עם האמירה שהקב״ה משוחח עם המלאכים, וגם הוא מכניס את האלמנט הזה לסיפור בריאת האדם. עם זאת לדעתו לשון הרבים ׳נעשה׳ אינה מתייחסת לשיחת הקב״ה עם המלאכים אלא לשיחה פנימית של הקב״ה עם עצמו כביכול. השכינה היא זו שאומרת לקב״ה ׳נעשה אדם׳; השיחה

3. המדרש הקרוב ביותר הוא מה שמביא הרב מרגליות בהפניות שלו מסנהדרין לח ע״ב: ״אמר רב יהודה אמר רב: בשעה שבקש הקדוש ברוך הוא לבראות את האדם, ברא כת אחת של מלאכי השרת. אמר להם: רצונכם, נעשה אדם בצלמנו? אמרו לפניו: רבונו של עולם, מה מעשיו? אמר להן: כך וכך מעשיו. אמרו לפניו: רבונו של עולם, ׳מָה אֱנוֹשׁ כִּי תִזְכְּרֶנּוּ וּבֶן־אָדָם כִּי תִפְקְדֶנּוּ׳ (תהילים ח, ה). הושיט אצבעו קטנה ביניהן ושרפם. וכן כת שניה. כת שלישית אמרו לפניו: רבונו של עולם, ראשונים שאמרו לפניך – מה הועילו? כל העולם כולו שלך הוא, כל מה שאתה רוצה לעשות בעולמך – עשה. כיון שהגיע לאנשי דור המבול ואנשי דור הפלגה שמעשיהן מקולקלין, אמרו לפניו: רבונו של עולם, לא יפה אמרו ראשונים לפניך? אמר להן: ׳וְעַד זִקְנָה אֲנִי הוּא וְעַד שֵׂיבָה אֲנִי אֶסְבֹּל׳ וגו׳ (ישעיהו מו, ד)״. המדרש הזה דומה לזוהר בטון ובאווירה שבו, אבל בעיקר בכך שהוא שם בפי המלאכים את אותם פסוקים שהזוהר שם בפיהם. למרות הדמיון, אין במדרש הזה יוזמה של המלאכים עצמם אלא רק תגובה, וגם היא מסויגת מאוד, וזאת בניגוד לזוהר.

היא בין הדרגות השונות של האלוקות. זהו הסבר זוהרי אופייני, מפני שהוא מעניק למידותיו השונות של הקב"ה מקום רב עד כדי התייחסות אליו בלשון רבים.

תיאור זה הוא הבסיס לכך שבסופו של דבר, למרות כל הטענות, האדם נברא. מידת השכינה היא ששכנעה את מידת קודשא בריך הוא לברוא את האדם. ברקע לדברי רבי שמעון עומד מאמר חז"ל: "שלושה שותפים יש באדם" (נידה לא ע"א), כאשר האב והאם מתבטאים כאן במידות קב"ה ושכינתיה. שתי המידות הללו שותפות בהחלטה על בריאת האדם ולאחר מכן מקיימות אותה בפועל.

העובדה שהשכינה היא זו שמניעה את הקב"ה לברוא את האדם מחדדת את טענת המקטרגים על בריאת האדם. הטענה הקלסית "בשביל מה לברוא את האדם, הרי הוא עתיד לחטוא" לובשת כאן צורה חדשה: 'בשביל מה לברוא אדם, הרי הוא עתיד לחטוא **על ידי אשתו**'. על פי הזוהר המקטרגים מכוונים את חיציהם אל האישה מפני שהמידה הנשית היא הדוחפת ליצירת האדם.

ואולם, אחרי ככלות הכול השכינה היא חלק מהקב"ה, וזה אומר שבתוך קטרוג המלאכים מסתתרת תפיסה מעניינת שכדאי להתעכב עליה קצת. המלאכים מניחים כְּמובן מאליו שהאדם עומד לחטוא, ואם כן לתפיסתם בעצם המציאות ובאלוקות עצמה יש צד שהוא מקור החטאים. הנקודה הזו עולה ממקורות נוספים: דוד המלך אומר בתהילים: "הֵן בְּעָווֹן חוֹלָלְתִּי וּבְחֵטְא יֶחֱמַתְנִי אִמִּי" (תהילים נא, ז), כלומר כבר היווצרות האדם ברחם קשורה בחטא. מפורסמים גם דברי חז"ל שאנשי כנסת הגדולה ביקשו לבטל את היצר הרע ואז אפילו תרנגולת לא הטילה ביצה (סנהדרין סד ע"א). מאמר נוסף מעניין מאוד בהקשר הזה מופיע בגמרא: "אמר ריש לקיש: בואו ונחזיק טובה לאבותינו, שאלמלא הם לא חטאו אנו לא באנו לעולם" (עבודה זרה ה ע"א). לדעתי, ריש לקיש מצטט כאן פתגם עממי שאנשים ברחובות נהגו לומר, והכוונה המקורית שלו הייתה שאנו כבני אדם נוצרנו דרך חטא של ההורים שלנו. לפי זה האמירה המפורשת של הפתגם הזה היא שהחטא הוא כוח יסוד ביצירה. אומנם, הגמרא משנה את משמעות

הפתגם ומעניקה לו ממד דתי ועמוק אף יותר. לפי דברי הגמרא מדובר על החוטאים בחטא העגל שעל פי התוכנית המקורית אחרי קבלת התורה היו אמורים לחיות לעד, וממילא לא היה להם צורך בילדים. לפי הסבר זה "שאלמלא הם לא חטאו אנו לא באנו לעולם", פירושו שבגלל חטא העגל חזר הצורך בהולדת ילדים שימשיכו לחיות אחרי מות ההורים. בהסתכלות הזו חטא העגל מהווה מעין חזרה על חטא אדם הראשון: האדם היה אמור לחיות לעד אך הוא חטא בעץ הדעת והביא על עצמו מיתה, וממילא נוצר צורך בילדים כדי שהאנושות תמשיך להתקיים. לכן מייד לאחר שהאדם ואישתו קיבלו את עונשם נאמר: "וַיִּקְרָא הָאָדָם שֵׁם אִשְׁתּוֹ חַוָּה כִּי הִוא הָיְתָה **אֵם כָּל חָי**" (בראשית ג, כ), וקצת אחר כך: "וְהָאָדָם יָדַע אֶת חַוָּה אִשְׁתּוֹ **וַתַּהַר וַתֵּלֶד אֶת קַיִן**" (בראשית ד, א).

הקב"ה אינו מתכחש לטענתם של עזא ועזאל, הוא אינו אומר להם שייתכן שהאדם לא יחטא. גם הוא יודע שזוהי האמת, והאדם מועד לחטא מטבע ברייתו. לכן בשלב הראשון הוא אינו מתמודד עם עצם הקטרוג שלהם אלא שולל מהם את זכות העמידה בטענה שהם בעצמם עתידים ליפול באותו חטא, כמו שנאמר: "וַיִּרְאוּ בְנֵי הָאֱלֹהִים אֶת בְּנוֹת הָאָדָם כִּי טֹבֹת הֵנָּה" (בראשית ו, ב). "בני האלהים" הם המלאכים אשר פונים לחטוא עם "בנות האדם". יש לציין שדחייה זו אופיינית לתשובות מיתולוגיות אשר אינן מחויבות לסטנדרטים לוגיים, ויכולות לעשות שימוש גם ברטוריקה לא עניינית, שהרי בעצם העובדה שהמלאכים ייפלו כמו האדם אין שום הצדקה לבריאתו.[4] עם

4. נקודה זו דומה למה ששמעתי ממו"ר הרב שג"ר בנוגע ללימוד הגמרא. בניגוד לפירושי הראשונים שמנסים תמיד להסביר כל מהלך בגמרא באופן לוגי, הרב שג"ר מראה שהגמרא כתובה לעיתים קרובות במבנה רטורי. לדוגמה, כאשר הגמרא מביאה רעיון ומפריכה אותו, אין הכרח להסביר שהרעיון הזה אכן עלה בדעתם של האמוראים, אלא ייתכן שהוא הובא כחלק ממבנה רטורי של שיעור שבו מציגים קודם אפשרות שתופרך כדי להדגיש את האפשרות שהתקבלה לבסוף.

זאת, גם בעולם המשפט הנאור אנו מוצאים טענות הגנה מעין אלו המתמקדות בהליך ולא בתוכן. עורך דין טוב יכול לזכות את הנידון על ידי טענות שאינן דוחות את הקטרוג עצמו, למשל: התיישנות או אי רלוונטיות, תובע שאיננו נוגע בדבר, זכות השתיקה, חוסר עניין לציבור ועוד. על ידי טענות אלו ניתן להגיע לידי כך שמזכים אדם שהוא למעשה פושע. קפקא מקצין נקודה זו בסיפורו 'המשפט' שבו המגמה של ק' הנאשם היא לעבור את כל הפקידים ולהגיע לשופט עצמו כדי לקבל זיכוי. במהלך המסע הזה ק' פוגש צייר בשם טיטורלי אשר מציע לו לשנות את האסטרטגיה שלו. לטענת הצייר, אי אפשר לצאת זכאי במשפט הזה ולכן הדבר היחיד שאפשר לעשות זה למשוך את הזמן. הזיכוי יבוא רק מתוך המהומה והביורוקרטיה שיגרמו לכך שפסק הדין לא יינתן בפועל לעולם.

אבל רבי שמעון אינו מסתפק בתשובה הזו כי בכל אופן טענת המלאכים היא טענה: הרי בסופו של דבר האדם עתיד לחטוא, ואם כך מהו הצידוק לברוא אותו? לכן מציג רבי שמעון נדבך נוסף בתשובת הקב"ה למלאכים, והוא שהאפשרות לחזור בתשובה על חטאים קדמה לעולם, היא תשתית העולם. כלומר כדאי לברוא את האדם משום שיש לו יכולת לתקן את מעשיו. יכולת זו של תיקון החטאים היא המכשירה את בריאת האדם אף על פי שהוא עתיד גם לחטוא.

## האדם הוא האנטי־גיבור של התורה

החברים אינם מוותרים. אם כך, הם שואלים, מדוע בכלל להיכנס לכל זה? יש דרך פשוטה יותר: אם האדם לא ייברא הוא לא יחטא, וכך גם לא יצטרך לשוב בתשובה.

על כך משיב רבי שמעון שיש הכרח לברוא את האדם מפני שבתורה כתובים עונשים לרשעים ושכר לצדיקים. רק דרך האדם, שיש בו יצר טוב ויצר רע ושיש לו אפשרות אמיתית לחטוא, יכול להיות יישום לתורה. בלי האדם, התורה בעצם לא רלוונטית. תשובה זו מזכירה

את הגמרא המפורסמת המתארת את התמודדותו של משה בהר סיני עם המלאכים שמתנגדים לכך שהוא יוריד את התורה לעם ישראל:

> ואמר רבי יהושע בן לוי: בשעה שעלה משה למרום אמרו מלאכי השרת לפני הקדוש ברוך הוא: רבונו של עולם, מה לילוד אשה בינינו?
>
> אמר להן: לקבל תורה בא.
>
> אמרו לפניו: חמודה גנוזה שגנוזה לך תשע מאות ושבעים וארבעה דורות קודם שנברא העולם, אתה מבקש ליתנה לבשר ודם? "מָה אֱנוֹשׁ כִּי תִזְכְּרֶנּוּ וּבֶן אָדָם כִּי תִפְקְדֶנּוּ" (תהילים ח, ה); "ה' אֲדֹנֵינוּ מָה אַדִּיר שִׁמְךָ בְּכָל הָאָרֶץ אֲשֶׁר תְּנָה הוֹדְךָ עַל הַשָּׁמָיִם" (שם, ב)!
>
> אמר לו הקדוש ברוך הוא למשה: החזיר להן תשובה!....
>
> אמר לפניו: רבונו של עולם, תורה שאתה נותן לי מה כתיב בה – "אָנֹכִי ה' אֱלֹהֶיךָ אֲשֶׁר הוֹצֵאתִיךָ מֵאֶרֶץ מִצְרַיִם" (שמות כ, ב).
>
> אמר להן: למצרים ירדתם? לפרעה השתעבדתם? תורה למה תהא לכם?
>
> שוב מה כתיב בה: "לֹא יִהְיֶה לְךָ אֱלֹהִים אֲחֵרִים" (שם, ג) – בין הגויים אתם שרויין שעובדין עבודה זרה?
>
> שוב מה כתיב בה: "זָכוֹר אֶת יוֹם הַשַּׁבָּת לְקַדְּשׁוֹ" (שם, ח) – כלום אתם עושים מלאכה שאתם צריכין שבות?
>
> שוב מה כתיב בה: "לֹא תִשָּׂא" (שם, ז) – משא ומתן יש ביניכם?
>
> שוב מה כתיב בה: "כַּבֵּד אֶת אָבִיךָ וְאֶת אִמֶּךָ" (שם, יב) – אב ואם יש לכם?
>
> שוב מה כתיב בה: "לֹא תִּרְצָח. לֹא תִּנְאָף. לֹא תִּגְנֹב" (שם, יג) – קנאה יש ביניכם? יצר הרע יש ביניכם?
>
> (שבת פח ע"ב)

לכאורה הגמרא והזוהר דומים מאוד: שניהם עומדים על כך שקיים קשר ישיר בין התורה לבין האדם, ושפַּן יסודי בתורה הוא היותה

מיועדת לאדם על כל אתגריו ובעיותיו. עם זאת, קיים ביניהם גם הבדל משמעותי: לפי הגמרא התורה אומנם רלוונטית יותר לאדם, אבל יש לה קיום בפני עצמה, ומקומה המקורי הוא בידי המלאכים. לעומת זאת לפי הזוהר לתורה יש שייכות הרבה יותר עמוקה לאדם – הוא חלק מהותי ממנה והיא אינה קיימת בלעדיו.

למרות השוני, משני המקורות עולה חידוש אחד בסיסי: התורה אינה מיועדת לאדם האידיאלי אלא לאדם החוטא. עבור דתיים זה חידוש, מפני שהם בדרך כלל תופסים שהתורה מתאימה ביסודה בעיקר לצדיקים שהם כמלאכים, ותפקידו של האדם הפשוט הוא לנסות ולהתעלות אליה ככל שיוכל אף שלא הוא המקיים העיקרי שלה. לעומת זאת ההסתכלות האקזיסטנציאליסטית במקורות האלה היא שהתורה נועדה עבור האדם התחתון דווקא. אם השולחן ערוך פותח במשפט "יתגבר כארי לעבודת הבורא" (שו"ע או"ח א, א), זה אומר שהוא אינו מדבר אל אריות שעושים זאת לבד, אלא אל כלבים שצריך לדחוף אותם להתגבר מעבר לעצמם. רוצה לומר, המערכת ההלכתית, שהיא הביטוי החזק ביותר למצוות התורה, בנויה דווקא עבור בני אדם שאין להם את הדחף הטבעי לעבוד את ה'. תפקיד השולחן ערוך, כלומר ההלכה, הוא ליצור לאדם מערכת העוזרת לו להתעלות ללא הרף כיוון שכשלעצמו הוא נחות. דווקא החולשה של האדם היא הסיבה לברוא אותו.

כאשר משווים בין התורה הדתית לספרות החופשית נהוג לטעון שהתורה מתארת את חייו של האדם האידיאלי לעומת הספרות המתארת את המציאות כפי שהיא. כאן הזוהר והגמרא נוקטים בנקודת מבט ספרותית ומציגים את האדם כגיבור דווקא מפני שיש לו אפשרות להיכשל.

ובאדם הזה, באנטי גיבור הזה, הכול תלוי. השכינה, אומר הזוהר, היא ענייה. היא זקוקה לאדם כדי שהיא תושלם. האדם בחטאו עלול להפשיט את השכינה מלבושיה, כמו בחטא אדם וחוה שתוצאתו הייתה "וַיֵּדְעוּ כִּי עֵירֻמִּם הֵם" (בראשית ג, ז); ומאידך, הוא זה שבכוחו להלביש אותה, על ידי לבושי הטלית והתפילין, המייצגים את קיום המצוות ואת לימוד התורה בכלל.

# היום השביעי: השבת הגלויה והשבת הנסתרת

## זוהר ח"א ה ע"ב — ו ע"א

מן הפסוקים ברור שיום השבת נבחר והתקדש כבר מאז בריאת העולם:

וַיְכֻלּוּ הַשָּׁמַיִם וְהָאָרֶץ וְכָל צְבָאָם. וַיְכַל אֱלֹהִים בַּיּוֹם הַשְּׁבִיעִי מְלַאכְתּוֹ אֲשֶׁר עָשָׂה וַיִּשְׁבֹּת בַּיּוֹם הַשְּׁבִיעִי מִכָּל מְלַאכְתּוֹ אֲשֶׁר עָשָׂה. וַיְבָרֶךְ אֱלֹהִים אֶת יוֹם הַשְּׁבִיעִי וַיְקַדֵּשׁ אֹתוֹ כִּי בוֹ שָׁבַת מִכָּל מְלַאכְתּוֹ אֲשֶׁר בָּרָא אֱלֹהִים לַעֲשׂוֹת.

(בראשית ב, א-ג)

אולם מה עניינה של קדושה זו? האם יש לשבת קדושה עצמית, או שכל קדושתה מגיעה מצד ציוויו של הקב"ה לקדשה? בתחילה נוטים חכמי הזוהר, רבי אלעזר ורבי אבא, להמעיט בחשיבותה העצמית של השבת, אך חמר פשוט שהם פוגשים בדרך מתקומם על דבריהם ומעמיד אותם על מהותה של השבת, ואף על ההבחנה החדה שבין ליל השבת ליום השבת. בלב הדיון שביניהם עומד הפסוק "אֶת שַׁבְּתֹתַי תִּשְׁמֹרוּ וּמִקְדָּשִׁי תִּירָאוּ אֲנִי ה'" (ויקרא יט, ל).

כמו במקומות רבים בזוהר, גם במאמר זה סיפור המסגרת מבטא בתוכו בדרך נוספת את הרעיון שהמאמר מביע: רבי אלעזר ורבי אבא

מכירים במעלתו של החמר הפשוט לכאורה, מתוך דיבוריו המגלים להם את מעלתה העצמית של השבת, שאותה לא ידעו קודם לכן.

## ספר הטיולים

רַבִּי אֶלְעָזָר הֲוָה אָזִיל לְמֶחֱמֵי לְרַבִּי יוֹסֵי בְּרַבִּי שִׁמְעוֹן בֶּן לָקוּנְיָא חֲמוֹי, וְרַבִּי אַבָּא בַּהֲדֵיהּ, וַהֲוָה טָעִין חַד גַּבְרָא אֲבַתְרַיְיהוּ.

אָמַר רַבִּי אַבָּא: נִפְתַּח פִּתְחִין דְּאוֹרַיְיתָא, דְּהָא שַׁעֲתָא וְעִדָּנָא הוּא לְאִתְתַּקְּנָא בְּאָרְחָן.

רבי אלעזר היה הולך לראות את רבי יוסי ברבי שמעון בן לקוניא חמיו, ורבי אבא עימו, והיה מחמר איש אחד אחריהם.

אמר רבי אבא: נפתח פתחים של תורה, שהרי השעה והזמן הוא להיתקן בדרכנו.

ספר הזוהר מתרחש בדרכים. הוא ספר הטיולים, עיקר היצירה שלו היא תוך כדי הליכה. הוא יכול להיות אסמכתא לאלה שמרשים לעצמם לטייל... המאפיין הזה שלו משפיע גם על מערך הדמויות היוצרות אותו. באופן עקרוני 'חבורת הזוהר' כוללת קבוצת חכמים קבועה שדורשת את הדרשות, ובראשה עומד ה'בוצינא קדישא' – המאור הקדוש, רשב"י. זהו דגם שהתפתח מאוחר יותר בחצרות החסידים בגוונים שונים. לצד זאת, באופן ייחודי לזוהר, אנו מוצאים דמויות נוספות המלוות את הספר, דמויות שנראות על פניו כאנשי שוליים, פחותי מעלה. השילוב שלהם בזוהר קשור קשר הדוק להיותו ספר הדרכים, כיוון שבדרכים מצויים אנשים שונים ומשונים ובהן חכמי הזוהר פוגשים אותם. בהפתעה מסוימת מתגלה כל פעם שאותם אנשים שנראים פשוטים טומנים בחובם אוצרות של חוכמה עליונה, בניגוד גמור לציפיות שמעוררת הופעתם החיצונית.

גם כאן יש סיפור מסגרת שכזה. רבי אלעזר ורבי אבא הולכים בדרך, ואחריהם הולך טוען חמורים. החַמָּר הזה נקרא בהמשך 'טייעא', שזו דמות שאנו מכירים ממקומות אחרים בזוהר ובגמרא. נהוג לפרש

ש'טייעא' הוא ישמעאלי נווד, סוחר או מורה דרך. חז"ל מגדירים את האומה הישמעאלית 'שפלה שבאומות',[1] ושפלותם מתבטאת בשני אופנים: מבחינה גשמית הם נוודים וממילא נבזים, ומבחינה רוחנית הם "משתחווים לאבק רגליהם" (בבא מציעא פו ע"ב). לאור זאת, יהיה מפתיע מאוד לשמוע דברי תורה מפי אדם כזה. עם זאת ניתן לומר ש'טייעא' הפך להיות שם של מקצוע, ובפועל יכול להיות גם טייעא או מחמר שהוא יהודי, כמו שבמקרא המונח 'כנעני' פירושו לעיתים 'סוחר' ולאו דווקא אדם מהעם הכנעני.

הזוהר יפתח כעת בדרשה של רבי אלעזר, שבמובן מסוים הוא הבכיר בחבורת הזוהר אחרי רבי שמעון. אבל זה כמו בהצגה: כיוון שמזכירים בהתחלה את המחמר, אנחנו צריכים להכין את עצמנו לכך שיהיה לו תפקיד חשוב בהמשך.

## את שבתותיי תשמורו

פָּתַח רַבִּי אֶלְעָזָר וְאָמַר: "אֶת שַׁבְּתֹתַי תִּשְׁמֹרוּ" (ויקרא יט, ל). תָּא חֲזֵי, בְּשִׁית יוֹמִין בְּרָא קוּדְשָׁא בְּרִיךְ הוּא עָלְמָא, וְכָל יוֹמָא וְיוֹמָא גָּלֵי עֲבִידְתֵּיהּ וְיָהַב חֵילֵיהּ בְּהַהוּא יוֹמָא. אֵימָתַי גָּלֵי עֲבִידְתֵּיהּ וְיָהַב חֵילֵיהּ? בְּיוֹמָא רְבִיעָאָה. בְּגִין דְּאִנּוּן תְּלַת יוֹמִין קַדְמָאִין כּוּלְּהוּ הֲווּ סְתִימִין וְלָא אִתְגַּלּוּ; כֵּיוָן דַּאֲתָא יוֹמָא רְבִיעָאָה אַפִּיק עֲבִידְתָּא וְחֵילָא דְּכוּלְּהוּ.

פתח רבי אלעזר ואמר: "אֶת שַׁבְּתֹתַי תִּשְׁמֹרוּ" (ויקרא יט, ל). בוא ראה, בשישה ימים ברא הקדוש ברוך הוא את העולם, וכל יום ויום גילה את מעשהו ונתן את כוחו ביום ההוא. מתי גילה את מעשהו ונתן את כוחו? ביום הרביעי. משום שאותם שלושת הימים הראשונים כולם היו נסתרים ולא התגלו; כיוון שבא היום הרביעי הוציא את המעשה והכוח של כולם.

1. ראו אבות דרבי נתן, פרק יז.

דְּהָא אֶשָּׁא וּמַיָּא וְרוּחָא, אַף עַל גַּב דְּאִנּוּן תְּלַת יְסוֹדִין עִלָּאִין, כֻּלְּהוּ תַּלְיָין, וְלָא אִתְגְּלֵי עֲבִידְתָּא דִּלְהוֹן, עַד דְּאַרְעָא גָּלֵי לוֹן. כְּדֵין אִתְיְדַע אוּמְנוּתָא דְּכָל חַד מִנַּיְיהוּ.

שהרי אש ומים ורוח, אף על גב שהם שלושה יסודות עליונים, כולם תלויים, ולא התגלה המעשה שלהם עד שהארץ גילתה אותם. אז נודעה האומנות של כל אחד מהם.

וְאִי תֵּימָא, הָא בְּיוֹמָא תְּלִיתָאָה הֲוָה, דִּכְתִיב "תַּדְשֵׁא הָאָרֶץ דֶּשֶׁא" (בראשית א, יא), וּכְתִיב "וַתּוֹצֵא הָאָרֶץ" (שם, יב)!

ואם תאמר, הרי ביום השלישי זה היה, שכתוב "תַּדְשֵׁא הָאָרֶץ דֶּשֶׁא" (בראשית א, יא), וכתוב "וַתּוֹצֵא הָאָרֶץ" (שם, יב)!

אֶלָּא הַאי, אַף עַל גַּב דִּכְתִיב בְּיוֹמָא תְּלִיתָאָה — רְבִיעָאָה הֲוָה, וְאִתְכְּלִיל בְּיוֹמָא תְּלִיתָאָה לְמֶהֱוֵי חַד בְּלָא פֵּירוּדָא. וּלְבָתַר יוֹמָא רְבִיעָאָה אִתְגְּלֵי עֲבִידְתֵּיהּ לְאַפָּקָא אוּמָנָא לְאוּמָנוּתֵיהּ דְּכָל חַד וְחַד. בְּגִין דְּיוֹמָא רְבִיעָאָה אִיהוּ רַגְלָא רְבִיעָאָה דְּכֻרְסְיָיא עִלָּאָה.

אלא זה, אף על גב שכתוב ביום השלישי — רביעי היה, ונכלל ביום השלישי שיהיה אחד בלי פירוד. ואחר היום הרביעי התגלה מעשהו להוציא אומן לאומנותו של כל אחד ואחד. משום שהיום הרביעי הוא הרגל הרביעית של הכיסא העליון.

וְכָל עֲבִידְתַּיְיהוּ דְּכֻלְּהוּ, בֵּין יוֹמִין קַדְמָאִין וּבֵין יוֹמִין בַּתְרָאִין, הֲווּ תַּלְיָין בְּיוֹמָא דְשַׁבַּתָּא. הֲדָא הוּא דִכְתִיב "וַיְכַל אֱלֹהִים בַּיּוֹם הַשְּׁבִיעִי" — דָּא שַׁבָּת. וְדָא הוּא רַגְלָא רְבִיעָאָה דְּכֻרְסְיָיא.

וכל מעשיהם של כולם, בין הימים הראשונים ובין הימים האחרונים, היו תלויים ביום השבת. זהו שכתוב "וַיְכַל אֱלֹהִים בַּיּוֹם הַשְּׁבִיעִי" — זו השבת. וזו היא הרגל הרביעית של הכיסא.

וְאִי תֵּימָא: אִי הָכִי, מַהוּ "אֶת שַׁבְּתֹתַי תִּשְׁמֹרוּ", תְּרֵין?

ואם תאמר: אם כך, מה זה "אֶת שַׁבְּתֹתַי תִּשְׁמֹרוּ", שתיים?

| | |
|---|---|
| אֶלָּא, שַׁבָּת דְּמַעֲלֵי שַׁבְּתָא וְשַׁבַּתָּא דְיוֹמָא מַמָּשׁ – לֵית לוֹן פֵּירוּדָא. | אלא, שבת של ערב שבת והשבת של היום ממש – אין להן פירוד. |

הזוהר רואה בששת ימי הבריאה תהליך של גילוי אלוקי. יצירת העולם היא הזדמנות עבור האלוקי לבוא לידי ביטוי. גילוי זה מתבצע בשלבים כי לא בבת אחת ניתן לצאת מן הנסתר אל הגלוי, והגילוי הסופי, השלם ביותר, מתרחש בשבת. למעשה, מעשיהם של כל הימים תלויים בשבת, כשבעולם הזוהר יש לדברים גם משמעות סמלית – ששת הימים הם שש המידות והיום השביעי, שבת, הוא מידת המלכות, שבה כלולות כולן.

אולם רבי אלעזר אינו מסיים באמירה הכללית הזאת, אלא מחלק בין שלושת הימים הראשונים של הבריאה לבין שלושת הימים האחרונים שלה. בימים הראשונים גילוי האלוקות הוא יחסית נסתר, ואילו מן היום הרביעי והלאה הוא מתפרסם ויוצא החוצה. היום הרביעי הוא תחילת הגילוי שמתעצם בשבת.

יש מספר מקומות שבהם אפשר להיווכח בקשר שבין יום רביעי לשבת. אחד מהם הוא בסדר התפילה שלנו, ב'שיר של יום', שהוא המזמור המיוחד לכל יום ויום שהלוויים היו אומרים בבית המקדש. ביום הרביעי אחרי שמסיימים לומר את המזמור של אותו יום "אֵל נְקָמוֹת ה'" (תהילים צד) ממשיכים לתחילת הפרק הבא "לְכוּ נְרַנְּנָה" (שם צה, א), שהם הפסוקים של קבלת שבת. זה אומר שיום רביעי כבר מתחיל את השבת. בצבא היינו אומרים שמיום רביעי המתח המבצעי יורד, אנחנו בירידה אל השבת...

למעשה, בניסוחים של הזוהר קיימת סתירה לכאורה. בתחילה הוא אומר "מתי גילה את מעשהו ונתן את כוחו, ביום הרביעי", כלומר ביום הרביעי מתרחש הגילוי הגדול של ה' "משום שהיום הרביעי הוא הרגל הרביעית של הכיסא העליון". מצד שני בהמשך הוא אומר שכל הימים "היו תלויים ביום השבת", **והשבת** "היא הרגל הרביעית של הכיסא". זה חלק מהעולם של הזוהר, שהוא אינו דורש הבחנות ברורות

בין דברים. זה גם קשור לחשבון שלי עם היֵקים... היֵקים מתנגדים לזוהר לא רק מסיבות תיאולוגיות כמו המושג עשר ספירות שסותר לכאורה את אחדות הא־ל או דברים בסגנון הזה; להתנגדות שלהם יש סיבה יותר ראשונית והיא קשורה לאופי של הזוהר. הזוהר הוא ספר זורם, אין עניינו להיות חד־משמעי ועקבי בהגדרות שלו. הוא אומר ככה ואחר כך הוא אומר אחרת, וזה חלק מהכיף שבו. בהתחלה הזוהר אומר שהיום הרביעי הוא הרגל הרביעית של כיסא ה׳, אחרי זה הוא אומר שהיום השביעי הוא הרגל הרביעית... הוא זורם.

לאחר שהסביר שהשבת מופיעה בהדרגה כבר בתוך ימות השבוע, מוסיף רבי אלעזר ועומד גם על כך שבתוך השבת עצמה קיימות שתי רמות, שתי בחינות, ולכן הפסוק "אֶת שַׁבְּתֹתַי תִּשְׁמֹרוּ" נוקט בלשון רבים. השבת היא כפולה – ישנה השבת של הערב וישנה השבת של היום. רבי אלעזר רואה את ערב שבת כמהות העומדת בפני עצמה, עד כדי כך שהן נקראות בלשון רבים. מצד שני, רבי אלעזר מדגיש ש"אין להן פירוד". אומנם מדובר בשתי ישויות אבל קדושתן זהה.

## הטייעא מדבר

| | |
|---|---|
| אָמַר הַהוּא טַיְיעָא דַּהֲוָה טָעִין בַּתְרַיְיהוּ: וּמַהוּ "וּמִקְדָּשִׁי תִּירָאוּ"? | אמר אותו סוחר שהיה מחמר אחריהם: ומהו "וּמִקְדָּשִׁי תִּירָאוּ"? |
| אָמַר לֵיהּ: דָּא קִדּוּשָׁא דְשַׁבָּת. | אמר לו: זה קידוש של שבת. |
| אָמַר לֵיהּ: וּמַהוּ קִדּוּשָׁא דְשַׁבָּת? | אמר לו: ומהו קידוש של שבת? |
| אָמַר לֵיהּ: דָּא קִדּוּשָׁא דְאִתְמַשְׁכָא מִלְּעֵילָא. | אמר לו: זה הקידוש שנמשך מלמעלה. |
| אָמַר לֵיהּ: אִי הָכִי עֲבֵידַת לְשַׁבָּת דְּלָאו אִיהוּ קֹדֶשׁ, אֶלָּא קִדּוּשָׁא דְּשַׁרְיָא עֲלוֹי מִלְּעֵילָא. | אמר לו: אם כך, עשית את יום השבת שאינו קודש, אלא קידוש ששורה עליו מלמעלה. |

אָמַר רַבִּי אַבָּא: וְהָכִי הוּא, "וְקָרָאתָ לַשַּׁבָּת עֹנֶג לִקְדוֹשׁ ה' מְכֻבָּד" (ישעיהו נח, יג) — אִדְכַּר "שַׁבָּת" לְחוּד וּ"קְדוֹשׁ ה'" לְחוּד.

אמר רבי אבא: אכן כך זה, "וְקָרָאתָ לַשַּׁבָּת עֹנֶג לִקְדוֹשׁ ה' מְכֻבָּד" (ישעיהו נח, יג) — הזכיר "שַׁבָּת" לחוד ו"קְדוֹשׁ ה'" לחוד.

אָמַר לֵיהּ: אִי הָכִי, מַאן "קְדוֹשׁ ה'"?

אמר לו: אם כך, מי זה "קְדוֹשׁ ה'"?

אָמַר לֵיהּ: קְדוּשָׁא דְּנַחֲתָא מִלְּעֵילָא וְשַׁרְיָא עֲלֵיהּ.

אמר לו: הקדושה שיורדת מלמעלה ושורה עליו.

אָמַר לֵיהּ: אִי קְדוּשָׁא דְּאִתְמַשְׁכָא מִלְּעֵילָא אִקְרֵי "מְכֻבָּד", אִתְחֲזֵי דְּשַׁבָּת לָאו אִיהוּ מְכוּבָּד, וּכְתִיב "וְכִבַּדְתּוֹ" (שם).

אמר לו: אם הקדושה שנמשכת מלמעלה נקראת "מְכֻבָּד", נראה ששבת אינה מכובדת, וכתוב "וְכִבַּדְתּוֹ" (שם).

אָמַר רַבִּי אֶלְעָזָר לְרַבִּי אַבָּא: אַנַּח לְהַאי גַּבְרָא, דְּמִלָּה דְחָכְמְתָא אִית בֵּיהּ דַּאֲנַן לָא יָדְעְנָא בָהּ.

אמר רבי אלעזר לרבי אבא: הנח לו לאיש הזה, שדבר של חוכמה יש בו שאיננו יודעים בו.

אָמְרוּ לֵיהּ: אֵימָא אַנְתְּ.

אמרו לו: אמור אתה.

עכשיו יורה האקדח שהונח על השולחן במערכה הראשונה. בתחילה ציין הזוהר שאחרי רבי אלעזר ורבי אבא הלך טייעא. אז לא ידענו מה תפקידו, אך עכשיו אנחנו במערכה השנייה והנה הוא מדבר.

מסתבר שהטייעא הזה יודע לא רק להראות להם את הדרך אלא גם לשאול שאלות ולהתווכח. הוא שואל אותם מהי משמעות המילים "וּמִקְדָּשִׁי תִּירָאוּ", שהן המשך הפסוק "אֶת שַׁבְּתֹתַי תִּשְׁמֹרוּ" שרבי אלעזר דרש קודם. רבי אלעזר משיב לטייעא שמילים אלו מלמדות שקדושתה של השבת אינה עצמית אלא מגיעה מלמעלה. את זה הטייעא אינו מקבל. הוא מקשה: מה זאת אומרת שהשבת אין לה שום דבר משלה? הוא תובע את עלבונה של השבת.

רבי אבא עונה לו: נכון, לשבת עצמה אין קדושה בפני עצמה, אלא היא צריכה להתמלא בקדושה שמגיעה מלמעלה. רבי אבא אינו מפחד לומר שלשבת אין כלום משל עצמה, כשם שהזוהר במקומות אחרים אינו מפחד לומר שלאישה אין כלום משל עצמה ושלמידת המלכות אין כלום משל עצמה אלא היא מידה שמקבלת. כראיה מביא רבי אבא את הפסוק "וְקָרָאתָ לַשַּׁבָּת עֹנֶג לִקְדוֹשׁ ה' מְכֻבָּד" (ישעיהו נח, יג) שממנו עולה שהשבת וקדוש ה' המכובד הם שני דברים נפרדים, ולשבת עצמה אין קדושה משלה.

אבל הטייעא הוא עקשן ואינו נסוג. הוא מוסיף ומקשה על רבי אבא: הרי בהמשך הפסוק נאמר על השבת 'וְכִבַּדְתּוֹ מֵעֲשׂוֹת דְּרָכֶיךָ', כלומר את השבת יש לכבד, ואם כן נראה שהמילים 'לִקְדוֹשׁ ה' מְכֻבָּד' נאמרו גם הן על השבת.

בנקודה הזאת רבי אלעזר עוצר את הדיון. הם, יהודים נכבדים עם מגבעות וקפוטות, קולטים פתאום שאיזה פועל עם בגדי עבודה וכובע טמבל הופך להיות אחד מבני החבורה. הם מבינים שיש לו תורה ללמד אותם. רבי אלעזר אומר לרבי אבא: תן לו לדבר, כנראה יש לו מה לומר. תן לו לעבור מהאופוזיציה לקואליציה. עם זאת, יש להעיר שלעצם העניין ההווה אמינא של רבי אלעזר ורבי אבא – שלשבת אין מעצמה כלום – היא חשובה. אומנם תיכף הטייעא הזה יפרוך אותה, אבל בכל זאת יש לה מקום.

פָּתַח וְאָמַר: "אֶת שַׁבְּתֹתַי".

פתח ואמר: "אֶת שַׁבְּתֹתַי".

"אֶת" – לְאַסְגָּאָה תְּחוּם שַׁבָּת דְּאִיהוּ תְּרֵין אַלְפִּין אַמִּין לְכָל סִטְרָא. וּבְגִין כָּךְ אַסְגֵּי "אֶת".

"אֶת" – לרבות תחום שבת שהוא אלפיים אמות לכל צד. ומשום כך ריבה "אֶת".

"שַׁבְּתֹתַי" – שַׁבָּת עִלָּאָה וְשַׁבָּת תַּתָּאָה, דְּאִנּוּן תְּרֵין כְּלִילָן כַּחֲדָא וּסְתִימִין כַּחֲדָא.

"שַׁבְּתֹתַי" – שבת העליונה ושבת התחתונה, שהן שתיים כלולות יחד ונסתרות יחד.

אִשְׁתָּאַר שַׁבָּת אָחֳרָא דְּלָא אִדְכַּר,

נשארה שבת אחרת שלא

וַהֲוָה בְּכִסּוּפָא. אָמְרָה קַמֵּיהּ: מָארֵי דְעָלְמָא, מִיּוֹמָא דְעַבְדַּת לִי שַׁבָּת אִתְקְרֵינָא, וְיוֹמָא לָאו אִיהוּ בְּלָא לֵילְיָא.

נזכרה, והייתה בבושה. אמרה לפניו: ריבון העולם, מיום שעשית אותי נקראתי שבת, ואין יום בלי לילה.

אָמַר לָהּ: בְּרַתִּי, שַׁבָּת אַנְתְּ וְשַׁבָּת קָרֵינָא לָךְ, אֲבָל הָא אֲנָא מְעַטֵּר לָךְ בְּעִטְרָא עִלָּאָה יַתִּיר.

אמר לה, בתי, את שבת, ושבת קראתי לך, אבל הריני מעטר אותך בעטרה יותר עליונה.

אַעֲבַר כְּרוֹזָא וְאָמַר: "מִקְדָּשִׁי תִּירָאוּ". וְדָא שַׁבָּת דְּמַעֲלֵי שַׁבַּתָּא דְּאִיהִי יִרְאָה, וְשַׁרְיָא בָהּ יִרְאָה. וּמָאן אִיהוּ? דְּקוּדְשָׁא בְּרִיךְ הוּא אַכְלִיל וְאָמַר "אֲנִי ה'".

העביר כרוז ואמר: "מִקְדָּשִׁי תִּירָאוּ". וזו שבת של ערב שבת שהיא יראה, ושורה בה יראה. ומי הוא? שהקדוש ברוך הוא הכליל ואמר "אֲנִי ה'".

וַאֲנָא שְׁמַעְנָא מֵאַבָּא דְּאָמַר הָכִי, וְדַיֵּיק: "אֶת" — לְאַסְגָּאָה תְּחוּם שַׁבָּת. "שַׁבְּתֹתַי" — דָּא עִגּוּלָא וְרִבּוּעַ דִּלְגוֹ, וְאִנּוּן תְּרֵין.

ואני שמעתי מאבא שאמר כך, ודייק: "אֶת" — לרבות תחום שבת. "שַׁבְּתֹתַי" — זה העיגול והריבוע שבפנים, והם שניים.

וּלְקָבֵיל אִנּוּן תְּרֵין, אִית תְּרֵי קְדוּשָׁתֵי דְּאִית לָנוּ לְאַדְכָּרָא: חַד "וַיְכֻלּוּ", וְחַד קִדּוּשׁ. "וַיְכֻלּוּ" אִית בֵּיהּ תְּלָתִין וַחֲמֵשׁ תֵּיבִין, וּבְקִדּוּשָׁא דַּאֲנַן מְקַדְּשִׁין תְּלָתִין וַחֲמֵשׁ תֵּיבִין, וְסָלִיק כֹּלָּא לְשַׁבְעִין שְׁמָהָן דְּקוּדְשָׁא בְּרִיךְ הוּא וּכְנֶסֶת יִשְׂרָאֵל אִתְעַטַּר בְּהוּ.

וכנגד אותם השניים, יש שתי קדושות שיש לנו להזכיר: אחת "וַיְכֻלּוּ", ואחת קידוש. "וַיְכֻלּוּ" יש בו שלושים וחמש תיבות, ובקידוש שאנו מקדשים יש שלושים וחמש תיבות, והכול עולה לשבעים שמות שהקדוש ברוך הוא וכנסת ישראל מתעטרים בהם.

וּבְגִין דְּעִגּוּלָא וְרִבּוּעָא דָא אִנּוּן "שַׁבְּתֹתַי", כְּלִילָן תַּרְוַוְיְהוּ בְּ"שָׁמוֹר" (דברים ה, יב), דִּכְתִיב "תִּשְׁמֹרוּ". דְּהָא שַׁבָּת עִלָּאָה

ומשום שהעיגול והריבוע הזה הם "שַׁבְּתֹתַי", שניהם כלולים ב"שָׁמוֹר" (דברים ה, יב), שכתוב "תִּשְׁמֹרוּ". שהרי

הָכָא לָא אִתְכְּלִיל בְּ"שָׁמוֹר" אֶלָּא בְּ"זָכוֹר" (שמות כ, ח), דְּהָא מַלְכָּא עִלָּאָה בְּ"זָכוֹר" אִסְתַּיָּים. וְעַל דָּא אִקְרֵי 'מַלְכָּא דִּשְׁלָמָא דִילֵיהּ', וּשְׁלָמָא דִילֵיהּ "זָכוֹר" אִיהוּ, וְעַל דָּא לֵית מַחְלוֹקֶת לְעֵילָא.

השבת העליונה כאן לא נכללה ב"שָׁמוֹר", אלא ב"זָכוֹר" (שמות כ, ח), שהרי המלך העליון נשלם ב"זָכוֹר". ועל כן נקרא 'מלך שהשלום שלו', והשלום שלו הוא "זָכוֹר", ועל כן אין מחלוקת למעלה.

בְּגִין דִּתְרֵין שְׁלוֹמוֹת לְתַתָּא, חַד יַעֲקֹב וְחַד יוֹסֵף. וּבְגִין כָּךְ כְּתִיב תְּרֵי זִמְנֵי "שָׁלוֹם שָׁלוֹם לָרָחוֹק וְלַקָּרוֹב" (ישעיהו נז, יט) — "לָרָחוֹק" דָּא יַעֲקֹב, "וְלַקָּרוֹב" דָּא יוֹסֵף.

משום ששני שלומות למטה, אחד יעקב ואחד יוסף. ומשום כך כתוב פעמיים "שָׁלוֹם שָׁלוֹם לָרָחוֹק וְלַקָּרוֹב" (ישעיהו נז, יט) — "לָרָחוֹק" זה יעקב, "וְלַקָּרוֹב" זה יוסף.

"לָרָחוֹק" — כְּמָא דְאַתְּ אָמֵר "מֵרָחוֹק ה' נִרְאָה לִי" (ירמיהו לא, ג); "וַתֵּתַצַּב אֲחוֹתוֹ מֵרָחוֹק" (שמות ב, ד). "וְלַקָּרוֹב" — כְּמָא דְאַתְּ אָמֵר "חֲדָשִׁים מִקָּרוֹב בָּאוּ" (דברים לב, יז). "מֵרָחוֹק" — דָּא נְקוּדָה עִלָּאָה דְקַיְּימָא בְּהֵיכָלֵיהּ.

"לָרָחוֹק" — כמו שנאמר אָמֵר "מֵרָחוֹק ה' נִרְאָה לִי" (ירמיהו לא, ג); "וַתֵּתַצַּב אֲחוֹתוֹ מֵרָחוֹק" (שמות ב, ד). "וְלַקָּרוֹב" — כמו שנאמר "חֲדָשִׁים מִקָּרוֹב בָּאוּ" (דברים לב, יז). "מֵרָחוֹק" — זו הנקודה העליונה שעומדת בהיכלו.

וְעַל דָּא כְּתִיב: "תִּשְׁמֹרוּ" — אִתְכְּלִיל בְּ"שָׁמוֹר". "וּמִקְדָּשִׁי תִּירָאוּ" — דָּא נְקוּדָה דְקַיְּימָא בְּאֶמְצָעִיתָא, דְּאִית לְדַחֲלָא מִנָּהּ יַתִּיר מִכֹּלָּא, דְּעָנְשֵׁיהּ מִיתָה. וְהַיְינוּ דִכְתִיב "מְחַלְלֶיהָ מוֹת יוּמָת" (שמות לא, יד). מָאן "מְחַלְלֶיהָ"? מָאן דְּעָאל לְגוֹ

ועל זה כתוב: "תִּשְׁמֹרוּ" — נכלל ב"שָׁמוֹר". "וּמִקְדָּשִׁי תִּירָאוּ" — זו הנקודה שעומדת באמצע, שיש לירא ממנה יותר מן הכול, שעונשו מיתה. וזהו שכתוב "מְחַלְלֶיהָ מוֹת יוּמָת" (שמות לא, יד). מי הם "מְחַלְלֶיהָ"? מי שנכנס לתוך החלל של העיגול

חָלָל דְעִגּוּלָא וְרִבּוּעָא, לְאֲתַר דְּהַהוּא דִנְקוּדָה שַׁרְיָא, וּפָגִים בֵּיהּ – "מוֹת יוּמָת". וְעַל דָּא כְּתִיב "תִּירָאוּ".

והריבוע, למקום שאותה הנקודה שורה, ופוגם בו – "מוֹת יוּמָת". ועל כן כתוב "תִּירָאוּ".

וְהַהִיא נְקוּדָה אִקְרֵי "אֲנִי", וַעֲלָהּ שַׁרְיָא הַהוּא דְּסָתִים עִלָּאָה דְּלָא אִתְגַּלְיָא, וְהַיְינוּ "ה'". וְכֹלָּא חַד.

והנקודה ההיא נקראת "אֲנִי", ועליה שורה אותו הנסתר העליון שלא התגלה, וזהו "ה'". והכול אחד.

הטייעא פותח ודורש מן המילה 'את' שבפסוק "אֶת שַׁבְּתֹתַי תִּשְׁמֹרוּ" ששבת אינה רק השבת עצמה אלא יש לה תוספות. הוא ממשיל זאת להלכה של תחום שבת: אדם שנמצא בעיר מסוימת בשבת רשאי להסתובב בתוכה ורשאי גם לצאת אל מחוצה לה עד אלפיים אמה. ישנה העיר עצמה, וישנו התחום שסביבה, שמחוצה לה, וגם הוא מבחינה מסוימת כלול בעיר. באותו אופן, ישנה השבת עצמה וישנן ההכנות אליה. יש כאן הרבה מה להבין.

הטייעא מתעכב גם על לשון הרבים במילה 'שבתותי', ומסביר שיש שתי שבתות: שבת עליונה ושבת תחתונה. השבת התחתונה מזוהה עם ליל שבת, שכן יום השבת הוא ברור וניכר לעין, אבל הלילה נסתר. הטייעא מסביר שהשבת התחתונה אינה נזכרת, היא נסתרת, מבוישת, והיא כאילו תובעת את עלבונה מהקדוש ברוך הוא. היא טוענת לפניו "אין יום בלי לילה". מעניין לשים לב שבסיפור המסגרת הטייעא עצמו גם כן תבע את עלבונה של השבת מרבי אלעזר ומרבי אבא, כך שגם מהבחינה הזאת סיפור המסגרת משקף את התוכן של המאמר.

בתגובה לדברי השבת התחתונה הקדוש ברוך הוא "העביר כרוז ואמר מקדשי תיראו". כלומר הוא מקבל את דבריה ומדגיש את חשיבותו ואת ייחודו של ליל שבת בכך שהוא קושר אותו למידת היראה, שמקבילה לאישה. כשם שאין יום בלי לילה, כך אין גבר מפורסם בלי אישה שעומדת מאחוריו, כמו למשל, רחל לרבי עקיבא. האישה היא נסתרת אבל היא הכי חשובה, וכך גם ליל שבת.

הטייעא מוסיף ומפתח את המהלך שלו בנוגע לקיומן של שתי שבתות, ומאפיין את ליל שבת כריבוע ואת יום השבת כעיגול שמקיף אותו. הוא גם מוצא ביטוי לשתי השבתות בנוסח הקידוש בליל שבת, שלפי החישוב שלו בנוי משני חלקים שווים באורכם: הקטע הראשון של הקידוש – "וַיְכֻלּוּ הַשָּׁמַיִם וְהָאָרֶץ" – כולל שלושים וחמש מילים, ושלושים וחמש מילים בדיוק כלולות גם בקטע השני, ברכת הקידוש. יחד מגיעים למספר שבעים[2] המבטא את שלמות השביעי, ומידת המלכות, המידה השביעית – כנסת ישראל – מתעטרת באותן שבעים מילים.[3]

את שתי השבתות מחבר הטייעא להלכות שבת, המתחלקות לשתי קטגוריות: "זָכוֹר" (שמות כ, ח) ו"שָׁמוֹר" (דברים ה, יב). מ'זכור' לומדים חז"ל את המצווה החיובית של השבת – מצוות הקידוש, ואילו מ'שמור' הם לומדים את המצווה השלילית – איסור מלאכה. לדעת הטייעא, יום שבת מזוהה עם 'זכור' ואילו ליל שבת – עם 'שמור'. הרקע לדברים הוא אולי שאישה חייבת באיסורי שבת משום שהם מצוות לא תעשה, והיא הייתה אמורה לכאורה להיות פטורה מקידוש כיוון שהוא מצוות עשה שהזמן גרמא. אומנם בפועל זה לא כך – חכמים הגדירו שמי שכלול ב'שמור' כלול גם ב'זכור', וכיוון שאישה חייבת בצד הנגטיבי של שבת, היא חייבת גם בצד הפוזיטיבי. ובכל זאת, שורש החיוב של נשים במצוות השבת הוא ה'שמור'. גם מבחינה רוחנית, מושג השמירה שייך לצד הנשי. בזוהר יש לאישה אסוציאציה

2. זה לא יוצא כך לפי אף נוסח בימינו, אך בנוסחי המקובלים על פי האר"י יש כמה שיטות שמשמיטות או מוסיפות מילים כדי להגיע למספר שבעים.

3. מלשון הזוהר נראה שכנסת ישראל היא גם המתקשטת וגם התכשיט עצמו. יש לה מעין תפקיד כפול: מצד אחד השביעית היא 'בת שבע' – נוצרת מתוך המכלול של השבע, אך מצד שני היא מכנסת את כול השביעיות אליה. ואם תשאלו: איך המידה השביעית יכולה גם לכנס אליה את כל השבע? על כגון דא היה אומר אבי ז"ל – 'חסידים צוחקים מזה'. מקושיות כאלה – חסידים צוחקים. כאמור, כאן לא יֶקים, כאן זה זוהר. אם יקה היה כותב את הזוהר הוא היה אומר שיש מידה שמינית שאוספת את כל שבע המידות שמעליה. אך בזוהר זה לא כך – יש מידה שביעית שמלקטת ואוספת את כל המידות שמעליה, כולל את עצמה.

של גבולות, על דרך המימרא "אין האישה כורתת ברית אלא למי שעשאה כלי" (סנהדרין כב ע"ב). האישה היא הכלי שיוצקים לתוכו את התוכן, ותפקידה לשמור עליו. ככלל השמירה קשורה לצד השמאל, ולכן גם הלוויים, שהם מסטרא דשמאלא, תפקידם לשמור על המקדש.

לעומת זאת, השבת העליונה היא המלך העליון: "המלך העליון נשלם ב'זכור'" – יש לה אופי של זכר. אני מניח שהכוונה כאן היא למידת היסוד, שהיא המלך הזכר ביחס למידת המלכות שלמטה ממנו, שהיא המלכה. היסוד הוא 'המלך שהשלום שלו', הוא קשור לשלום: לעומת המלכות שמתקשטת במגוון השמות העליונים ומכילה את כל המידות אחרי שירדו והתפצלו בעולם, היסוד הוא המידה המקשרת. עליו נאמר "כִּי כֹל בַּשָּׁמַיִם וּבָאָרֶץ" (דברי הימים א כט, יא); הוא קו המאחד בין השמיים והארץ.

בתוך הבחינה הזכרית של הקב"ה, מבחין הטייעא בין שתי רמות, "שלום שלום לרחוק ולקרוב", ואותן הוא מזהה עם יעקב ועם יוסף. יעקב, שהוא מידת התפארת, רחוק יותר מן המלכות. הוא למעלה, ולכן הוא הרחוק. לעומת זאת יוסף הוא הקרוב מפני שהוא מידת היסוד המצויה ממש צמוד למלכות. שניהם עמוד האמצע ושניהם קשורים זה לזה "שהיה זיו איקונין שלו [של יוסף] דומה לו [ליעקב]" (בראשית רבה פרשה פד, ח). ובכל זאת יוסף הוא הקרוב ויעקב הוא הרחוק – רחוק מאיתנו, רחוק מן המלכות.

## המרתק הוא הנסתר

| | |
|---|---|
| נָחֲתוּ רַבִּי אֶלְעָזָר וְרַבִּי אַבָּא וּנְשָׁקוּהוּ. אָמְרוּ: וּמַה כָּל חָכְמְתָא דָא אִית תְּחוֹת יְדָךְ וְאַתְּ טָעִין אֲבַתְרִין?! | ירדו רבי אלעזר ורבי אבא ונשקו אותו. אמרו: ומה כל החוכמה הזו יש תחת ידך ואתה מחמר אחרינו?! |
| אָמְרוּ לֵיהּ: מָאן אַנְתְּ? | אמרו לו: מי אתה? |
| אָמַר לוֹן: לָא תִשְׁאֲלוּן מָאן אֲנָא, | אמר להם: אל תשאלו מי אני, |

| | |
|---|---|
| אֶלָּא אֲנָא וְאַתּוּן נֵיזֵל וְנִתְעַסֵּק בְּאוֹרַיְיתָא וְכָל חַד יֵימָא מִלִּין דְּחָכְמְתָא לְאַנְהָרָא אוֹרְחָא. | אלא אני ואתם נלך ונתעסק בתורה, וכל אחד יאמר דברי חוכמה להאיר את הדרך. |

לאחר שהטייעא מסיים את דבריו, יורדים רבי אלעזר ורבי אבא מחמוריהם ומנשקים אותו בהתפעלות. דווקא מפני שהם אינם מכירים אותו הם משתוממים במיוחד.

אני תמיד מספר את החוויה שהייתה לי לאחר הלידה של בתי שנולדה בערב שבת. בשבת בבוקר יצאתי למניין ספרדי גדול מול שערי צדק הישן. היו שם הרבה מתפללים, ובכל זאת פתאום אני רואה שמזמינים אותי לעלות לתורה. תמהתי, שהרי אף אחד לא מכיר אותי, מה פתאום מעלים אותי לתורה? אז בדרך לבימה שאלתי את הגבאי 'אתה לא מכיר אותי, למה החלטת לעלות אותי?'. הגבאי ענה 'את השאר אני מכיר, אותך אני לא מכיר, אולי אתה אליהו הנביא!'. זוהי אמירה של זוהר, דהיינו אמירה של ספרדים... למה נזכרתי בזה? כי רבי אלעזר הוא בוודאי תנא גדול וקדוש; גם את רבי אבא אנחנו מכירים, הוא הסופר של חבורת הזוהר. אבל הטייעא הזה, אנחנו לא יודעים מי זה! אז כנראה שהוא אדם גדול... המרתק הוא הנסתר. הרב הגדול אולי ידוע, אבל העולם עומד על צדיקים נסתרים. הרב הגדול הוא ודאי לא צדיק נסתר, אבל המשמש שלו, אולי דווקא הוא הצדיק הנסתר. הרי אף אחד לא יודע מי הוא! זוהי דמותו המופלאה של הטייעא, זהו לימוד הנסתר של הזוהר הנלמד בדרכים, בתנועה, במפגש, בחיות, בטבע של ארץ ישראל.

# בגן עדן מקדם

# בורא עולמות ומחריבן

## זוהר ח"א כד ע"ב – כה ע"א

במאמר הבא עובר הזוהר מעיסוק בתיאור הבריאה המופיע בבראשית פרק א לתיאור המופיע בפרק ב. בריאת העולם מתוארת בשני הפרקים הללו, והשאלה שעסקו בה רבים היא מה הצורך בחזרה על אותו סיפור. בדרך כלל רואים הפרשנים את שני הפרקים כשני תיאורים של מעשה אחד, תיאורים המשלימים זה את זה שבכל אחד מהם מובאים פרטים החסרים באחר.[1] גישה קיצונית יותר, המפורסמת בימינו במיוחד, היא זו של הרב יוסף דוב סולובייצ'יק ב'איש האמונה הבודד', והיא רואה בשני סיפורי הבריאה תיאור של שני ממדים נפרדים לחלוטין הקיימים בו זמנית בבריאה. לעומת זאת, הזוהר מציע הסתכלות אחרת, מפתיעה, והיא שהסיפור השני הוא **המשך** לסיפור הראשון. יש כאן תהליך בריאה נוסף הבא **בעקבות** תהליך הבריאה הראשון. במאמר זה הזוהר עוסק בפסוק הראשון של אותו תהליך בריאה שני: "אֵלֶּה תוֹלְדוֹת הַשָּׁמַיִם וְהָאָרֶץ בְּהִבָּרְאָם בְּיוֹם עֲשׂוֹת ה' אֱלֹהִים אֶרֶץ וְשָׁמָיִם" (בראשית ב, ד).

1. ראו למשל ברש"י על בראשית ב, ה.

## המעבר בין המיתי לרציונלי

"אֵלֶּה תּוֹלְדוֹת הַשָּׁמַיִם וְהָאָרֶץ" – הָא אוּקְמוּהָ: כָּל אֲתַר דִּכְתִיב 'אֵלֶּה' פָּסַל אֶת הָרִאשׁוֹנִים, וְאִלֵּין תּוֹלָדִין דְּתֹהוּ דְּאִתְרְמִיזוּ בִּקְרָא תִּנְיָינָא "וְהָאָרֶץ הָיְתָה תֹהוּ" (שם א, ב). וְאִלֵּין אִנּוּן דְּאִתְּמָר דְּקוּדְשָׁא בְּרִיךְ הוּא בָּרָא עָלְמִין וּמַחְרִיבָן. וּבְגִין דָּא אַרְעָא הֲוָה תּוֹהָה וּבוֹהָה.

"אֵלֶּה תּוֹלְדוֹת הַשָּׁמַיִם וְהָאָרֶץ" – הרי העמידוה: כל מקום שכתוב 'אלה' – פסל את הראשונים; ואלה תולדות של תוהו שנרמזו בפסוק השני "וְהָאָרֶץ הָיְתָה תֹהוּ" (שם א, ב). ואלה הם שנתבאר שהקדוש ברוך הוא בורא עולמות ומחריבן. ולכן הארץ הייתה תוהה ובוהה.

אֵיךְ בָּרָא קוּדְשָׁא בְּרִיךְ הוּא עָלְמִין לְחָרְבָא לוֹן? שַׁפִּיר הֲוָה דְּלָא לִבְרֵי לוֹן! אֶלָּא וַדַּאי הָכָא אִיכָּא רָזָא. מַאי אִיהוּ "וּמַחֲרִיבָן"? דְּקוּדְשָׁא בְּרִיךְ הוּא לָא יְשֵׁצֵי עוֹבָדֵי יְדוֹי! וְלֹא עוֹד, אֶלָּא דָּא שְׁמַיָּא אִתְּמָר בְּהוּ "כִּי שָׁמַיִם כְּעָשָׁן נִמְלָחוּ" וְגוֹ' (ישעיהו נא, ו), אִם כֵּן קוּדְשָׁא בְּרִיךְ הוּא עָבִיד וּמָחֵי?!

איך בורא הקדוש ברוך הוא עולמות להחריבם? יפה היה שלא לברוא אותם! אלא ודאי כאן יש סוד. מה זה "ומחריבן"? הרי הקדוש ברוך הוא לא ישמיד את מעשי ידיו! ולא זו בלבד, השמיים האלה נאמר בהם "כִּי שָׁמַיִם כְּעָשָׁן נִמְלָחוּ" וְגוֹ' (ישעיהו נא, ו), אם כן הקדוש ברוך הוא עושה ומכה?!

אֶלָּא רָזָא דְמִלָּה כְּדֵין הוּא: דְּקוּדְשָׁא בְּרִיךְ הוּא בָּרָא עָלְמָא וּבְרָיֵיהּ בְּאוֹרַיְיתָא, כְּמָה דְּאוּקְמוּהָ "בְּרֵאשִׁית" (בראשית א, א) דְּאִתְּמָר בָּהּ "ה' קָנָנִי רֵאשִׁית דַּרְכּוֹ" (משלי ח, כב). וּבְהַאי רֵאשִׁית בָּרָא יָת שְׁמַיָּא וְיָת אַרְעָא וְאִיהִי סָמִיךְ לוֹן בֵּיהּ, בְּגִין דִּבְרִית

אלא סוד הדבר כך הוא: שהקדוש ברוך הוא ברא את העולם וברא אותו בתורה, כמו שהעמידו את "בְּרֵאשִׁית" (בראשית א, א) שנאמר בה "ה' קָנָנִי רֵאשִׁית דַּרְכּוֹ" (משלי ח, כב). ובראשית הזו ברא את השמיים ואת הארץ והיא

כְּתִיב בֵּיהּ בִּ'בְרֵאשִׁית', וְאִתְּמָר בֵּיהּ "אִם לֹא בְרִיתִי יוֹמָם וָלַיְלָה" וְגוֹ' (ירמיהו לג, כה). וְאִלֵּין אִנּוּן דְּאִתְּמָר בְּהוֹן "הַשָּׁמַיִם שָׁמַיִם לַה'" וְגוֹ' (תהילים קטו, טז). וְאִיהִי "אֶרֶץ הַחַיִּים" כְּלִילָא מִשְּׁבַע אַרְעִין דַּעֲלַיְיהוּ אָמַר דָּוִד מַלְכָּא "אֶתְהַלֵּךְ לִפְנֵי ה' בְּאַרְצוֹת הַחַיִּים" (שם, ט).

סומכת אותם בה, משום שברית כתובה בו ב'בראשית', ונאמר בו "אִם לֹא בְרִיתִי יוֹמָם וָלַיְלָה" וְגוֹ' (ירמיהו לג, כה). ואלו הם שנאמר בהם "הַשָּׁמַיִם שָׁמַיִם לַה'" וְגוֹ' (תהילים קטו, טז). וזאת "אֶרֶץ הַחַיִּים" היא כלולה משבע ארצות, שעליהן אמר דוד המלך "אֶתְהַלֵּךְ לִפְנֵי ה' בְּאַרְצוֹת הַחַיִּים" (שם, ט).

וּבְרָא שְׁמַיָּא וְאַרְעָא בַּתְרֵיהּ עַל תֹּהוּ, וְלֵית תַּמָּן יְסוֹדָא דְּאִיהוּ בְּרִית דְּסָמִיךְ לוֹן. בְּגִין דָּא קוּדְשָׁא בְּרִיךְ הוּא בָּעָא לְמִיתַּן אוֹרַיְיתָא לְאוּמִין דְּעַלְמָא, עוֹבְדֵי כּוֹכָבִים וּמַזָּלוֹת, דְּאִיהוּ בְּרִית מִילָה מַמָּשׁ. וְלָא בָּעוּ לְקַבְּלָא לֵיהּ וְאִשְׁתְּאָרַת אַרְעָא חֲרֵבָה וִיבֵשָׁה.

וברא שמיים וארץ אחר כך על תוהו, ואין שם יסוד שהוא 'ברית' שסומך אותם. לכן רצה הקדוש ברוך הוא לתת תורה לאומות העולם עובדי כוכבים ומזלות, שהוא ברית מילה ממש. ולא רצו לקבלה ונשארה הארץ חרבה ויבשה.

וְדָא אִיהוּ "יִקָּווּ הַמַּיִם מִתַּחַת הַשָּׁמַיִם אֶל מָקוֹם אֶחָד וְתֵרָאֶה הַיַּבָּשָׁה" (בראשית א, ט).

וזהו "יִקָּווּ הַמַּיִם מִתַּחַת הַשָּׁמַיִם אֶל מָקוֹם אֶחָד וְתֵרָאֶה הַיַּבָּשָׁה" (בראשית א, ט).

"יִקָּווּ הַמַּיִם" — דָּא אוֹרַיְיתָא.

"יִקָּווּ הַמַּיִם" — זו התורה.

"אֶל מָקוֹם אֶחָד" — אִלֵּין יִשְׂרָאֵל, בְּגִין דְּנִשְׁמָתַיְיהוּ תַּלְיָין מֵהַהוּא אֲתַר דְּאִתְּמָר בֵּיהּ "בָּרוּךְ כְּבוֹד ה' מִמְּקוֹמוֹ" (יחזקאל ג, יב): "כְּבוֹד ה'" — שְׁכִינְתָּא תַּתָּאָה; "מִמְּקוֹמוֹ" — שְׁכִינְתָּא עִלָּאָה. וְכֵיוָן דְּאִנּוּן נִשְׁמָתַיְיהוּ מִתַּמָּן,

"אֶל מָקוֹם אֶחָד" — אלו ישראל, משום שנשמותיהם תלויות מאותו מקום שנאמר בו "בָּרוּךְ כְּבוֹד ה' מִמְּקוֹמוֹ" (יחזקאל ג, יב): "כְּבוֹד ה'" — שכינה תחתונה; "מִמְּקוֹמוֹ" — שכינה עליונה. וכיוון שהם נשמותיהם

שַׁרְיָא עֲלַיְיהוּ וַדַּאי יהו"ה, וְאִתְּמָר בְּהוֹן "כִּי חֵלֶק ה' עַמּוֹ" (דברים לב, ט). וְדָא אִיהוּ "יִקָּווּ הַמַּיִם אֶל מָקוֹם אֶחָד".

וְאוֹרַיְיתָא אִיהִי יִשּׁוּבָא דְּעָלְמָא. וְאוּמִין דְּעָלְמָא עוֹבְדֵי כּוֹכָבִים וּמַזָּלוֹת דְּלָא קַבִּילוּ לָהּ, אִשְׁתָּאֲרוּ חֲרֵבִין וִיבֵשִׁין. וְדָא אִיהוּ דְקוּדְשָׁא בְּרִיךְ הוּא בָּרָא עָלְמִין וּמַחֲרִיבָן – אִלֵּין דְּלָא נָטְרֵי פִּקּוּדֵי אוֹרַיְיתָא, לָא דְּיִשֵׁצֵי אִיהוּ עוֹבָדוֹי כְּמָה דְּחָשְׁבִין בְּנֵי נָשָׁא. וְלָמָּה יְשֵׁצֵי לוֹן לִבְנוֹי דְּאִתְּמָר בְּהוֹן "בְּהִבָּרְאָם" – בְּהּ' בְּרָאָם?

משם, שורה עליהם בוודאי הוי"ה, ונאמר בהם "כִּי חֵלֶק ה' עַמּוֹ" (דברים לב, ט). וזהו "יִקָּווּ הַמַּיִם אֶל מָקוֹם אֶחָד".

והתורה היא יישוב העולם. ואומות העולם שהם עובדי כוכבים ומזלות שלא קיבלו אותה, נשארו חרבים ויבשים. וזהו שהקדוש ברוך הוא בורא עולמות ומחריבן – אלה שלא שומרים מצוות התורה, לא שישמיד הוא את מעשיו כמו שחושבים בני אדם. ולמה ישמיד אותם את בניו שנאמר בהם "בְּהִבָּרְאָם" – בה' בראם?

**יש אצל חז"ל עיקרון פרשני הקובע: "כל מקום שנאמר 'אלה' פסל את הראשונים; 'ואלה' מוסיף על הראשונים" (בראשית רבה פרשה יב, ג). העיקרון הזה בא להנחות אותנו בהבנת פשט הפסוקים. חז"ל מלמדים אותנו שבמילה 'אלה', ללא ו' החיבור, הכוונה היא תמיד למה שיבוא בהמשך, כמו** the following**, וממילא אם הפסוקים הבאים עוסקים באותו נושא שבו דובר בפסוקים הקודמים, יש כאן פסילה ושלילה של מה שכבר נאמר. לעומת זאת המילה 'ואלה' – בתוספת של ו' החיבור, מורה שהדברים הבאים שייאמרו מוסיפים על הדברים הקודמים וממשיכים אותם.**[2]

2. לפעמים העיקרון הזה פשוט, אך לא תמיד. בפסוקים כמו "וְאֵלֶּה שְׁמוֹת בְּנֵי יִשְׂרָאֵל" (שמות א, א), ו"וְאֵלֶּה הַמִּשְׁפָּטִים" (שם כא, א) נראה ברור שאכן המילה 'ואלה' מוסיפה על הראשונים וממשיכה את הנאמר. לעומת זאת בפרשת שמיני למשל יש מקום להתלבט בכמה מהביטויים המופיעים בפרשיות החיות הטמאות והטהורות. כשנאמר "וְאֶת אֵלֶּה תְּשַׁקְּצוּ מִן הָעוֹף" (ויקרא יא, יג) ברור שמדובר

אומנם העיקרון החז"לי הזה לכאורה אינו אלא מנגנון פרשני להבנת פשט, אך הזוהר אינו מסתפק ברובד זה ורואה בכך משהו יסודי יותר. בנוגע לפסוק "אֵלֶּה תוֹלְדוֹת הַשָּׁמַיִם וְהָאָרֶץ" הזוהר מסביר את הביטוי "פסל את הראשונים" באופן מציאותי. 'פסל' פירושו 'הרס', 'סימן איקס' על העולמות הקודמים, כאשר הכוונה היא לעולמות התוהו. מרתק לראות שכך קורא הזוהר את הפסוק הראשון של הבריאה השנייה: לפי תיאור זה הקב"ה פוסל את כל מעשה הבריאה המתואר בפרק א. בניגוד לחז"ל ולרב סולובייצ'יק, הזוהר רואה כאן שני אירועים שונים, כאשר העולם שנוצר בסיפור השני מבטל את קיומו של העולם שנברא בסיפור הראשון.

לרעיון פסילת העולמות הראשונים מחבר הזוהר מדרש נוסף:

> אמר רבי אבהו: מכאן שהקב"ה היה בורא עולמות ומחריבן, בורא עולמות ומחריבן, עד שברא את אלו. אמר: דין הניין לי, יתהון לא הניין לי [אלו מהנים אותי, הקודמים לא נתנו לי הנאה].
>
> (בראשית רבה פרשה ט, ב)

אי אפשר לתפוס את הרעיון הזה כפשוטו; כבר במדרש נראה שיש כאן מעין סוד. ובכל זאת, יש במדרש גם אפשרות של פשט: הקב"ה ניסה כמה ניסיונות עד שהגיע לתוצאה שהייתה נאה בעיניו, כמו יוצר שעובד עם חומר והורס שוב ושוב את מה שיוצא לו, עד לתוצאה הטובה ביותר. המדרש הזה משתלב היטב עם פרשנותו של הזוהר שמעשה הבריאה השני בא על חורבותיו של הראשון.[3]

על תוספת, אך כשנאמר "וּלְאֵלֶּה תִּטַּמָּאוּ" (ויקרא יא, כד) אפשר להתלבט, משום שנראה שזה מתייחס רק למה שבא אחר כך (ראו רש"י במקום). גם לכלל ההפוך יש יוצאי דופן – לעיתים נראה שהמילה 'אלה' ללא ו' אינה פוסלת את מה שנאמר לפניה. למשל בפסוק "אֵלֶּה הַטְּמֵאִים לָכֶם" (ויקרא יא, לא) נראה ש'אלה' אינו שלילת הנאמר לפני כן אלא מעין סיכום, הפסוקים מכוונים לרשימת השרצים שנכתבה לפני כן מבלי לפסול דבר.

3. ראוי לציין שהמדרש נסוב על הפסוק "וְהִנֵּה טוֹב מְאֹד" (בראשית א, לא), כלומר

אומנם, הזוהר איננו יכול להסתפק בהסבר כזה משום שהדבר מעורר אצלו מבוכה תיאולוגית. הוא מקשה: "איך בורא הקדוש ברוך הוא עולמות להחריבם? יפה היה שלא לברוא אותם!" את הקושי של הזוהר ניתן להסביר בשני דרכים: אפשרות אחת היא שמעשה החרבת העולמות נתפס בעיני הזוהר כמעשה אכזרי ובלתי מוסרי. אפשרות אחרת היא שהזוהר אינו מקבל את חוסר היכולת של הבורא לברוא משהו טוב מספיק מלכתחילה. כך או כך, החרבת העולמות מובילה אותנו לעמדה מזועזעת כלפי הבורא – הייתכן שהקב"ה פועל באכזריות? או לחילופין, הייתכן שהקב"ה יברא משהו פגום עד כדי שצריך יהיה להחריב אותו?

כפי שראינו,[4] הזוהר שואל שאלה דומה – כמעט מילה במילה – על בריאת האדם. מדוע נברא האדם? אם עתיד הוא לחטוא, עדיף היה שלא לברוא אותו כלל! באותו אופן מוטרד הזוהר גם מפסוק אחר שבו מתואר חורבן העולם וירושלים: "שְׂאוּ לַשָּׁמַיִם עֵינֵיכֶם וְהַבִּיטוּ אֶל הָאָרֶץ מִתַּחַת כִּי שָׁמַיִם כֶּעָשָׁן נִמְלָחוּ וְהָאָרֶץ כַּבֶּגֶד תִּבְלֶה וְיֹשְׁבֶיהָ כְּמוֹ כֵן יְמוּתוּן, וִישׁוּעָתִי לְעוֹלָם תִּהְיֶה וְצִדְקָתִי לֹא תֵחָת" (ישעיהו נא, ו). בפסוק זה ישעיהו מנבא חורבן לירושלים ומייד לאחר מכן ישועה וגאולה, והזוהר תוהה: למה צריך להחריב ואז לגאול? עדיף היה לא להתחיל עם זה כלל.

## קיום העולם תלוי בתורה

התשובה של הזוהר היא שהקב"ה לא תכנן להחריב את העולמות. הוא ברא את העולם על ידי התורה, והתורה מכילה מנגנון של חוקים שאם לא שומרים אותם העולם נחרב. הזוהר מתבסס על מדרש מפורסם

מעשה הבריאה **של פרק א** הוא הוא התוצאה הנבחרת אחרי עולמות אחרים שנבראו וחרבו. זאת בניגוד לזוהר שלפיו פרק א מתאר את העולם **שחרב** (הערת העורכים).

4. לעיל בפרק 'לברוא או לא לברוא, זו השאלה', עמ' 167.

המופיע בפתיחה לבראשית רבה, ובו מתוארת התורה כתוכניתו של העולם:

> רבי הושעיה רבה פתח: "וָאֶהְיֶה אֶצְלוֹ אָמוֹן וָאֶהְיֶה שַׁעֲשׁוּעִים יוֹם יוֹם" וגו' (משלי ח, ל)...
> דבר אחר: "אָמוֹן" – אומן. התורה אומרת: אני הייתי כלי אומנתו של הקדוש ברוך הוא.
> בנוהג שבעולם מלך בשר ודם בונה פלטין, אינו בונה אותה מדעת עצמו אלא מדעת אומן. והאומן אינו בונה אותה מדעת עצמו אלא דיפתראות ופינקסאות יש לו לדעת היאך הוא עושה חדרים, היאך הוא עושה פשפשין. כך היה הקדוש ברוך הוא מביט בתורה ובורא את העולם.
> והתורה אמרה "בְּרֵאשִׁית בָּרָא אֱלֹהִים" (בראשית א, א), ואין 'ראשית' אלא תורה, היאך מה דאת אמר [כמו שנאמר] "ה' קָנָנִי רֵאשִׁית דַּרְכּוֹ" (משלי ח, כב).

(בראשית רבה פרשה א, א)

המדרש הזה רואה בתורה את היסוד והמקור לבריאת העולם. הזוהר הולך צעד נוסף קדימה וטוען שהקב"ה לא רק ברא את העולם באמצעות התורה, אלא הוא ממשיך לקיים אותו בכל רגע ורגע על ידיה. הזוהר מבסס את דבריו על המילה 'בראשית' שמכילה בתוכה את המילה 'ברית'. רוצה לומר: העולם יתקיים רק אם יהיה עולם של ברית, עולם המקושר למעלה. לכן עולם זה נקרא בפי דוד המלך "אַרְצוֹת הַחַיִּים" (תהילים קטז, ט) בלשון רבים: אין הכוונה למרחבים גיאוגרפיים שונים כמו ארצות הברית, קנדה ואחרות, אלא לשבע שכבות של ארץ, זו על גבי זו, כמו שבעת הרקיעים, ארצות שאינן מבטלות זו את זו אלא מתווספות זו על גבי זו. הארצות הללו מזוהות כנראה עם שבע המידות האלוקיות, וזה בדיוק העניין: עולם שיש בו ברית הוא עולם שבו שבע המידות נוכחות במציאות, ורק אז יש לו קיום. לעומת זאת, אם נפריד את המילה 'ברית' מ'בראשית' תישאר

המילה 'אש', כלומר: כאשר מפרים את הברית, האש מאיימת לכלות את העולם.

הדברים מתאימים לתפיסה מרכזית בזוהר – שהעולם עומד על עמוד אחד וצדיק שמו; כלומר, הקשר עם העולם העליון (מידת הצדיק, היסוד) הוא חיוני לקיומו של העולם התחתון. עולם שמחובר למעלה הוא יציב, בר קיימא, עולם של יסוד. זוהי הברית שעליה דיברנו קודם, והמשמעות שלה בפועל היא קיום התורה. התורה היא שמעמידה ומקיימת את העולם. למעשה, הקשר בין הברית לתורה הדוק כל כך שמשמעותה של המילה ברית עצמה במקרא היא לפעמים תורה. למשל, את הפסוק "וְהֵבֵאתִי עֲלֵיכֶם חֶרֶב נֹקֶמֶת נְקַם בְּרִית" (ויקרא כו, כה), מפרשים שהחרב נוקמת על הפרת התורה שהיא הברית.[5]

אומנם, העולם שבנוי על ברית ועל תורה הוא רק עולם אחד; יש גם עולמות שבנויים בלי ברית ובלי תורה – אלו עולמותיהם של הגויים. מפורסם המדרש שהקב"ה חיזר על האומות והציע להן את התורה, וכל אומה סירבה מסיבה אחרת (עבודה זרה ב ע"ב). הזוהר מביא את המדרש הזה אך אינו מפרט את הסיבות השונות אלא אומר בפשטות: העמים סירבו משום שלא קיבלו את המהות של הברית. אין לגויים ברית מילה כפשוטו, ואין להם גם מושג של ברית במובן הרחב יותר. לכן גם אין להם חלק בתורה. יש עולם יציב וקיים – העולם היהודי שבו יש תורה; ויש עולם בלתי יציב שהוא תוהו.

האופי המיתי השורה על המדרש "בונה עולמות ומחריבן" מקבל עכשיו משמעות קונקרטית ומעשית: העולמות החרבים הם עולמות הגויים, שאין בהם לא ברית ולא תורה. לעולמות האלה אין קיום. לפי הזוהר, הקב"ה לא החריב עולמות כמו ילד שמחריב ארמון חול שבנה, מתוך גחמה, אלא יש היגיון פנימי במהלך הזה – העולמות החרבים לא יכלו להחזיק מעמד מפני שנעדר מהם מרכיב הברית. הזוהר עושה מעין רציונליזציה למיתוס.

אפשר לומר שמיתוס העולמות החרבים מקבל כאן משמעות

5. ראו שם ברש"י ובשפתי חכמים.

לאומית, פוליטית ותרבותית. יש עולם בעל זכות קיום, שלקיומו יש תוקף – העולם היהודי – ומאידך יש עולמות תרבותיים שאינם בני קיום כמו התרבות הרומאית, היוונית, ואולי אפילו האמריקאית של ימינו. זהו רעיון שניתן למצוא בעוד מקומות: למשל, על סולם יעקב נאמר ש"מַלְאֲכֵי אֱלֹהִים עֹלִים וְיֹרְדִים בּוֹ" (בראשית כח, יב), וחז"ל במדרש פירשו שאומות העולם נעים מלמטה למעלה ואז מלמעלה למטה. הם רעועים, ואילו יעקב נשאר יציב (בראשית רבה פרשה סח, יג-יד).

עניין הברית בא לידי ביטוי כגורם מבדיל בין ישראל לעמים במישור נוסף – ברית במשמעות המינית, בין איש לאישה. אחד ההבדלים העיקריים בין יהודים לגויים מצוי בתחום היחסים בין גבר לאישה. לעומת הגויים שאצלם שוררות מתירנות והפקרות מינית, היהודים מקדשים את הקשר המיני רק בתוך מסגרת של נישואין. אפשר לראות זאת בהרבה מקורות חז"ל ומקורות נוספים מהספרות היהודית. בצורה יותר כואבת, זה נכון גם היום לגבי ההבדל התרבותי שבין דתיים לחילונים. בתחילה, כאשר ניסו לארגן מפגשים בין נוער דתי לנוער חילוני, הרבה מהמחנכים הדתיים הסכימו לרעיון אך דרשו שהמפגשים הללו לא יימשכו יותר מיום אחד רצוף משום שהם חששו מהאינטרקציה בין המינים בלילה. הדתיים לא פחדו שהחילונים ישפיעו על תלמידיהם בדברי כפירה או ישכנעו אותם להתפנות מהשטחים, אך הם כן פחדו מהפער העצום שיש בין הציבורים מבחינת ההתייחסות לבני המין השני.

על כל פנים, המאמר "הקב"ה בורא עולמות ומחריבן" אינו תיאור היסטורי, אלא מציין שני עולמות המתקיימים זה לצד זה. אלו הן שכבות של מציאות בהווה – פרשת הבריאה הראשונה והפרשה השנייה מתרחשות בו זמנית כל העת.

תיאור הברית כמקיימת את העולם מזכיר מאוד את פרשת המבול. על החטאים שגרמו למבול נאמר "כִּי הִשְׁחִית כָּל בָּשָׂר אֶת דַּרְכּוֹ עַל הָאָרֶץ" (בראשית ו, יב), והביטוי 'בשר' רומז על הפרת הברית בממד המיני. בכלל, סיפור המבול מגיע מייד אחרי הפרשייה המתארת את

בני האלוהים שלקחו להם נשים מכל אשר בחרו. כאן נראה שמתוארים חטאים בתחום המיני כבר ברובד הפשט. חז"ל צירפו את הדברים ונקטו גם הם שהמבול נגזר על בני אותו דור בעיקר בעקבות חטאים בתחום זה (סנהדרין נז ע"א). עם זאת, קיים שוני בין 'בורא עולמות ומחריבן' לבין המבול. המבול החריב עולם שהיה קיים ועומד קודם לכן, בעוד שהעולמות החרבים שעליהם מדבר הזוהר עודם מצויים כאן לצד העולם שקיים ועומד. מדובר על שתי מהויות המתקיימות זו לצד זו. סיפור המבול נושא אופי מובהק של מיתוס – הייתה מציאות שלמה שנהרסה כליל ועברה מהעולם. לעומת זאת, מה שאני קורא כאן בזוהר הוא אידיאולוגיה יהודית קלסית.

הזוהר מחזק את דבריו באמצעות דיוק במילה 'מחריבן'. את המילה הזאת הוא דורש מלשון 'חורב', יובש. כלומר עולמות הגויים הם נעדרי מים, משום שאין מים אלא תורה. כל המים בעולם מגיעים אל עם ישראל, ואילו שאר העמים נותרים יבשים.

האסוציאציה שלי לוקחת אותי לסיפור על רבי יהודה הנשיא שהוזמן לראות את הקיסר הרומאי בקיסריה, והלך לשם בליווי בנו רבי שמעון ותלמידו רבי חייא. בזמן הפגישה של רבי והקיסר, עמדו המלווים בחוץ וראו לגיון רומאי מלא עוצמה. רבי שמעון התרשם מאוד מהלגיון, ואז לקח אותו רבי חייא לשוק והראה לו זבובים מעל לסלי התאנים והענבים. הוא אמר לו: 'מה אתה מתרשם כל כך, הרי הם כמו זבובים!' כאשר רבי יהודה הנשיא יצא אליהם סיפר לו רבי שמעון את הדברים, ורבי יהודה אמר לרבי חייא: 'אני מתפלא שאמרת על הרומאים שהם כמו זבובים, הרי הם פחותים מזבובים!' (מדרש תנחומא פרשת וישב סימן ג).[6]

זאת התחושה כאן, עולמות הגויים חרבים, לא שווים כלום.

6. מעניין שרבי יהודה הנשיא אומר זאת, משום שבדרך כלל הוא מראה לויאליות לרומאים, ובפרט כאן שהוא יצא היישר מפגישה עם הקיסר הרומי.

## היחס השלילי לגיור

וְאִלֵּין אִנּוּן דְּמִתְגַּיְּירִין מֵאוּמִּין דְּעָלְמָא – בְּגִינַיְיהוּ נָפְלַת ה' זְעֵירָא דְּאַבְרָהָם בְּאֶלֶף חֲמִישָׁאָה דְּהוּא ה', דְּאִיהוּ חָרֵב וְיָבֵשׁ: חָרֵב בְּבֵית רִאשׁוֹן וְיָבֵשׁ בְּבַיִת שֵׁנִי.

וּמֹשֶׁה, בְּגִין דְּבָעָא לְאַעֲלָא גִּיּוֹרִין תְּחוֹת גַּדְפוֹי דִּשְׁכִינְתָּא וְחָשִׁיב דַּהֲווּ מֵאִלֵּין דְּאִתְבְּרִיאוּ בְּ־ה', וְהַב בְּהוֹן אָת ה' דְּאַבְרָהָם – גָּרְמוּ לֵיהּ יְרִידָה, כְּמָא דְאַתְּ אָמֵר "לֶךְ רֵד כִּי שִׁחֵת עַמְּךָ" (שמות לב, ז). בְּגִין דְּלָא קַבִּילוּ לְאָת ה' בִּדְחִילוּ דְּיוּ"ד וּבִרְחִימוּ דְּה', נָחִית אִיהִי מִדַּרְגֵּיהּ דְּאִיהוּ ו'.

וְאָת ו' נָחְתַת עִמֵּיהּ בְּגִין דְּלָא יִתְאֲבִיד בֵּינַיְיהוּ, דַּעֲתִיד אִיהוּ בְּרָזָא דְגִלְגּוּלָא לְאִתְעַרְבָא בֵּינַיְיהוּ בְּגָלוּתָא בֵּין עֵרֶב רַב דְּאִנּוּן נִשְׁמָתַיְיהוּ מִסִּטְרָא דְּאִלֵּין דְּאִתְּמָר בְּהוֹן "כִּי שָׁמַיִם כֶּעָשָׁן נִמְלָחוּ" וְגוֹ' (ישעיהו נא, ו). וְאִלֵּין אִנּוּן דְּלָא בָּעָא נֹחַ רַחֲמֵי עֲלַיְיהוּ, וְאִתְּמָר בְּהוֹן "וַיִּמָּחוּ מִן הָאָרֶץ" (בראשית ז, כג), בְּגִין דַּהֲווּ מֵאִלֵּין דְּאִתְּמָר בְּהוֹן "תִּמְחֶה אֶת זֵכֶר עֲמָלֵק" (דברים כה, יט). וּמֹשֶׁה לָא אִסְתְּמַר מִנַּיְיהוּ וְאַפִּיל ה' בֵּינַיְיהוּ, וּבְגִין דָּא אִיהוּ לָא יֵיעוּל

ואלה אותם שמתגיירים מאומות העולם, בגללם נפלה ה' קטנה של אברהם באלף החמישי שהוא ה', שהוא חרב ויבש: חרב בבית ראשון, ויבש בבית שני.

ומשה, משום שרצה להכניס גרים תחת כנפי השכינה, וחשב שהיו מאלה שנבראו ב־ה', ונתן בהם אות ה' של אברהם – גרמו לו ירידה, כמו שנאמר "לֶךְ רֵד כִּי שִׁחֵת עַמְּךָ" (שמות לב, ז). משום שלא קיבלו את האות ה' ביראה של יו"ד ובאהבה של ה', ירד הוא מדרגתו שהיא ו'.

ואות ו' ירדה עימו כדי שלא יאבד ביניהם, שעתיד הוא בסוד הגלגול להתערב ביניהם בגלות בין ערב רב, שהם נשמותיהם מצד אלה שנאמר בהם "כִּי שָׁמַיִם כֶּעָשָׁן נִמְלָחוּ" וְגוֹ' (ישעיהו נא, ו). ואלה אותם שלא ביקש נח רחמים עליהם, ונאמר בהם "וַיִּמָּחוּ מִן הָאָרֶץ" (בראשית ז, כג), משום שהיו מאלה שנאמר בהם "תִּמְחֶה אֶת זֵכֶר עֲמָלֵק" (דברים כה, יט). ומשה לא נשמר מהם והפיל ה' ביניהם, ולכן הוא לא ייכנס

לְאַרְעָא דְּיִשְׂרָאֵל עַד דְּיִתוּב ה׳ לְאַתְרָהּ. וּבְגִין דָּא נָחַת אִיהוּ מִדַּרְגֵיהּ, וְנָחִית בֵּיהּ ו׳. וּבְגִין דָּא ה׳ נָפְלַת, ו׳ יוֹקִים לָהּ, ו׳ דְּמֹשֶׁה.

וּבְגִין דְּה"א זְעֵירָא – ה׳ דְּאַבְרָהָם דְּאִיהִי דְּ"הִבָּרְאָם" – אִתְעַזַּר אִיהוּ בְּגִינָהּ, וְאִתְּמַר בֵּיהּ "מוֹלִיךְ לִימִין מֹשֶׁה" וְגוֹ׳ (ישעיהו סג, יב), וְאַפִּיק לָהּ מִתַּמָּן בְּחֵילָא דְּ־ו׳ וְאַיְיתֵי לָהּ עִמֵּיהּ. מִיַּד שַׁרְיָא עֲלֵיהּ י"ה וְאִשְׁתְּלִים אוֹמָאָה "כִּי יָד עַל כֵּס יָהּ מִלְחָמָה לַה׳" וְגוֹ׳ (שמות יז, טז). מַאי "מִדֹּר דֹּר"? דָּא מֹשֶׁה דְּאִתְמַר בֵּיהּ "דּוֹר הוֹלֵךְ וְדוֹר בָּא" (קהלת א, ד), וְהָא אוּקְמוּהָ דְּלֵית דּוֹר פָּחוּת מִ־ס׳ רִבּוֹא, וְדָא מֹשֶׁה דְּאִתְּמַר בֵּיהּ דְּאִנְתְּתָא חָדָא יָלְדָה ס׳ רִבּוֹא בְּכֶרֶס אַחַת.

לארץ ישראל עד שתשוב ה׳ למקומה. ולכן ירד הוא מדרגתו, וירדה בו ו׳. ולכן ה־ה׳ נפלה. ו׳ יקים אותה, ו׳ של משה.

ומשום שהה"א קטנה – ה׳ של אברהם שהיא של "הִבָּרְאָם" – נעזר הוא בעבורה, ונאמר בו "מוֹלִיךְ לִימִין מֹשֶׁה" וְגוֹ׳ (ישעיהו סג, יב), והוציא אותה משם בכוח של ו׳ והביא אותה עימו. מייד שרתה עליו י"ה ונשלמה השבועה "כִּי יָד עַל כֵּס יָהּ מִלְחָמָה לַה׳" וְגוֹ׳ (שמות יז, טז). מה זה "מִדֹּר דֹּר"? זה משה, שנאמר בו "דּוֹר הוֹלֵךְ וְדוֹר בָּא" (קהלת א, ד), והרי העמידוה שאין דור פחות משישים ריבוא, וזה משה, שנאמר בו שאישה אחת ילדה שישים ריבוא בכרס אחת.

הפסוק "אֵלֶּה תוֹלְדוֹת הַשָּׁמַיִם וְהָאָרֶץ בְּהִבָּרְאָם" פותח את מעשה הבריאה השני המייצג את העולם שיש בו ברית, העולם המתקיים. חז"ל דורשים שהמילה ׳בהבראם׳ היא אותיות ׳באברהם׳ (בראשית רבה פרשה יב, ט), והדברים הולמים מאוד למהלך של הזוהר: אברהם הוא בעל הברית ובעל התורה, והרי הברית היא קיום העולם. זה מה שמבדיל את העולם הקיים מן העולמות החרבים, לכן מתבקש שאברהם יהיה רמוז בפסוק זה.

אבל במילה ׳בהבראם׳ ה־ה׳ היא קטנה, והזוהר מבין שיש כאן רמז לפגם. הזוהר מזהה את ה־ה׳ הזאת עם ה־ה׳ השנייה בשם הוי"ה,

הרומזת לשכינה, שממנה מגיע השפע לישראל. מה קרה כאן? מה נפגם במעשה הבריאה של אברהם?

הזוהר תולה את האשמה בגרים, וזאת לאור ההסבר שלו קודם: ההבחנה בין היהודים לגויים היא כל כך ברורה שהסברה של גיור כלל לא מתחילה. ההתייחסות השלילית של הזוהר לעניין הגיור נובעת מתפיסתו שלישראל יש שורש של קדושה ואילו הגויים הם עולם חרב ביסודם. לדעתו הגיור הוא טעות, ניסיון להכניס כוחות שליליים ולהופכם לטוב הטומן בתוכו כישלון מובנה. הגרים רק יזיקו לעם ישראל כאשר ייכנסו תחת כנפי השכינה.

האיש שמולו פותח הזוהר חשבון בנושא הגיור הוא משה רבנו העומד בעניין זה בניגוד לאברהם. הטענה נגד משה היא שהוא קיבל את הערב רב לתוך עם ישראל, מעשה מובהק של גיור, והעניק להם את ה־ה' של אברהם, את השכינה, ובכך הקטין אותה.[7] ואומנם, התוצאה המיידית של הגיור הזה הייתה חטא העגל, שנעשה ביוזמת הערב רב. לכן הקב"ה פונה אל משה ואומר לו "לֶךְ רֵד כִּי שִׁחֵת עַמְּךָ" (שמות לב, ז), ומדייק הזוהר בעקבות המדרש: 'עַמְּךָ' – העם שלך; כאילו אומר לו הקב"ה – 'הערב רב שייכים לך משה, ולא לי'. מה שמעניין הוא שהגיור של הערב רב אינו מוריד רק את עם ישראל ממדרגתו אלא גם את משה בעצמו: הוא ירד מן האות ו' אל האות ה', ממידת תפארת למידת מלכות.

ההזדהות של משה עם הערב רב מוביל את גורלו להיות כשלהם, וזה אינו דבר פשוט. הזוהר מזהה את הערב רב כגלגול של דור המבול. החיבור בין משה לבין דור המבול מופיע כבר בגמרא השואלת: "מנין

7. אמת היא שיש דרשה מפורסמת של חז"ל על הפסוק "וְאֶת הַנֶּפֶשׁ אֲשֶׁר עָשׂוּ בְחָרָן" (בראשית יב, ה) שאברהם ושרה גיירו גרים גם הם, אך הזוהר אינו מתייחס כאן לדרשה זו ואינו מזהה את אברהם כמגייר. יתכן שהסיבה לכך היא שהתורה אינה עוקבת אחרי מה שקרה לאותם גרים. איננו יודעים לאן נעלמו כל 'הנפש אשר עשו בחרן', ולכן נראה שמערכת הגיור הזו הייתה מוגבלת. אברהם קירב אותם לאמונה בקב"ה אבל לא שילב אותם בעם ישראל. לעומת זאת, הערב רב של משה כנראה התערבבו לגמרי בתוך עם ישראל.

למשה מן התורה?" ועונה שהרמז הוא בפסוק שנאמר על דור המבול "בְּשַׁגַּם הוּא בָשָׂר" (בראשית ו, ג), 'בשגם' בגימטריה 'משה' (חולין קלט ע"א). בהמשך לכך, המילה היחידאית 'בשגם' קשורה אולי למילה 'שגגה' שבוודאי מתאימה לחטא של משה, שלא היה מתוך כוונת פשיעה. גם התוצאה של חטא העגל, של החיבור לערב רב, זהה למה שקרה לדור המבול. אנשי חטא העגל מתו במדבר ונעלמו כמו אנשי דור המבול.

כשמעמיקים בהשוואה לדור המבול יש להשוות גם בין משה לבין נח, דמות המושיע המרכזית במבול. במקומות אחרים מופיעה ביקורת על נח על כך שלא ביקש רחמים על דורו (זוהר ח"א סז ע"ב). גם האר"י משתתף בביקורת הזאת, ולכן הוא רואה בהתנהגותו של משה – המבקש רחמים על עם ישראל שחטא בחטא העגל ושמוכן למחות את שמו עבורם – תיקון למעשיו של נח.[8] הזוהר כאן נוקט גישה הפוכה בתכלית, ודורש את התנהגותו של נח דווקא לשבח: לדעתו, נח זיהה נכונה שאנשי דורו חוטאים ולכן לא ניסה לכפות עליהם להשתתף איתו בבניית התיבה ולהציל אותם. הסתכלות זו רואה בקטנותו לכאורה של נח דווקא הבנה מעמיקה לתוצאות האפשריות של קירוב גורמים זרים פנימה. נח מבין שעם החבר'ה האלה אין מה להתעסק, עדיף למחות אותם מהיקום ולהקים משהו חדש.

השורש מח"י/ה הוא שורש שחורז את העלילה כולה. על דור המבול נאמר "וַיִּמָּחוּ מִן הָאָרֶץ" (בראשית ז, כג) – הם נענשו בכך שנמחו מן העולם, והזוהר דורש שגם הערב רב היו בבחינת זרע עמלק שעליו נאמר "תִּמְחֶה אֶת זֵכֶר עֲמָלֵק" (דברים כה, יז) והם נידונים לכיליון. אומנם יש לציין שמשה אינו חוזר בו ודווקא מבקש ששמו יימחה במקום הערב רב: "מְחֵנִי נָא מִסִּפְרְךָ אֲשֶׁר כָּתָבְתָּ" (שמות לב, לב), וגם זה מתאים למהלך של הזוהר שמשה נענש יחד איתם, אם כי לא באותה מידה, שהרי הקב"ה עונה לו "מִי אֲשֶׁר חָטָא לִי אֶמְחֶנּוּ מִסִּפְרִי" (שם, לג). עונשו של משה היה שכיוון שלא מחה את עמלק, לא יזכה

8. ראו שער הפסוקים פרשת בראשית דרוש ד.

להגיע לארץ ישראל שבה חלה מצוות מחיית עמלק. רק לעתיד לבוא יוציא משה בכוח את ה־ה' שנתן לערב רב, ויעלה איתה יחד לארץ ישראל, ואז תושלם מחיית עמלק, שמתוארת כמצווה שמתקיימת רק כאשר ישראל יושבים לבטח בארצם ללא כל דאגה, דהיינו לעתיד לבוא: "וְהָיָה בְּהָנִיחַ ה' אֱלֹהֶיךָ לְךָ מִכָּל אֹיְבֶיךָ מִסָּבִיב בָּאָרֶץ אֲשֶׁר ה' אֱלֹהֶיךָ נֹתֵן לְךָ נַחֲלָה לְרִשְׁתָּהּ" (דברים כה, יט).

ההתייחסות השלילית לגיור מפתיעה משום שאנו מכירים את הציווי החוזר ונשנה של התורה "וַאֲהַבְתֶּם אֶת הַגֵּר" (דברים י, יט), וגם בחז"ל יש אמירות חיוביות מאוד על גרים. גם בזוהר עצמו, סיפורו של יתרו מקבל מקום מכובד, והזוהר רואה בו אבטיפוס חיובי של גר. למעשה גם במאמר הזה עצמו אפשר אולי למצוא הסתייגות מסוימת מהאמירות הקשות לגבי גרים.

עם זאת, אין להתעלם מכך שגם אצל חז"ל קיים יחס אמביוולנטי לגיור. אנו מכירים אמירות כמו "קשים גרים לישראל כספחת" (יבמות מז ע"א), וכמו כן תהליך הגיור הוא לא קל ונועד להפחית את המוטיבציה של מתגיירים פוטנציאליים. אצל הזוהר כאן זה אולי חריף יותר, אבל אנחנו צריכים לקבל את זה שיש בזוהר גם צד קשה שנובע מתוך החתירה הפנימית ביותר אל האמת. מאידך, יש לזכור שכספר של סוד הוא מכיל אמירות הפוכות זו לזו.

# שיח השדה והצדיק

## זוהר ח"א כה ע"ב – כו ע"א

פרשיית הבריאה השנייה פותחת למעשה בתיאור של בעיה: "וְכֹל שִׂיחַ הַשָּׂדֶה טֶרֶם יִהְיֶה בָאָרֶץ וְכָל עֵשֶׂב הַשָּׂדֶה טֶרֶם יִצְמָח כִּי לֹא הִמְטִיר ה' אֱלֹהִים עַל הָאָרֶץ וְאָדָם אַיִן לַעֲבֹד אֶת הָאֲדָמָה. וְאֵד יַעֲלֶה מִן הָאָרֶץ וְהִשְׁקָה אֶת כָּל פְּנֵי הָאֲדָמָה" (בראשית ב, ה-ו). תיאור זה שם את האדם במרכז הסיפור – "וְאָדָם אַיִן". אם בפרק א האדם מופיע בסוף הבריאה, בפרק ב הסיפור מתחיל בחיסרון של האדם: יש עולם אך האדם אינו פועל בו, וחסרונו מורגש.

בדרשה זו יעמוד הזוהר על תפקידו של האדם בבריאה: מה יש בו באדם שהמציאות זקוקה לו כל כך?

### הצדיק בעץ

דָּבָר אַחֵר: "וְכֹל שִׂיחַ הַשָּׂדֶה" – אִלֵּין צַדִּיקַיָּיא דְּאִנּוּן מִסִּטְרָא דְּצַדִּיק חַי עָלְמִין. "שִׂיחַ" – ש' חַי. ש' – תְּלַת עַנְפִּין דְּאִילָנָא וְאִנּוּן ג' אֲבָהָן; וּמִן ח"י עָלְמִין.

דבר אחר, "וְכֹל שִׂיחַ הַשָּׂדֶה" – אלו הצדיקים שהם מצד של צדיק חי העולמים. "שִׂיחַ" – ש' חי. ש' – שלושת ענפי האילן והם שלושה אבות; ומן חי עולמים.

לָשׁוֹן אַחֵר: "וְכָל עֵשֶׂב הַשָּׂדֶה" – ע"ב שי"ן. תְּלַת עָלִין דְּאִנּוּן ש' יאהדונה"י; וְאִנּוּן ע"ב עַנְפִּין דְּתַלְיָין בְּהוֹן בְּחוּשְׁבַּן ע"ב. כֻּלְּהוּ לָא אִתְאַחֲדִין בְּאַתְרָא דְּאִיהִי שְׁכִינְתָּא, עַד דְּיֵיתֵי הַהוּא דְּאִקְרֵי 'אָדָם' דְּאִיהוּ יו"ד ה"א וא"ו ה"א. וְדָא אִיהוּ "וְאָדָם אַיִן לַעֲבֹד אֶת הָאֲדָמָה".

וּבְגִין דָּא אִתְּמָר בֵּיהּ "וְכָל עֵשֶׂב הַשָּׂדֶה טֶרֶם יִצְמָח" – עַד דְּיִצְמַח צַדִּיק וּמִנֵּיהּ "אֱמֶת מֵאֶרֶץ תִּצְמָח" (תהילים פה, יב) דְּאִתְּמָר בֵּיהּ "וְתַשְׁלֵךְ אֱמֶת אַרְצָה" (דניאל ח, יב). וְתַלְמִידֵי חֲכָמִים, דְּאִנּוּן דְּשָׁאִין, לָא צָמְחִין בְּגָלוּתָא עַד דְּ"אֱמֶת מֵאֶרֶץ תִּצְמָח", וְדָא מֹשֶׁה דְּאִתְּמָר בֵּיהּ "תּוֹרַת אֱמֶת הָיְתָה בְּפִיהוּ" (מלאכי ב, ו) – דְּלָא יְהֵא מָאן דְּדָרִישׁ לִשְׁכִינְתָּא כַּוָּתֵיהּ. וּבְגִין דָּא "וְאָדָם אַיִן לַעֲבוֹד".

וּמִיָּד דְּאִיהוּ יֵיתֵי, מִיָּד "וְאֵד יַעֲלֶה מִן הָאָרֶץ": א"ד מִן 'אדני' סָלִיק לֵיהּ ו', וְאִתְעֲבִיד בָּהּ אֲדוֹן כָּל הָאָרֶץ. מִיָּד "וְהִשְׁקָה אֶת כָּל פְּנֵי הָאֲדָמָה" (שם) – מִנֵּיהּ אִתְשַׁקְיָין יִשְׂרָאֵל לְתַתָּא בְּע' אַנְפִּין דְּאוֹרַיְיתָא.

לשון אחר: "וְכָל עֵשֶׂב הַשָּׂדֶה" – ע"ב שי"ן. שלושה עלים שהם ש' יאהדונה"י; והם ע"ב ענפים שתלויים בהם בחשבון ע"ב. כולם אינם נאחזים במקום שהיא שכינה, עד שיבא אותו שנקרא 'אדם', שהוא יו"ד ה"א וא"ו ה"א. וזהו "וְאָדָם אַיִן לַעֲבֹד אֶת הָאֲדָמָה".

ולכן נאמר בו "וְכָל עֵשֶׂב הַשָּׂדֶה טֶרֶם יִצְמָח" – עד שיצמח צדיק וממנו "אֱמֶת מֵאֶרֶץ תִּצְמָח" (תהילים פה, יב) שנאמר בו "וְתַשְׁלֵךְ אֱמֶת אַרְצָה" (דניאל ח, יב). ותלמידי חכמים, שהם דשאים, לא צומחים בגלות עד ש"אֱמֶת מֵאֶרֶץ תִּצְמָח", וזה משה שנאמר בו "תּוֹרַת אֱמֶת הָיְתָה בְּפִיהוּ" (מלאכי ב, ו) – שלא יהיה מי שדורש את השכינה כמותו. ובגלל זה "וְאָדָם אַיִן לַעֲבוֹד".

ומייד כשהוא יבוא, מייד "וְאֵד יַעֲלֶה מִן הָאָרֶץ" – א"ד מן 'א־דני' עולה לו ו', ונעשה בה אדון כל הארץ. מייד "וְהִשְׁקָה אֶת כָּל פְּנֵי הָאֲדָמָה" (שם) – ממנו מושקים ישראל למטה בשבעים פנים של התורה.

| | |
|---|---|
| דָּבָר אַחֵר: "וְאֵד יַעֲלֶה מִן הָאָרֶץ" תַּרְגּוּמוֹ: וַעֲנָנָא יִסְתַּלַּק מִן אַרְעָא — הַהִיא דְּאִתְּמָר בַּהּ "כִּי עֲנַן ה' עַל הַמִּשְׁכָּן" וְגוֹ' (שמות מ, לח), וּבֵיהּ מִתְשַׁקְיָין תַּלְמִידֵי חֲכָמִים בְּאַרְעָא בְּהַהוּא זִמְנָא. | דבר אחר: "וְאֵד יַעֲלֶה מִן הָאָרֶץ" תרגומו: וענן יעלה מן הארץ — אותה שנאמר בה "כִּי עֲנַן ה' עַל הַמִּשְׁכָּן" וְגוֹ' (שמות מ, לח), ובו מושקים תלמידי חכמים בארץ באותו הזמן. |

**כדי להבין את הדרשנות של הזוהר צריך לקחת בחשבון שבלשון המקרא המילה 'שיח' המופיעה בפסוק פירושה 'עץ', ולא מה שאנו קוראים היום שיח.[1] המושג 'עץ' בזוהר מתקשר למושג הרחב של צדיק, ואם כן יוצא שלפי הזוהר הפסוק אומר שעדיין לא היו צדיקים בעולם.**

**כעת, הזוהר מחלק את המילה 'שיח' לשניים: 'ש' 'חי'. האות ש' מורכבת משלוש זרועות שהוא מדמה אותן לשלושה ענפים של אילן. ענפים אלו הם שלושת האבות, והם יוצאים מהאותיות 'חי' שבמילה שיח, המייצגות את מידת 'חי העולמים', שהיא מידת היסוד המזוהה עם הצדיק. אם כן, מידת היסוד שהיא מקור החיים יורדת על שלושת הקווים – ימין, שמאל ואמצע – שהם שלושת האבות המקבילים למידות חסד, גבורה ותפארת.**

**נתעכב על הדימוי של הצדיק כעץ מתוך כמה מקורות נוספים. על איוב נאמר "אִישׁ הָיָה בְאֶרֶץ עוּץ" (איוב א, א), וחז"ל דרשו – 'עוץ' מלשון עץ, השומר על הסובבים אותו. כאשר חז"ל מתחבטים בשאלה מהו זמנו של איוב, אחת האופציות שהם מעלים היא שאיוב חי בתקופת דור המדבר, וזאת על בסיס מה שמורה משה למרגלים לברר "הֲיֵשׁ בָּהּ עֵץ אִם אַיִן" (במדבר יג, כ), שאלה שמפורשת בגמרא – "ישנו לאותו אדם, ששנותיו ארוכות כעץ ומגין על דורו כעץ?" (בבא בתרא טו ע"א). בהמשך לכך, התשובה לשאלה הזו מתבררת כאשר יהושע וכלב מנסים לשכנע את העם לא לפחד מהעמים בארץ. אז הם אומרים "סָר צִלָּם מֵעֲלֵיהֶם ה' אִתָּנוּ אַל תִּירָאֻם" (במדבר יד, ט), וחז"ל**

1. אונקלוס מתרגם ביטוי זה: "וכל אילני חקלא", וכן מפרש באבן עזרא.

מפרשים את הביטוי "סָר צִלָּם" – "מת איוב שהגן עליהם כצל" (סוטה לח ע"א). איוב הוא רק דוגמה; למעשה רש"י שם בפרשת שלח מביא וריאציה כללית יותר של המדרש הזה "היש בה עץ – אם יש בהם אדם כשר שיגן עליהם בזכותו". משתמע מכאן שהצדיק הוא כמו עץ שמחפה ומגן על החסידים שלו, על הדור שלו.

תכונה מובהקת נוספת של עץ היא שהוא עושה פירות "עֵץ פְּרִי עֹשֶׂה פְּרִי" (בראשית א, יא). העץ יוצר ומוליד המשכיות – וכמוהו גם הצדיק. מתוך התודעה הזו הגיע השם 'פרי עץ חיים' לאחד מספרי הקבלה המרכזיים של האר"י הקדוש, כשברקע עומד כמובן גם עץ החיים שבגן עדן. מן הסיבה הזאת הצדיק מזוהה עם מידת היסוד, שהיא מידת השפע האלוקית. מידה זו נקראת גם 'חי העולמים' מפני שהיא מעניקה חיות. אסוציאציה קצת יותר רחוקה שעולה אצלי היא תפילת עמידה, שאותה מקובל לכנות 'שמונה עשרה' כמניין 'חי'. התפילה היא צינור השפע שדרכו החיות האלוקית יורדת אלינו, היא עושה פירות, ולכן יש בה 'חי' ברכות. לצדיק, כמו לעץ, יש כמה יציאות ושלוחות שדרכן הוא פורס את עצמו ומשפיע לעולם בתפילתו. למעשה, שמו של רבי שמעון עצמו – שהוא אב הטיפוס של צדיק בזוהר – כולל בתוכו את הבחינה הזו, באותיות 'חי' הבולטות מאוד בשם אביו – יוחאי, הנכתב לעיתים יוחי, ומשמעותו: ה' חי.

## עבודת הייחודים

הזוהר ממשיך ב'לשון אחר' בדרשה קבלית נוספת המפרקת הפעם את המילה 'עשב'. גם כאן האות ש' מייצגת שלושה ענפים, אך מכיוון שמדובר בעשב, שאין לו ענפים, הזוהר מכנה זאת "שלושה עלים". האותיות 'עב' שנשארו הן חשובות ביותר משום שע"ב – 72 – הוא מספר שיש לו קשר הדוק לשמו של הקב"ה. ראשית, כאשר אותיות שם הוי"ה נכתבות במילוי יודי"ן – כלומר יו"ד, ה"י, וי"ו, ה"י – הגימטריה של כולן יחד היא 72. שנית, שמו הסודי של הקב"ה הוא שם בן 72 מילים. השם הזה יוצא משלושה פסוקים רצופים המופיעים לפני

קריעת ים סוף המתחילים במילים "וַיִּסַּע", "וַיָּבֹא", "וַיֵּט" (שמות יד, יט-כא). בכל אחד מן הפסוקים האלה יש 72 אותיות, וכל אחד מ־72 השמות מלוקט משלושת הפסוקים, אות מכל פסוק.[2] ייתכן ששלושת הפסוקים הם שלושת העלים המתוארים כאן.

על אותו עשב נשגב אומר הפסוק שלא צמח מן האדמה כל עוד לא היה אדם. גם את המילה 'אדם' דורש הזוהר לפי ערכה המספרי, 45. 45 הוא הגימטריה של שם הוי"ה במילוי אלפין – יו"ד, ה"א, וא"ו, ה"א. כלומר, כדי שהשם הגדול של ע"ב יתחבר עם האדמה, עם השכינה, הוא זקוק לאדם שבו מתגלה שם הוי"ה. רק כאשר הייחוד הזה יתרחש, יגיע שפע אל האדמה והיא תתברך.

נשים לב להתפתחות שחלה, מהפשט עד לזוהר, בתפקידו של האדם בבריאה: הפשט של הפסוק "וְאָדָם אַיִן לַעֲבֹד אֶת הָאֲדָמָה" הוא שעשב השדה לא יכול היה לצמוח מבלי האדם, כלומר שהיה צורך בחקלאי. במדרש נוסף לכך נופך רוחני והוא שהאדם היה צריך להתפלל עבור הגשם שיצמיח את העשבים מן האדמה.[3] הזוהר הולך צעד נוסף קדימה ורואה את תפקידו של האדם עוד מעבר לתפילה, בכוונות ייחוד שמות האלוקים. תפקיד האדם הוא לייחד את ההופעה הגבוהה ביותר של הקב"ה, שם ע"ב, עם המידה הנמוכה ביותר, מידת השכינה, וזאת בהיותו נושא בתוכו את שם מ"ה, שהוא המידה המחברת. השילוב בין שמותיו של הקב"ה – זה מה שמעניין את הזוהר. זהו מושג קבלי רחב ובעל משמעויות רבות.

נושא הייחוד בין שמותיו של הקב"ה נוכח כבר בפסוק הפותח את מעשה בראשית השני: "בְּיוֹם עֲשׂוֹת ה' אֱלֹהִים אֶרֶץ וְשָׁמָיִם" (בראשית ב, ד). בניגוד למעשה הבריאה הראשון, שבו מופיע רק שם אלוהים, מעשה הבריאה השני מתאפיין בצירוף השמות הוי"ה ואלוהים. בתיאור הבריאה השני יש מקום רב לייחוד שמותיו של הקב"ה, וכשזה הנושא

2. ראו רש"י סוכה מה ע"א ד"ה 'אני והו'.
3. "והקב"ה לא המטיר על הארץ, לפי שעדיין לא נברא האדם שיעבוד את האדמה ומתפלל על הגשמים שירדו" (מדרש אגדה [בובר] בראשית, פרשת בראשית פרק ב).

האדם הופך להיות מרכז הבריאה כולה. הוא היחיד אשר יכול להביא ברכה אל האדמה, להשפיע ולהצמיח. הכול תלוי בו.

אלא שבזוהר לא כל אדם הוא האדם שמצמיח, אלא דווקא הצדיק שמקשר בין הקב"ה לבין שכינתו. הצדיק, המזוהה עם מידת האמת, מידתו של יעקב אבינו שהוא הקו האמצעי, הוא שמחבר בין השמות ובין הבחינות השונות ודרכו יורד השפע. את החיבור הזה מתאר הזוהר בעזרת שני פסוקים שמקשרים בין ה'אמת' ל'ארץ': "אֱמֶת מֵאֶרֶץ תִּצְמָח" (תהילים פה, יב), "וְתַשְׁלֵךְ אֱמֶת אַרְצָה" (דניאל ח, יב).[4] בשני הפסוקים מתואר יחס מסוים בין הצדיק לארץ, אך יחס הפוך: בפסוק "אֱמֶת מֵאֶרֶץ תִּצְמָח" הצדיק מתואר כצומח מתוך הארץ (או למצער כמצמיח את האמת מתוך הארץ). לעומת זאת בפסוק "וְתַשְׁלֵךְ אֱמֶת אַרְצָה" הצדיק מגיע מן השמיים אל הארץ. כך או כך, האמת היא העץ, האילן המחבר בין שמיים לארץ, וזהו הצדיק. גם רבי נחמן בסיפורי מעשיות מתאר את האמת כגופו של אילן.[5]

את הרעיון הזה נוטל הזוהר מסיפור הבריאה ומעניק לו קונקרטיות בתוך ההיסטוריה. הוא מזהה את הפסוק "טֶרֶם יִהְיֶה בָאָרֶץ" עם תקופת הגלות שבה הצמחים – משל לתלמידי החכמים – אינם גדלים. רק כאשר הצדיק יצמח מן הארץ או יושלך אליה, הוא ירומם אותה מגלות לגאולה, ורק אז יתגלו שבעים הפנים של התורה. הגלות הראשונה הייתה גלות מצרים, והצדיק שהופיע אז היה משה רבנו שעליו דורש הזוהר את הפסוק: "תּוֹרַת אֱמֶת הָיְתָה בְּפִיהוּ" (מלאכי ב, ו). משה הוא אב הטיפוס של צדיק. בא הצדיק שהוא האדם, שהוא האמת, ומפרה

4. אף על פי שפסוקים אלו עשויים למשוך אותנו אל המדרש המפורסם שבו מידת האמת מתווכחת אם לברוא את האדם והיא מושלכת ארצה (בראשית רבה פרשה ח, ה), נראה שאין זה עומד לגמרי לנגד עיניו של הזוהר והוא הולך בכיוון דרשני אחר ואף הפוך.

5. רבי נחמן מברסלב, סיפורי מעשיות, מעשה משבעה קבצנים: "כי זה האילן יש לו שלושה שורשים: שורש אחד הוא אמונה, והשני – הוא יראה, והשלישי – הוא ענווה. **אמת – הוא גוף האילן, ומשם יוצאים ענפים**. ועל כן אי אפשר לבוא אל האילן, כי אם מי שיש בו מדות הללו".

את הארץ ואת האדמה – והתורה ניתנת. הזוהר מדגיש שהעניין הזה אינו שייך רק לעבר אלא גם לעתיד, כי לתפיסתו, וגם אצל חז״ל מצינו כך,[6] משה המקורי מקביל למשה של העתיד הלוא הוא המשיח.

## ואד יעלה מן הארץ

את הפסוק הבא ״וְאֵד יַעֲלֶה מִן הָאָרֶץ וְהִשְׁקָה אֶת כָּל פְּנֵי הָאֲדָמָה״ הזוהר קורא כהמשך טבעי של הדברים: האדם מביא את האֵד. הכול תלוי בו. אם קודם ראינו שהצדיק קשור לארץ, כאן עומד הזוהר על כך שהוא קשור לשמיים. ניתן להעיר שהמילה ׳אד׳ עצמה נושאת חיבור בין האדם לאלוקים: היא שתי האותיות הראשונות הן של המילה אדם, הן של שם אדנות. האדם הוא שיכול להביא את הקב״ה להיות ׳אדון כל הארץ׳. שוב אנו רואים את הזיהוי בין פעולת האדם לבין אחד משמותיו של אלוקים. הזוהר מתאר כאן פעולת האדם הזהה כביכול לפעולה האלוקית.

לצד זאת מציע הזוהר פירוש נוסף, מעמיק יותר, לעניין האד העולה מן הארץ: ״וענן יעלה מן הארץ, אותה שנאמר בה ׳כי ענן ה׳ על המשכן׳״. לפי הזוהר, האד שבפסוק הוא מעין ענן שהוא מקור המים המשקים את פני הארץ. ולא סתם ענן אלא הענן שנח על המשכן, שהיה ביטוי להשראת השכינה. לפי זה, הענן שעל המשכן היה ענן נושא מים, כלומר תורה, והוא כביכול השקה בתורה את המשכן, מקום השכינה. הוא יצר את השפע שירד על השכינה ״ובו מושקים תלמידי

6. לדוגמה: ״א״ר חנינא בר יצחק מקרן כתיב, רבי ברכיה אמר בשם רבי יצחק כגואל ראשון כך גואל אחרון, מה גואל ראשון נאמר ׳וַיִּקַּח מֹשֶׁה אֶת אִשְׁתּוֹ וְאֶת בָּנָיו וַיַּרְכִּבֵם עַל הַחֲמֹר׳ (שמות ד, כ), כך גואל אחרון, שנאמר ׳עָנִי וְרֹכֵב עַל הַחֲמוֹר׳ (זכריה ט, ט). מה גואל הראשון הוריד את המן, שנאמר ׳הִנְנִי מַמְטִיר לָכֶם לֶחֶם מִן הַשָּׁמָיִם׳ (שמות טז, ד), אף גואל אחרון יוריד את המן, שנאמר ׳יְהִי פִסַּת בַּר בָּאָרֶץ׳ (תהילים עב, טז), מה גואל ראשון העלה את הבאר, אף גואל אחרון יעלה את המים, שנאמר ׳וּמַעְיָן מִבֵּית ה׳ יֵצֵא וְהִשְׁקָה אֶת נַחַל הַשִּׁטִּים׳ (יואל ד, יח)״ (קהלת רבה פרשה א, ט).

החכמים בארץ באותו הזמן" – בדרך זו קיבלו גם תלמידי החכמים שפע. ייתכן שהצגת הענן שעל המשכן כמשפיע מתקשרת לכך שאותו ענן שימש גם כ'עמוד ענן' שהוליך את עם ישראל במדבר והנחה את הדרך לפניהם. עמוד הוא ביטוי לצדיק כמו במימרא "העולם עומד על עמוד אחד וצדיק שמו" (חגיגה יב ע"ב), ואם כך ברור יותר מדוע הזוהר רואה אותו כמקור של שפע, כמידת היסוד.

## צדיק, עץ, ענן

האדם הצדיק הוא המוקד של כל חלקי הדרשה. הזוהר מדמה את הצדיק הן לעץ הן לעמוד ענן, שמבחינה גרפית יש ביניהם דמיון – שניהם קו אנכי המחבר בין מעלה למטה. הקו הזה הוא בצורת האות ו' שהיא האות המייצגת את הצדיק.

מדרשת הזוהר הזו עולים כל העת שני אספקטים של הצדיק. מצד אחד הצדיק הוא עמוד שעליו מושתתת הארץ, ומצד שני הוא צינור שממנו יורד השפע. מבחינה מסוימת אלו דימויים הפוכים, העמוד הוא דימוי ליסוד הנמצא מתחת לעולם, ואילו הצינור הוא דימוי לשפע שנובע מעל לעולם ויורד למטה; העמוד הוא בסיס למציאות והענן מזין מציאות שכבר קיימת.

גם האד המופיע בתיאור הבריאה משחק בשני התפקידים: מצד אחד הוא הענן שמוריד שפע מלמעלה למטה, ומצד שני נאמר עליו "וְאֵד יַעֲלֶה מִן הָאָרֶץ", הוא נובע מלמטה דווקא. זה מזכיר את הדואליות בפסוקים שמביא הזוהר כמתארים את הצדיק כעץ: "אֱמֶת מֵאֶרֶץ תִּצְמָח" – מלמטה למעלה; "וְתַשְׁלֵךְ אֱמֶת אַרְצָה" – מלמעלה למטה. ניתן לומר אפוא שתפקיד הצדיק הוא כפול: מצד אחד להעלות את המציאות לעבר הקב"ה ומצד שני להוריד את השפע העליון למטה, אל הארץ.

# פי שניים ברוחך

## זוהר ח"א כו ע"א

כפי שכבר ציינו, תיאור הבריאה השני נבדל מהראשון בכך שהבורא נקרא בו בשני השמות 'הוי"ה אלהים' ולא 'אלהים' בלבד. הבדל נוסף בין שני תיאורי הבריאה הוא בפועל שבו עושה הכתוב שימוש בעניין האדם: בתיאור הראשון הפועל הוא בריאה – "וַיִּבְרָא אֱלֹהִים אֶת הָאָדָם". לעומת זאת, בתיאור השני הפועל הוא יצירה – "וַיִּיצֶר ה' אֱלֹהִים אֶת הָאָדָם" (בראשית ב, ז).

חז"ל דייקו בכתיב של המילה 'וייצר' ודרשו את כפילות האות י' בכמה אופנים, לדוגמה: "שתי יצירות – יצירה מן התחתונים ויצירה מן העליונים"; "שני יצרים – יצר טוב ויצר הרע"; "שתי יצירות – יצירה בעולם הזה ויצירה לעולם הבא" (בראשית רבה פרשה יד, ה). לאור סגנון דרשני זה נלמד את דברי הזוהר הבאים.

### שני ציורי האדם

"וַיִּיצֶר ה' אֱלֹהִים אֶת הָאָדָם" — אִלֵּין יִשְׂרָאֵל. בְּהַהוּא זִמְנָא קוּדְשָׁא בְּרִיךְ הוּא צַיֵּיר לוֹן בְּצִיּוּרִין דְּעָלְמָא דֵּין וְעָלְמָא דְּאָתֵי. "וַיִּיצֶר" — בְּהַהוּא זִמְנָא

"וַיִּיצֶר ה' אֱלֹהִים אֶת הָאָדָם" — אלו ישראל. באותו זמן הקדוש ברוך הוא צייר אותם בציורים של העולם הזה והעולם הבא. "וַיִּיצֶר" — באותו זמן הקדוש

קוּדְשָׁא בְּרִיךְ הוּא עַיֵּיל לוֹן בִּשְׁמֵיהּ בְּצִיּוּרָא דְּ־ב' יוּדִי"ן, י' י', ו' בֵּינַיְיהוּ, דְּאִנּוּן סָלְקִין לְחֻשְׁבּוֹן יהו"ה. וִיהוֹן מְצוּיָּירִין בְּאַנְפּוֹי, בְּאַנְפִּין דִּילְהוֹן בִּתְרֵין יוּדִי"ן, בְּחוּטְמָא דִּילְהוֹן בְּאָת ו'.

ברוך הוא הכניסם בשמו בציור של שתי יו"דים, י' י', ו' בינֵיהן, שהן עולות לחשבון הוי"ה. ויהיו מצוירים בפניו, בפנים שלהם בשתי יו"דים, בחוטם שלהם באות ו'.

וּבְגִין דָּא אָמַר קְרָא "כִּי מֵרֹאשׁ צוּרִים אֶרְאֶנּוּ" (במדבר כג, ט) — אִלֵּין אִנּוּן צִיּוּרִין דִּשְׁמָא קַדִּישָׁא. וִיהוֹן מְצוּיָּירִין בְּאַנְפַּיְיהוּ בִּתְרֵין לוּחִין יַקִּירִין דְּאִנּוּן י' י', דְּאִיהוּ ו' חָרוּת עֲלַיְיהוּ.

ולכן אמר הכתוב "כִּי מֵרֹאשׁ צוּרִים אֶרְאֶנּוּ" (במדבר כג, ט) — אלה אותם ציורים של השם הקדוש. ויהיו מצוירים בפניהם בשני לוחות נכבדים שהם י' י', ש־ו' הוא חרות עליהם.

וְעוֹד צַיֵּיר לוֹן לְכָל דּוֹר בְּבַת זוּגֵיהּ עִלָּאָה — דָּא י"ה; וְאִנּוּן ו' — יִחוּדָא דְּתַרְוַויְיהוּ. וְצַיֵּיר לוֹן בְּאִנּוּן דְּצִיּוּרָא דִּלְעֵילָּא, דְּאִיהוּ יִשְׂרָאֵל עַמּוּדָא דְּאֶמְצָעִיתָא כָּלִיל שְׁכִינְתָּא עִלָּאָה וְתַתָּאָה, דְּאִנּוּן קְרִיאַת שְׁמַע עַרְבִית וּקְרִיאַת שְׁמַע שַׁחֲרִית. וַעֲלַיְיהוּ אִתְּמָר "עֶצֶם מֵעֲצָמַי וּבָשָׂר מִבְּשָׂרִי" (בראשית ב, כג).

ועוד צייר אותם לכל דור בבת זוגו העליונה — זו י"ה; ואלה ו' — הייחוד של שניהם. וצייר אותם באותם הציורים שלמעלה, שהוא ישראל עמוד האמצעי הכולל שכינה עליונה ותחתונה, שהן קריאת שמע ערבית וקריאת שמע שחרית. ועליהם נאמר "עֶצֶם מֵעֲצָמַי וּבָשָׂר מִבְּשָׂרִי" (בראשית ב, כג).

לפי הזוהר, האדם שנוצר בפרשיית הבריאה השנייה אינו האדם הכללי אלא דווקא איש ישראל. כך מסביר הזוהר הן את עצם העובדה שבריאת האדם נכתבה פעמיים, הן את השימוש בפעלים שונים בשני התיאורים. בפרשייה הראשונה נאמר 'ויברא', ונברא האדם הטריוויאלי, אך בפרשייה השנייה נאמר 'וייצר' ובה נוצר 'איש ישראל' שהוא גם הצדיק. ברקע ההבחנה החדה בין האדם הכללי ליהודי עומדת הדרשה

המפורסמת: "אתם [ישראל] קרויין אדם ואין הגויים קרויין אדם" (כריתות ו ע"ב). דווקא האדם שעליו נאמרה יצירה הוא שנחשב אדם, ולא האדם שעליו נאמרה בריאה שהוא האדם הכללי.

הזוהר מוסיף ומסביר שישראל "הקב"ה צייר אותם בציורים של העולם הזה והעולם הבא".[1] הזוהר הולך כאן בעקבות חז"ל שציינו ששתי היו"דין שבמילה 'וייצר' רומזות לכך שנעשו כאן שני מעשים של יצירה: "וייצר – ב' יצירות, יצירה בעולם הזה ויצירה לעולם הבא".[2] אומנם, הזוהר יורד לפרטיו של ציור האדם העליון באופן הייחודי לו ומתאר זאת כציור של אותיות השם, הכוללות את הבריאה כולה.

הרעיון שהאדם הוא מיקרו־קוסמוס המשקף את תמצית העולם הגשמי מופיע הרבה במדרשים, ולמעשה גם בספרות של דתות אחרות. ישנם מדרשים שממש נכנסים לפרטים, לדוגמה כשהם מדמים את שיערו של האדם לעצים.[3] לעומת זאת, בזוהר האדם משקף לא רק את המציאות הנראית לעין אלא גם את המידות האלוקיות הנסתרות כשהדגש הוא בעיקר על השיקוף של מידות קודשא בריך הוא ושכינתיה. כל עניינה של השכינה הוא שהיא משקפת את המידות שמעליה: כל הנחלים הולכים אל הים וכל המידות משתקפות בים – בשכינה שהיא כמראָה למידות העליונות. עצם העובדה שהקב"ה יצר את האדם בשני ציורים היא שיקוף של שתי המידות הללו: יש בו

1. הזוהר כאן מבין שהמילה 'וייצר' היא מלשון ציור, ואכן קיים קשר אמיתי גם בתורת הנגלה בין שני המושגים האלה כי הן בציור והן ביצירה נעשית צורה. גם חז"ל התייחסו ליצירת האדם כציור – ראו למשל בברכות י ע"א: "בא וראה שלא כמדת הקדוש ברוך הוא מדת בשר ודם. מדת בשר ודם צר צורה על גבי הכותל, ואינו יכול להטיל בה רוח ונשמה קרבים ובני מעים. והקדוש ברוך הוא אינו כן, צר צורה בתוך צורה ומטיל בה רוח ונשמה קרבים ובני מעים. והיינו דאמרה חנה: 'אֵין קָדוֹשׁ כַּה' כִּי אֵין בִּלְתֶּךָ וְאֵין צוּר כֵּאלֹהֵינוּ' (שמואל א ב, ב). מאי 'אֵין צוּר כֵּאלֹהֵינוּ' – אין צייר כאלהינו".
2. וכן באופן קצת שונה ברש"י במקום: "שתי יצירות, יצירה לעולם הזה ויצירה לתחיית המתים".
3. ראו למשל אבות דרבי נתן פרק לא.

ציורים של העולם הבא, כלומר המידות העליונות, וגם ציורים של העולם הזה, שזאת השכינה. באופן זה נוצרה בתוך האדם שלמות של הארה מלמעלה והשתקפות מלמטה.

ישנם תרשימים המתארים את מקומן של הספירות בגוף האדם: החוכמה והבינה הן הראש והלב, והכתר שוכן על גביהן (כמו הכיפה הסרוגה...); יד ימין היא החסד ויד שמאל היא הגבורה; השוקיים הם נצח והוד, ואיבר הברית הוא היסוד. כל מידה מיוצגת על ידי איבר אחר. לעומת זאת, מידת המלכות, השכינה, ממש דומה לבן אדם שלם: יש לה ידיים, ימין ושמאל, יש לה ראש, ואולי אפילו כיסוי ראש! היא משקפת את המידות העליונות בתיאום מושלם. ישראל, שהם אדם, מצוירים בדמות העולם הזה והעולם הבא כי הם יודעים לעשות כמה דברים יחד. הם יודעים לחבר בין המידות העליונות לבין עצמן, אבל הם יודעים גם לחבר את מכלול המידות העליונות אל מידת השכינה שלמטה.

## תבנית פני האדם

כפל האות י׳ במילה ׳וייצר׳ מוביל את הזוהר לדרוש דרשה מורכבת יותר ולחלק לגורמים את כל המילה: ׳ו-י-י-צָר׳, כלומר הקב״ה צר וצייר ו׳ אחת ושתי יו״דים. בליקוטי מוהר״ן יש תורה שמדברת באריכות על האותיות ו׳ י׳ י׳ שיוצרות יחד את האות א׳: י׳ תחתונה, י׳ עליונה ו־ו׳ אלכסונית באמצע. רבי נחמן דורש שה־א׳ הזו היא האות הראשונה במילה אדם (ליקוטי מוהר״ן קמא, ו). הזוהר לעומת זאת אינו מתייחס לחיבור האותיות האלה לתוך ה־א׳ אלא רואה אותן כתבנית פניו של האדם. ה־ו׳ הארוכה היא האף שבמרכז הפנים, ושתי היו״דים הן שתי הלחיים אשר נראות כנקודות.[4]

העניין הוא שסכום האותיות הללו, ו׳ י׳ י׳, הוא עשרים ושש

4. אפשר לפרש שהיו״דים הן העיניים, אך בעל הסולם פירש לחיים, כפי שפירשנו כאן.

כמניין שם הוי"ה ואם כן משתמע מכך ששמו המפורש של הקב"ה ניכר בפניו של הצדיק, של האדם המתוקן והנעלה. אפשר להיזכר בביטוי השכיח בזוהר 'פני השכינה' ככינוי לתלמידי חכמים, ובמיוחד לרבי שמעון בר יוחאי. כך בדרשה המפורסמת של הזוהר: על הפסוק "יֵרָאֶה כָּל זְכוּרְךָ אֶת פְּנֵי הָאָדֹן ה'" (שמות לד, כג) – "מאן פני האדון ה'? דא רשב"י" (זוהר ח"ב לב ע"ב). יש כאן המשך לרעיון שכבר ראינו מספר פעמים, והוא שהקב"ה הכניס את האדם לשמו הקדוש. פני האדם מבטאים את שם ה' וזה אומר שהוא נושא את שם ה'.

את תבנית האותיות הללו מוצא הזוהר גם בלוחות הברית, שני הלוחות הם שתי היודי"ם והאות ו' היא הדברים החרותים עליהם. עבור הזוהר, התמונה הזאת מבטאת את שם ה' הנמצא בתורה. אני חשבתי על דרך ויזואלית למצוא את האות ו' בלוחות – האות ו' היא הרווח האנכי שבין הלוחות, כמו הרווח שקיים בין הלחיים, בהנחה שתופסים את הלוחות כמונחים זה לצד זה צמודים, כמו בסמל של בני עקיבא או בתחריט של גוסטב דורה. אומנם, ייתכן גם שמשה הוריד את הלוחות מונחים זה על גבי זה כמו בציור של רמברנדט או אבל פן, ואם זה אכן כך, אפשר לראות את ה'ו' כאלמנט ווי כלשהו שחיבר בין הלוחות המופרדים.

בין המילים 'לוחות' ו'לחיים' קיים קשר דקדוקי – שתיהן באות מאותו שער – 'לח'.[5] ובאמת, הלחיים מוזכרות בתיאור המופתי של משה רבנו לאחר מותו שבו נאמר עליו: "וְלֹא נָס לֵחֹה" (דברים לד, ז), כלומר לחייו.[6] לצד זאת, התרגום מפרש את המילה 'לחה': "זיו יקרא דאפוי" – כלומר זיו כבוד פניו, והכוונה לזיו הפנים שמשה רבנו קיבל כאשר עלה לשמיים לאחר חטא העגל, לכפר על עם ישראל ולהוריד את הלוחות השניים. נמצאנו למדים שלוחות הברית התגלו בלחייו של משה, ולפי הזוהר כך גם פניו של כל יהודי.

5. על עניין השערים ראו לעיל עמ' 52 הערה 2.
6. אומנם רש"י פירש 'לחה' מלשון לחלוחית.

## חיבור השכינה העליונה והשכינה התחתונה

לזוהר יש משיכה טבעית לראות בכל כפילות זוגיות, והוא רואה את כפל האות י' במילה 'וייצר' כמייצג את הזכר ואת הנקבה שיש בעניין האלוקי.[7] זאת אף על פי שבדרך כלל שתי הבחינות הללו מבוטאות על ידי האותיות י' ו־ה' כמו בפסוק "כִּי בְּיָהּ ה' צוּר עוֹלָמִים" (ישעיהו כו, ד) שאותו דורש הזוהר: ה' יצר את העולמים בשילוב בין ה־י' הזכרית לבין ה־ה' הנקבית – ה־י' היא כמו הזרע, וה־ה' כמו הרחם הקולט אותו.[8]

וכאן מגיע חידוש מעניין. הזוהר לוקח את מושג הזיווג שבבריאת העולם ומשייך אותו לדורות: "ועוד צייר אותם לכל דור בבת זוגו העליונה", כלומר לכל דור יש בת זוג משלו, שכינה עליונה המתאימה לו. את הביטוי 'בת זוגו העליונה' אפשר לפרש כממד נשגב ועלום כלשהו של העולם הבא, כפי שאולי מצטלצל מהביטוי באופן ראשוני, אבל אני רוצה לטעון שכוונתו שישנו הדור וישנה 'רוח הדור' או 'רוח הזמן' שהיא בת זוגו. הביטוי 'בת זוגו העליונה' מתייחס דווקא למציאות שלנו. השאלה איננה אם הדור הספציפי הזה מתחבר למשהו שמימי, אלא אם הוא יכול להתחבר לבת הזוג הרוחנית השייכת לו בתוך העולם הזה; אם הדור כישות מתחבר אל הלך הרוח הנכון עבורו ולא אל בת זוג נמוכה, אל הסטרא אחרא של הדור.

7. ייתכן שהזוהר רואה ב־י' סמל כללי לשם ה', שהיא האות הראשונה בו (הערת העורכים).

8. ראו זוהר ח"א צא ע"א, וח"ב כב ע"ב. שתי הבחינות הרמוזות בשם י"ה מוזכרות גם אצל חז"ל: "ר' אבהו בשם ר' יוחנן בשתי אותיות נבראו שתי עולמות, העולם הזה והעולם הבא, אחד בה"א ואחד ביו"ד. מה טעמא? 'כִּי בְּיָהּ ה' צוּר עוֹלָמִים'. ואין אנו יודעין אי זה נברא בה"א ואי זה מהם נברא ביו"ד. אלא מן מה דכתיב 'אֵלֶּה תוֹלְדוֹת הַשָּׁמַיִם וְהָאָרֶץ בְּהִבָּרְאָם' (בראשית ב, ד) – בה"א בראם. הוי העולם הזה נברא בה"א והעולם הבא נברא ביו"ד. מה ה"א פתוח מלמטן – רמז לכל באי עולם שהן יורדין לשאול; מה ה"א יש לו נקודה מלמעלן – משעה שהן יורדין הן עולין; מה ה"א פתוח מכל צד – כך פותח פתח לכל בעלי תשובה. מה יו"ד כפוף – כך יהיו כל באי העולם כפופין" (ירושלמי חגיגה י ע"א).

עניין החיבור בין השכינה העליונה לשכינה התחתונה משתקף בשם הוי״ה בחיבור המתקיים בין ה־ה׳ הראשונה שבו ל־ה׳ השנייה. בין שתי ה־ה׳ הללו עומדת ו׳ מקשרת, והיא מידתו של ישראל, של יעקב אבינו, מידת התפארת. התפארת היא החיבור בין מידת הבינה למידת המלכות והיא המחברת בין שתי השכינות. העמוד האמצעי כולל את המידה העליונה והתחתונה.

את הדברים הללו מקשר הזוהר לקריאת שמע של ערבית ושחרית. נדמה לי שערבית היא כנגד השכינה התחתונה ואילו שחרית כנגד השכינה העליונה, זאת מכיוון שבהרבה הֶקשרים הלילה הוא השכינה, האם התחתונה, המקבלת מהיום, ואילו היום הוא המידה המעניקה את השפע. זאת אותה חלוקה בין הירח שמקבל אור מהשמש ומופיע בלילה לבין השמש הנותנת ששולטת רק ביום. אולם לפי ההקשר כאן בזוהר, אמורה להיות גם ו׳, מידה שמחברת ביניהם. מהי?

יש לזכור שבעולמו של הזוהר בתווך שבין קריאת שמע של ערבית לקריאת שמע של שחרית קיימת עוד נקודת ציון – תיקון חצות. במקור, תיקון חצות היה קימה בחצות הלילה לשם לימוד זוהר וסודות התורה, וזהו האלמנט המחבר בין ערבית לשחרית. ישראל שמתעוררים באמצע הלילה ולומדים תורה הם המחברים בין השכינה המקבלת את השפע לבין היום המשפיע.

בדורות מאוחרים יותר הדברים באו לידי ביטוי גם בתוכן של תיקון חצות: האר״י ייסד לומר את מה שהפך להיות לאב הטיפוס של כל התיקונים: תיקון לאה ותיקון רחל, שהם האם העליונה והאם התחתונה. יעקב, שהוא הזכר, מתחבר אל שתי האימהות ומקשר ביניהן, וכמוהו כל יהודי העורך תיקון חצות. על זה קורא הזוהר את הפסוק המתאר את יצירת האישה: ״עֶצֶם מֵעֲצָמַי וּבָשָׂר מִבְּשָׂרִי״ (בראשית ב, כג). השכינה היא האישה שיצאה מהזכר והיא צריכה להתחבר אליו בחזרה.

# גן, עדן, נהר

## זוהר ח"א כו ע"א – כו ע"ב

מהו תפקידו של האדם בעולם? למה הוא נברא? הזוהר נדרש לשאלה זו שוב ושוב, והפעם הוא מבקש לקבל תשובה לשאלה זו מן הפסוקים המספרים שתיכף לאחר בריאתו הקב"ה הניח את האדם בגן עדן: "וַיִּטַּע ה' אֱלֹהִים גַּן בְּעֵדֶן מִקֶּדֶם וַיָּשֶׂם שָׁם אֶת הָאָדָם אֲשֶׁר יָצָר" (בראשית ב, ח).

מייד לאחר מכן התורה מוסיפה ומתארת את גן עדן: "וַיַּצְמַח ה' אֱלֹהִים מִן הָאֲדָמָה כָּל עֵץ נֶחְמָד לְמַרְאֶה וְטוֹב לְמַאֲכָל וְעֵץ הַחַיִּים בְּתוֹךְ הַגָּן וְעֵץ הַדַּעַת טוֹב וָרָע. וְנָהָר יֹצֵא מֵעֵדֶן לְהַשְׁקוֹת אֶת הַגָּן וּמִשָּׁם יִפָּרֵד וְהָיָה לְאַרְבָּעָה רָאשִׁים" (שם, ט-י).

הזוהר מקשר בין מבנהו של גן עדן לבין תפקידו של האדם בעולמו. בעיניו, הנהר המחבר בין הגן לבין עדן מקביל בדיוק לאדם – שניהם תפקידם להזרים שפע מן העולמות העליונים לעולמות התחתונים. מתוך כך הוא נכנס לדיון מעמיק בדרכים השונות שבהן יורד השפע לעולם, הדרכים הטובות יותר והטובות פחות.

### שפע מלמעלה לעומת שפע מלמטה

| | |
|---|---|
| וּמִיָּד בְּהַהוּא זִמְנָא נָטַע לוֹן לְיִשְׂרָאֵל בְּגִנְתָּא דְעֵדֶן קַדִּישָׁא; | ומייד באותו זמן נטע את ישראל בגן עדן הקדוש; זהו |

הֲדָא הוּא דִכְתִיב "וַיִּטַּע ה' אֱלֹהִים" — אַבָּא וְאִמָּא.

"גַּן" — דָּא שְׁכִינְתָּא תַּתָּאָה.

"עֵדֶן" — דָּא אִמָּא עִלָּאָה.

"אֶת הָאָדָם" — דָּא עַמּוּדָא דְאֶמְצָעִיתָא.

אִיהִי תְּהֵא נֶטַע דִּילֵיהּ, בַּת זוּגֵיהּ, וְלָא תָזוּז מִנֵּיהּ לְעָלַם, וּתְהֵא עִדּוּנָא דִילֵיהּ. וְיִשְׂרָאֵל — קוּדְשָׁא בְּרִיךְ הוּא נָטַע לוֹן בְּהַהִיא זִמְנָא נִטְעָא קַדִּישָׁא בְּעָלְמָא כְּמָא דְאַתְּ אָמֵר "נֵצֶר מַטָּעַי מַעֲשֵׂי יָדַי לְהִתְפָּאֵר" (ישעיהו ס, כא).

"וַיַּצְמַח יהו"ה אֱלֹהִים" — אַבָּא וְאִמָּא.

"כָּל עֵץ נֶחְמָד" — דָּא צַדִּיק.

"וְטוֹב לְמַאֲכָל" — דָּא עַמּוּדָא דְאֶמְצָעִיתָא, דְּבֵיהּ הוּא זַמִּין מָזוֹן לְכֹלָּא, דְּכֹלָּא בֵּיהּ. וְלָא אִתְפַּרְנֵס צַדִּיק אֶלָּא מִנֵּיהּ, וּשְׁכִינְתָּא מִנֵּיהּ, וְלָא צְרִיכִין לְתַתָּאִין אֶלָּא כּוּלְהוּ נִזּוֹנִין לְתַתָּא עַל יָדֵיהּ. דִּבְגָלוּתָא לָא הֲוָה לִשְׁכִינְתָּא וּלְחַי עָלְמִין מְזוֹנָא אֶלָּא בְּ־ח"י בִּרְכָאן דִּצְלוֹתָא, אֲבָל בְּהַהוּא זִמְנָא אִיהוּ יְהֵא מְזוֹנָא לְכֹלָּא.

שכתוב "וַיִּטַּע ה' אֱלֹהִים" — אבא ואימא.

"גַּן" — זו השכינה התחתונה.

"עֵדֶן" — זו האם העליונה.

"אֶת הָאָדָם" — זה העמוד האמצעי.

היא תהיה נטע שלו, בת זוגו, ולא תזוז ממנו לעולם, ותהיה העידון שלו. וישראל — הקדוש ברוך הוא נטע אותם באותו זמן נטע קדוש בעולם, כמו שנאמר "נֵצֶר מַטָּעַי מַעֲשֵׂי יָדַי לְהִתְפָּאֵר" (ישעיהו ס, כא).

"וַיַּצְמַח הוי"ה אֱלֹהִים" — אבא ואימא.

"כָּל עֵץ נֶחְמָד" — זה צדיק.

"וְטוֹב לְמַאֲכָל" — זה העמוד האמצעי, שבו הוא מזמין מזון לכול, שהכול בו. ולא מתפרנס הצדיק אלא ממנו ושכינה ממנו, ולא צריכים את התחתונים אלא כולם ניזונים למטה על ידו. שבגלות לא היה לשכינה ולחי העולמים מזון אלא בשמונה עשרה ברכות התפילה, אבל באותו זמן הוא יהיה מזון לכול.

**כמו יתר התיאורים בפרק ב גם בנטיעת גן עדן מופיעים שני שמות**

ה׳ יחד – הוי״ה ואלוהים – והזוהר מזהה אותם עם אבא ואימא. לפי הזוהר המידות האלה נטעו את ישראל בגן עדן על מנת לחבר בין הגן לבין עדן, בין השכינה התחתונה לבין השכינה העליונה, בין המקור שהוא עדן – דימוי לזכר המשפיע, לבין הגן – דימוי לאישה המקבלת. האדם הוא העמוד האמצעי המקשר ביניהם, הוא ׳הנהר היוצא מעדן להשקות את הגן׳. ישראל מבטאים את החיבור בין מעלה למטה, וגם עליהם נאמרה לשון נטיעה: ״וְעַמֵּךְ כֻּלָּם צַדִּיקִים לְעוֹלָם יִירְשׁוּ אָרֶץ נֵצֶר מַטָּעַי מַעֲשֵׂה יָדַי לְהִתְפָּאֵר״ (ישעיהו ס, כא). מפסוק זה עולה גם שישראל הם מידת התפארת.

גם את הפסוק הבא ״וַיַּצְמַח ה׳ אֱלֹהִים מִן הָאֲדָמָה כָּל עֵץ נֶחְמָד לְמַרְאֶה וְטוֹב לְמַאֲכָל״ מפרש הזוהר באופן קרוב. הצדיק מדומה כאן לעץ המקשר והמשפיע, כמו בפרק הקודם. יש כאן תיאור של ההתנהלות האידיאלית של הדברים, שבה העמוד האמצעי משפיע על הצדיק והצדיק על השכינה, ואז: ״לא את צריכים לתחתונים אלא כולם ניזונים למטה על ידו״.

נשים לב שהחלופה המתוארת כאן למצב האידיאלי של שפע המגיע מן השמיים אינה העדר שפע אלא שפע שמגיע מן התחתונים. למה הכוונה?

במסכת תענית (ט ע״ב) מופיעה מחלוקת מפורסמת בין רבי אליעזר לרבי יהושע בנוגע למקור הגשם. רבי אליעזר תופס שהמים באים מהאוקיינוס, והראיה שלו היא מהפסוקים שלנו ״וְאֵד יַעֲלֶה מִן הָאָרֶץ״. לעומת זאת רבי יהושע סובר שמקור הגשמים הוא בשמיים ממעל, והעננים עולים כדי לקבל אותם כמו שנאמר ״לִמְטַר הַשָּׁמַיִם תִּשְׁתֶּה מָּיִם״ (דברים יא, יא). בפרקי דרבי אליעזר מוצגות שתי השיטות כנכונות, אך במצבים שונים:

> ר׳ יהודה אומר: העבים משמיעין את קול צנורותיהן לימים, והימים משמיעין את קול צנורותיהן לתהומות – ״תְּהוֹם אֶל תְּהוֹם קוֹרֵא לְקוֹל צִנּוֹרֶיךָ״ (תהילים מב, ח), והעבים שואבים מים מן התהומות שנאמר: ״מַעֲלֶה נְשִׂאִים״ (תהילים קלה, ז). ובכל

> מקום שיפקוד להם המלך שם הן מגשימין, ומיד הארץ מעוברת וצמחה כאשה אלמנה שהיא מעוברת מזנות.
>
> אבל כי רצה הב"ה לברך צמחה של ארץ וליתן צדה של בריות, פותח אוצר הטוב שבגשמים וממטיר על הארץ שהן מים זכרים ופרים, ומיד הארץ מעוברת וצמחה צמח של ברכה, שנאמר "יִפְתַּח ה' לְךָ אֶת אוֹצָרוֹ הַטּוֹב אֶת הַשָּׁמַיִם" (דברים כח, יב).
> (פרקי דרבי אליעזר ה, ד)

לפי רבי יהודה, יש גשם אידיאלי שבא היישר מהקב"ה ויש גשם שנובע מתהליך המתחיל למטה. הגשם שאנו מקבלים היום מגיע אלינו כפי שלמדנו בשיעור מדעים בתיכון: המים מתאדים מהים ועולים לעננים ואז יורדים שוב בצורת גשם; מלמטה למעלה, וחזרה למטה. לעומת זאת, כשהקב"ה רוצה לברך את האדמה מתקיים מה שנאמר "יִפְתַּח ה' לְךָ אֶת אוֹצָרוֹ הַטּוֹב אֶת הַשָּׁמַיִם": כל התהליך מתחיל מלמעלה. יש לשים לב שהדימוי של רבי יהודה למצב הנחשב בימינו נורמלי הוא חריף: "כאישה אלמנה שהיא מעוברת מזנות". לא רק שאיננו מקבלים את הגשם בצורה האידיאלית, אלא השפע מגיע באופן שלילי ממש. לעומת זאת, הזוהר מתאר שפע היורד ישירות מלמעלה למטה, כזה שאין צורך בתחתונים כדי ליצור אותו. כל מי שלמטה ניזון ישירות מלמעלה.

לפי הזוהר, השפע המציאותי התלוי בפעילותו של האדם מאפיין את תקופת הגלות, ואילו השפע האידיאלי הבא מלמעלה יופיע בימות המשיח. מה שמיוחד כאן בזוהר זה שכאשר הוא חושב על פעילות האדם הוא אינו מתכוון לעמל הפרנסה, להליכה לרופא או לכל סוג אחר של מה שנקרא בדרך כלל 'השתדלות' – אלא לתפילה. מבחינת הזוהר, התפילה היא היא העבודה האנושית. בגלות, השכינה וחי העולמים ניזונים מח"י הברכות של התפילה, אך לעתיד לבוא הם ייזונו ישירות מלמעלה, אפילו בלי התפילה. לדידו של הזוהר התפילה היא הפעילות האנושית העיקרית שאנו עושים מלמטה על מנת למשוך

שפע מלמעלה. לעתיד לבוא לא יצטרכו להתפלל לשפע אלא הוא ירד מעצמו. באופן דומה מסביר הזוהר בפרשת בשלח את דברי הקב"ה אל משה כאשר בני ישראל חונים על ים סוף ומצרים רודפים אחריהם: "ה' יִלָּחֵם לָכֶם וְאַתֶּם תַּחֲרִשׁוּן" (שמות יד, יד) – 'תחרישון מלהתפלל. אל תתפללו! מה תצעק אליי? עכשיו זה לא זמן להתפלל!' (זוהר ח"ב מז ע"ב). מכיוון אחר, גם הוגי הציונות ראו את התפילה כעניין גלותי. לתפיסתם, היהודים הגלותיים התפללו כל הזמן לביאת המשיח, אך אלו שעלו לארץ כבר לא צריכים להתפלל, שהרי הם חיים את מה שאבותיהם ביקשו בתפילתם.

לצד זאת, כל עוד לא הגענו לימות המשיח, קבלת השפעה מהתחתונים אינה פסולה לחלוטין. הדברים הם לא כל כך פשוטים. על מנת להבין את המורכבות שבעניין ניקח דוגמה הקרובה אלינו: השפע שמקבלת מדינת ישראל מאמריקה. בהסתכלות אידיאית אפשר לראות אותו כשפע שבא מלמטה – מפוליטיקה או מאינטרסים – והוא ודאי שפע פסול שאינו יורד אלינו ישירות מן השמיים. אך מהי המסקנה מכך? שלא נקבל את המענקים מאמריקה? אולי בכל זאת לא נוכל לדחוק את הקץ, ועלינו להבין מה מצבנו, ולקבל את השפע הזה כפי שהוא. אנשי הימין טוענים שצריך לקבל שפע רק מהשכינה העליונה ולא מאמריקה. אבל אולי יש מי שיגיד שלא, שאנחנו עדיין בגלות וצריכים לקבל מלמטה. יש מצב שבו השכינה מקבלת ממקורות שליליים, מהסטרא אחרא.

## ישראל שלעתיד לבוא: ללא תרכובות, ללא תערובות

וְעֵץ הַחַיִּים, דְּהוּא אִילָנָא דְחַיֵּי, יְהֵא נְטִיעַ בְּגוֹ גִנְתָּא, דְּאִתְּמָר בֵּיהּ "וְלָקַח גַּם מֵעֵץ הַחַיִּים וְאָכַל וָחַי לְעוֹלָם" (בראשית ג, כב). וּשְׁכִינְתָּא, לָא שָׁלְטָא עֲלָהּ אִילָנָא דְסִטְרָא אָחֳרָא, דְּאִנּוּן עֵרֶב רַב,

ועץ החיים, שהוא עץ החיים, יהיה נטוע בתוך הגן, שנאמר בו "וְלָקַח גַּם מֵעֵץ הַחַיִּים וְאָכַל וָחַי לְעוֹלָם" (בראשית ג, כב). והשכינה, לא שולט עליה העץ של צד האחר, שהם ערב רב,

דְּאִנּוּן עֵץ הַדַּעַת טוֹב וָרָע, וְלֹא תְקַבֵּל בָּהּ עוֹד טָמֵא. הֲדָא הוּא דִכְתִיב "ה' בָּדָד יַנְחֶנּוּ וְאֵין עִמּוֹ אֵל נֵכָר" (דברים לב, יב). וּבְגִין דָּא לָא מְקַבְּלִין גֵּרִים לִימוֹת הַמָּשִׁיחַ, וּתְהֵא שְׁכִינְתָּא כְּגַפְנָא דְּלָא מְקַבְּלָא נִטְעָא מִמִּינָא אָחֳרָא.

וְיִשְׂרָאֵל יְהוֹן "כָּל עֵץ נֶחְמָד לְמַרְאֶה". וְיִתְהַדַּר עֲלַיְיהוּ שׁוּפְרָא דְּאִתְּמַר בֵּיהּ "הִשְׁלִיךְ מִשָּׁמַיִם אֶרֶץ תִּפְאֶרֶת יִשְׂרָאֵל" (איכה ב, א). וְעֵץ הַדַּעַת טוֹב וָרָע אִדַּחְיָין מִנַּיְיהוּ, וְלָא מִתְדַּבְּקִין וְלָא מִתְעָרְבִין בְּהוֹן, דְּהָא אִתְּמַר בְּיִשְׂרָאֵל "וּמֵעֵץ הַדַּעַת טוֹב וָרָע לֹא תֹאכַל מִמֶּנּוּ" (בראשית ב, יז), דְּאִנּוּן עֵרֶב רַב. וְגָלֵי לוֹן קוּדְשָׁא בְּרִיךְ הוּא דִּבְיוֹם אָכְלוֹ מִמֶּנּוּ גָּרְמוּ דְּאָבְדוּ ב' אָבְדִין, דְּאִנּוּן בַּיִת רִאשׁוֹן וּבַיִת שֵׁנִי. דָּא אִיהוּ "כִּי בְּיוֹם אֲכָלְךָ מִמֶּנּוּ מוֹת תָּמוּת" (שם) — ב' פְּעָמִים. וְאִנּוּן גְּרִימוּ דְּצַדִּיק יֶחֱרַב וְיָבֵשׁ בְּבַיִת רִאשׁוֹן דְּאִיהִי שְׁכִינְתָּא עִלָּאָה, וּבְבַיִת שֵׁנִי דְּאִיהִי שְׁכִינְתָּא תַּתָּאָה. דָּא אִיהוּ "וְנָהָר יֶחֱרַב וְיָבֵשׁ" (ישעיהו יט, ה). וְנָהָר דָּא יֶחֱרַב

שהם עץ הדעת טוב ורע, ולא תקבל בה עוד טמא. זהו שכתוב "ה' בָּדָד יַנְחֶנּוּ וְאֵין עִמּוֹ אֵל נֵכָר" (דברים לב, יב). ולכן לא מקבלים גרים לימות המשיח, ותהיה השכינה כמו גפן שאינה מקבלת נטע ממין אחר.

וישראל יהיו "כָּל עֵץ נֶחְמָד לְמַרְאֶה". ויחזור עליהם יופי שנאמר בו "הִשְׁלִיךְ מִשָּׁמַיִם אֶרֶץ תִּפְאֶרֶת יִשְׂרָאֵל" (איכה ב, א). ועץ הדעת טוב ורע נדחים מהם, ולא מידבקים ולא מתערבים בהם, שהרי נאמר בישראל "וּמֵעֵץ הַדַּעַת טוֹב וָרָע לֹא תֹאכַל מִמֶּנּוּ" (בראשית ב, יז), שהם ערב רב. וגילה להם הקדוש ברוך הוא, שביום אוכלו ממנו גרמו שאיבדו שתי אבדות, שהם בית ראשון ובית שני. זהו "כִּי בְּיוֹם אֲכָלְךָ מִמֶּנּוּ מוֹת תָּמוּת" (שם) — שתי פעמים. והם שגרמו שצדיק יחרב ויבש בבית ראשון שהיא שכינה עליונה, ובבית שני שהיא שכינה תחתונה. זהו "וְנָהָר יֶחֱרַב וְיָבֵשׁ" (ישעיהו יט,

בְּ־ה׳ תַּתָּאָה בְּגִין דְּאִסְתַּלַּק מִנֵּיהּ נְבִיעוּ דְ־י׳ לְאֵין סוֹף.

ה). ונהר זה יחרב ב־ה׳ תחתונה משום שהסתלק ממנו שפע ה־י׳ לאין סוף.

וּמִיַּד דְּיִפְקוּן יִשְׂרָאֵל מִן גָּלוּתָא, עַמָּא קַדִּישָׁא לְחוּד, מִיָּד נָהָר דַּהֲוָה חָרֵב וְיָבֵשׁ אִתְּמַר בֵּיהּ "וְנָהָר יוֹצֵא מֵעֵדֶן" — דָּא ו׳ — "לְהַשְׁקוֹת אֶת הַגָּן".

ומייד כשיצאו ישראל מהגלות, העם הקדוש לחוד, מייד נהר שהיה חרב ויבש נאמר בו "וְנָהָר יוֹצֵא מֵעֵדֶן" — זה ו׳ — "לְהַשְׁקוֹת אֶת הַגָּן".

"וְנָהָר" — דָּא עַמּוּדָא דְּאֶמְצָעִיתָא.

"וְנָהָר" — זה העמוד האמצעי.

"יוֹצֵא מֵעֵדֶן" — דָּא אִמָּא עִלָּאָה.

"יוֹצֵא מֵעֵדֶן" — זו האימא העליונה.

"לְהַשְׁקוֹת אֶת הַגָּן" — דָּא שְׁכִינְתָּא תַּתָּאָה.

"לְהַשְׁקוֹת אֶת הַגָּן" — זו השכינה התחתונה.

דִּבְהַהוּא זִמְנָא אִתְּמַר בְּמֹשֶׁה וּבְיִשְׂרָאֵל "אָז תִּתְעַנַּג עַל ה׳" (ישעיהו נח, יד). בְּעֹנֶג, דְּאִיהוּ: ע׳ — עֵדֶן, נ׳ — נָהָר, ג׳ — גַּן. וְאִתְקְיַּים קְרָא "אָז יָשִׁיר מֹשֶׁה" וגו׳ (שמות טו, א) — 'שָׁר' לֹא נֶאֱמַר, אֶלָּא 'יָשִׁיר'. וְאִתְהַפַּךְ לְעֵרֶב רַב עֹנֶג לְנֶגַע, וּלְאוּמִין דְּעָלְמָא עוֹבְדֵי כּוֹכָבִים וּמַזָּלוֹת, כְּגַוְונָא דְּפַרְעֹה וּמִצְרָאֵי דְּפָרַח בְּהוֹן שְׁחִין אֲבַעְבּוּעוֹת. אֲבָל לְיִשְׂרָאֵל יְהֵא עֹנֶג.

שבאותו זמן נאמר במשה ובישראל "אָז תִּתְעַנַּג עַל ה׳" (ישעיהו נח, יד). בעונג, שהוא: ע׳ — עדן, נ׳ — נהר, ג׳ — גן. ויתקיים הכתוב "אָז יָשִׁיר מֹשֶׁה" וְגוֹ׳ (שמות טו, א) — 'שר' לא נאמר, אלא 'ישיר'. ויתהפך לערב רב 'עֹנג' ל'נגע', ולאומות העולם עובדי כוכבים ומזלות, כמו פרעה והמצרים שפרח בהם שחין אבעבועות. אבל לישראל יהיה עֹנג.

האידיאל הזוהרי הוא שהשכינה תקבל מהקב"ה בעצמו, ועל כך קורא הזוהר את הפסוק "ה' בָּדָד יַנְחֶנּוּ וְאֵין עִמּוֹ אֵל נֵכָר" (דברים לב, יב). את האידיאל הזה מוצא הזוהר בעץ החיים שבגן עדן, שאין בו שום ערבוב של טוב ורע. כאן אנו חוזרים לנקודה שראינו לעיל בזוהר בעניין גיור הערב רב.[1] מבחינה חברתית הערב רב הם הסטרא אחרא: הם מנהלים את ישראל והם שולטים על ישראל. זהו המצב בגלות. כפי שראינו, יש כאן יחס מאוד שלילי לגרים בכלל, שהזוהר מזהה אותם עם הערב רב. לכן בימות המשיח כאשר לא יהיה ערב רב, גם לא יקבלו גרים. הזוהר מדמה את ישראל שלעתיד לבוא לגפן ש"אינה מקבלת נטע ממין אחר". הכוונה היא שבניגוד לעצים אחרים שאפשר לבצע בהם הרכבה, לגפן יש מבנה בוטני שבשלו אין אפשרות טכנית לעשות זאת. הדימוי הזה לגפן מופיע במקום אחר בזוהר בהקשר של התבוללות, לומר שעם ישראל אינו מתערבב בעמים אחרים ואין בו נישואי תערובת.[2] הזוהר מסב את הדברים לעניין גרים שלא יתקבלו לעתיד לבוא כי לדבריו הגרים אינם יכולים להשתלב באופן אמיתי בתוך עם ישראל.

הזוהר מוסיף ומשרטט הבדל נוסף בין שני המצבים של עם ישראל שהוא תיאר, וזאת על פי הפסוק "כָּל עֵץ נֶחְמָד לְמַרְאֶה". על תקופת הגלות נאמר הפסוק באיכה: "הִשְׁלִיךְ מִשָּׁמַיִם אֶרֶץ תִּפְאֶרֶת יִשְׂרָאֵל" (איכה ב, א). בגלות עם ישראל אינו נראה טוב. לעומת זאת, לעץ בפסוק יש תכונה של יופי, וכך גם לישראל לעתיד לבוא, כשיחזרו למצבם המקורי. היופי המתגלה בעץ קשור במיוחד לנוף העץ, למכלול הענפים והעלים המתפצלים מן הגזע, מה שמתקשר לאחד המאפיינים הבולטים של מידת התפארת – שהיא כוללת את כל הגוונים. המילה הארמית שבה הזוהר משתמש כאן כדי לציין יופי היא 'שופרא', והיא מזכירה את הגמרא הדורשת "שופריה דיעקב אבינו מעין שופריה דאדם הראשון" (בבא בתרא נח ע"ב). יעקב אבינו מזוהה עם מידת

1. ראו לעיל עמ' 207.
2. ראו זוהר ח"א רלט ע"ב.

התפארת, והזוהר כאן מצפה לעתיד שבו יחזור יופיו של יעקב למקורו ויהיה כיופיו של אדם הראשון.

למערכה הכפולה של גלות מול גאולה ושל שילוב הערב רב מול דחייתו מוסיף הזוהר את הממד של עץ הדעת טוב ורע מול עץ החיים. הערב רב מזוהים עם עץ הדעת טוב ורע משום שהם הרע שמעורב עם הטוב. לפי הזוהר, הנוכחות של הערב רב גרמה לגלות ולחורבן שני בתי המקדש, ומשמעות הדברים היא שפסק השפע מלמעלה, הצינור התייבש ומידת צדיק כבר אינה משפיעה. שני בתי המקדש מבטאים שתי רמות של שכינה, הבית ראשון מבטא את השכינה העליונה והבית השני את השכינה התחתונה. חורבנם של שני ממדים אלו נדרש בזוהר מכפילות הפעלים בפסוק "וְנָהָר יֶחֱרַב וְיָבֵשׁ" (ישעיהו יט, ה) כאשר הנהר עצמו הוא צינור השפע שמוביל אליהם, מה שרמוז גם ב־ו׳ שבראש המילה ׳ונהר׳. בעקבות עץ הדעת והערב רב, נפסק השפע האלוקי, וזו הייתה הסיבה לחורבן.

למעשה, דימוי הנהר כולל את כל מערך האותיות של שם הוי"ה. האות ׳י׳ היא הנקודה הראשונית, הזרע, המקור לכול, והיא מקבילה למעיין שממנו נובע הנהר. להבדיל, בהודו יש מקום מרוחק בהרי ההימלייה שנחשב המקור של הגנגס. זה מקום מרשים עם סלע גדול ומערה, ומשם המים יוצאים. המעיין שממנו יוצא הגנגס נחשב בעיני ההודים למקום המקודש ביותר והם עולים אליו ברגל כדי להתרחץ בו. האות י׳ היא איפה הנקודה שממנו יוצא הנהר. האות י׳ נובעת אל תוך ה־ה׳ הראשונה – השכינה העליונה – וממנה מתפשט הנהר דרך האות ו׳ ומגיע אל האות ה׳ שהיא השכינה התחתונה. בגלות מתרחק המעיין ומסתלק לאין סוף, ואילו השיבה מן הגלות מחברת מחדש בינו לבין המציאות של ישראל. זאת החזרה אל המציאות של גן עדן, אל ה׳ענג׳ אשר בנוטריקון מרמז על: עדן, גן, נהר, שהן שלוש החוליות של השפע – השכינה העליונה, השכינה התחתונה והחיבור ביניהן. הנהר יחזור לזרום.

אבל לא רק יחזור לזרום. זו לא תהיה רק השבת עטרה ליושנה. הזוהר מדגיש שבגאולה העתידית תהיה מעלה גם על פני המצב

הקדום שלפני הקלקול. הזוהר לומד זאת מן הפסוק "אָז יָשִׁיר מֹשֶׁה וּבְנֵי יִשְׂרָאֵל אֶת הַשִּׁירָה הַזֹּאת לַה'" (שמות טו, א), שבניגוד למצופה נאמר בלשון עתיד – 'ישיר' במקום 'שר'. חז"ל במסכת סנהדרין בפרק 'חלק' מדייקים מכך שלעתיד לבוא משה עצמו יקום וישיר, וזאת אחת הראיות לתחיית המתים מן התורה (סנהדרין צא ע"ב). הזוהר אינו מסתפק בכך שמשה יקום לתחייה אלא הוא לומד שמשה יקום יפה יותר, בצורה מתוקנת יותר. נקודת ההנחה של האמירה הזו היא שאם מדובר על תחייה, ממילא צריך להיות לה ערך מוסף, שאם לא כן מה הצורך בה? מכאן, שלגאולה השנייה יהיה יתרון על הגאולה הראשונה. לדברי הזוהר, מוקד ההבדל בין הגאולות הוא הערב רב: ביציאת מצרים הערב רב קיבלו כוח, ואילו לעתיד לבוא ה'ענג' שלהם יהפוך ל'נגע' עבורם. וכך גם להפך – ה'נגע' של ישראל יהפוך ל'ענג'. יציאת מצריים הייתה גאולה כללית, שבה יצאו לחירות גם רשעים. לעומת זאת, הגאולה האחרונה תפעל באופן הפוך על צדיקים ועל רשעים, על דרך מה שאומרת הגמרא שלעתיד לבוא החמה תצא מנרתיקה והצדיקים שהם ישראל יתחממו לאורה בעוד שהרשעים, או אומות העולם, יישרפו ממנה (עבודה זרה ג ע"א).

## רוחות השמיים

| | |
|---|---|
| וְדָא אִיהוּ "וְנָהָר יוֹצֵא מֵעֵדֶן לְהַשְׁקוֹת אֶת הַגָּן וּמִשָּׁם יִפָּרֵד וְהָיָה לְאַרְבָּעָה רָאשִׁים", דְּאִנּוּן: | וזהו "וְנָהָר יוֹצֵא מֵעֵדֶן לְהַשְׁקוֹת אֶת הַגָּן וּמִשָּׁם יִפָּרֵד וְהָיָה לְאַרְבָּעָה רָאשִׁים", שהם: |
| חֶסֶד — דְּרוֹעָא יָמִינָא; וּבְהַהוּא זִמְנָא "הָרוֹצֶה לְהַחְכִּים יַדְרִים". וּמַחֲנֶה מִיכָאֵל אִתְשַׁקְיָין מִנֵּיהּ וְעִמֵּיהּ מַטֵּה יְהוּדָה וּתְרֵין שִׁבְטִין. | חסד — זרוע ימין; ובאותו זמן "הרוצה להחכים ידרים". ומחנה מיכאל מקבל ממנו, ועימו מטה יהודה ושני שבטים. |
| גְּבוּרָה — דְּרוֹעָא שְׂמָאלָא; וּבְהַהוּא זִמְנָא "הָרוֹצֶה לְהַעֲשִׁיר | גבורה — זרוע שמאל; ובאותו זמן "הרוצה להעשיר יצפין". |

יַצְפִּין". וּמַחֲנֶה גַּבְרִיאֵל אִתְשַׁקְיָין מִנֵּיהּ וְעִמֵּיהּ מַטֵּה דָן וּתְרֵין שִׁבְטִין.

ומחנה גבריאל מקבל ממנו, ועימו מטה דן ושני שבטים.

נֶצַח – שׁוֹקָא יָמִינָא; וּמִנֵּהּ אִתְשַׁקְיָין מַשִּׁרְיָיא דְּנוּרִיאֵל וְעִמֵּיהּ מַטֵּה רְאוּבֵן וּתְרֵין שִׁבְטִין עִמֵּיהּ.

נצח – שוק ימין; וממנו מקבל מחנה של נוריאל, ועימו מטה ראובן ושני שבטים עימו.

הוֹד – שׁוֹקָא שְׂמָאלָא; דַּעֲלָהּ אִתְּמַר לְיַעֲקֹב "וְהוּא צוֹלֵעַ עַל יְרֵכוֹ" (בראשית לב, לב). וּמִנֵּיהּ אִתְשַׁקְיָין מַשִּׁרְיָיא דִּרְפָאֵל דְּאִיהוּ מְמַנָּא עַל אַסְוָותָא דְגָלוּתָא, וְעִמֵּיהּ מַטֵּה אֶפְרָיִם וּ־ב' שִׁבְטִין.

הוד – שוק שמאל; שעליה נאמר ליעקב "וְהוּא צוֹלֵעַ עַל יְרֵכוֹ" (בראשית לב, לב). וממנו מקבל מחנה רפאל שהוא ממונה על רפואת הגלות, ועימו מטה אפרים ושני שבטים.

הקטע האחרון של מאמר זה מסיים את הדיון בדרשה על הנהר שיוצא להשקות את הגן ומתפצל לארבעה ראשים. הזוהר מזהה את ארבעת הראשים עם ארבע רוחות השמיים ועם ארבעת המחנות של עם ישראל במדבר, וכדרכו – גם עם המידות האלוקיות. הבסיס לזיהוי המידות עם הכיוונים השונים מצוי בגמרא שאומרת: "הרוצה להחכים ידרים, הרוצה להעשיר יצפין" (בבא בתרא כה ע"ב), כלומר לכל כיוון יש הסגולה שלו, את המידה המאפיינת אותו.

הכיוונים המקראיים בנויים על ההנחה שאדם עומד ומכוון את פניו כלפי מזרח. לכן צד הימין, המבטא את החסד, הוא הדרום. זהו הצד של המלאך מיכאל. בצד זה הזוהר מכליל את שבט יהודה אף על פי שהוא חנה במזרח. אפשר להסביר זאת בזיקה ההדוקה שקיימת בין המזרח לדרום. השמש הזורחת במזרח היא המאפיין של החסד, אך ידוע שבגלל המיקום הגיאוגרפי של ארץ ישראל, בשעות שבהן השמש חזקה ביותר, היא שוכנת דווקא בדרום, ומכאן שבתודעתם של יושבי הארץ יש קשר בין המזרח לבין הדרום.

תמיד אני רואה לנכון לקרב בין הזוהר לבין הפשט, לכאן אעיר כאן על נקודה נוספת. במסע השבטים במדבר מתואר דגל יהודה המזרחי כמוביל ואילו דגל דן הצפוני כמאסף. צד הצפון יכול להיות מאסף רק כאשר הצד המוביל פונה לדרום, ואם כן נראים הדברים שמזרח הוא דרום־מזרח. מכיוון אחר, ישנה שאלה גיאוגרפית מה היה המסלול שעשו ישראל במדבר. לשאלה זו ניתנו תשובות שונות והיא תלויה במידה רבה בשאלה היכן מצויה העיר רעמסס שהייתה נקודת המוצא שלהם. לפי רוב החוקרים המרכז המצרי שבו שהו ישראל בזמן המקרא היה באיזור הדלתה של צפון מצרים, ולפי זה הנסיעה לכיוון הר סיני שאנו מכירים על פי הזיהוי הנוצרי – ג׳בל מוסא, בדרום סיני – הייתה לכיוון דרום. אם כן, שוב יש להבין את הפסוקים שמחנה יהודה שהוביל היה מזרחי, במשמעות של דרום־מזרחי.

את צד שמאל, מידת הגבורה, מזהה הזוהר עם הצפון השוכן משמאל כשהפנים למזרח. עם צד זה מזוהה המלאך גבריאל, ובמדבר חנה בו שבט דן. דן מלשון דין. אומנם, מידת הגבורה אינה מתבטאת דווקא בקושי ובייסורים, אלא גם בעושר כמו שעולה מן המימרא ״להעשיר יצפין״. זאת משום שבמקדש מוצב בצפון שולחן לחם הפנים, אשר מבטא את העושר החומרי, לעומת המנורה בדרום שמייצגת את אור החוכמה. הקישור בין העושר לצפון עולה גם מהפסוק: ״מִצָּפוֹן זָהָב יֶאֱתֶה״ (איוב לז, כב). בנוסף לכך, בתקופת בית שני ובראשית תקופת התנאים היה הצפון – הגליל – אזור פורה ועשיר יותר מבחינה כלכלית, לעומת הדרום – יהודה – שהיה מרכז התורה. אומנם בסוף תקופת התנאים מרכז התורה עבר מן הדרום לצפון – לאושא ולאחר מכן לציפורי, לבית שערים ולטבריה – אך בראייה היסטורית מסוימת אפשר להחשיב את המעבר לגליל כתחילת תקופת הגלות.

הזוהר מתאר כאן עוד שני כיוונים ומחנות הנקראים ׳שוק ימין׳ ו׳שוק שמאל׳ והם מקבילים למידות הנצח וההוד. הזוהר אינו מתייחס לכיוונים אלו בשמות המתבקשים, מזרח ומערב, וייתכן שזה מגיע בדיוק על רקע מה שאמרנו, שצדדים אלו מסתנפים לצפון ולדרום. אומנם, ייתכן גם שיש להם ייחוד משל עצמם שאינו מעניין הזוהר

כאן. נקודה מעניינת כאן היא שהשוק השמאלי הוא הצד של רפאל דווקא, שמביא את הרפואה לגלות. שוב משתמע מכאן שצד השמאל הוא לא לגמרי שלילי ובתוכו שוכנת גם הרפואה לחיסרון. יש גלות אך יש לה גם אפשרות להיתקן.

# ארבעת הנהרות והפרדס

## זוהר בראשית כו ע"ב — כז ע"א

התורה מספרת על ארבעה ראשי נהרות המתפצלים מגן עדן:

> וְנָהָר יֹצֵא מֵעֵדֶן לְהַשְׁקוֹת אֶת הַגָּן וּמִשָּׁם יִפָּרֵד וְהָיָה לְאַרְבָּעָה רָאשִׁים. שֵׁם הָאֶחָד פִּישׁוֹן הוּא הַסֹּבֵב אֵת כָּל אֶרֶץ הַחֲוִילָה אֲשֶׁר שָׁם הַזָּהָב. וּזֲהַב הָאָרֶץ הַהִוא טוֹב שָׁם הַבְּדֹלַח וְאֶבֶן הַשֹּׁהַם. וְשֵׁם הַנָּהָר הַשֵּׁנִי גִּיחוֹן הוּא הַסּוֹבֵב אֵת כָּל אֶרֶץ כּוּשׁ. וְשֵׁם הַנָּהָר הַשְּׁלִישִׁי חִדֶּקֶל הוּא הַהֹלֵךְ קִדְמַת אַשּׁוּר וְהַנָּהָר הָרְבִיעִי הוּא פְרָת.
> (בראשית ב, י-יד)

בדרשה שלפנינו, הזוהר מזהה את ארבעת הראשים עם ארבע דמויות של חכמים שנכנסו לפרדס כפי שמופיע בתלמוד:

> תנו רבנן: ארבעה נכנסו בפרדס, ואלו הן: בן עזאי, ובן זומא, אחר ורבי עקיבא.
>
> אמר להם רבי עקיבא: כשאתם מגיעין אצל אבני שיש טהור אל תאמרו 'מים מים' משום שנאמר "דֹּבֵר שְׁקָרִים לֹא יִכּוֹן לְנֶגֶד עֵינָי" (תהילים קא, ז).
>
> בן עזאי הציץ ומת, עליו הכתוב אומר: "יָקָר בְּעֵינֵי ה' הַמָּוְתָה לַחֲסִידָיו" (תהילים קטז, טו).

בן זומא הציץ ונפגע, ועליו הכתוב אומר: "דְּבַשׁ מָצָאתָ אֱכֹל דַּיֶּךָּ פֶּן תִּשְׂבָּעֶנּוּ וַהֲקֵאתוֹ" (משלי כה, טז).
אחר קיצץ בנטיעות.
רבי עקיבא יצא בשלום.
(חגיגה יד ע"ב)

ישנם פירושים רבים לסיפור המיסטי הזה, ויש אפילו כאלה שניסו לעמוד על פשט הסיפור, אם בכלל יש אפשרות כזאת.[1] ככלל, כאשר אנו רואים ריבוי פירושים לעניין כזה או אחר, זה אומר כנראה שהעניין הוא סתום. למשל, במדרשי חז"ל מופיעות דרשות רבות במיוחד לפסוקי איוב, ואני תמיד אומר שהסיבה לכך היא שהפסוקים כל כך לא מובנים שמה שנשאר לחז"ל זה לדרוש אותם. באותה דרך אפשר לראות את ריבוי הפירושים של סיפור הכניסה לפרדס כביטוי לחוסר המובנות שלו.

הזוהר תופס שארבע הדמויות מהסיפור מבטאות ארבעה טיפוסים של תלמידי חכמים, או ארבעה סגנונות של לימוד תורה. סגנונות אלו מרומזים בראשי התיבות של המילה פרד"ס – פשט, רמז, דרש וסוד, והם מקבילים לארבעת הנהרות היוצאים מגן עדן.

## ארבעת הנהרות ואנשי הפרד"ס

| דָּבָר אַחֵר: "וּמִשָּׁם יִפָּרֵד וְהָיָה לְאַרְבָּעָה רָאשִׁים" – אִלֵּין אִנּוּן אַרְבָּעָה דְּנִכְנְסוּ לַפַּרְדֵּס: | דבר אחר: "וּמִשָּׁם יִפָּרֵד וְהָיָה לְאַרְבָּעָה רָאשִׁים" – אלה אותם ארבעה שנכנסו לפרדס: |
|---|---|

1. ידידי יודל'ה המכונה פרופסור ליבס כתב ספר שלם בניסיון לפרש את הסיפור (ראו: יהודה ליבס, **חטאו של אלישע – ארבעה שנכנסו לפרדס וטבעה של המיסטיקה התלמודית**, ירושלים 1990). בזמנו כשהספר יצא חלקתי מכול וכול על עיקרי דבריו ואיימתי עליו שאקנה את כל הספרים שלו על מנת לשרוף אותם...

| | |
|---|---|
| חַד עָאל בְּפִישׁוֹן, דְּאִיהוּ פִּי שׁוֹנֶה הֲלָכוֹת. | אחד נכנס בפישון, שהוא פי שונה הלכות. |
| תִּנְיָינָא עָאל בְּגִיחוֹן, וְתַמָּן הוּא קָבוּר הַהוּא דְּאִתְּמָר בֵּיהּ "כָּל הוֹלֵךְ עַל גָּחוֹן" (ויקרא יא, מב), גַּבְרִיאֵל — גָּבַר אֵל, עֲלֵיהּ אִתְּמָר "לְגֶבֶר אֲשֶׁר דַּרְכּוֹ נִסְתָּרָה וַיָּסֶךְ אֱלוֹהַּ בַּעֲדוֹ" (איוב ג, כג), וְלֹא יָדַע גְּבַר יַת קְבוּרְתֵּיהּ עַד יוֹמָא הַדֵּין דְּאִתְגַּלְיָיא תַּמָּן. וְדָא אִיהוּ רֶמֶז, וּלְחַכִּימָא בִּרְמִיזָא. | השני נכנס בגיחון, ושם הוא קבור אותו שנאמר בו "כָּל הוֹלֵךְ עַל גָּחוֹן" (ויקרא יא, מב), גבריאל — גבר אל, עליו נאמר "לְגֶבֶר אֲשֶׁר דַּרְכּוֹ נִסְתָּרָה וַיָּסֶךְ אֱלוֹהַּ בַּעֲדוֹ" (איוב ג, כג), ולא ידע איש את קברתו עד היום הזה שהתגלה שם. וזהו רמז, ולחכימא ברמיזא. |
| תְּלִיתָאָה עָאל בְּחִדֶּקֶל — חַד קַל, וְדָא לִישְׁנָא חֲדִידָא קַלָּא לְדָרְשָׁא. | השלישי נכנס בחידקל — חד קל, וזו לשון מחודדת קלה לדרשה. |
| רְבִיעָאָה עָאל בִּפְרָת, דְּאִיהוּ מוֹחָא דְּבֵיהּ פְּרִיָּה וּרְבִיָּה. | הרביעי נכנס בפרת, שהוא המוח שבו פרייה ורבייה. |
| בֶּן זוֹמָא וּבֶן עֲזַאי דְּעָאלוּ בִּקְלִיפִּין דְּאוֹרַיְיתָא הֲווּ לָקָאן בְּהוֹן. רַבִּי עֲקִיבָא דְּעָאל בְּמוֹחָא אִתְּמָר בֵּיהּ דְּעָאל בִּשְׁלָם וְנָפַק בִּשְׁלָם. | בן זומא ובן עזאי שנכנסו לקליפות של התורה, היו לוקים בהן. רבי עקיבא שנכנס במוח נאמר בו שנכנס בשלום ויצא בשלום. |

הזוהר מונה את ארבעת סוגי החכמים ומציין לאיזה נהר קשור כל אחד מהם:

"אחד נכנס בפישון שהוא פי שונה הלכות". שם הנהר הראשון, 'פישון', נדרש בזוהר כנוטריקון: 'פי שונה הלכות'. זהו איש ההלכה, חכם הנגלה והפשט, ה'מתנגד'. מלבד הנוטריקון, יש כאן קשר נוסף: נהר הפישון מזוהה עם הנילוס של מצרים, כפי שרש"י מביא במקום, ולגבי שעבוד מצרים יש פסקה ידועה בזוהר שבה הוא דורש את

השעבוד ב׳חומר׳ וב׳לבנים׳ שהכוונה ל׳קל וחומר׳, שהיא אחת המידות המופעלות בלימוד הלכות מן הפסוקים ול׳ליבונה׳ של הלכה. ההנחה הקיצונית של הזוהר היא שגאולת מצרים היא הגאולה מן ׳המתנגדים׳, היא שחרור מלימוד הפשט אל לימוד זוהר.

״השני נכנס בגיחון ושם הוא קבור״. לדברי הזוהר בתוך נהר הגיחון קבורה אישיות מסוימת. מי היא אישיות זו? הזוהר אינו כותב בפירוש, אבל רומז: ״אותו שנאמר בו כל הולך על גחון״. לדעתי הזוהר מבקש לומר שהאדם הקבור בגיחון הוא אדם הראשון שנגזרה עליו מיתה בגין הנחש ההולך על גחונו, ומשם שם הנהר ׳גיחון׳. ואכן, בפרקי דרבי אליעזר מסופר שאדם הראשון נכנס לנהר הגיחון עד צווארו כחלק מן הסיגופים שקיבל על עצמו כדי לעשות תשובה על חטאו.[2] אדם הראשון כמעט טבע שם, הוא לקח את עצמו עד הקצה הקרוב ביותר למוות, ולכך מתכוון הזוהר כשהוא אומר שנקבר בגיחון. אומנם, בעל הסולם פירש שהאדם הקבור בגיחון הוא משה. לדבריו, משה רמוז במילה ״גָּחוֹן״ (ויקרא יא, מב) בכך שה־ו׳ שבה נכתבת כ־ו׳ רבתי, מה שמתקשר ל־ו׳ של משה שנפלה, כפי שראינו לעיל.[3] ראיה לפירוש זה היא מכך שהזוהר מאזכר בהמשך את הפסוק ״וְלֹא יָדַע אִישׁ אֶת קְבֻרָתוֹ״ (דברים לד, ו), שנאמר על משה. בעצם הזוהר מתייחס לתעלומת קברו של משה וחושף את מיקומו העליון – בגיחון היוצא מגן עדן. שני הפירושים עשויים להתחבר כי בספרות חז״ל יש תיאור של מחילה ההולכת מקברו של משה למערת המכפלה ששם על פי

2. ״באחד בשבת נכנס אדם במימי גיחון העליון עד שהמים הגיעו עד צווארו, והיה מתענה שבע שבתות ימים עד שנעשה גופו כמין ירוקה, ואמר אדם לפני הקדוש ברוך הוא: רבון כל העולמים, העבר נא חטאתי מעלי וקבל את תשובתי וילמדו כל הדורות שיש תשובה. מה עשה הקדוש ברוך הוא, פשט את יד ימינו וקבל את תשובתו והעביר את חטאתו מעליו, שנאמר: ׳חַטָּאתִי אוֹדִיעֲךָ וַעֲוֹנִי לֹא כִסִּיתִי... סֶלָה׳ (תהילים לב, ה) מן העולם הזה והעולם הבא״ (פרקי דרבי אליעזר כ, ט).

3. עמ׳ 206.

מסורת חז״ל קבור גם אדם הראשון, ויש מסורות קבליות שקברו של משה אפילו הועבר למערת המכפלה.[4]

כך או כך, על מי שקבור שם קורא הזוהר את הפסוק ״לְגֶבֶר אֲשֶׁר דַּרְכּוֹ נִסְתָּרָה וַיָּסֶךְ אֱלוֹהַּ בַּעֲדוֹ״ (איוב ג, כג). ה׳גבר׳ שדרכו נסתרה הוא אותו שקברו נעלם, והוא מזוהה עם המלאך גבריאל, מלשון גבר אל. העיסוק בנעלם ובנסתר קשור לחוכמה ולתחום ה׳רמז׳, כפי שנאמר ׳ודי לחכימא ברמיזא׳.

״השלישי נכנס בחידקל – חד קל, וזו לשון מחודדת קלה לדרשה״. החידקל הוא הנהר הצפוני יותר, הוא מגיע מהפשרת השלגים, מימיו קרים והזרם שלו חזק. חדות וקלות הן המאפיינים של בעלי הדרש. לשונם קלה והם יודעים לדרוש דרשות, זה כישרון של אנשים, נותנים להם איזה פסוק ואין להם בעיה, מייד הם מקשרים את פרשת השבוע לנאום האחרון של ראש הממשלה או נשיא המדינה.

״הרביעי נכנס בפרת שהוא המוח שבו פרייה ורבייה״. חז״ל פירושו את השם פרת – ״שמימיו פרים ורבים״ (בכורות נה ע״ב). הזוהר מקשר את הפרייה והרבייה למוח, וזאת על בסיס תודעה מדעית קדומה של חז״ל ושל היוונים שלפיה מקורו של הזרע הוא במוח. התודעה הזו מזינה סוג של ספרות מוסר שבה מלמדים שאיכות הילד הנולד לאדם תלויה במחשבה שבשעת הזיווג: מי שיש לו מחשבה מזוככת בזיווג יהיו לו בנים מזוככים. זה לא רק עניין שתלוי בגוף הפיזי אלא גם במחשבה, כך הם תפסו ולימדו.[5] כוח הפרייה והרבייה שבמוח מתקשר אל הסוד, אל הפנימיות, אל ההבנה העמוקה ביותר.

אם כן, ארבעת הנהרות מקבילים לארבעה טיפוסים של תלמידי חכמים: איש הפשט, איש הרמז, איש הדרש ואיש הסוד. מכיוון שמדובר בארבעה ערוצים ללימוד התורה, היינו חושבים שכולם חלק

4. ראו ספרי דברים שנז. לסקירה של המקורות בנושא ראו: מיכאל איש שלום, ״מערת המכפלה וקבורתו של משה: לגלגולה של מסורת אגדה״, תרביץ מא (תשל״ב), עמ׳ 203–210 (הערת העורכים).

5. הדוגמה המפורסמת לכך היא דרשת הרמב״ן ׳דרשה לחתונה׳ שאותה היו לומדים החתנים ב׳ישיבת מרכז׳ (בתוך **כתבי הרמב״ן**, כרך א עמ׳ קלא, מוסד הרב קוק).

מהקדושה, שהרי כל חלקי הפרד"ס הם חלקים אינטגרליים ולגיטימיים של התורה. העניין הוא שהזוהר אינו מסתפק בכך אלא מחבר את הטיפוסים הללו לאותן ארבע דמויות ספציפיות שנכנסו לפרדס, ואת החכמים שלא יצאו בשלום הוא רואה כחלק מהקליפות: "בן זומא ובן עזאי שנכנסו בקליפות של התורה לקו בהם, רבי עקיבא שנכנס במוח נאמר עליו שנכנס בשלום ויצא בשלום".

יש להעיר שהזוהר אינו מזכיר כאן את החכם הרביעי, אלישע בן אבויה המכונה 'אחר', ואולי הסיבה לכך היא שלגביו לא הייתה כלל הנחה שהוא בא מהקדושה. אולם הזוהר אינו נמנע מלהתייחס באופן שלילי גם לחכמים האחרים, למעט רבי עקיבא. בן עזאי ובן זומא היו תלמידי חכמים שגדלו בתוך עולם התורה ובכל זאת הם לקו: דעתו של בן זומא השתבשה ובן עזאי מת. אדרבה, אולי משום כך הם לקו, כמו שנאמר ש"הרבנות מקברת את בעליה" (פסחים פז ע"ב)...[6] רק רבי עקיבא, שבא מבחוץ, נכנס בשלום ויצא בשלום.

למען האמת, גם בפשט הגמרא נראה שהביטויים 'הציץ ונפגע' ו'הציץ ומת' אינם חיוביים במיוחד. הגמרא קוראת על בן עזאי את הפסוק "יָקָר בְּעֵינֵי ה' הַמָּוְתָה לַחֲסִידָיו", אך צריך לזכור שגם אם זה 'יקר' בעיני ה' הוא עדיין הגיע אל 'המוותה'... זה מזכיר לי סיפור של אבי ז"ל. בהיותו ילד, אבי אמר לאחיו מתוך חיבה 'חיימק'ה, שתלך ישר לגן עדן!' אמו שמעה את זה ומייד צעקה 'למה אתה מקלל אותו?!', כלומר, גם אם מדובר על גן עדן, לשלוח מישהו לשם זאת עדיין קללה. הזוהר כאן לא חוסך, הוא אומר במפורש שאלה שלא עסקו במוח, בעיקר, שהוא הסוד, נפגעו. רבי עקיבא נכנס במוח והוא הנבחר שבחכמי הנסתר, הוא היחיד שנכנס בשלום ויצא בשלום.

6. לגבי בן עזאי – ידוע שהוא לא התחתן, וייתכן שזאת הייתה הבעיה שלו.

# אל תאמרו מים מים

אָמַר רַבִּי אֶלְעָזָר: אַבָּא, יוֹמָא חַד הֲוֵינָא בְּבֵי מִדְרְשָׁא, וּשְׁאִילוּ חַבְרַיָּא: מַאי נִיהוּ דְּאָמַר רַבִּי עֲקִיבָא לְתַלְמִידוֹי 'כְּשֶׁתַּגִּיעוּ לְאַבְנֵי שַׁיִשׁ טָהוֹר אַל תֹּאמְרוּ מַיִם מַיִם שֶׁמָּא תִּסְתַּכְּנוּן גַּרְמַיְכוּ דִּכְתִיב "דֹּבֵר שְׁקָרִים לֹא יִכּוֹן לְנֶגֶד עֵינָי" (תהילים קא, ז)'?

אמר רבי אלעזר: אבא, יום אחד הייתי בבית המדרש, ושאלו החברים: מהו שאמר רבי עקיבא לתלמידיו 'כשתגיעו לאבני שיש טהור אל תאמרו מים מים שמא תסתכנו בעצמכם, שכתוב "דֹּבֵר שְׁקָרִים לֹא יִכּוֹן לְנֶגֶד עֵינָי" (תהילים קא, ז)'?

אַדְּהָכִי, הָא סָבָא דְּסָבִין קָא נְחִית. אֲמַר לוֹן: רַבָּנָן, בְּמַאי קָא תִּשְׁתַּדְּלוּן?

בין כך, הנה זקן הזקנים ירד. אמר להם: חכמים, במה אתם עוסקים?

אָמְרוּ לֵיהּ: וַדַּאי בְּהָא דַּאֲמַר רַבִּי עֲקִיבָא לְתַלְמִידוֹי 'כְּשֶׁתַּגִּיעוּ לְאַבְנֵי שַׁיִשׁ' וְכוּ'.

אמרו לו, ודאי בזה שאמר רבי עקיבא לתלמידיו 'כשתגיעו לאבני שיש' וכו'.

אֲמַר לוֹן: וַדַּאי רָזָא עִלָּאָה אִית הָכָא, וְהָא אוֹקְמוּהָ בְּמְתִיבְתָּא עִלָּאָה. וּבְגִין דְּלָא תִּטְעוֹן נָחֵתְנָא לְכוּ, וּבְגִין דְּאִתְגַּלְיָא רָזָא דָּא בֵּינַיְכוּ, דְּאִיהִי רָזָא עִלָּאָה טָמִירָא מִבְּנֵי דָּרָא.

אמר להם: ודאי סוד עליון יש כאן, והרי העמידוהו בישיבה העליונה. וכדי שלא תטעו ירדתי לכם, וכדי שיתגלה סוד זה ביניכם, שהוא סוד עליון טמיר מבני הדור.

בְּוַדַּאי אַבְנֵי שַׁיִשׁ טָהוֹר — אִנּוּן דְּמִנְּהוֹן מַיִין דַּכְיָין נָפְקִין. וְאִנּוּן רְמִיזִין בְּאָת א', רֵישָׁא וְסוֹפָא: ו' דְּאִיהוּ נָטוּי בֵּינַיְהוּ אִיהוּ עֵץ הַחַיִּים, מַאן דְּאָכִיל מִנֵּהּ "וָחַי לְעֹלָם" (בראשית ג, כב). וְאִלֵּין ב' יודי"ן — אִנּוּן רְמִיזִין בְּ"וַיִּיצֶר"

בוודאי אבני שיש טהור — הן שמהן יוצאים מים זכים. והם רמוזים באות א' בראש ובסוף: ו' שהוא נטוי ביניהם הוא עץ החיים, מי שאוכל ממנו "וָחַי לְעֹלָם" (בראשית ג, כב). ושתי היו"דים האלה — הן רמוזות

(שם ב, ז). וְאִנּוּן תְּרֵין יְצִירוֹת: יְצִירָה דְּעִלָּאִין וִיצִירָה דְּתַתָּאִין, וְאִנּוּן חָכְמָה בָּרֹאשׁ וְחָכְמָה בַּסּוֹף. "תַּעֲלֻמוֹת חָכְמָה" (איוב יא, ו) — וַדַּאי אִנּוּן תַּעֲלוּמוֹת מֵחָכְמָה עִלָּאָה דִּתְחוֹת כֶּתֶר עִלָּאָה.

ב"וַיִּיצֶר" (שם ב, ז), והן שתי יצירות: יצירה של העליונים ויצירה של התחתונים; והן חוכמה בראש וחוכמה בסוף. "תַּעֲלֻמוֹת חָכְמָה" (איוב יא, ו) – ודאי הן תעלומות מחוכמה עליונה שתחת כתר עליון.

וְאִנּוּן לָקֳבֵל ב' עַיְנִין, דִּבְהוֹן תְּרֵין דִּמְעִין נָחֲתוּ בְּיַמָּא רַבָּא. וְאַמַּאי נָחֲתוּ? בְּגִין דְּאוֹרָיְתָא מִתְּרֵין לוּחִין אִלֵּין הֲוָה מֹשֶׁה נְחִית לְיִשְׂרָאֵל, וְלָא זָכוּ בְּהוֹן וְאִתְּבַרוּ וּנְפַלוּ, וְדָא גָּרִים אִבּוּדָא דְּבַיִת רִאשׁוֹן וְשֵׁנִי. וְאַמַּאי נְפַלוּ? בְּגִין דְּפָרַח ו' מִנַּיְהוּ דְּאִיהוּ ו' דְּ"וַיִּיצֶר". וְיָהֵיב לוֹן אַחֲרָנִין מִסִּטְרָא דְּעֵץ הַדַּעַת טוֹב וָרַע, דְּמִתַּמָּן אִתְיַיהִיבַת אוֹרָיְתָא בְּאִסּוּר וְהֶתֵּר: מִיַּמִּינָא חַיֵּי, וּמִשְּׂמָאלָא מוֹתָא.

והן כנגד שני מעיינות, שבהם שתי דמעות היורדות לים הגדול. ולמה ירדו? משום שאת התורה משני הלוחות הללו היה משה מוריד לישראל, ולא זכו בהם ונשברו ונפלו, וזה גרם לאובדן בית ראשון ושני. ולמה נפלו? בגלל שפרח ו' מהם, שהוא ו' של "וַיִּיצֶר". ונתן להם אחרים מצד של עץ הדעת טוב ורע, שמשם ניתנה תורה באיסור והיתר: מימין חיים, ומשמאל מוות.

וּבְגִין דָּא אָמַר רַבִּי עֲקִיבָא לְתַלְמִידוֹי: 'כְּשֶׁתַּגִּיעוּ לְאַבְנֵי שַׁיִשׁ טָהוֹר אַל תֹּאמְרוּ מַיִם מַיִם' — לָא תֶּהֱווֹ שְׁקִילִין אַבְנֵי שַׁיִשׁ טָהוֹר לְאַבְנִין אַחֲרָנִין דְּאִנּוּן חַיֵּי וּמוֹתָא, דְּמִתַּמָּן "לֵב חָכָם לִימִינוֹ וְלֵב כְּסִיל לִשְׂמֹאלוֹ" (קהלת י, ב). וְלֹא עוֹד אֶלָּא אַתּוּן תִּסְתַּכְּנוּן גַּרְמַיְכוּ, בְּגִין דְּאִלֵּין דְּעֵץ הַדַּעַת טוֹב וָרַע

ולכן אמר רבי עקיבא לתלמידיו: 'כשתגיעו לאבני שיש טהור אל תאמרו מים מים' — אל תשוו אבני שיש טהור לאבנים אחרות שהן חיים ומוות, שמשם "לֵב חָכָם לִימִינוֹ וְלֵב כְּסִיל לִשְׂמֹאלוֹ" (קהלת י, ב). ולא עוד, אלא אתם תסכנו עצמכם, בגלל שאלה של עץ הדעת טוב ורע הם בפירוד

| | |
|---|---|
| אִנּוּן בְּפֵרוּדָא וְאַבְנֵי שַׁיִשׁ טָהוֹר אִנּוּן בְּיִחוּדָא בְּלָא פֵּרוּדָא כְּלָל. וְאִי תֵּימְרוּן דְּהָא אִסְתַּלַּק עֵץ הַחַיִּים מִנַּיְהוּ וּנְפָלוּ וְאִית פֵּרוּדָא בֵּינַיְהוּ — "דֹּבֵר שְׁקָרִים לֹא יִכּוֹן לְנֶגֶד עֵינָי", דְּהָא לֵית תַּמָּן פֵּרוּדָא לְעֵלָּא, דְּאִלֵּין דְּאִתְּבָרוּ מֵאִנּוּן הֲווּ. | ואבני שיש טהור הן בייחוד בלי פירוד כלל. ואם תאמרו שהרי הסתלק עץ החיים מהם ונפלו ויש ביניהם פירוד — "דֹּבֵר שְׁקָרִים לֹא יִכּוֹן לְנֶגֶד עֵינָי", שהרי אין שם פירוד למעלה, שאלה שנשברו מאלה היו. |
| אָתוּ לְנַשְׁקָא לֵיהּ פָּרַח וְאִסְתַּלַּק מִנַּיְהוּ. | באו לנשק אותו, פרח והסתלק מהם. |

הזוהר נכנס לעומק הסיפור על אותם שנכנסו לפרדס. רבי אלעזר פונה אל אביו רשב"י ומציג לפניו שאלה שהתלמידים שאלו בבית המדרש: מה הכוונה בהוראה שרבי עקיבא נתן לחבריו לפני הכניסה לפרדס "כשתגיעו לאבני שיש טהור אל תאמרו 'מים מים', שמא תסתכנו בעצמכם"?[7] משפט זה הוא סתום ביותר ולא סתם התקשו בו התלמידים. לפי ההקשר נראה שרבי עקיבא מדריך את חבריו כיצד להתייחס לתורת הסוד, אולם תוכן ההדרכה אינו ברור.

מה שכן ניתן להסביר כבר בפשט הוא שרבי עקיבא מזהיר את חבריו שלא להתבלבל בין שני אלמנטים דומים: שיש ומים. השיש של חז"ל היה דומה למים כפי שעולה מהסיפור על בית המקדש שבנה הורדוס. בתחילה הורדוס ציפה את קירות הבית בשיש, ואז רצה לכסות הכול בזהב, אך חכמים אמרו לו שעדיף להשאיר את השיש משום שהוא דומה לגלי הים (סוכה נא ע"ב). כבר בגמרא נראה שחכמים עמדו לא רק על הדמיון הוויזואלי שבין שיש לים אלא גם על האיכות הרוחנית הדומה שלהם. פירושו של רש"י לגמרא זו מוסיף משהו מהתחושה הזו: "דמיחזי כאדותא דימא – כגלי הים שהאבנים משונים במראיהן זו מזו והעינים המסתכלות בהן שוטטות ונראות כאילו גלי

7. בגמרא חסרות המילים "שמא תסתכנו בעצמכם".

הים הם נדים ונעים". מכל מקום, עדיין קשה להבין מה מבקש רבי עקיבא לומר באזהרה הזאת שלא לקרוא לשיש מים.

את התשובה לשאלה זו עונה ה'סבא דסבין',[8] דמות נפלאה היורדת לבית המדרש מלמעלה, מעולם שמימי. כידוע, ספר הזוהר בנוי משכבות שונות של טקסט שלכל אחת מהן אופי שונה. דמות זו של סבא דסבין אופיינית בדרך כלל לשכבות של הזוהר אשר שונות באופיין מגוף הזוהר שנוטה לפרש יותר את התורה באופן מדרשי. הסבא דסבין מסביר את הגעתו – "כדי שלא תטעו ירדתי אליכם". הוא לא ירד סתם כי הוא ראה מהומה, אלא מפני שידע על מה הם תמהים ופחד שיטעו בתשובה. וכך הוא מסביר: אבני השיש הן המקורות של המים, כמו הדוגמה שכבר הבאנו לגבי הסלעים שמהם יוצאים המים של הגנגס, או אולי קרוב יותר לעולם של חז"ל – כמו מקור הירדן, שהוא במערת פמייס (בניאס). גם הגמרא שמסבירה מהו ה'בוהו' מתארת מים היוצאים מבין אבנים: "אלו אבנים המפולמות המשוקעות בתהום, שמהן יוצאין מים" (חגיגה יב ע"א). רבי עקיבא פונה אל חבריו המנסים להגיע אל המקור של הנהר, אל שורש הדברים, ואומר להם: היזהרו שלא להיסחף בתעתוע של אבני השיש והגלים הנראים בהן, שימו לב להבדל בין המקור עצמו לבין השפע היוצא ממנו.

את שתי הבחינות הללו מקשר הזוהר עם דרשתו על המילה 'וייצר', שבה פירק את המילה ל'ו־י־י־צָר', כלומר שהעולם נוצר בשתי יו"דים וָ"ו. הסבא דורש גם הוא את האותיות הללו. הוא רואה בשלושתן יחד את צורת האות א' – י' למעלה, י' למטה ו־ו' ביניהן. ודורש ששתי היודי"ם של 'וייצר' מלמדות שיש יצירה של עליונים ויצירה של תחתונים, שמקבילות לאם העליונה ולאם התחתונה.

כל זה במצב השלם והמתוקן. אולם, יש גם מצב שה־א' מתפרקת לחלקיה. במקרה זה שתי היו"דים מדומות ל־'ב' עינין' – שני מעיינות.

8. הביטוי מזכיר את הביטוי מדניאל שקיבל הרבה מקום בספרות הקבלה "עַתִּיק יוֹמִין" – זקן הימים (דניאל ז, ט). בדניאל הכינוי הזה מוסב על הקב"ה, אך הרס"ג מציין שהוא מלמד שדניאל לא ראה את הבורא אלא את 'כבוד הבורא'.

אני חושב שיש זיקה בין עין, איבר הראייה, למעיין שנובע מים: העין נקראת כך משום שהיא מקור הדמעות. ואכן, משני המעיינות כאן נובעות שתי דמעות שנופלות לים הגדול. שתי הדמעות הללו הן מעין שפע אלוקי, והים כמו בהרבה מקומות הוא מידת המלכות המקבלת אותו.

התיאור של שתי הדמעות הנופלות מעיניו של הקב"ה מופיע כבר בגמרא, אלא ששם סיבת הדמעות היא צערו של הקב"ה על גלות בניו.[9] לעומת זאת, הזוהר מזהה את שתי הדמעות עם שני לוחות הברית, מתוך הדמיון הדקדוקי שבין 'לַחוּת' ל'לוחות'. שני הלוחות נשברו משתי הדמעות הלחות שירדו מעיניו של הקב"ה. מעיניו של הקב"ה הבוכה על שבירת הלוחות יורדות שתי דמעות לחות, שבגינן נחרבו שני המקדשים.

האופן שבו הזוהר מתאר את שבירת הלוחות הוא מופלא. לדברי הזוהר, הלוחות שהן שתי היו"דים של 'וייצר', שתי היו"דים של האל"ף, נשברו מפני שפרחה מהן ה־ו'. מצד אחד, תיאור זה תואם לפירוש חז"ל שהציגו את נפילת הלוחות כתוצאה מכך שהאותיות החרותות בהם פרחו: "רבי עזרה בשם רבי יהודה בי רבי סימון: הלוחות היו משאוי ארבעים סאה, והכתב היה סובלן. כיון שפרח הכתב, כבדו על ידיו של משה ונפלו ונשתברו" (ירושלמי תענית פ"ד ה"ה). מצד שני, לפי הזוהר לא כל האותיות פרחו אלא רק האות ו', שהיא האות של משה והיא המסמלת את התורה.

לאחר שבירת הלוחות קיבלו בני ישראל לוחות שניים, אך בניגוד ללוחות הראשונים שבאו מעץ החיים, הלוחות השניים באו מצד עץ הדעת טוב ורע. בניגוד ללוחות הראשונים שקשורים ללימוד הסוד ולעיסוק בזוהר, הלוחות השניים מביאים לנו את תורת הנגלה, שהיא התורה הנפוצה בימינו. תורת הנגלה עוסקת בהלכה ובדיני איסור

9. ברכות נט ע"א: "בשעה שהקדוש ברוך הוא זוכר את בניו ששרויים בצער בין אומות העולם מוריד שתי דמעות לים הגדול, וקולו נשמע מסוף העולם ועד סופו".

והיתר, והיא נובעת מעץ הדעת טוב ורע, משילוב של הימין ושל השמאל, מן החיים ומן המוות גם יחד. ההבדל המהותי בין הלוחות הראשונים לשניים הוא שהראשונים שייכים לעולם הייחוד, מקום אבני השיש הטהור, ואילו השניים לעולם הפירוד.

כעת, אם נניח ש"אין מים אלא תורה" (בבא קמא פב ע"א), הפשט של דברי רבי עקיבא "אל תאמרו מים מים" הוא: 'אל תבלבלו בין השיש למים. כשאתם לומדים זוהר, אל תגידו שזה כמו ללמוד גמרא'. אינם דומים המים של תורת הנגלה לשיש של תורת הנסתר.

על בסיס אזהרה זו אני מציע להסביר את הסיבה לפטירת תלמידי רבי עקיבא בימי ספירת העומר, שבגללה נוהגים אז מנהגי אבלות. ההסבר הקלסי הוא ההסבר מוסרי – שלא נהגו כבוד זה בזה. הסבר אחר הוא ההסבר הציוני – הם מתו כחיילים של בר כוכבא בזמן המרד. אולם לאור דברי הזוהר כאן אפשר לומר שהסיבה היא אחרת לגמרי: לתלמידי רבי עקיבא קרה בדיוק מה שרבי עקיבא חשש ממנו. הם מתו משום שהם עסקו בסוד בדרך לא זהירה. הם לא זיהו את ההבדל בין המקור לבין מה שנובע ממנו והחילו את שיטות לימוד הנגלה על מסתרי לימוד הסוד.

אומנם התורה העליונה מעץ החיים ירדה דרך הלוחות ואז עלתה ונסתלקה מהעולם התחתון כאשר הלוחות נשברו והדבר עלול לגרום לאדם הנמצא מטה לחשוב שגם בלוחות העליונים נגע הפירוד, אך האמת היא שהוא טועה והראייה שלו שקרית. עליו נאמר "דֹּבֵר שְׁקָרִים לֹא יִכּוֹן לְנֶגֶד עֵינָי" (תהילים קא, ז). למעלה הלוחות הראשונים עדיין שלמים, עולם הייחוד חי וקיים.

הבעיה הקיומית שמושכת אותי בדברים אלו היא הזיהוי שמצוי כאן בין הלוחות התחתונים למוות. מהו המוות הזה שקיים בהופעה מסוימת של התורה? נראה לי שזה קשור למאמר חז"ל המפורסם "לא זכה, נעשית לו סם המוות" (שבת פח ע"ב). התורה יכולה להביא מוות לעולם, היא יכולה להביא מוות! בפשטות אפשר להסביר שיש בתורה צד מנוון, המנוגד לחיוניות הטבעית של האדם. בלימוד אדם שוקע באוהלה של תורה וממית עצמו, הוא לא חי ופועל בעולם ואין לו קשר

לתכנים שהוא לומד. ברובד נוסף אפשר לומר שלאמירות מסוימות המופיעות בתורה יש אפקט שלילי אם תופסים אותן כפשוטן, כך שבלי העומק של תורת הסוד הן נשארות בבחינת מוות. לא רק הפעילות הפיזית של לימוד התורה מנוונת, אלא פעמים שתוכן התורה עלול לכבות את ההתייחסות של האדם לטוב שבעולם. רק העומק של הסוד מפיח חיים בדברים.

בשביל זה ירד סבא דסבין לבית המדרש – כדי להזהיר את תלמידי רבי שמעון מלהתבלבל בין תורה שכולה חיים לתורה שיש בה מוות. לאחר שהוא סיים את דבריו הוא פרח ועלה חזרה למקומו עוד לפני שהחברים הספיקו לנשק לו.

| | |
|---|---|
| דָּבָר אַחֵר: "וְנָהָר יוֹצֵא מֵעֵדֶן". בְּוַדַּאי לְעֵילָּא בְּעֵץ חַיִּים, תַּמָּן לֵית קְלִיפִּין נוּכְרָאִין, הֲדָא הוּא דִכְתִיב "לֹא יְגוּרְךָ רָע" (תהילים ה, ה). אֲבָל בְּעֵץ דִּלְתַתָּא אִית קְלִיפִּין נוּכְרָאִין וַדַּאי, וְאִיהוּ נָטוּעַ בְּגִנְתָּא דְעֵדֶן דִּזְעֵיר אַפִּין, דְּאִיהוּ חֲנוֹךְ, מְטַטְרוֹן. | דבר אחר: "וְנָהָר יוֹצֵא מֵעֵדֶן". בוודאי למעלה בעץ החיים, שם אין קליפות נבריות, זהו שכתוב "לֹא יְגוּרְךָ רָע" (תהילים ה, ה). אבל בעץ שלמטה יש בוודאי קליפות נובריות, והוא נטוע בגן עדן של זעיר אנפין, שהוא חנוך, מטטרון. |
| דְּגַן עֵדֶן דִּלְעֵילָּא דְּקוּדְשָׁא בְּרִיךְ הוּא לֵית תַּמָּן עַרְטוּמָא לְמֶיהֱוֵי תַּמָּן נִפְתָּל וְעִקֵּשׁ. | שגן העדן העליון של הקדוש ברוך הוא אין שם קליפות להיות שם נפתל ועיקש. |
| וּבְגִין דָּא "וְנָהָר יוֹצֵא" וְגוֹ' — וְיָכִילְנָא לְמֵימַר בִּמְטַטְרוֹן. | ובגלל זה "וְנָהָר יוֹצֵא" וְגוֹ' —ויכולנו לומר במטטרון. |
| "יוֹצֵא מֵעֵדֶן" — מֵעִדּוּן דִּילֵיהּ. | "יוֹצֵא מֵעֵדֶן" — מעידון שלו. |
| "לְהַשְׁקוֹת אֶת הַגָּן" — גַּן דִּילֵיהּ, פַּרְדֵּס דִּילֵיהּ, דְּתַמָּן עָאלוּ בֶּן עֲזַאי וּבֶן זוֹמָא וֶאֱלִישָׁע. | "לְהַשְׁקוֹת אֶת הַגָּן" — הגן שלו, הפרדס שלו, שנכנסו לשם בן עזאי ובן זומא ואלישע. |

וּקְלִיפִּין דִּילֵיהּ — מִסִּטְרָא דָא טוֹב וּמִסִּטְרָא דָא רַע. וְדָא: אִסּוּר וְהֶתֵּר, כָּשֵׁר וּפָסוּל, טוּמְאָה וְטָהֳרָה.

וקליפות שלו — מצד זה טוב ומצד זה רע. וזה: איסור והיתר, כשר ופסול, טומאה וטהרה.

קָם חַד סָבָא וְאָמַר: רַבִּי רַבִּי, הָכִי הוּא וַדַּאי, אֲבָל עֵץ חַיִּים לָא אִתְקְרֵי אִיהוּ! אֶלָּא הָכִי הוּא רָזָא דְּמִלָּה: "וַיִּיצֶר" (שם, ז) — חַד יְצִירָה דְּטוֹב וְחַד יְצִירָה דְּרָע, דָּא אִיהוּ "עֵץ הַדַּעַת טוֹב וָרָע" (שם, ט). "עֵץ" — דָּא אָדָם זְעֵירָא: מִסִּטְרָא דְּחַיִּים מִנֵּיהּ, וּמִסִּטְרָא דְמוֹתָא מִנֵּיהּ. תַּמָּן ב' יְצִירוֹת דִּילֵיהּ דְּאִנּוּן אִסּוּר וְהֶתֵּר, וַעֲלֵיהּ אִתְּמַר "וַיִּיצֶר ה' אֱלֹהִים אֶת הָאָדָם עָפָר מִן הָאֲדָמָה" (שם, ז).

עמד זקן אחד ואמר: רבי רבי, כך זה ודאי, אבל עץ החיים הוא לא נקרא! אלא כך הוא סוד הדבר: "וַיִּיצֶר" (שם, ז) — יצירה אחת לטוב ויצירה אחת לרע, זה "עֵץ הַדַּעַת טוֹב וָרָע" (שם, ט). "עֵץ" — זה אדם קטן: מצד החיים ממנו, ומצד המוות ממנו. שם שתי יצירות שלו שהן איסור והיתר, ועליו נאמר "וַיִּיצֶר ה' אֱלֹהִים אֶת הָאָדָם עָפָר מִן הָאֲדָמָה" (שם, ז).

"וַיִּפַּח בְּאַפָּיו נִשְׁמַת חַיִּים" (שם) — דָּא שְׁכִינְתָּא עִלָּאָה, עֵדֶן, תְּיוּבְתָּא, וַעֲלָהּ אִתְּמַר "וְעֵץ הַחַיִּים בְּתוֹךְ הַגָּן" (שם, ט) — דָּא עַמּוּדָא דְאֶמְצָעִיתָא; "הַגָּן" — שְׁכִינְתָּא תַּתָּאָה.

"וַיִּפַּח בְּאַפָּיו נִשְׁמַת חַיִּים" (שם) — זו שכינה עליונה, עדן, תשובה, ועליה נאמר "וְעֵץ הַחַיִּים בְּתוֹךְ הַגָּן" (שם, ט) — זה העמוד האמצעי; "הַגָּן" — שכינה תחתונה.

תְּלַת קְטִירִין אִנּוּן — נִשְׁמָתָא רוּחָא נַפְשָׁא — לְגַבֵּיהּ, וּבְהוֹן "וַיְהִי הָאָדָם לְנֶפֶשׁ חַיָּה" (שם, ז), דְּאִיהוּ 'מִפִּיו' מַמָּשׁ אִתְקְרֵי לִשְׁכִינְתָּא, דְּאִיהִי "נִשְׁמַת חַיִּים".

שלושה קשרים הם — נשמה רוח ונפש — אצלו, ובהם "וַיְהִי הָאָדָם לְנֶפֶשׁ חַיָּה" (שם, ז), שהוא 'מפיו' ממש נקרא לשכינה, שהיא "נִשְׁמַת חַיִּים".

| | |
|---|---|
| מִיָּד דְּאָמַר מִלִּין אִלֵּין סָלִיק לְעֵילָא. אָמַר רַבִּי שִׁמְעוֹן: חַבְרַיָּיא, בְּוַדַּאי מַלְאָכָא הֲוָה. וּבְוַדַּאי סָמִיךְ אִית לָנָא מִכָּל אֲתַר. | מייד שאמר דברים אלו עלה למעלה. אמר רבי שמעון: חברים, בוודאי מלאך היה, ובוודאי תומך יש לנו מכל מקום. |

החלוקה בין עץ הדעת טוב ורע לבין עץ החיים היא גם החלוקה בין גן עדן תחתון לגן עדן עליון. גן העדן התחתון הוא מקומו של עץ הדעת המסובָב קליפות, ואילו בגן העדן העליון שוכן עץ החיים הנקי מהן. העניין הוא שבין שתי דרגות גן העדן יש חיבור שהוא הנהר – "וְנָהָר יֹצֵא מֵעֵדֶן לְהַשְׁקוֹת אֶת הַגָּן". תפקידו של הנהר הוא להוביל את האור היוצא מהמקור אל עבר הגן. באמצעות הנהר הדרגה העליונה מזינה את הדרגה התחתונה. בגן עדן התחתון יושב מטטרון, שר המלאכים, שמקבל עידון מעדן העליון.

בן עזאי, בן זומא ואלישע בן אבויה הגיעו עד גן העדן התחתון והשיגו את מעלתו הרבה. אך הם נתקעו שם. זו הייתה הטעות שלהם: הם נעצרו בתורה התחתונה, ההלכה, ולא עלו אל התורה העליונה שהיא הסוד. הגמרא בחגיגה מצטטת את דברי בן זומא:

> צופה הייתי בין מים העליונים למים התחתונים, ואין בין זה לזה אלא שלש אצבעות בלבד, שנאמר: "וְרוּחַ אֱלֹהִים מְרַחֶפֶת עַל פְּנֵי הַמָּיִם" (בראשית א, ב) – כיונה שמרחפת על בניה ואינה נוגעת. (חגיגה טו ע"א)

מבלי להיכנס לפרטים, נראה שבן זומא נכשל בדיוק בהבנת היחס שבין המים למים. ייתכן שהשגיאה שלו נבעה מחוסר ההתייחסות לשיש הטהור.

גם טעותו של אלישע בן אבויה מפורטת בגמרא (שם), וביתר פירוט, כנראה מפני שהוא הכישלון הגדול והטרגי מכולם:

> ...חזא מיטטרון דאתיהבא ליה רשותא למיתב למיכתב זכוותא דישראל [ראה אלישע בן אבויה את המלאך מטטרון שניתנה לו רשות לכתוב את זכויותיהם של ישראל].
> אמר: גמירי דלמעלה לא הוי לא ישיבה ולא תחרות, ולא עורף ולא עיפוי [אמר אלישע בן אבויה: למדנו, שבעולם העליון אין ישיבה ולא תחרות ולא הפניית עורף ולא עייפות]. שמא, חס ושלום, שתי רשויות הן... (חגיגה טו ע"א)

אלישע בן אבויה נכשל מכיוון שהתמקד במטטרון שבגן העדן התחתון.

על פי הזוהר, בן זומא ואלישע בן אבויה נכשלו משום שהם מיקדו את התבוננותם ברובד הנמוך יותר, ב'מים מים' וב'מטטרון'. אילו היו עוברים דרך הרמות הללו ומגביהים את עצמם אל מקומות עליונים יותר, ייתכן שהיו מצליחים לצאת מהפרדס בשלום בלי פגע.

# לא תאכל ממנו: אסור אבל מותר

## זוהר ח"א כז ע"ב – כח ע"א

לאחר תיאור יצירת האדם וגן עדן, הקב"ה פונה לראשונה אל האדם שיצר באופן ישיר: "וַיְצַו ה' אֱלֹהִים עַל הָאָדָם לֵאמֹר מִכֹּל עֵץ הַגָּן אָכֹל תֹּאכֵל. וּמֵעֵץ הַדַּעַת טוֹב וָרָע לֹא תֹאכַל מִמֶּנּוּ כִּי בְּיוֹם אֲכָלְךָ מִמֶּנּוּ מוֹת תָּמוּת" (בראשית ב, טז-יז). מעבר לטון הַמְּצַוֶּה שבפסוק, למדו חז"ל שרמוזים בו מספר ציוויים קונקרטיים שניתנו לאדם הראשון ולאנושות כולה. הם זיהו בפסוק זה שש מצוות, ועליהן הוסיפו מצווה אחת שנצטווה נח ביציאתו מהתיבה. כך נוצר המושג הידוע 'שבע מצוות בני נוח' (סנהדרין נו ע"ב).

בדרשה שלפנינו, הזוהר יתייחס לשלושה מן האיסורים הנלמדים מן הפסוק, אך יפרש אותם בצורה רוחנית ויזהה אותם עם תכונות הנפש ועם איברים בגוף האדם. מכאן הוא יעבור לעסוק באיסורי התורה ככלל ובאיסורי העריות בפרט, ויציג עמדה מרחיקת לכת הרואה אמביוולנטיות בכל מצוות הלא תעשה שבתורה.

### המצוות, המידות והאברים

| | |
|---|---|
| "וַיְצַו ה' אֱלֹהִים" וְגוֹ' – הָא אוּקְמוּהָ: לֵית 'צַו' אֶלָּא עֲבוֹדָה זָרָה דְּמִתַּמָּן אֱלֹהִים אֲחֵרִים. | "וַיְצַו ה' אֱלֹהִים" וְגוֹ' – הרי העמידוהו: אין 'צו' אלא עבודה זרה שמשם אלוהים אחרים. |

וְאִיהִי בַּכָּבֵד דְּמִינָהּ "תִּכְבַּד הָעֲבוֹדָה" (שמות ה, ט), דְּאִיהִי עֲבוֹדָה זָרָה לֵיהּ. וְהַכָּבֵד כּוֹעֵס, וְהָא אוּקְמוּהָ "כָּל הַכּוֹעֵס כְּאִלּוּ עוֹבֵד עֲבוֹדָה זָרָה". דָּא אִיהוּ "וַיְצַו".

והיא בכבד שממנה "תִּכְבַּד הָעֲבֹדָה" (שמות ה, ט), שהיא עבודה זרה לו. והכבד כועס, והרי העמידוה "כל הכועס כאילו עובד עבודה זרה". זהו "וַיְצַו".

"עַל הָאָדָם" – דָּא שְׁפִיכוּת דָּמִים, כְּמָא דְאַתְּ אָמֵר "בָּאָדָם דָּמוֹ יִשָּׁפֵךְ" (בראשית ט, ו). וְדָא מָרָה, חַרְבָּא דְּמַלְאַךְ הַמָּוֶת, כְּמָא דְאַתְּ אָמֵר "וְאַחֲרִיתָהּ מָרָה כַּלַּעֲנָה חַדָּה כְּחֶרֶב פִּיּוֹת" (משלי ה, ד).

"עַל הָאָדָם" – זו שפיכות דמים, כמו שנאמר "בָּאָדָם דָּמוֹ יִשָּׁפֵךְ" (בראשית ט, ו). וזו מרה, החרב של מלאך המוות, כמו שנאמר "וְאַחֲרִיתָהּ מָרָה כַלַּעֲנָה חַדָּה כְּחֶרֶב פִּיּוֹת" (משלי ה, ד).

"לֵאמֹר" – דָּא גִּלּוּי עֲרָיוֹת. וְדָא טְחוֹל, עֲלֵיהּ אִתְּמַר "אָכְלָה וּמָחֲתָה פִיהָ" וְגוֹ' (משלי ל, כ). דִּטְחוֹל לֵית לֵיהּ פּוּמָא וְעַרְקִין, וְאִתְשַׁקְיָא מֵעֲבִירוּ דְּדָמָא אוּכְמָא דְּכָבֵד, וְלָא אַשְׁכַּחְנָא לֵיהּ פּוּמָא. וְדָא אִיהוּ "אָכְלָה וּמָחֲתָה פִיהָ" וְגוֹ'.

"לֵאמֹר" – זה גילוי עריות. וזה טחול, עליו נאמר "אָכְלָה וּמָחֲתָה פִיהָ" וְגוֹ' (משלי ל, כ). שלטחול אין פה ועורקים, ומושקה מעבירות הדם השחור של הכבד, ולא מצאנו לו פה. וזהו "אָכְלָה וּמָחֲתָה פִיהָ" וְגוֹ'.

כָּל שׁוֹפְכֵי דָּמִים מִמָּרָה אִנּוּן. דְּעַרְקִין דְּדָמָא דְלִבָּא מִיַּד דְּחָזָאן מָרָה כֻּלְּהוֹן בָּרְחִין קֳדָמָהּ. וְעֶרְיָין כֻּלְּהוּ אִתְכַּסְיָין בַּחֲשׁוֹכָא בְּדַם אוּכְמָא דִטְחוֹל. מַאן דַּעֲבַר עַל שְׁפִיכַת דְּמָא וַעֲבוֹדָה זָרָה וְגִלּוּי עֲרָיוֹת גַּלְיָא נִשְׁמְתֵיהּ בְּכָבֵד, מָרָה, טְחוֹל. וְדַיְינִין לֵיהּ בַּגֵּיהִנָּם,

כל שופכי דמים הם ממרה, שעורקי הדם של הלב מייד כשרואים מרה כולם בורחים מלפניה. וכל העריות מתכסות בחושך בדם שחור של הטחול. מי שעובר על שפיכות דמים ועבודה זרה וגילוי עריות גולה נשמתו בכבד, מרה, טחול.

וּתְלַת מְמַנָּן עֲלַיְיהוּ — מַשְׁחִית, אַף וְחֵימָה.

ודנים אותו בגיהנום, ושלשה ממונים עליהם — משחית, אף וחמה.

מהמילה 'וַיְצַו' לומד הזוהר את איסור עבודה זרה, והוא קושר זאת למידת הכעס על פי מדרש המשווה את האדם הכועס לעובד עבודה זרה.[1] הזוהר מחבר בין האיסור האמוני החמור של עבודה זרה לבין המידה האנושית הפסולה כעס שמקורה בכבד של האדם (ברכות סא ע"ב).

מהמילים הבאות 'עַל הָאָדָם' לומד הזוהר את איסור שפיכות דמים, ואותו הוא קושר לכיס המרה. אצל חז"ל, כמו גם בכמה מקורות כלליים, המרה, במובן של טיפת רעל מרה, מזוהה עם החרב של מלאך המוות (עבודה זרה כ ע"ב). ברקע עומד הווי התרבות העתיקה שבה היו מניחים טיפה מרה של רעל על גבי החרב על מנת שההרג יהיה קטלני יותר. הזוהר מביא לכך ראיה גם מהפסוק – "וְאַחֲרִיתָהּ מָרָה כַלַּעֲנָה חַדָּה כְּחֶרֶב פִּיּוֹת" (משלי ה, ד), האחרית – המוות – היא מרה כלענה וחדה כחרב. הזוהר משחק עם שתי המשמעויות של המילה 'מרה' – מצד אחד אמצעי הרג, ומצד שני איבר בגוף. מכיוון שהזוהר אינו מציין מידה מסוימת בנפש המזוהה עם כיס המרה, אפשר להציע שהמילה 'מרה' נושאת משמעות שלישית: תכונת המרירות. בשפה היומיומית מוות היא מילה שמבטאת לפעמים סבל ומועקה, כמו למשל בביטוי 'הוא עשה לו את המוות', שהכוונה בו – ציער אותו, גרם לו מרירות. אני נוטה לומר שהסיבה שרוב האנשים הורגים את עצמם – או גם את הזולת – היא מרירות, עצבות.

מהמילה הבאה בפסוק 'לֵאמֹר' לומד הזוהר את איסור גילוי עריות, זאת על בסיס הפסוק במשלי "אָכְלָה וּמָחֲתָה פִיהָ וְאָמְרָה לֹא

1. המימרא הזאת בדיוק כלשונה כאן אינה מופיע בשום מקום נוסף בחז"ל. בעניין המקור המדויק לה, ראו ניצוצי זוהר לרב מרגליות על אתר. הרב מרגליות דן במקורות הדומים – אך לא זהים – למימרא זו בחז"ל, וכן ברמב"ם אשר מביא לשון זו בדיוק.

פָּעַלְתִּי אָוֶן" (משלי ל, כ). הפסוק הזה מתאר באופן חריף מאוד את עולמה של זונה, שעושה מה שעושה ואחר כך דואגת להסתיר את הראיות. כמו ילד שאוכל ממתק שאסור לו ולא רוצה שיראו את שיירי הגלידה, כך אישה שזנתה לא רוצה שבעלה ירצח אותה והיא משמידה את הראיות נגדה. את עניין ההסתרה והכיסוי מחבר הזוהר לטחול משום שלפי התפיסה הביולוגית שלו לטחול אין פה, אין לו פתח מוגדר כמו שיש לריאות או ללב, ולכן הוא בעצם סופג את הדם. זהו הדימוי של "אָכְלָה וּמָחֲתָה פִיהָ".[2] הזוהר מקשר את העניין גם לכך שהדם שבטחול הוא כהה, אפל ועלום יותר; אני מניח שיש לזה גיבוי ברפואה העתיקה, אולי גם במודרנית. על כל פנים, מה שמאפיין את גילוי העריות לפי הזוהר הוא האפלה, העשייה בסתר. זה נכון גם היום. אף על פי שבמידה מסוימת יש היום אידיאל של גילוי הדברים, 'לצאת מן הארון', בכל זאת גם בימינו אדם שנואף עם אשת איש מסתיר זאת ומנסה דווקא 'להיכנס לארון'.

בסיכום הדברים מציין הזוהר שכנגד שלושת החטאים הללו מחכים בגיהנום לאדם שחטא בהם שלושה מלאכי חבלה ששמם 'משחית', 'אף' ו'חימה'.

2. מעניין להסתכל בהקשר של הפסוק במשלי: "שְׁלֹשָׁה הֵמָּה נִפְלְאוּ מִמֶּנִּי וְאַרְבָּעָה לֹא יְדַעְתִּים. דֶּרֶךְ הַנֶּשֶׁר בַּשָּׁמַיִם דֶּרֶךְ נָחָשׁ עֲלֵי צוּר דֶּרֶךְ אֳנִיָּה בְלֶב יָם וְדֶרֶךְ גֶּבֶר בְּעַלְמָה. **כֵּן דֶּרֶךְ אִשָּׁה מְנָאָפֶת אָכְלָה וּמָחֲתָה פִיהָ** וְאָמְרָה לֹא פָעַלְתִּי אָוֶן" (משלי ל, יח–כ). לדעתי הפסוק בפשוטו בא לומר שאי אפשר לדעת שאישה מנאפת, כשם שאי אפשר להכיר את דרך הנשר, הנחש או האוניה, כיוון שכולם אינם משאירים סימנים בשטח. אומנם, ניתן להסביר את הפסוק גם באופן מעט שונה: כמו שהנשר, האוניה והנחש מעלימים את עצמם, כך גם האישה המנאפת. הסבר זה מעביר את הפוקוס מן הדרך של היצורים האלה, שאין לאתר אותה, אל פעולת ההסתרה והטשטוש שהם מבצעים. הסבר זה לדעתי פחות מתאים לפשט הפסוקים אך מסתדר יותר טוב עם הזוהר. ייתכן שכך הוא קרא את הפשט.

# לִגְלוֹת וּלְגַלּוֹת

ט"ו עֶרְיָין אִנּוּן כְּחֻשְׁבַּן י"ה, וְשִׁית אָחֳרָנִין כְּחֻשְׁבַּן ו'. קֳדָם דְּגָלוּ יִשְׂרָאֵל בְּגָלוּתָא וּשְׁכִינְתָּא עִמְּהוֹן, מָנֵי קוּדְשָׁא בְּרִיךְ הוּא לְיִשְׂרָאֵל "עֶרְוַת אִמְּךָ לֹא תְגַלֵּה" (ויקרא יח, ז), וְדָא גָּלוּתָא אִיהוּ גִּלּוּי עֶרְוָתָהּ דִּשְׁכִינְתָּא, הֲדָא הוּא דִכְתִיב "וּבְפִשְׁעֵיכֶם שֻׁלְּחָה אִמְּכֶם" (ישעיהו נ, א). וְעַל גִּלּוּי עֲרָיוֹת גָּלוּ יִשְׂרָאֵל וּשְׁכִינְתָּא בְּגָלוּתָא, וְדָא אִיהִי עֶרְוָה דִּשְׁכִינְתָּא. וְהַאי עֶרְוָה אִיהִי לִילִית אִמָּא דְּעֵרֶב רַב, וְעֵרֶב רַב אִנּוּן עֲרָיוֹת דִּילָהּ וַעֲרָיוֹת דְּיִשְׂרָאֵל דִּלְעֵילָא, דַּעֲלֵיהּ אִתְּמַר "עֶרְוַת אָבִיךָ לֹא תְגַלֵּה" (ויקרא יח, ז).

ט"ו עריות הן כחשבון י"ה, ושישה אחרים כחשבון ו'. לפני שגלו ישראל בגלות ושכינה עימם, ציווה הקדוש ברוך הוא את ישראל "עֶרְוַת אִמְּךָ לֹא תְגַלֵּה" (ויקרא יח, ז), והגלות הזו היא גילוי ערוות השכינה, זהו שכתוב "וּבְפִשְׁעֵיכֶם שֻׁלְּחָה אִמְּכֶם" (ישעיהו נ, א). ועל גילוי עריות גלו ישראל ושכינה בגלות, וזוהי ערוות השכינה. וערווה זו היא לילית, אימם של ערב רב, וערב רב הם עריות שלה ועריות של ישראל שלמעלה, שעליו נאמר "עֶרְוַת אָבִיךָ לֹא תְגַלֵּה" (ויקרא יח, ז).

וְאִנּוּן אַפְרִישִׁין בֵּין ה' ה' דְּלָא אִתְקְרִיב ו' בֵּינַיְיהוּ, הֲדָא הוּא דִכְתִיב "עֶרְוַת אִשָּׁה וּבִתָּהּ לֹא תְגַלֵּה" (ויקרא יח, יז), וְאִנּוּן שְׁכִינְתָּא עִלָּאָה וְתַתָּאָה. דִּבְזִמְנָא דְּעֵרֶב רַב — דְּאִנּוּן (סימן נג"ע ר"ע) נְפִילִים, גִּבּוֹרִים, עֲמָלֵקִים, רְפָאִים, עֲנָקִים — בֵּין ה' ה', לֵית רְשׁוּ לְקוּדְשָׁא בְּרִיךְ הוּא לְקָרְבָא בֵּינַיְיהוּ. וְרָזָא דְּמִלָּה "וְנָהָר יֶחֱרַב וְיָבֵשׁ" (ישעיהו יט, ה):

והם הפרידו בין ה' ה' שלא תתקרב ו' ביניהם; זהו שכתוב "עֶרְוַת אִשָּׁה וּבִתָּהּ לֹא תְגַלֵּה" (ויקרא יח, יז), והם שכינה עליונה ותחתונה. שבזמן שהערב רב — שהם נפילים, גיבורים, עמלקים, רפאים, ענקים — בין ה' ל-ה', אין רשות לקדוש ברוך הוא להתקרב ביניהם. וסוד הדבר "וְנָהָר יֶחֱרַב וְיָבֵשׁ" (ישעיהו יט,

"יֶחֱרַב" – בְּ־ה' עִלָּאָה, "וְיָבֵשׁ" – בְּ־ה' תַּתָּאָה, בְּגִין דְּלָא יִתְפַּרְנְסוּן עֵרֶב רַב מִן ו' דְּאִיהוּ עֵץ הַחַיִּים. וּבְגִין דָּא לֵית קְרִיבוּ לְ־ו' בֵּין ה' ה' בְּזִמְנָא דְּעֵרֶב רַב בֵּינַיְיהוּ.

ה): "יֶחֱרַב" – ב־ה' עליונה, "וְיָבֵשׁ" – ב־ה' תחתונה, כדי שלא יתפרנסו ערב רב מ־ו' שהיא עץ החיים. ולכן אין התקרבות ל־ו' בין ה' ה' בזמן שערב רב ביניהם.

וְלֵית רְשׁוּ לְאָת י' לְקָרְבָא בְּ־ה' תִּנְיָינָא, הֲדָא הוּא דִכְתִיב "עֶרְוַת כַּלָּתְךָ לֹא תְגַלֵּה" (ויקרא יח, טו).

ואין רשות לאות י' להתקרב ל־ה' השנייה, זהו שכתוב "עֶרְוַת כַּלָּתְךָ לֹא תְגַלֵּה" (ויקרא יח, טו).

וְאִנּוּן אַפְרִישׁוּ בֵּין ו' לְ־ה' עִלָּאָה, הֲדָא הוּא דִכְתִיב "עֶרְוַת אֵשֶׁת אָבִיךָ לֹא תְגַלֵּה" (ויקרא יח, ח). דְּ־י' אִיהוּ אָב, ה' – אֵם, ו' – בֵּן, ה' – בַּת. וּבְגִין דָּא מָנֵי לְגַבֵּי ה' עִלָּאָה "עֶרְוַת אֵשֶׁת אָבִיךָ לֹא תְגַלֵּה".

והם הפרידו בין ו' ל־ה' העליונה, זהו שכתוב "עֶרְוַת אֵשֶׁת אָבִיךָ לֹא תְגַלֵּה" (ויקרא יח, ח). ש־י' היא אב, ה' – אם, ו' – בן, ה' – בת. ולכן ציווה על ה' עליונה "עֶרְוַת אֵשֶׁת אָבִיךָ לֹא תְגַלֵּה".

"עֶרְוַת אֲחוֹתְךָ בַּת אָבִיךָ" (שם, ט) – דָּא ה' תַּתָּאָה.

"עֶרְוַת אֲחוֹתְךָ בַּת אָבִיךָ" (שם, ט) – זו ה' תחתונה.

"אֶת בַּת בְּנָהּ וְאֶת בַּת בִּתָּהּ" (שם, יז) – אִנּוּן ה"א ה"א, דְּאִנּוּן תּוֹלָדִין דְּ־ה'.

"אֶת בַּת בְּנָהּ וְאֶת בַּת בִּתָּהּ" (שם, יז) – הן ה"א ה"א, שהן תולדות של ה'.

"עֶרְוַת אֲחִי אָבִיךָ" (שם, יד) – דָּא יוּ"ד דְּאִיהוּ תּוֹלָדָה דְּאָת י', וְאִיהוּ אָח לְוא"ו.

"עֶרְוַת אֲחִי אָבִיךָ" (שם, יד) – זו יו"ד, שהוא תולדה של אות י', והוא אח לוא"ו.

סוֹף סוֹף, בְּזִמְנָא דְּעֵרֶב רַב מְעוֹרָבִין בְּיִשְׂרָאֵל לֵית קְרִיבוּ וְיִחוּדָא בְּאַתְוָון שֵׁם יהו"ה. וּמִיָּד דְּיִתְמָחוּן מֵעָלְמָא, אִתְּמַר בְּאַתְוָון

סוף סוף, בזמן שערב רב מעורבים בישראל, אין קרבה וייחוד באותיות שם הוי"ה. ומייד שיימחו מהעולם, נאמר

דְּקוּדְשָׁא בְּרִיךְ הוּא "בַּיּוֹם הַהוּא יִהְיֶה יהו"ה אֶחָד וּשְׁמוֹ אֶחָד" (זכריה יד, ט). וּבְגִין דָּא אָדָם, דְּאִנּוּן יִשְׂרָאֵל, אִית לוֹן יִחוּדָא בְּאוֹרַיְיתָא, דְּאִתְמַר בָּהּ "עֵץ חַיִּים הִיא לַמַּחֲזִיקִים בָּהּ" (משלי ג, יח). וְאִיהִי מַטְרוֹנִיתָא מַלְכוּת, דְּמִסִּטְרָהָא אִתְקְרִיאוּ יִשְׂרָאֵל בְּנֵי מְלָכִים.

וּבְגִין דָּא אָמַר קוּדְשָׁא בְּרִיךְ הוּא "לֹא טוֹב הֱיוֹת הָאָדָם לְבַדּוֹ אֶעֱשֶׂה לּוֹ עֵזֶר כְּנֶגְדּוֹ" (בראשית ב, יח) — דָּא מִשְׁנָה, אִתְּתָא דְּהַהוּא נַעַר, וְאִיהִי שִׁפְחָה דִּשְׁכִינְתָּא. וְאִי זָכוּ יִשְׂרָאֵל אִיהִי "עֵזֶר" לוֹן בְּגָלוּתָא — מִסִּטְרָא דְּהֶתֵּר, טָהוֹר, כָּשֵׁר. וְאִי לָאו אִיהִי "כְּנֶגְדּוֹ" — מִסִּטְרָא דְּטָמֵא, פָּסוּל, אָסוּר. טָהוֹר, הֶתֵּר, כָּשֵׁר — אִיהוּ יֵצֶר הַטּוֹב. פָּסוּל, טָמֵא, אָסוּר — אִיהוּ יֵצֶר הָרָע.

וְאִתְּתָא דְּאִית לָהּ דַּם טוֹהַר וְדַם נִדָּה, מִסִּטְרָא דְּמִשְׁנָה — אִיהִי שַׁוְיָא לֵיהּ, וְלָאו אִיהִי בַּת זוּגֵיהּ, יִחוּדָא דִּילֵיהּ, דְּלֵית יִחוּדָא עַד דְּעֵרֶב רַב יִתְמָחוּן מֵעָלְמָא. וּבְגִין דָּא אִתְקְבַר מֹשֶׁה לְבַר מֵאַרְעָא קַדִּישָׁא, וּקְבוּרְתָּא דִּילֵיהּ מִשְׁנָה אִיהִי, וְלָא יָדַע גְּבַר יַת קְבוּרְתֵּיהּ

באותיות של הקדוש ברוך הוא "בַּיּוֹם הַהוּא יִהְיֶה הוי"ה אֶחָד וּשְׁמוֹ אֶחָד" (זכריה יד, ט). ולכן אדם, שהם ישראל, יש להם ייחוד בתורה, שנאמר בה "עֵץ חַיִּים הִיא לַמַּחֲזִיקִים בָּהּ" (משלי ג, יח). והיא הגבירה מלכות, שמצידה נקראו ישראל בני מלכים.

ולכן אמר הקדוש ברוך הוא "לֹא טוֹב הֱיוֹת הָאָדָם לְבַדּוֹ אֶעֱשֶׂה לּוֹ עֵזֶר כְּנֶגְדּוֹ" (בראשית ב, יח) — זו משנה, אשתו של אותו נער, והיא שפחת השכינה. אם זכו ישראל, היא "עֵזֶר" להם בגלות — מצד של היתר, טהור, כשר. ואם לא, היא "כְּנֶגְדּוֹ" — מצד של טמא, פסול, אסור. טהור, היתר, כשר — הוא יצר הטוב; פסול, טמא, אסור — הוא יצר הרע.

ואישה שיש לה דם טוהר ודם נידה, מצד המשנה — היא דומה לו, ואינה בת זוגו, הייחוד שלו, שאין ייחוד עד שערב רב יימחו מהעולם. ולכן נקבר משה מחוץ לארץ הקדושה, והקבורה שלו היא משנה, ולא ידע איש את קברתו עד היום הזה.

עַד יוֹמָא הַדֵּין. קְבוּרְתָּא דִילֵיהּ – מִשְׁנָה דְּשָׁלְטָא עַל מַטְרוֹנִיתָא, דְּאִיהִי קַבָּלָה לְמֹשֶׁה, וּמַלְכָּא; וּמַטְרוֹנִיתָא מִתְפָּרְשָׁא מִבַּעֲלָהּ.

קבורתו – משנה ששולטת על הגבירה, שהיא קבלה למשה, והיא מלכות; וגבירה נפרדת מבעלה.

בְּגִין דָּא "תַּחַת שָׁלֹשׁ רָגְזָה אֶרֶץ" וְכוּ' (משלי ל, כא):

ולכן תַּחַת שָׁלֹשׁ רָגְזָה אֶרֶץ" וכו' (משלי ל, כא):

"תַּחַת עֶבֶד כִּי יִמְלוֹךְ" (שם, כב) – דָּא אִיהוּ עַבְדָּא יְדִיעָא.

"תַּחַת עֶבֶד כִּי יִמְלוֹךְ" (שם, כב) – זהו עבד הידוע.

"וְשִׁפְחָה" (שם, כג) – דָּא מִשְׁנָה.

"וְשִׁפְחָה" (שם, כג) – זו משנה.

"וְנָבָל כִּי יִשְׂבַּע לָחֶם" (שם, כב) – דָּא עֵרֶב רַב, "עַם נָבָל וְלֹא חָכָם" (דברים לב, ו).

"וְנָבָל כִּי יִשְׂבַּע לָחֶם" (שם, כב) – זה ערב רב, "עַם נָבָל וְלֹא חָכָם" (דברים לב, ו).

הזוהר מבקש להתמקד בנושא העריות. לדברי הזוהר, חטא גילוי עריות הוא הגורם לגלות. הקישור בין גילוי עריות לגלות מבוסס על הדו־משמעות של השורש גל"י/ה, אבל משחק המילים הזה נוגע גם בפשט הפסוקים, שהרי בסוף הרשימה הארוכה של גילויי העריות למיניהם המופיעה בסוף פרשת קדושים, נאמר: "וְלֹא תָקִיא אֶתְכֶם הָאָרֶץ אֲשֶׁר אֲנִי מֵבִיא אֶתְכֶם שָׁמָּה לָשֶׁבֶת בָּהּ" (ויקרא כ, כב). כלומר, כבר בפשט ברור שהעונש על גילוי עריות הוא גלות.

הזוהר מתאר זאת בחריפות גדולה אף יותר: הוא רואה את היציאה לגלות כגילוי ערוותה של כנסת ישראל. היא האימא שלנו, אותה אנו מְגלים מביתה ואותה אנו חושפים לעיני כול. עליה נאמר "עֶרְוַת אִמְּךָ לֹא תְגַלֵּה". האסוציאציה ברקע היא בוודאי הפסוק המפורסם "כָּל כְּבוּדָּה בַת מֶלֶךְ פְּנִימָה" (תהילים מה, יד): כבודה של אישה הוא להישאר בפנים ואישה היוצאת החוצה היא יצאנית. המילה 'יצאנית' בימינו היא כינוי רשמי לפרוצה, אך צריך לשים לב שבמקור מילה זו מציינת אישה שמרבה לצאת מהבית סתם כך, לאו דווקא בכוונה לחטוא, ובכל זאת זהו כינוי שיש בו

גנאי.[3] התפיסה הייתה שאישה צריכה להיות מכונסת בביתה. המשמעות של להיות בת מלך היא לחיות בתוך הארמון. במדרשים ובזוהר האדם שמצליח להציץ לתוך הארמון ולראות את המלכה זוכה למשהו בלתי רגיל (זוהר ח"ב צח ע"ב). הרעיון שנשים מופיעות על הבמה ושרואים אותן הוא רעיון מודרני. אחשוורוש אמר לוושתי להופיע לעיני העמים והיא באופן טבעי לא הסכימה. יכול להיות שהיום הדברים היו מתנהלים אחרת, היא הייתה אומרת 'למה לא?' כמו ב'כוכב נולד', להתפרסם קצת... אבל פעם זה בוודאי היה דבר לא רגיל.

## הערווה, לילית והערב רב

בתוך הזוהר עצמו מתחולל מעבר חד ביחסו למושג הערווה כאשר הוא מציין "והאי ערוה איהי לילית, אמא דערב רב". כעת הוא מתאר את הערווה כעניין מיתולוגי, מקור לכוח השלילי בעולם. זה לא תואר כך לפני כן. בתחילה הוא דיבר על חשיבות הצניעות המינית ועל הפגיעה בה כגורם לגלות וכמקור לבושה, אך הוא לא ראה בה מקור של רוע. כעת ערוות האם נעשית ישות בפני עצמה הנקראת 'לילית'. האם שערוותה התגלתה הייתה קודם מסכנה, עלובה ומבוזה, אבל עכשיו הציור הוא של גילוי ערווה כוחני ועז, מאיים. את המעבר הזה אני לא מבין עד הסוף אבל הוא נמצא כאן.

לפי הזוהר, כשם שלעם ישראל יש אימא – הלוא היא כנסת ישראל, השכינה – כך גם לערב רב יש אימא והיא מכונה "ערוות השכינה".[4] כפי שראינו בדרשות קודמות, יחסו של הזוהר אל הערב רב הוא שלילי ביותר, ולכן כאשר הוא קושר בינם לבין ערוות השכינה הוא מתאר כאן מצב שמעבר להשפלה. זה לא רק שהשכינה מבוזה, אלא שיש כאן מצב של חטא, מצב של שלטון אקטיבי הולך וגובר

3. ראו רש"י ומדרשים על בראשית לד, א, שמציינים את היותה של דינה בת לאה 'יצאנית' כאימה. לא בהקשר של זנות, אך בהקשר מיני ובנימה של ביקורת (הערת העורכים).

4. גם הצליל של המילים 'ערב רב' ו'ערווה' דומה.

של הסטרא אחרא. הדבר בא לידי ביטוי היסטורי בחוצפה של הערב רב שקיבצו אליהם חלקים נרחבים מעם ישראל, וכך יצרו לעצמם 'חסידים' שהלכו אחריהם וחטאו בחטא העגל. באותו אירוע היה ניכר לעין שהיכולת של הערב רב לפעול הייתה קשורה לגלות, שהרי הערב רב הצטרפו לישראל דווקא בהיותם בגלות מצרים.

אומנם, הזוהר מדגיש שהבעייתיות שבערב רב אינה רק בהשפעתם הרעה על סביבתם, אלא גם בעצם קיומם בתוך עם ישראל. בעצם קיומם הם יוצרים חציצה בין ה־ה' העליונה לה' התחתונה ומונעים את ירידת השפע מלמעלה למטה, מפני שאם השפע ירד יתפרנסו ממנו גם הם. כדי למנוע מהשפע להגיע למקום שלילי הקב"ה פשוט עוצר אותו, כך שהסטרא אחרא לא תוכל לאחוז אפילו במשהו ממנו. התוצאה היא שכולם מפסידים את השפע הזה, כולל מי שבא מצד הקדושה.

החשיבה הזו קרובה לדברים שמוכרים לנו יותר מההגות החסידית, ויש לה גם פן מוסרי מאוד חשוב. כדי להדגים את הדברים עולה לי אסוציאציה של מרכזניק. לרב צבי יהודה הכהן קוק היה שיעור קבוע באורות הקודש שהיה מיועד לבחורים המבוגרים יותר, ואני השתתפתי בשיעור באופן קבוע. היו פעמים שפתאום היינו שמים לב שהוא מדבר על דברים אחרים שמחוץ לטקסט הנלמד, הוא היה מדבר בדברי תורה אבל לא מתוך אורות הקודש. באותו רגע היו מבינים כולם שבחור צעיר התגנב לשיעור... הרב צבי יהודה חשב שזה לא ראוי שתלמידים צעירים מדי יקבלו את השפע מבלי להיות מוכנים לכך וישתמשו בו בצורה לא ראויה, ולכן היה נמנע מללמד אורות הקודש בנוכחותם. באופן דומה, יש להניח שכשהערב רב יקבלו את השפע התוצאה תהיה נוראה ואיומה.

## טעם איסורי עריות

הזוהר הולך ומפרט איזה פגם בדיוק מחוללת כל אחת מהעריות באותיות השם. גם אם לא נרד לפרטי הדרשות, נראה לי שאנחנו יכולים להיכנס לראש של הזוהר ולקבל מהאווירה הכללית.

השאלה הבסיסית כאן, כבר ברמת הפשט, היא מדוע בכלל קיימים איסורי העריות? מדוע בעצם אסור לאדם לשאת אישה ובתה? שתי אחיות? את דודתו? אפשרות אחת היא לטעון שהסיבה היא חברתית ופסיכולוגית. למשל, אם אדם יקח אישה ובתה הדבר ייצור מתח ומריבות בתוך המשפחה כי הן יהפכו להיות צרות זו לזו. סיבה אפשרית אחרת היא גנטית־רפואית – שלא ייוולדו ילדים עם מומים; ומן הסתם יש הסברים נוספים. לפי דעתי, הפשט של חלק גדול מאיסורי העריות הוא שהם אקט של חוסר כבוד. דוגמה בולטת לעיקרון הזה ניתן למצוא אצל אלמנה של מלך, שבעולם המסורתי, אדם מן השורה אינו יכול לשאת אותה, אלא רק מלך אחר. זה עניין של מעמד וכבוד. איסורי העריות נובעים מאותו עניין: נישואים עם דודה, עם אשת אב או אשתו של קרוב משפחה אחר פוגעים בהירככייה המשפחתית. זוהי הסיבה שאחיתופל שמציע לאבשלום לשכב עם פילגשי דוד – בכך הוא מגנה את אביו ומחליש אותו (שמואל ב יז, יד).

לעומת הסברים אלה שהם כולם על דרך ההיגיון והשכל, ההבנה של הזוהר מגיעה ממקום אחר לגמרי. במרכז תפיסתו של הזוהר עומדת החשיבות הרבה שהוא מייחס לחיבור המיני. מבחינתו, החיבור הוא מימוש האידיאל הגדול ביותר בעולם – ייחוד קוב״ה ושכינתיה. בעצם, העריות היו אמורות להיות מותרות, למשל החיבור בין אישה ובתה היה אמור להיות טוב מאוד שהרי אין קרוב ממנו. אילו היינו מזהים כמו הזוהר את בני המשפחה השונים כמדרגות שונות ברוחניות או כאותיות משם השם, היינו מצפים כמוהו שהמגמה תהיה חיבור ביניהם יותר מאשר הפרדה. ברם, על ידי הגלות משתבשים הקשרים. איסורי העריות מבטאים את הצורך להפריד כמענה למצב המציאותי: כרגע אנחנו בגלות ולכן החיבור הוא אסור. את איסורי העריות מבין הזוהר לא רק כאיסורים מוסריים אלא גם כתוצאה המתבקשת של היותנו בגלות, במצב כללי של חוסר חיבור. האמירה היא שכשנמצאים בגלות צריך להתנהג בהתאם לגלות, כלומר להפריד. לכן אסור להתחבר אפילו אל אישה ובתה יחד. ניתן לשאול: אם כך, מדוע איסורי עריות חלים גם בארץ ישראל ואין הם בטלים? אך נראה לי שהשאלה הזאת

איננה לרוחו של הזוהר, הוא פשוט לא מגיע לממד הזה. הוא מציג את העיקרון הבסיסי מבלי להיכנס לחישובים הפרטניים והמפולפלים של הדברים.

## כשר, טמא ופסול

במצב האידיאלי אנחנו מחוברים לשכינה, שהיא מלכה – מידת המלכות – והיא אימא של עם ישראל. לכן בני ישראל נקראים בני מלכים – כי הם בני מידת מלכות. נחשוב על זה רגע: אנחנו, כל אחד מאיתנו, בנים של המלכות. השכינה היא אימא שלנו! אבל בגלותנו המצב הוא שונה.

הפסוקים הבאים בפרשה מתארים את בריאת האישה, ולאורם מבקש הזוהר לחדד את ההבחנה בין התורה האידיאלית לבין התורה שאנו מקיימים בגלות. את הפסוק העוסק בבדידותו של אדם הראשון "וַיֹּאמֶר ה׳ אֱלֹהִים לֹא טוֹב הֱיוֹת הָאָדָם לְבַדּוֹ אֶעֱשֶׂה לּוֹ עֵזֶר כְּנֶגְדּוֹ" (בראשית ב, יח), רואה הזוהר כמכוון על עם ישראל בגלותו. 'אדם' הוא גם כינוי לישראל. וה'עזר' הוא התורה המיוחדת לעם ישראל במצבו הלא אידיאלי.

הזוהר מכנה את עם ישראל בגלות 'נער'. פירוש המושג הזה הוא משרת, ואפילו עבד. יש לכך מספר דוגמאות בתנ"ך, למשל על יהושע בן נון נאמר: "וּמְשָׁרְתוֹ יְהוֹשֻׁעַ בִּן נוּן נַעַר לֹא יָמִישׁ מִתּוֹךְ הָאֹהֶל" (שמות לג, יא), וגם עוזרו של יהונתן בהפטרה המפורסמת 'מחר חודש' נקרא 'נער' (שמואל א כ, כא).[5] כשעם ישראל הוא בבחינת 'נער', כלומר במעמד של משרת, הוא אינו יכול להתחבר לבחינה הגבוהה

5. גם המלאך מטטרון, שהוא ראש המלאכים בצבא השמים, מכונה 'נער', וגם זה במשמעות של משרת ביחס למידות הגבוהות יותר. כך עולה למשל מפירוש האלשיך על יהושע ה, יד: "'כִּי אֲנִי שַׂר צְבָא ה׳ עַתָּה בָאתִי' – כלומר מטטרון נער דוגמתך, שאתה נער שר צבא ישראל, ועל כן עתה באתי, כי בימי משה שהיה למעלה מגדר זה לא באתי, אך עתה בזמנך באתי".

של השכינה שהיא אישה. המידה המתאימה לו בשעה זו היא השפחה, המשרתת. השפחה היא אשתו של העבד.

את החלוקה הזו מיישם הזוהר לגבי הממדים השונים של התורה. לתפיסתו, ישנה התורה העליונה, שהיא בת זוגו של ישראל, של האדון, וישנה המשנה, שהיא בת זוגו של רובד העבד של ישראל. המשנה היא השפחה של המלכה־השכינה והיא משרתת של התורה. על התורה נאמר "עֵץ חַיִּים הִיא לַמַּחֲזִיקִים בָּהּ" (משלי ג, יח), אך על המשנה נאמר "לֹא טוֹב הֱיוֹת הָאָדָם לְבַדּוֹ אֶעֱשֶׂה לּוֹ עֵזֶר כְּנֶגְדּוֹ"; המשנה היא עזר. העזר הוא עבור הנער, לא עבור האדון עצמו. ביחס לתורה המקורית, המשנה היא ירידת מדרגה. העיסוק במשנה קשור לירידה למצב של גלות, כי במצב האידיאלי לא צריך משנה.

הרעיון הזה מזכיר לי זרם מסוים באידיאולוגיה הציונית אשר יחד עם החזרה לארץ ביקש לחזור לתורה המקורית, למקרא בלבד. עם זאת, נראה שהתורה היסודית והמקורית שהזוהר מדבר עליה כאן אינה התנ"ך אלא תורת הסוד, תורת הזוהר. לדברי הזוהר, במצב מתוקן האדם צריך להתבסס ולהתמקד בלימוד תורת הסוד; ורק בגלות, במצב שאינו אידיאלי, צריך ללמוד גם משנה, כלומר הלכות, תורת הנגלה.

הזוהר אינו מסתפק באמירה שהמשנה היא בדרגה פחותה מן התורה העליונה. הוא מדגיש שבתורת הגלות יש אמביוולנטיות, יש בה טוב ורע. ידועה דרשתו של רבי אלעזר על המילים "עזר כנגדו": "זכה – עוזרתו, לא זכה – כנגדו" (יבמות סג ע"א). כך גם כאן: אם זכו ישראל המשנה נעשית עזר להם בגלות, אבל אם לא זכו היא נעשית להם 'כנגדו'. העניין הוא, שאין זו אמירה כללית על צדדים שונים שיש בלימוד תורת הנגלה, אלא הזוהר מפרט בדיוק מהו העזר ומהו הכנגדו. לדבריו, הצד החיובי שיש בה הוא צד ההיתר, הטהור והכשר, ואילו הצד השלילי הוא צד האיסור, הטמא והפסול.

בדברים הללו יש נקודה שקשה לי. אני תופס את עבודת ה' כקיום המצוות באופן כולל, כלומר גם דרך המצוות וגם דרך האיסורים. הזמנים שבהם אני נמנע מן האיסורים הם עבודת ה' מבחינתי בדיוק כמו הזמנים שבהם אני מקיים מצוות באופן פעיל. ברם, הזוהר אינו

רואה כך את הדברים. בלשונו כאן: "טהור, היתר, כשר – הוא יצר הטוב; פסול, טמא, אסור – הוא יצר הרע". הזוהר אינו רואה בהימנעות מאיסורים אקט חיובי; כל עניין האיסורים הוא שלילי בעיניו לגמרי. התגובה שלו היא לגמרי אחרת, כשהוא רואה איסור הוא מייד מוטרד, ובפסול ובטמא הוא רואה יצר הרע. מבחינתו, תחום האיסור הוא הסטרא אחרא, ותחום ההיתר הוא התחום של הקדושה – ואת זה קשה לי להבין. לדוגמה, מבחינת הזוהר, עצם האיסור לאכול חמור הוא שלילי. למה? ומדוע כשאני קורא קריאת שמע, שזו מצוות עשה, אני עובד את ה׳ יותר מאשר כשאני נמנע מלחלל שבת? מדוע האיסור על חילול שבת נחשב רע ובעייתי? הרי בתפיסה שלי, אני עובד את ה׳ גם בעשה וגם בלאו. גם בהימנעות ממעשים מסוימים אני עובד את ה׳!

האמת היא שהרעיון הזה מופיע הרבה פעמים בזוהר, והדברים טעונים מאוד. ננסה לגעת בהם קצת. כיוון אחד להבין זאת הוא שלא את האיסורים עצמם תופס הזוהר כבעייתיים, אלא את העולם שהם מתייחסים אליו. האיסורים קשורים למציאות של סטרא אחרא בעולם, לכוחות מסוימים שאין אפשרות להשתמש בהם לעבודת ה׳, ולכן יש בהם משהו שלילי.[6] הסבר אחר הוא שעצם ההיתקלות באיסור מלמדת שהאדם נמצא במקום שלילי. הסבר כזה נמצא באיז׳בצאי הטוען שכל האיסורים שאדם פוגש מעידים על משהו לא טוב שקיים בו, הם הד לכך שיש לו יצר הרע בתוכו.[7] לדעתי שני ההסברים הללו אינם מספיקים כדי להבין את הזוהר, שהרי לפי דיוק לשונו לא מהות הדברים האסורים ולא המפגש איתם הוא הבעיה, אלא עצם ההתרחקות מהם. הפרקטיקה של קיום מצוות הלא תעשה, ההימנעות ממעשים מסוימים, בה עצמה יש פן שלילי. לכן צריך לחפש הסבר אחר.

6. כיוון כזה מופיע בספר התניא פרק ז, שם הוא מסביר את המילה ׳אסור׳ מלשון קשור כמו "מֶלֶךְ אָסוּר בָּרְהָטִים" (שיר השירים ז, ו); דבר ההיתר מסוגל לעלות למעלה, ואילו האסור הוא קשור ואינו יכול להתעלות.
7. לדוגמה: מי השילוח חלק ראשון בפרשת בראשית ד"ה ׳ויאמר אל האישה אף כי אמר אלקים׳ וד"ה ׳ויאמר האדם האשה אשר נתת עמדי היא נתנה׳, ובפרשת משפטים ד"ה ׳והאלקים אנה לידו׳.

אני חושב שהזוהר רואה את הדברים בצורה מאוד מאוד ראשונית, יש כאן משהו הרבה יותר טוטלי מההסברים שהצענו. מבחינת הזוהר, עצם העובדה שקיים תחום איסור הוא רע. החשיבה כאן היא מרחיקת לכת הרבה יותר ממה שאנחנו מעזים בדרך כלל. לפיה, ההתגברות על היצר הרע היא רעה. זה שאני כובש את החמדנות שלי ולא גוזל למשל, זה רע. זה יצר הרע. האדם המגביל את עצמו הוא עצמו רע. האדם המוגבל הוא סטרא אחרא, הוא בן שטן, בקיצור – הוא דתי! האדם הדתי הוא אדם שמגביל את עצמו, ולכן הוא בן של לילית, לא בן של השכינה. אדם שחי בעולם של איסורים נמצא במקום רע.

את כל זה אני אומר מפני שאני מחפש כאן הבנה של פשט הזוהר. עם זאת, קשה לי לייחס לזוהר אמירה כל כך מוחלטת על דתיים, הרי בסופו של דבר ספר הזוהר הוא ספר דתי. אני חושב שהקריאה שלי קרובה יותר לרוח הדברים שבזוהר מאשר להסברים האחרים, אבל צריך למצוא את המשמעות הנכונה שלהם. אינני חושב שהוא באמת יוצא באופן כל כך טוטלי כנגד מי שנמנע מדברים שמוגדרים בהלכה פסול, טמא ואסור. הסיבה שאני מקצין את הדברים היא על מנת לחדד את ההבנה בזוהר, אך צריך להתייחס לדברים בעדינות ולנסות להבין אותם באופן פנימי ומדויק יותר.

דימוי נוסף שהזוהר נותן לתורת הגלות הוא אישה נידה, וגם בכך הוא ממשיך את הקו הטוטלי שלו ביחס לעולם ההלכה. אם נלך בכיוון הרדיקלי שהתחלנו בו, נאמר שאף על פי שאישה השומרת דיני נידה היא טהורה כחצי מהחודש, זה עדיין לא מספיק לזוהר: הוא אינו מעוניין בהגדרה שהיא טהורה ולא בהגדרה שהיא טמאה. כל המערכת של טומאה וטהרה, של המעבר בין המצבים, נראית בעיניו שלילית. כל הדרמה הזאת של דם טומאה ודם טהרה שייכת למצב הלא טוב. עם זאת, ניתן לפרש את הדימוי לנידה באופן פחות קיצוני ולומר שהוא מתייחס רק לצד השלילי שבנידה, הצד של הטומאה,[8]

8. הזוהר משתמש בביטוי "אישה שיש לה דם טוהר ודם נידה". זה לכאורה מתאים יותר לפירוש שלי, שגם הדמים הטהורים של האישה הם בעייתיים בעיני הזוהר. לפי

אבל בעצם ההגדרות של טומאה וטהרה אין פגם. כך או כך, האישה הנידה אינה בת זוגם של ישראל עד שיימחו הערב רב, ואז היא תישאר טהורה בלבד.

מכיוון שמי שקיבל את הערב רב היה משה, הזוהר קושר לעניין גם אותו: "ולכן נקבר משה מחוץ לארץ הקדושה, והקבורה שלו היא משנה". משה חטא בקבלת הערב רב ובגלל זה נשאר בגלות, נקבר בגלות. תראו איזה ביטוי חריף: המשנה היא הקבר של התורה. כפי שהערתי, זאת ממש אמירה ציונית. גם לציונים הייתה נטייה לראות את התורה שבעל פה כקבר. הם חיפשו את ההפך, התחברו לתנ"ך, חיפשו לטייל עם התנ"ך, לחזור לשורש ולדלג על ההלכה שבעיניהם ביטאה את הגלות. גם הזוהר אומר כאן שהתורה שבכתב היא התורה המקורית, ומה שהדתיים עשו זה לקבור אותה. זוהי הגלות.

עיקר העניין במאמר הזה של הזוהר הוא שעד שלא נצא מהגלות, אנחנו נמצאים במצב שבו האותיות של שם ה' אינן מתחברות זו לזו, השפע לא יורד, אין ייחוד – ולכן יש איסורים. הערב רב מכניס אותנו לעולם של חוסר קשר: הכול בגלל הערב רב, בגלל הגלות. אבל אני רוצה לסיים בדבר טוב: האמירה הזו היא לא רק שלילית אלא גם חיובית, כי משתמע ממנה שאחרי שיימחו הערב רב מן העולם כן יהיה ייחוד. הצד החיובי הוא שהייחוד הוא אפשרי. יש לדעת שתיתכן תקופת גאולה שבה אותיות ה' מתחברות, ואנו מכוונים להגיע אליה. בסך הכול, הזוהר רוצה לצאת מהגלות, הוא רוצה לחזור לארץ. אנחנו יודעים שמשה עתיד לקום בתחיית המתים ולהיכנס לארץ.[9] משה המתוקן – הוא יחזור. משה של התורה, לא של המשנה. הוא יֵצֵא מהקבר, יֵצֵא. לישועתך קיוויתי ה'!

הפירוש הקלסי – שרק דם הנידה הוא בעייתי – אפשר לפרש ש'דם טוהר' הוא כינוי נוסף לדם נידה, כלומר דם טמא בלשון סגי נהור, כמו שאומרים 'הלכות שמחות' ומתכוונים להלכות אבלות.

9. ראו זוהר ח"א קיג ע"ב (מדרש הנעלם) ובעוד מקומות.

# זאת הפעם

## זוהר ח"א כח ע"א – כח ע"ב

האדם בגן עדן מנסה למצוא לו בת זוג, ולפיכך ה' בורא את בעלי החיים: "וַיֹּאמֶר ה' אֱלֹהִים לֹא טוֹב הֱיוֹת הָאָדָם לְבַדּוֹ אֶעֱשֶׂה לּוֹ עֵזֶר כְּנֶגְדּוֹ. וַיִּצֶר ה' אֱלֹהִים מִן הָאֲדָמָה כָּל חַיַּת הַשָּׂדֶה וְאֵת כָּל עוֹף הַשָּׁמַיִם וַיָּבֵא אֶל הָאָדָם..." (בראשית ב, יח-יט).

ואולם, החוויה הראשונית של האדם היא חוסר התאמה לשאר הבריות. אף על פי שהוא מצליח למצוא לכולן שמות "וַיִּקְרָא הָאָדָם שֵׁמוֹת לְכָל הַבְּהֵמָה וּלְעוֹף הַשָּׁמַיִם וּלְכֹל חַיַּת הַשָּׂדֶה" – הוא עצמו נשאר בודד: "וּלְאָדָם לֹא מָצָא עֵזֶר כְּנֶגְדּוֹ" (שם, כ). הבדידות הזאת מעוררת אצל הזוהר אסוציאציה לעם ישראל הבודד בגלותו, המנותק ממקומו, נטול עזר, ולשכינה הנפרדת מן הקב"ה.

הכישלון במציאת הזיווג מיוחס לאדם. הוא זה שלא מצא לו עזר, והקב"ה הוא זה שמושיע אותו בזמן שהוא ישן ואינו יודע כלל מה נעשה איתו: "וַיַּפֵּל ה' אֱלֹהִים תַּרְדֵּמָה עַל הָאָדָם וַיִּישָׁן וַיִּקַּח אַחַת מִצַּלְעֹתָיו וַיִּסְגֹּר בָּשָׂר תַּחְתֶּנָּה. וַיִּבֶן ה' אֱלֹהִים אֶת הַצֵּלָע אֲשֶׁר לָקַח מִן הָאָדָם לְאִשָּׁה וַיְבִאֶהָ אֶל הָאָדָם" (שם, כא-כב).

הרעיון הזה, שהקב"ה מושיע את האדם כאשר הוא חסר אונים, מרתק את הזוהר, והוא מיישם אותו גם בנוגע לגאולת עם ישראל כולו. כך הפסוקים החותמים את העניין "וַיֹּאמֶר הָאָדָם זֹאת הַפַּעַם עֶצֶם מֵעֲצָמַי וּבָשָׂר מִבְּשָׂרִי" (שם, כג), וכן "וַיִּהְיוּ שְׁנֵיהֶם עֲרוּמִּים הָאָדָם

וְאִשְׁתּוֹ וְלֹא יִתְבֹּשָׁשׁוּ" (שם, כה) הם מבחינת הזוהר ביטוי למצבו של עם ישראל בגאולתו.

## כישלון האדם והגאולה האלוקית

עוֹד פָּתַח וְאָמַר: "וַיִּצֶר ה' אֱלֹהִים מִן הָאֲדָמָה כָּל חַיַּת הַשָּׂדֶה וְכָל עוֹף הַשָּׁמַיִם". וַוי לְעָלְמָא דְּאִנּוּן אֲטִימִין לִבָּא וּסְתִימִין עַיְינִין, דְּלָא מִסְתַּכְּלִין בְּרָזֵי דְאוֹרַיְיתָא וְלָא יָדְעִין. דְּוַדַּאי חַיַּת הַשָּׂדֶה וְעוֹף הַשָּׁמַיִם אִנּוּן עַמֵּי הָאָרֶץ; וַאֲפִילוּ בְּאִלֵּין דְּאִנּוּן נֶפֶשׁ חַיָּה, לָא אִשְׁתְּכַח עֵזֶר בְּהוֹן לִשְׁכִינְתָּא בְּגָלוּתָא וְלָא לְמֹשֶׁה דְּאִיהוּ עִמַּהּ, דִּבְכָל זִמְנָא דְּגָלַת שְׁכִינְתָּא לָא זָז מִנָּהּ.

עוד פתח ואמר: "וַיִּצֶר ה' אֱלֹהִים מִן הָאֲדָמָה כָּל חַיַּת הַשָּׂדֶה וְכָל עוֹף הַשָּׁמַיִם". אוי לבני העולם שהם אטומי לב וסתומי עיניים, שלא מסתכלים בסודות התורה ולא יודעים. שוודאי חיית השדה ועוף השמיים הם עמי הארץ. ואפילו באלו, שהם נפש חיה, לא נמצא בהם עזר לשכינה בגלות ולא למשה שהוא עימה, שבכל זמן שגלתה שכינה לא זז ממנה.

אָמַר רַבִּי אֶלְעָזָר: וְהָא מַאן יָהִיב עוֹבָדָא דְּאָדָם בְּיִשְׂרָאֵל וּבְמֹשֶׁה?

אמר רבי אלעזר: והרי מי נתן מעשה של אדם בישראל ובמשה?

אָמַר לֵיהּ: בְּרִי וְאַנְתְּ אֲמַרְתְּ הָכִי? וְכִי לָא אוֹלִיפַת "מַגִּיד מֵרֵאשִׁית אַחֲרִית" (ישעיהו מו, י)!

אמר לו: בני, ואתה אמרת כך? וכי לא למדת "מַגִּיד מֵרֵאשִׁית אַחֲרִית" (ישעיהו מו, י)!

אָמַר לֵיהּ הָכִי הוּא וַדַּאי.

אמר לו: כך הוא ודאי.

וּבְגִין דָּא מֹשֶׁה לָא מִית, וְאָדָם אִתְקְרֵי אִיהוּ. וּבְגִינֵיהּ אִתְּמַר בְּגָלוּתָא בַּתְרָאָה "וּלְאָדָם לֹא מָצָא עֵזֶר", אֶלָּא כֻּלְּהוּ "כְּנֶגְדּוֹ". וְכֵן עַמּוּדָא דְאֶמְצָעִיתָא אִתְּמַר

ולכן משה לא מת, והוא נקרא אדם. ובגללו נאמר בגלות האחרונה "וּלְאָדָם לֹא מָצָא עֵזֶר", אלא כולם "כְּנֶגְדּוֹ". וכן נאמר בעמוד האמצעי "וּלְאָדָם

בֵּיהּ "וּלְאָדָם לֹא מָצָא עֵזֶר" דְּאַפִּיק שְׁכִינְתֵּיהּ מִן גָּלוּתָא. הֲדָא הוּא דִכְתִיב "וַיִּפֶן כֹּה וָכֹה וַיַּרְא כִּי אֵין אִישׁ" (שמות ב, יב). וּמשֶׁה אִיהוּ בְּדִיוֹקְנֵיהּ מַמָּשׁ, דְּאִתְּמָר בֵּיהּ "לֹא מָצָא עֵזֶר כְּנֶגְדּוֹ".

לֹא מָצָא עֵזֶר" שיוציא שכינה מהגלות. זהו שכתוב "וַיִּפֶן כֹּה וָכֹה וַיַּרְא כִּי אֵין אִישׁ" (שמות ב, יב). ומשה הוא בדמותו ממש, שנאמר בו "לֹא מָצָא עֵזֶר כְּנֶגְדּוֹ".

בְּהַהוּא זִמְנָא "וַיַּפֵּל ה' אֱלֹהִים תַּרְדֵּמָה עַל הָאָדָם" (בראשית ב, כא).

באותו זמן "וַיַּפֵּל ה' אֱלֹהִים תַּרְדֵּמָה עַל הָאָדָם".

"ה' אֱלֹהִים" — אַבָּא וְאִמָּא.

"ה' אֱלֹהִים" — אבא ואימא.

"תַּרְדֵּמָה" — דָּא גָלוּתָא, דְּאִתְּמָר בֵּיהּ "וְתַרְדֵּמָה נָפְלָה עַל אַבְרָם" (בראשית טו, יב).

"תַּרְדֵּמָה" — זו הגלות, שנאמר בה "וְתַרְדֵּמָה נָפְלָה עַל אַבְרָם" (בראשית טו, יב).

אֲרָמֵי לֵיהּ עַל משֶׁה "וַיִּישָׁן" — לֵית שֵׁינָה אֶלָּא גָלוּתָא.

הפילו על משה "וַיִּישָׁן" — אין שינה אלא גלות.

"וַיִּקַּח אַחַת מִצַּלְעוֹתָיו" — מִצַּלְעוֹתָיו דְּמָאן? אֶלָּא מֵאִלֵּין עוּלֵמִין דְּמַטְרוֹנִיתָא נְטָלוּ אַבָּא וְאִמָּא חַד מִנַּיְיהוּ, וְאִיהוּ סִטְרָא חִוָּורָא, "יָפָה כַלְּבָנָה" (שיר השירים ו, י).

"וַיִּקַּח אַחַת מִצַּלְעוֹתָיו" — מצלעותיו של מי? אלא מאותן עלמות של הגבירה נטלו אבא ואימא אחד מהם, והוא צד לבן, "יָפָה כַלְּבָנָה" (שיר השירים ו, י).

"וַיִּסְגּוֹר בָּשָׂר תַּחְתֶּנָּה" — דָּא בָּשָׂר דְּאִתְּמָר בֵּיהּ "בְּשַׁגַּם הוּא בָּשָׂר" (בראשית ו, ג), בָּשָׂר דְּמשֶׁה סוּמָק, וַעֲלֵיהּ אִתְּמָר "פְּנֵי משֶׁה כִּפְנֵי חַמָּה".

"וַיִּסְגּוֹר בָּשָׂר תַּחְתֶּנָּה" — זה בשר שנאמר בו "בְּשַׁגַּם הוּא בָּשָׂר" (בראשית ו, ג), בשר של משה אדום, ועליו נאמר "פני משה כפני חמה".

וּבְגִין דָּא "יָפָה כַלְּבָנָה בָּרָה כַּחַמָּה" (שיר השירים ו, י).

ולכן "יָפָה כַלְּבָנָה בָּרָה כַּחַמָּה" (שיר השירים ו, י).

דָּבָר אַחֵר: "וַיִּסְגֹּר בָּשָׂר" — בָּעָאן לַאֲגָנָא בָּהּ עֲלֵיהּ. הֲדָא הוּא דִכְתִיב "וַיִּסְגֹּר ה' בַּעֲדוֹ" (בראשית ז, טז).

דבר אחר: "וַיִּסְגֹּר בָּשָׂר" — רצו להגן בה עליו, זהו שכתוב "וַיִּסְגֹּר ה' בַּעֲדוֹ" (בראשית ז, טז).

דָּבָר אַחֵר: "וַיִּסְגֹּר" — כְּמָא דְאַתְּ אָמֵר "לְעֻמַּת הַמִּסְגֶּרֶת" (שמות כה, כז). מִסְגֶּרֶת מִתְקַיֶּמֶת דְּבָהּ מַטְרוֹנִיתָא "יִהְיֶה סָגוּר שֵׁשֶׁת יְמֵי הַמַּעֲשֶׂה" (יחזקאל מו, א).

דבר אחר: "וַיִּסְגֹּר" — כמו שנאמר "לְעֻמַּת הַמִּסְגֶּרֶת" (שמות כה, כז). מסגרת מתקיימת שבה הגבירה "יִהְיֶה סָגוּר שֵׁשֶׁת יְמֵי הַמַּעֲשֶׂה" (יחזקאל מו, א).

"וַיִּבֶן ה' אֱלֹהִים אֶת הַצֵּלָע" — הָכָא אִתְרְמִיז רָזָא דְיִבּוּם דְּאָמְרוּ בֵּיהּ "כֵּיוָן שֶׁלֹּא בָּנָה שׁוּב לֹא יִבְנֶה". הֲדָא הוּא דִכְתִיב "אֲשֶׁר לֹא יִבְנֶה אֶת בֵּית אָחִיו" (דברים כה, ט). אֲבָל לְגַבֵּי קוּדְשָׁא בְּרִיךְ הוּא אִתְּמָר בֵּיהּ "וַיִּבֶן ה' אֱלֹהִים", אַבָּא וְאִמָּא בָּנֵי לָהּ לְגַבֵּיהּ. הֲדָא הוּא דִכְתִיב "בּוֹנֵה יְרוּשָׁלַיִם ה'" (תהילים קמז, ב) — ו' דְּאִיהוּ בֵּן י"ה, אַבָּא וְאִמָּא, עֲלַיְיהוּ אִתְּמָר "וַיִּבֶן ה' אֱלֹהִים אֶת הַצֵּלָע".

"וַיִּבֶן ה' אֱלֹהִים אֶת הַצֵּלָע" — כאן נרמז סוד הייבום, שאמרו בו "כיוון שלא בנה, שוב לא יבנה". זהו שכתוב "אֲשֶׁר לֹא יִבְנֶה אֶת בֵּית אָחִיו" (דברים כה, ט). אבל לגבי הקדוש ברוך הוא נאמר בו "וַיִּבֶן ה' אֱלֹהִים", אבא ואימא בונים אותה עבורו. זהו שכתוב "בּוֹנֵה יְרוּשָׁלַיִם ה'" (תהילים קמז, ב) — ו' שהוא בן י"ה, אבא ואימא, עליהם נאמר "וַיִּבֶן ה' אֱלֹהִים אֶת הַצֵּלָע".

"אֲשֶׁר לָקַח מִן הָאָדָם" — דָּא עַמּוּדָא דְאֶמְצָעִיתָא.

"אֲשֶׁר לָקַח מִן הָאָדָם" — זה העמוד האמצעי.

"וַיְבִאֶהָ אֶל הָאָדָם" — אַיְיתֵי לֵיהּ לְגַבֵּי צֵלָע דְּנָטִיל מִן ה', עוּלֵימָא דִילָהּ.

"וַיְבִאֶהָ אֶל הָאָדָם" — הביא אותו אל הצלע שלקח מ־ה', העלמה שלה.

וַעֲלָהּ אִתְּמָר "וַאֲנִי אֶהְיֶה לָהּ נְאֻם

ועליה נאמר "וַאֲנִי אֶהְיֶה לָהּ

| | |
|---|---|
| ה' חוֹמַת אֵשׁ סָבִיב" (זכריה ב, ט). וּבְגִין דָּא בְּטוּרָא דָא אִתְבְּנֵי בֵּי מִקְדְּשָׁא עַל יְדָא דְקוּדְשָׁא בְּרִיךְ הוּא, יְהֵא קַיָּמָא לְדָרֵי דָרִין, וַעֲלֵיהּ אִתְּמָר "גָּדוֹל יִהְיֶה כְּבוֹד הַבַּיִת הַזֶּה הָאַחֲרוֹן מִן הָרִאשׁוֹן" (חגי ב, ט). דְּקַדְמָאָה אִתְבְּנֵי עַל יְדָא דְּבַר נָשׁ וְהַאי עַל יְדָא דְקוּדְשָׁא בְּרִיךְ הוּא. וּבְגִין דָּא "אִם ה' לֹא יִבְנֶה בַיִת שָׁוְא עָמְלוּ בוֹנָיו בּוֹ" (תהילים קכז, א). | נְאֻם ה' חוֹמַת אֵשׁ סָבִיב" (זכריה ב, ט). ולכן בהר זה שייבנה בית המקדש על ידי הקדוש ברוך הוא, יהיה קיים לדורי דורות, ועליו נאמר "גָּדוֹל יִהְיֶה כְּבוֹד הַבַּיִת הַזֶּה הָאַחֲרוֹן מִן הָרִאשׁוֹן" (חגי ב, ט). שהראשון נבנה על ידי אדם, וזה על ידי הקדוש ברוך הוא. ולכן "אִם ה' לֹא יִבְנֶה בַיִת שָׁוְא עָמְלוּ בוֹנָיו בּוֹ" (תהילים קכז, א). |

התחושה הכללית שלי היא שהמאמר הזה מתאר את המעבר מגלות לגאולה כמעבר מהפעילות של האדם לגאולה של הקב"ה. בגלות עם ישראל מנסה לטפל בעצמו ו'הערב רב' קונים לעצמם שליטה, ולעומת זאת בגאולה הקב"ה הוא שמנהיג אותנו. השם 'ישראל' הוא לא רק השם של העם שלנו, אלא גם דרגה מסוימת. השם הזה מזוהה אצל הזוהר עם המעבר מהפעילות האנושית אל הפעילות האלוקית, אל החסד. העובדה שבני אדם אינם מצליחים להביא את הגאולה, אינם מצליחים לחבר בין קוב"ה לשכינה, מזמינה את הקב"ה עצמו להביא את הגאולה. העיקרון הזה מופיע כאן במספר מישורים.

הזוהר פותח בפסוק "וּלְאָדָם לֹא מָצָא עֵזֶר כְּנֶגְדּוֹ". את האדם שבפסוק מזהה הזוהר עם משה, העמוד האמצעי. אף אחד לא עוזר למשה להושיע את השכינה מגלותה, ולכן הוא נקלע למצוקה. הזוהר מקשר זאת לפסוק שנאמר על משה "וַיִּפֶן כֹּה וָכֹה וַיַּרְא כִּי אֵין אִישׁ" (שמות ג, יב) – גם שם משה רואה שאין איש שנחלץ לעזרת אחיו המוכה, והוא צריך לפעול לבד. כאשר ה' רואה שכך הם פני הדברים, הוא מרדים את משה ויוצר את האישה – את גאולת השכינה – בעצמו.

יצירת האישה מתוארת בפסוק באמצעות הפועל 'ויבן'. הפועל הזה שולח את הזוהר אל מצוות הייבום שעל מי שמסרב לקיימה נאמר

"כָּכָה יֵעָשֶׂה לָאִישׁ אֲשֶׁר **לֹא יִבְנֶה** אֶת בֵּית אָחִיו" (דברים כה, ט). מצווה זו מרתקת את הזוהר במספר מקומות,[1] ומוטיב הבנייה הוא משמעותי בה: עניינה של המצווה הזו הוא לא רק להוליד ילד עבור האח המת, אלא ממש להקים במקומו משפחה. זוהי פעילות של בנייה. העניין הוא שבפרשיית הייבום האדם מתואר כמי ש**אינו** בונה. יתרה מזאת, מן הניסוח בפסוק "אֲשֶׁר לֹא יִבְנֶה", בלשון עתיד, דורשים חז"ל שאח שחלץ אינו יכול לייבם אחר כך: "כיון דלא בנה שוב לא יבנה" (יבמות לב ע"א). הזוהר משתמש בביטוי הזה כדרכו בדייקנות אך גם במליצה: ה'איש אשר לא בנה' – שוב לא יבנה, אבל על הקב"ה הרי נאמר 'וַיִּבֶן'. בניגוד לאדם, הוא כן בונה, ויכול לבנות שוב ושוב. חוסר רצונו של האדם מזמין ומעורר את הקב"ה לפעול בעצמו.

הקשר נוסף שבו מופיע הפועל 'לבנות' הוא בניין ירושלים: "בּוֹנֵה יְרוּשָׁלַיִם ה'" (תהילים קמז, ב), והדבר מביא את הזוהר לזהות את אותו הרעיון גם בבניין המקדש. בעניין בניין המקדש לעתיד לבוא ישנם בחז"ל מקורות סותרים זה לזה. מחלק מהמקורות עולה שהמקדש ייבנה בידי אדם,[2] אך ממקורות אחרים נראה שאת הבית השלישי הקב"ה יהיה זה שיבנה.[3] איש ההלכה עשוי להסביר את הסתירה הזאת כהבדל בין לכתחילה לדיעבד: לכתחילה על האדם לנסות ולבנות את המקדש, אך אם בדיעבד הוא כושל, הקב"ה יבנה אותו. גם הזוהר הולך בדרך הזו, אך עם שכלול. הדיעבד והכישלון אינם נמוכים בעיניו – אדרבה, הוא חוגג על הכישלון האנושי הזה. אם האדם לא יצליח אז זה יוביל את הקב"ה לבנות את המקדש, ואז הבניין יהיה במעלה הרבה יותר גבוהה. אם כך, הדיעבד הופך להיות לכתחילה, בניין המקדש יהיה גבוה יותר דווקא בשל הכישלון האנושי של מי שניסה לבנותו.

יש כאן פרדוקס: עצם העניין שהגדרנו כגלות, דהיינו הפעילות

1. זוהר ח"ב ק ע"ב ועוד.
2. וכך פסק הרמב"ם במשנה תורה הלכות מלכים ומלחמות פי"א ה"א.
3. סוגיה בסוכה מא ע"א, וראו רש"י שם ד"ה 'אי נמי', וכן משמע בבבא קמא ס ע"ב.

האנושית הכושלת, הוא המעורר את הגאולה. אם האדם נכשל, הקב"ה צריך להתערב – ובעיני הזוהר המצב הזה רצוי. ביטויים נוספים לרעיון הכללי שהגאולה נובעת מן הגלות עצמה ניתן למצוא במהר"ל מפראג,[4] אך כאן הדגש הוא שונה: לדברי הזוהר, עצם הכישלון או העדר הפעילות של האדם הם שמביאים את הקב"ה לפעול. מבחינה פסיכולוגית, דרך החשיבה הזאת יכולה דווקא לעודד. הרבה פעמים יש לי הרגשה שאני לא מצליח, שנכשלתי, שהפעילות שלי לא מביאה לתוצאה. אני רוצה לעשות דברים לטובת ה' ולא מצליח. הנחמה שאני יכול להגיד לעצמי היא: 'בסדר, אני לא מצליח, אבל זה עצמו הוא מַצָּע לפריחה הבאה אחריי. זוהי ההכנה לכך שיקרה דבר יותר טוב, שהקב"ה יעשה!'.

לדעתי, גם את הציטוט המפורסם של רבי נחמן "אין יאוש בעולם כלל" (ליקוטי מוהר"ן תניינא, עח) יש להבין באופן הזה.[5] אין ייאוש בעולם כלל – לא מפני שאפשר לקום, אלא מפני שבייאוש הקב"ה מגיע. דווקא כשאתה על סף ייאוש, יש אלוקים. כאשר אתה נוכח מול הכישלון שלך במקום להתייאש בגללו, עליך לראות את זה עצמו כבסיס לגאולה. אין ייאוש בעולם כלל – באופן פרדוקסלי.

מבחינה אינטלקטואלית נסדר את הדברים כשתי תפיסות. הזוהר פה תופס את הגאולה בדרך שונה מאוד מזו של רוב המרכזניקים, תלמידי הרב קוק. אנשי 'מרכז' הקלסיים בדרך כלל טוענים שהגאולה קרבה ובאה, והעובדה שהיא אינה מגיעה בשלמות ובבת אחת אינה מחלישה את אמונתם. סימן ההיכר של מרכזניק הוא שבסלון שלו תלויה תמונה בסגנון של האומנים שהקימו את 'בצלאל', ובה מצויר המדרש על רבי חייא הגדול ורבי שמעון בן חלפתא ההולכים בבקעת ארבל בעלות השחר ומשוחחים על גאולתן של ישראל שהיא בתחילה

4. בעיקר בספרו 'נצח ישראל'.
5. בשונה מהזוהר, אצל רבי נחמן הביטוי הזה מופיע בהקשר של כישלונות רוחניים אישיים והוא נאמר לחוטאים שיש להם הווה אמינא של ייאוש מהיכולת שלהם לתקן את דרכיהם. בא רבי נחמן ואומר – 'נו, אתה מיואש מזה שאתה לא מצליח לעמוד במשימות שלך, אל תתייאש, אולי משהו יצא ממך'.

קמעא קמעא, וכל מה שהיא הולכת היא רבה והולכת.[6] זאת התפיסה המרכזניקית הקלסית: קמעא קמעא, לא לדאוג, הגאולה תבוא לאט לאט. הביטוי המובהק ביותר אולי להתגשמות המודל הזה הוא המעבר ממדינת ישראל המצומצמת של תוכנית החלוקה בתש"ח למדינת ישראל הרחבה שלאחר מלחמת ששת הימים. חיכינו זמן מספיק לאחר הקמת המדינה, ולבסוף השטחים שלה הושלמו. הבעיה בהסתכלות הזו היא שהשמש עולה ועולה ולא נראה שגאולת ישראל הולכת בכיוון כל כך רצוי. נכון שהשמש עולה ועולה, אבל את חצי האי סיני ואת חבל ימית איבדנו, וגם במקום יש"ע נשארנו היום עם י"ש... מה עושים כאשר השמש אינה עולה באופן הרצוי והמובן לנו?

ובכן, לעומת המרכזניק התמים הרואה רק גאולה ואינו מייחס כל משקל לקשיים שבדרך, ישנו המרכזניק הבוגר והחכם יותר. הלה מבין שאין קו רצוף של עלייה אך הוא אינו נבהל מהנסיגות. הוא אומר 'לא נורא, נתגבר', כמו הפזמון של אחד משירי הנח"ל, נתגבר על הכישלונות הללו, אי אפשר לעצור את השמש! אפשר להחזיק את השמש, לעכב אותה לזמן מה, אבל לא ניתן לעצור את מהלכה לגמרי. יהושע אמר 'שמש בגבעון דום' והצליח להפסיק את תנועת השמש לאיזה זמן, אצל המלך חזקיהו במעלות אחז אפילו היה נס שהשמש חזרה אחורנית, אבל סוף סוף שמש היא שמש, בסוף תתגבר ותזרח. המרכזניק המפוכח מודע לקשיים אך מוצא בתוכו את הכוח להמשיך הלאה למרות הכול.

הרעיון של הזוהר הוא הרבה יותר פרדוקסלי משני אלו יחד. הוא מציע שדווקא הנסיגות הן שמזמינות את ההתקרבות הגדולה, כי העובדה שהאדם נסוג, שהפוליטיקה הישראלית נכשלת, שהמאמץ האנושי אינו עולה יפה, היא עצמה מעוררת את הקב"ה לפעול. הזוהר ודאי אינו פוסח על הקשיים, אך הוא גם אינו מסתפק בלהיות מודע אליהם, הוא רוצה להשתמש בקשיים ולהתרומם בזכותם.

הרעיון הזה בא לידי ביטוי באופן שבו חז"ל קראו את הפשט

6. על פי ירושלמי ברכות פ"א ה"א; יומא פ"ג ה"ב.

בעניין בריאת האישה: "זאת הפעם... מלמד שבא אדם על כל בהמה וחיה, ולא נתקררה דעתו עד שבא על חוה" (יבמות סג ע"א). אילו היה אדם הראשון מוצא באחת החיות את בת זוגו, הוא היה נשוי לחיה, אדם עם סוסה אולי... רק מכיוון שזה לא הסתדר הקב"ה התערב להשלים את החסר ויצר עבור האדם משהו חדש שיהיה מתאים ומדויק במיוחד בשבילו. העובדה שעוד דייט ועוד דייט נכשל אינה רק מכשול שצריך להתגבר עליו ולהמשיך הלאה, אלא עצם הכישלונות של השדכן הזה ושל השדכן ההוא מזמינים את הקב"ה לשלוח לאדם את אשתו. על העניין הזה בדיוק טבעו חז"ל את הביטוי "מה' אשה לאיש", והוכיחו זאת מפסוקים בתורה, בנביאים ובכתובים (מועד קטן יח ע"ב).

באסוציאציה הלכתית אפשר למצוא את העיקרון הזה בהלכות שבת. אחת המלאכות האסורות בשבת היא מלאכת 'סותר', כלומר להרוס משהו, אבל האיסור הוא רק ב'סותר על מנת לבנות'. רק אם הסתירה מפנה את השטח לבנייה חדשה היא נחשבת מלאכה; ההגדרה ההלכתית של הרס היא הרצון והיכולת לבנות משהו חדש במקום. בדומה לכך, כישלונותיו ומפלותיו של האדם נועדו לפנות את המקום למעשיו של הקב"ה, שהם טובים בהרבה.

היסטוריונים מסוימים עמדו על כך שתקופת שפל שעם עובר עשויה להפוך לנקודת כוח עצומה עבורו. לדוגמה, דווקא אזורים שחרבו במלחמת העולם השנייה, זכו בשנים שאחרי כן לשגשוג כלכלי גדול במיוחד. הסיבה לכך היא מאוד טכנית: מכיוון שהתעשייה חרבה צריך לשקם אותה, וכאשר משקמים ובונים מחדש ממילא עושים זאת בצורה המודרנית והמתקדמת ביותר. בעלים של מפעל אריגה שמכונות הטוויה שלו נהרסו לגמרי ורוצה להקים את העסק מחדש, לא יקנה מכונות ברמה שהוא השתמש בהן עד אז; הוא ישקיע במכונות מודרניות שמפיקות פי עשרה בדים יותר מהמכונות הישנות. באופן פרדוקסלי, דווקא בעל המפעל הגרמני שחרב מתעלה בתוך שנים מועטות על מקביליו מן האזורים שכביכול ניצחו במלחמה. הם אלו שנשארו תקועים מאחור.

פעם נסעתי בטרמפ מבית אל עם כצל'ה (יעקב כץ) שהיה

אז ראש מועצת יש"ע. באותם ימים היו גזרות ולחץ אמריקאי על ההתנחלויות, ועל כך כצל"ה קרא את הפסוק: "וְכַאֲשֶׁר יְעַנּוּ אֹתוֹ כֵּן יִרְבֶּה וְכֵן יִפְרֹץ" (שמות א, יב). מהניסיון שלו בתור עסקן, דווקא בתקופות שיש גזרות של אמריקאים ההתיישבות גדלה ומתפתחת יותר. הוא הביא לכך ראיה מדברי הרמב"ן, שמבקש להסביר את מספרם הקטן של הלוויים במדבר שאינו מגיע אפילו למחצית ממספרו של כל שבט אחר.[7] לדבריו, מכיוון שלפי חז"ל בני שבט לוי לא עבדו את פרעה, והמצרים הניחו להם ללמוד כמו כוללניקים, הם גם לא נכללו בברכה "וְכַאֲשֶׁר יְעַנּוּ אֹתוֹ כֵּן יִרְבֶּה וְכֵן יִפְרֹץ". הלוויים לא חוו את הקושי וממילא גם לא את השגשוג.

אנשים יכולים לקבל מן ההבנה הזאת עידוד וחיזוק. יש בה משמעות אישית לא קטנה, בייחוד לעניין הדרך שבה אדם מתייחס לכישלונות שלו. אני לא אומר שלכתחילה אדם צריך לחפש כישלונות, לא צריך להשתדל להיות שליימזל, אבל בדיעבד יוצא שלפעמים הכישלון מזמין את ההצלחה הגדולה. מצד שני, הרעיון הזה עלול להזמין גם מהלכים איומים ונוראים בכיוון השבתאות ודומיה, שבהם מחפשים את המקומות השליליים על מנת להגיע למדרגה רוחנית גבוהה. יש מי שעלול להבין את הביטוי של חז"ל "אין אדם עומד על דברי תורה אלא אם כן נכשל בהם" (גיטין מג ע"א) כציווי להיכשל בדברי תורה מלכתחילה. ודאי שאין זאת כוונת המאמר בגמרא וגם לא כאן בדברי הזוהר. עם זאת, סוף סוף, הרי באמת אין אדם עומד על דברי תורה אלא אם כן נכשל בהם. מסופר על רבי עקיבא שצחק בשעה שראה שועל יוצא מבית קודשי הקודשים (מכות כד ע"א). בשעה שכולם בוכים רבי עקיבא צוחק, וזאת משום שהוא רואה את עצם החורבן כבסיס לגאולה. לפי זה, האם כדאי לעודד את השועלים שייכנסו אל בית קודשי הקודשים? הזוהר איננו עונה על השאלה הזו. יש סוג של סוד נורא כאן, טמון פה משהו מהותי שקשור למושג סוד.

7. רמב"ן על במדבר ג, יד.

פעמים רבות אני מגדיר את הסוד במילה אחת – פרדוקס. בעל הסוד הוא זה שאף על פי שההיגיון מצריך אותו לבכות, הוא יודע לצחוק.

## זאת הפעם

וְכֵן אִתְּמָר בְּמֹשֶׁה "וַיִּבֶן ה' אֱלֹהִים אֶת הַצֵּלָע", כְּמָא דְאַתְּ אָמֵר "וּלְצֶלַע הַמִּשְׁכָּן הַשֵּׁנִית" (שמות כו, כ) — צֵלָע וַדַּאי מִסִּטְרָא דְחֶסֶד חִוָּור, מִתַּמָּן אִתְקְרִיאַת סִיהֲרָא.

"וַיִּסְגֹּר בָּשָׂר תַּחְתֶּנָּה" — בָּשָׂר דְּאִיהוּ סוּמָק, מִסִּטְרָא דִגְבוּרָה.

וְאִתְכְּלִיל בִּתְרַוַיְיהוּ. בְּהַהוּא זִמְנָא: "שְׂמֹאלוֹ תַּחַת לְרֹאשִׁי וִימִינוֹ תְּחַבְּקֵנִי" (שיר השירים ב, ו).

"זֹאת הַפַּעַם עֶצֶם מֵעֲצָמַי וּבָשָׂר מִבְּשָׂרִי" — דָּא שְׁכִינְתָּא, נַעֲרָה הַמְאוֹרָסָה לְגַבֵּי עַמּוּדָא דְאֶמְצָעִיתָא, אִתְּמָר בַּהּ "זֹאת הַפַּעַם" וְגוֹ', אֲנָא יָדַעְנָא דְאִיהִי "עֶצֶם מֵעֲצָמַי וּבָשָׂר מִבְּשָׂרִי".

"לְזֹאת" — וַדַּאי.

"יִקָּרֵא אִשָּׁה" — מִסִּטְרָא עִלָּאָה דְאִיהִי אִמָּא.

"כִּי מֵאִישׁ לֻקֳחָה זֹּאת" — מִסִּטְרָא דְּאַבָּא דְּאִיהוּ י'.

וְכֵן מֹשֶׁה בְּדִיוּקְנָא דִּילֵיהּ לְתַתָּא.

וכן נאמר במשה "וַיִּבֶן ה' אֱלֹהִים אֶת הַצֵּלָע", כמו שנאמר "וּלְצֶלַע הַמִּשְׁכָּן הַשֵּׁנִית" (שמות כו, כ) — צלע ודאי מצד של חסד לבן, משם נקראת לבנה.

"וַיִּסְגֹּר בָּשָׂר תַּחְתֶּנָּה" — בשר שהוא אדום, מצד הגבורה.

ונכלל בשניהם. באותו זמן: "שְׂמֹאלוֹ תַּחַת לְרֹאשִׁי וִימִינוֹ תְּחַבְּקֵנִי" (שיר השירים ב, ו).

"זֹאת הַפַּעַם עֶצֶם מֵעֲצָמַי וּבָשָׂר מִבְּשָׂרִי" — זו שכינה, נערה המאורסה לעמוד האמצעי, נאמר בה "זֹאת הַפַּעַם" וְגוֹ', אני ידעתי שהיא "עֶצֶם מֵעֲצָמַי וּבָשָׂר מִבְּשָׂרִי".

"לְזֹאת" — ודאי.

"יִקָּרֵא אִשָּׁה" — מצד עליון שהיא אימא.

"כִּי מֵאִישׁ לֻקֳחָה זֹּאת" — מצד של אבא, שהוא י'.

וכן משה בדמותו למטה.

משה רבנו העומד במרכז מערכת הדרשות האחרונות נרמז גם במילה 'צלע'. המילה הזאת מחברת אותנו אל המשכן שבנה משה, שבו נאמר "וּלְצֶלַע הַמִּשְׁכָּן הַשֵּׁנִית" (שמות כו, כ). במשכן פירוש המילה 'צלע' הוא צד, וכאשר מדברים על צד אחד משמע שישנם צדדים שונים. מכך מסיק הזוהר שהאישה נבראה בשני צדדים, צד החסד וצד הדין. בזוהר שני הצדדים האלה באים לידי ביטוי בשני צבעי יסוד: החסד הוא לבן, שהוא צבע כמעט שקוף כמו השלג או המים היורדים מהשמיים, ואילו הדין הוא אדום. ביצירת האישה הקב"ה שילב בין הצבעים השונים, הוא לקח את הצלע – אולי הכוונה לעצם, שהיא לבנה – ואז: "וַיִּסְגֹּר בָּשָׂר תַּחְתֶּנָּה", הוא שילב בה את הבשר שהוא אדום. ובאמת, לאחר בריאת האישה והבאתה אל האדם נאמר: "זֹאת הַפַּעַם עֶצֶם מֵעֲצָמַי וּבָשָׂר מִבְּשָׂרִי", היא השילוב של עצם לבנה ובשר אדום. "לְזֹאת יִקָּרֵא אִשָּׁה כִּי מֵאִישׁ לֻקֳחָה זֹּאת" – האישה בחינת 'זאת' היא השכינה העליונה, היא האימא שמתחברת עם ה'איש' שהוא האבא.

מעיין לשים לב שלימוד זה של הזוהר עומד בניגוד לדרשה שלו עצמו, שראינו לפני מספר שורות. על הפסוק "וַיַּפֵּל ה' אֱלֹהִים תַּרְדֵּמָה עַל הָאָדָם" דרש הזוהר שהמידה הגברית היא משה שהוא הבשר "בשר משה אדום", וזאת לעומת השכינה "והוא צד לבן יפה כלבנה". אני לא נבהל מהסתירה הזו משום שכפי שכבר אמרנו זה הכיף של הזוהר, כל עניינו הוא חוסר העקביות והיכולת לומר דבר והיפוכו.[8] עיקר חשוב בעולמו הוא שאין לארגן את העניינים באופן שיטתי. הוא איננו חומר לאידאולוגיות או ספר מוסר שנועד לחנך. העניין הוא ללמוד אותו באופן דינמי ומשתנה, לחיות אותו. להפוך אותו לשיטה זה לעשות לו עוול.

8. ראו לעיל עמ' 183.

## נשמה שלי

בְּהַהוּא זִמְנָא יִזְכּוּ יִשְׂרָאֵל כָּל חַד וְחַד לְבַת זוּגֵיהּ. וְדָא אִיהוּ דִּכְתִיב "וְנָתַתִּי לָכֶם לֵב חָדָשׁ וְרוּחַ חֲדָשָׁה אֶתֵּן בְּקִרְבְּכֶם" (יחזקאל לו, כו), וּכְתִיב "וְנִבְּאוּ בְּנֵיכֶם וּבְנוֹתֵיכֶם" וְגוֹ' (יואל ג, א). וְאִלֵּין אִנּוּן נִשְׁמָתִין חַדְתִּין דַּעֲתִידִין לְמֶהֱוֵי עַל יִשְׂרָאֵל, כְּמָה דְאוּקְמוּהָ "אֵין בֶּן דָּוִד בָּא עַד שֶׁיִּכְלוּ כָּל נְשָׁמוֹת שֶׁבַּגּוּף", וְאָז הַחֲדָשׁוֹת יָבוֹאוּ.

באותו זמן יזכו ישראל כל אחד ואחד לבת זוגו. וזהו שכתוב "וְנָתַתִּי לָכֶם לֵב חָדָשׁ וְרוּחַ חֲדָשָׁה אֶתֵּן בְּקִרְבְּכֶם" (יחזקאל לו, כו), וכתוב "וְנִבְּאוּ בְּנֵיכֶם וּבְנוֹתֵיכֶם" וְגוֹ' (יואל ג, א). ואלו הן נשמות חדשות שעתידים להיות על ישראל, כמו שהעמידוה "אין בן דוד בא עד שיכלו כל נשמות שבגוף", ואז החדשות יבואו.

בְּהַהוּא זִמְנָא מִתְעַבְּרִין עֵרֶב רַב מֵעָלְמָא. וְאִתְּמָר בְּיִשְׂרָאֵל וּבְמֹשֶׁה, כָּל חַד בְּבַת זוּגֵיְיהוּ "וַיִּהְיוּ שְׁנֵיהֶם עֲרוּמִּים הָאָדָם וְאִשְׁתּוֹ וְלֹא יִתְבּוֹשָׁשׁוּ" (בראשית ב, כה) — דְּאִתְעֲבַר עֶרְוָה מֵעָלְמָא דְּאִלֵּין אִנּוּן דְּגָרְמוּ גָּלוּתָא, עֵרֶב רַב וַדַּאי.

באותו זמן יעברו ערב רב מהעולם. ונאמר בישראל ובמשה, כל אחד בבת זוגו "וַיִּהְיוּ שְׁנֵיהֶם עֲרוּמִּים הָאָדָם וְאִשְׁתּוֹ וְלֹא יִתְבּוֹשָׁשׁוּ" (בראשית ב, כה) — שתעבור ערווה מהעולם, שאלה הם שגרמו גלות, ערב רב ודאי.

כעת הזוהר ממשיך לפתח את החזון המשיחי שלו לאור פרשת בריאת האישה. הגאולה של הזוהר היא שלכל אחד יש בת הזוג השייכת לו ורק לו. הרעיון הזה מאוד אופייני לזוהר, קודם כול לפי פשוטו – שכל אחד ימצא את בת זוגו. כך הוא מבין את הפשט של הפסוק "וְנָתַתִּי לָכֶם לֵב חָדָשׁ וְרוּחַ חֲדָשָׁה אֶתֵּן בְּקִרְבְּכֶם" (יחזקאל לו, כו) – האישה היא 'הלב שלי', או כמו שאומרים בסלנג 'נשמה שלי'. הרעיון ייחודי לזוהר ואני לא זוכר דבר כזה בספרות אחרת, כמו הרמב"ם לדוגמה.

בלי לוותר על הפשט שבת זוגו של האדם היא אישה, נראה שיש בזוהר גם הרובד שבת זוגו היא נשמה חדשה שהאדם יקבל יחד עם רוח נבואה לעתיד לבוא. כלומר, בת זוגו של האדם היא האפשרות לקבל את הנבואה, התנאי שבזכותו האדם מקבל את הנבואה. יוצא כאן משהו הפוך לקוד הרגיל בזוהר שלפיו הזכר משפיע לנקבה – כאן האישה היא המשפיעה נבואה לאיש. הזוהר אינו תורה דוגמטית וחשוב לזכור זאת כשפוגשים רעיון מעין זה. נכון שבזוהר האישה בדרך כלל במדרגת מקבל שמתחת לאיש המשפיע לה, אך יש גם הפוך. הרעיון מופיע אולי בביטוי של חז"ל 'השראת השכינה', אם נחשוב רגע על המילים הן אומרות שהשכינה הנקבית היא ששורה על האדם בשעת הנבואה. כשהזוהר אומר שכל אחד ימצא לעצמו את בת זוגו הכוונה היא גם ברובד העמוק – הוא ימצא את השכינה שלו, את מקור השפע הרוחני שלו. בת הזוג שלך היא לא רק מי שתשרת אותך, אלא היא יכולה להיות גם מי שתשלוט עליך, שתיתן לך את ההשראה, שתשפיע עליך יותר.

לדעתי, הדואליות הזו בין הפשט של אישה לבין הממד הרוחני הנקבי מתבטאת בפועל בחיים שלנו. הקשר של האדם עם אשתו הוא גם הקשר של האדם עם בת זוגו העליונה שהיא השכינה. כשהאדם מחובר באופן חיובי ותקין לאשתו, זהו ביטוי גם לקשר בריא שלו עם השכינה. מאידך, כשיש פירוד ביניהם זה סימן שגם המעמד הרוחני שלו פגום.

לכך מקשר הזוהר את המאמר המופיע בגמרא "אין בן דוד בא עד שיכלו כל נשמות שבגוף" (יבמות סב ע"א). מאמר זה הוא מסתורי כשלעצמו, ולפי הזוהר כאן משמעותו היא שאין בן דוד בא עד שיכלו הנשמות התחתונות שבגוף ויתפנה מקום לנשמות העליונות, ייגמרו הנשמות הגופניות ויופיעו הנשמות מהרוח החדשה. הזוהר מוסיף ומבאר שברמה הכללית של עם ישראל כולו הנשמות שבגוף הן הערב רב, ובזמן הגאולה הן יכלו. אז יבואו נשמות חדשות לכלל ישראל.

בהתאם לכך קורא הזוהר את הפסוק "וַיִּהְיוּ שְׁנֵיהֶם עֲרוּמִּים הָאָדָם וְאִשְׁתּוֹ וְלֹא יִתְבֹּשָׁשׁוּ" כתיאור נוסף של הגאולה. המצב של האדם ואשתו כערומים איננו גנאי אלא שבח: בגאולה נהיה ערומים משום שהערב רב שגרמו גלות בגילוי הערווה יעברו מן העולם. כאשר יכלה הערב רב נחזור לגן עדן, ויתבטל המושג של ערווה.

# עץ הדעת וסוד הלבושים
## זוהר ח"א כח ע"ב

מייד לאחר פרשיית בריאת האישה, שבסופה מסתובבים האדם ואשתו עירומים, מגלה אותם הנחש ומפתה את האישה לאכול מעץ הדעת. אף על פי שחטא עץ הדעת נראה לכאורה כחטא הקשור לתאוות האכילה, חז"ל, ובעקבותיהם גם הזוהר, העניקו לו ממד סקסואלי: הנחש, שעליו נאמר "וְהַנָּחָשׁ הָיָה עָרוּם מִכֹּל חַיַּת הַשָּׂדֶה" (בראשית ג, א), לא פיתה את חוה רק 'לאכול תפוחים', אלא הפיתוי היה הרבה יותר משמעותי – הוא קיים איתה קשר מיני: "בשעה שבא נחש על חוה הטיל בה זוהמה" (שבת קמו ע"א). הפירוש הזה מתאים מאוד גם לרוח הפשט, מפני שמייד לאחר סיפור החטא נאמר: "וְהָאָדָם יָדַע אֶת חַוָּה אִשְׁתּוֹ" (שם ד, א), כלומר הנחש גילה להם את המושג של חיבור מיני.

הזוהר מפתח את הנושא הזה עוד יותר. הוא מניח שאם התרחש חיבור מיני בין הנחש לאישה, נוצרו מחיבור זה צאצאים, והם שורש כל הרע בעולם. צאצאים אלו מזוהים על ידי הזוהר עם הערב רב, ולפיכך חטא עץ הדעת מקבל אצלו נוכחות משמעותית מאוד במהלך ההיסטוריה. הגירוש מגן עדן – "וַיְגָרֶשׁ אֶת הָאָדָם" (שם ג, כד) – מקביל לפי הזוהר לגלות עם ישראל במצרים.

משמעות מיוחדת מוצא הזוהר בשינוי שחל אצל אדם וחוה מבחינת חשיפת גופם. "וַתִּפָּקַחְנָה עֵינֵי שְׁנֵיהֶם וַיֵּדְעוּ כִּי עֵירֻמִּם הֵם וַיִּתְפְּרוּ עֲלֵה תְאֵנָה וַיַּעֲשׂוּ לָהֶם חֲגֹרֹת" (שם, ז) – בעקבות החטא הם

מגלים שהם עירומים ויוצרים לעצמם בגדים, ולאחר מכן גם הקב"ה עצמו מכין להם בגדים "וַיַּעַשׂ ה' אֱלֹהִים לְאָדָם וּלְאִשְׁתּוֹ כָּתְנוֹת עוֹר וַיַּלְבִּשֵׁם" (שם, כא). מבחינת הזוהר הבגדים לסוגיהם הם התיקון של חטא עץ הדעת, והם מקבילים למצוות שישראל מקבלים במעמד הר סיני.

## משה רבנו ותיקון חטא עץ הדעת

וַעֲלַיְיהוּ אִתְּמַר "וְהַנָּחָשׁ הָיָה עָרוּם מִכֹּל חַיַּת הַשָּׂדֶה" וְגוֹ' — עָרוּם לְרַע מִכָּל חֵיוָן דְּאוּמִין דְּעָלְמָא עוֹבְדֵי כּוֹכָבִים וּמַזָּלוֹת, וְאִנּוּן בְּנוֹי דְּנָחָשׁ הַקַּדְמוֹנִי דְּפַתֵּי לְחַוָּה. וְעֵרֶב רַב וַדַּאי אִנּוּן הֲווּ זוּהֲמָא דְּאַטִּיל נָחָשׁ בְּחַוָּה. וּמֵהַהִיא זוּהֲמָא נָפַק קַיִן וְקָטַל לְהֶבֶל רוֹעֵה צֹאן, דְּאִתְּמַר בֵּיהּ "בְּשַׁגָּם הוּא בָשָׂר" (בראשית ו, ג). "בְּשַׁגָּם" — זֶה הֶבֶל; "בְּשַׁגָּם" — וַדַּאי אִיהוּ מֹשֶׁה; וְקָטִיל לֵיהּ. וְאִיהוּ הֲוָה בְּרָא בּוּכְרָא דְּאָדָם.

ועליהם נאמר "וְהַנָּחָשׁ הָיָה עָרוּם מִכֹּל חַיַּת הַשָּׂדֶה" וְגוֹ' — ערום לרע מכל החיות של אומות העולם עובדי כוכבים ומזלות, והם בני הנחש הקדמוני שפיתה את חוה. וערב רב ודאי הם היו זוהמא שהטיל נחש בחוה. ומאותה זוהמה יצא קין והרג את הבל רועה צאן, שנאמר בו "בְּשַׁגָּם הוּא בָשָׂר" (בראשית ו, ג) — "בְּשַׁגָּם" — זה הבל; "בְּשַׁגָּם" — ודאי הוא משה; והרג אותו. והוא היה הבן הבכור של אדם.

וְעִם כָּל דָּא מֹשֶׁה, בְּגִין לְכַסָּאָה עַל עֶרְיָיתָא דַּאֲבוּהִי, נָטַל בַּת יִתְרוֹ דְּאִתְּמַר בֵּיהּ "וּבְנֵי קֵינִי חוֹתֵן מֹשֶׁה" (שופטים א, טז). וְהָא אוּקְמוּהָ: אַמַּאי אִתְקְרֵי קֵינִי? שֶׁנִּפְרַד מִקַּיִן, כְּמָא דְּאַתְּ אָמֵר "וְחֶבֶר הַקֵּינִי נִפְרַד מִקַּיִן"

ועם כל זה משה, כדי לכסות על ערוות אביו, לקח את בת יתרו שנאמר בה "וּבְנֵי קֵינִי חוֹתֵן מֹשֶׁה" (שופטים א, טז); והרי העמידוה: למה נקרא קיני? שנפרד מקין, כמו שנאמר "וְחֶבֶר הַקֵּינִי נִפְרַד מִקַּיִן" (שופטים ד,

(שופטים ד, יא). וּלְבָתַר בָּעָא לְאַהֲדָרָא עֵרֶב רַב בִּתְיוּבְתָּא, לְכַסָּאָה עֶרְיָיתָא דְּאֲבוּהִי, דְּקוּדְשָׁא בְּרִיךְ הוּא מַחֲשָׁבָה טוֹבָה מְצָרְפָהּ לְמַעֲשֶׂה. וְאָמַר לֵיהּ קוּדְשָׁא בְּרִיךְ הוּא: מִגִּזְעָא בִּישָׁא אִנּוּן, תִּסְתַּמַּר מִנַּיְיהוּ. אִלֵּין אִנּוּן חוֹבָה דְּאָדָם דְּאָמַר לֵיהּ "וּמֵעֵץ הַדַּעַת טוֹב וָרָע לֹא תֹאכַל מִמֶּנּוּ" (בראשית ב, יז).

יא). אחר כך רצה להחזיר ערב רב בתשובה לכסות את ערוות אביו, שהקדוש ברוך הוא מצרף מחשבה טובה למעשה. ואמר לו הקדוש ברוך הוא: הם מגזע רע, תישמר מהם. אלה הם חטא של אדם שאמר לו "וּמֵעֵץ הַדַּעַת טוֹב וָרָע לֹא תֹאכַל מִמֶּנּוּ" (בראשית ב, יז).

אִלֵּין אִנּוּן חוֹבָה דְּמֹשֶׁה וְיִשְׂרָאֵל, וּבְגִינַיְיהוּ גָּלוּ יִשְׂרָאֵל בְּגָלוּתָא וְאִתְתָּרְכוּ מִתַּמָּן. הֲדָא הוּא דִכְתִיב "וַיְגָרֶשׁ אֶת הָאָדָם", וְ"אָדָם" — יִשְׂרָאֵל וַדַּאי. וּמֹשֶׁה בְּגִינַיְיהוּ אִתְתָּרַךְ מֵאַתְרֵיהּ וְלָא זָכָה לְמֵיעַל בְּאַרְעָא דְיִשְׂרָאֵל. דִּבְגִינַיְיהוּ עֲבַר מַאֲמַר דְּקוּדְשָׁא בְּרִיךְ הוּא וְחָב בַּסֶּלַע. דִּמְחָא בֵּיהּ, דְּלָא אָמַר לֵיהּ אֶלָּא "וְדִבַּרְתֶּם אֶל הַסֶּלַע" (במדבר כ, ח), וְאִנּוּן גָּרְמוּ.

אלה הם חטא של משה וישראל. ובגללם גלו ישראל בגלות וגורשו משם. זהו שכתוב "וַיְגָרֶשׁ אֶת הָאָדָם", ו"אָדָם" — ישראל בודאי. ומשה בגללם גורש ממקומו ולא זכה להיכנס לארץ ישראל. שבגללם עבר על מאמר הקדוש ברוך הוא וחטא בסלע. שהיכה בו, והרי ה' לא אמר לו אלא רק "וְדִבַּרְתֶּם אֶל הַסֶּלַע" (במדבר כ, ח), והם גרמו.

וְעִם כָּל דָּא, מַחֲשָׁבָה טוֹבָה הַקָּדוֹשׁ בָּרוּךְ הוּא מְצָרְפָהּ לְמַעֲשֶׂה, דְּאִיהוּ לָא קָבִּיל לוֹן וְיָהִיב בְּהוֹן אוֹת בְּרִית אֶלָּא לְכַסָּאָה עֶרְיָיתָא דַּאֲבוּהָ. וְקוּדְשָׁא בְּרִיךְ הוּא אָמַר לֵיהּ: "וְאֶעֱשֶׂה אוֹתְךָ לְגוֹי גָּדוֹל וְעָצוּם מִמֶּנּוּ"

ועם כל זה, מחשבה טובה הקדוש ברוך הוא מצרפה למעשה, מפני שהוא לא קיבל אותם ונתן בהם אות ברית אלא לכסות ערוות אביו. והקדוש ברוך הוא אמר לו: "וְאֶעֱשֶׂה אוֹתְךָ לְגוֹי גָּדוֹל וְעָצוּם מִמֶּנּוּ"

(במדבר יד, יב). וּבְגִינַיְיהוּ אָמַר: "מִי אֲשֶׁר חָטָא לִי אֶמְחֶנּוּ מִסִּפְרִי" (שמות לב, לג), דְּאִנּוּן מִזַּרְעָא דַּעֲמָלֵק דְּאִתְּמַר בֵּיהּ "תִּמְחֶה אֶת זֵכֶר עֲמָלֵק" (דברים כה, יט), וְאִנּוּן גְּרָמָא לְתַבְרָא תְּרֵין לוּחִין דְּאוֹרַיְיתָא.

(במדבר יד, יב). ובגללם אמר: "מִי אֲשֶׁר חָטָא לִי אֶמְחֶנּוּ מִסִּפְרִי" (שמות לב, לג), שהם מזרע עמלק שנאמר בו ("תִּמְחֶה אֶת זֵכֶר עֲמָלֵק" (דברים כה, יט); והם גרמו לשבור את שני הלוחות של התורה.

הרעיון המוצג במאמר הזה הוא דרסטי בהחלט. הזוהר מפליג כאן בעניין הערב רב יותר ממה שראינו עד כה: הערב רב אינם עוד סתם גויים שעלולים להשפיע קצת לרעה על ישראל. לא, הם גרועים הרבה יותר, כשם שהנחש היה ערום וגרוע מכל חיית השדה, משום שהם התוצאה של הנחש שבא על חוה והטיל בה זוהמא.

לפי הזוהר, התוצאה של זיווג הנחש והאישה היה קין. בפשט הפסוקים, קין הוא בנו של אדם, אך צריך להבין כנראה שהנחש התחפש לאדם כשבא על חוה, ואם כן הוא השורש של הערב רב שמתנהגים באותו דפוס של התחפשות. לאור דברים אלו מקובל לפרש שהבעיה הגדולה בערב רב היא שהם נראים כמו יהודים, אבל הם לא. יש להם כיפה וזקן והם מקיימים מצוות, אך מבפנים הם רקובים.

ההשלכות של לידת קין היו חמורות – הוא הרג את אחיו הבל, וזוהי הנקודה שבה מקשר אותנו הזוהר חזרה למשה רבנו. הבל נרמז בפסוק: "בְּשַׁגַּם הוּא בָשָׂר" (בראשית ו, ג), אולי מפני שהיה רועה צאן המגדל בשר, וגם משה נרמז בפסוק זה כפי שכבר ראינו – 'בשגם' גימטריה משה. בנוסף, גם משה היה רועה צאן כהבל.

משה רוצה "לכסות על ערוות אביו", כלומר לכסות ולכפר על חטאו של אביו, אדם הראשון. זוהי הסיבה שהוא מתחתן עם בתו של יתרו שאחד משמותיו הוא 'קיני' כפי שמופיע בפסוק "וּבְנֵי קֵינִי חֹתֵן מֹשֶׁה" (שופטים א, טז). 'קיני' משום שהם גלגול של קין. המגמה של משה היא לתקן את הלידה של קין שבא מהנחש. מגמה זו מתחברת לעובדה שמשה קיבל את הערב רב: משה לא רק נשא את ציפורה

שבאה מגלגולה של משפחת קין אלא עשה מהלך הרבה יותר רחב. בנקודה זו הזוהר מספק לנו הסבר לבעיה שמלווה אותנו כבר זמן מה בלימוד. ראינו את הביקורת החריפה של הזוהר על כך שמשה קיבל את הערב רב, אך לא הסברנו איך משה הגדול היה יכול לטעות כך. מה הייתה הסברה שלו להתחבר אליהם? כעת אנו מגלים את המוטיבציה הפנימית של משה: הוא קירב את הערב רב משום שהוא רצה לכפר על חטא עץ הדעת. ייתכן שבביטוי 'לכסות על ערוות אביו' מבקש הזוהר לדמות זאת לקרוב משפחה המחפה על אישה מהמשפחה שבגדה. הוא רוצה לכסות על החרפה כדי לא לבייש את כל המשפחה, וכך לחבר שוב בין החלקים הפרודים. באותו אופן, משה מקבל את הערב רב כדי לטשטש את העובדה שהם צאצאי הנחש. ברקע הביטוי הספציפי הזה 'לכסות על ערוות אביו' עומד אולי הסיפור על נח אשר שניים מבניו חיפו על ערוותו שהתגלתה (בראשית ט, כ-כט). בחז"ל אומרים שחם לא רק ראה את חרפת אביו כאשר קרא לאחיו אל האוהל אלא גם חטא באביו: "יש אומרים סרסו ויש אומרים רבעו" (רש"י על בראשית ט, כב). לעומת זאת שם ויפת כיסו את ערוות אביהם.

ברובד נוסף מסביר הזוהר שמשה מבקש באמת לקרב את הנחש, את הסטרא אחרא, אל הקדושה.

כך או כך, לאחר שהזוהר מסביר את מניעיו של משה הוא מרכך מעט את הביקורת שלו עליו. הייתה כאן מחשבה טובה, ועל מחשבה טובה נאמר שהקב"ה מצרפה למעשה, כלומר לעתיד הקב"ה יצרף את הכוונה החיובית של משה אל התוצאה הראויה. לצד זאת, בינתיים הקב"ה אומר למשה שהערב רב הם מגזע רע, מחטא עץ הדעת.

הזוהר מוסיף ומאשים את הערב רב בגלות ישראל מארץ ישראל, שאותה הוא מקביל לגירוש האדם מגן עדן. הזוהר רואה קשר הדוק בין ארץ ישראל לבין גן עדן, באופן שהגירוש של אדם מגן עדן הוא בבחינת 'מעשה אבות סימן לבנים'. זהו אב הטיפוס לכל הגלויות העתידות לחול על יעקב ובניו לאורך הדורות. דמות שזוכה להתייחסות מיוחדת בזוהר היא משה, שגם הוא גורש מארץ ישראל, וגם בגלות זו הזוהר מאשים את הערב רב באופן ישיר: באותו אופן שהערב רב

השפיעו על עם ישראל לעשות את העגל, הם השפיעו על משה לחטוא ובעקבות כך לא להיכנס לארץ. הם גרמו לו להכות על הסלע ולא לדבר אליו. ובכל זאת, הזוהר חוזר ומדגיש – למרות הגירוש וכל הדברים הנוראים שקרו למשה ולעם ישראל בשל הערב רב, מחשבתו של משה הייתה טובה והקב"ה עתיד לצרפה למעשה.

## האם יהיו ערב רב בעת הגאולה?

וּמִיָּד "וַתִּפָּקַחְנָה עֵינֵי שְׁנֵיהֶם וַיֵּדְעוּ", יִשְׂרָאֵל, "כִּי עֵירֻמִּם הֵם" — בְּטוּנָא דְמִצְרַיִם, דַּהֲווּ בְּלָא אוֹרַיְיתָא וְאִתְּמָר בְּהוּ "וְאַתְּ עֵרֹם וְעֶרְיָה" (יחזקאל טז, ז). וְאִיּוֹב בְּגִין דָּא אָמַר ב' זִמְנֵי "עָרֹם יָצָתִי מִבֶּטֶן אִמִּי וְעָרֹם אָשׁוּב שָׁמָּה" (איוב א, כא) — מַה דַּהֲוָה מֹשֶׁה, אִתְהַפַּךְ לְעֵרֶב רַב, לְשַׁמָּה וְלִשְׁנִינָה.

"אָשׁוּב שָׁמָּה" — הָכָא רְמִיז דַּעֲתִיד לְאִתְחַזְּרָא בֵּינַיְיהוּ בְּגָלוּתָא בַּתְרָאָה, וְאָזִיל בֵּינַיְיהוּ לְשַׁמָּה, וְאִיהוּ אָמַר "ה' נָתַן וַה' לָקָח יְהִי שֵׁם ה' מְבוֹרָךְ" (שם).

ומייד "וַתִּפָּקַחְנָה עֵינֵי שְׁנֵיהֶם וַיֵּדְעוּ", ישראל, "כִּי עֵירֻמִּם הֵם" — בשעבוד של מצרים, שהיו בלי תורה ונאמר בהם "וְאַתְּ עֵרֹם וְעֶרְיָה" (יחזקאל טז, ז). ואיוב בגלל זה אמר פעמיים "עָרֹם יָצָתִי מִבֶּטֶן אִמִּי וְעָרֹם אָשׁוּב שָׁמָּה" (איוב א, כא). מה שהיה משה, התהפך לערב רב, לשמה ולשנינה.

"אָשׁוּב שָׁמָּה" — כאן רמז שעתיד לחזור ביניהם בגלות האחרונה, והולך ביניהם לשמה, והוא אמר "ה' נָתַן וַה' לָקָח יְהִי שֵׁם ה' מְבוֹרָךְ" (שם).

מייד לאחר שחטאו אדם וחוה בעץ הדעת נאמר: "וַתִּפָּקַחְנָה עֵינֵי שְׁנֵיהֶם וַיֵּדְעוּ כִּי עֵירֻמִּם הֵם". חז"ל דרשו את המילה 'עֵירֻמִּים' במשמעות רוחנית, הפעם שלילית: "אפילו מצוה אחת שהיתה בידן נתערטלו הימנה" (בראשית רבה פרשה יט, ו וברש"י על הפסוק). על בסיס זאת מסביר הזוהר שאותה פקיחת עיניים אירעה גם לישראל בצאתם ממצרים. הם גילו שהם עירומים מן המצוות כדברי יחזקאל "וְאַתְּ עֵרֹם

וְעֶרְיָה" (יחזקאל טז, ז), פסוק אשר מפורש במדרש המובא בהגדה של פסח "עירומים מן המצוות". הם עדיין לא קיבלו תורה ולכן היו עירומים. בהתאם לכך, ניתן למצוא במספר מקומות בחז"ל שמתן תורה, שבו קיבלו ישראל תורה ומצוות ו'התלבשו' בהן, היה תיקון לחטא עץ הדעת: "ישראל שעמדו על הר סיני פסקה זוהמתן" (שבת קמו ע"א).

דמות נוספת שלגביה מוזכר מושג העירום היא איוב, שלפי אחת השיטות בחז"ל חי גם הוא בתקופת יציאת מצרים. איוב מעיד על עצמו: "עָרֹם יָצָאתִי מִבֶּטֶן אִמִּי וְעָרֹם אָשׁוּב שָׁמָּה" (איוב א, כא), והזוהר מפתח על פסוק זה דרשה מורכבת. קודם כול, הוא רואה את המילה 'שמה' כהיפוך אותיות של המילה 'משה', ולומד מכאן שמשה התהפך לערב רב שהם 'שמה ושנינה'. בכך הוא שב ועומד על הקשר בין משה לערב רב. בשלב השני דורש הזוהר את הביטוי 'אשוב שמה', ומסביר שהוא רומז על העתיד לבוא. איוב עתיד לחזור בזמן הגאולה האחרונה, להלך בין הבריות ולומר להם את המשך הפסוק – "ה' נָתַן וַה' לָקָח יְהִי שֵׁם ה' מְבֹרָךְ". נראה שלפי הזוהר איוב עצמו הוא חלק מהערב רב, מה שמתאים לכך שלפי המדרשים הוא היה אחד מיועציו של פרעה (סוטה יד ע"א). זוהי נקודה מעניינת: אם עד עכשיו חשבנו שלעתיד לבוא לא יהיה קיום כלל לערב רב, כאן אנו רואים שגם לערב רב יהיה חלק בגאולה העתידה. איוב יחזור כדי להיות דוגמה ומשל איך נראים עירומים בלא תורה ומצוות.

שאלה גדולה היא אם בזמן הגאולה נזכור את העבירות שלנו או שנשכח אותן, ובכלל האם נזכור אז את מציאות הגלות. כאן אפשר לראות את החשיבות שהזוהר מייחס לזכרון החורבן כחלק מהעוצמה ומהכוח של הגאולה. כשם שאין אדם עומד על דברי תורה אלא אם כן נכשל בהם, כך אם אדם זוכר את הכישלונות שלו, את הערווה שלו, זה עצמו בונה אותו, מעמיד אותו על דברי תורה. זיכרון הגלות מקיים את הגאולה. השאלה הגדולה לגבי יום הכיפורים היא מדוע אנו מספרים ביום זה, וחוזרים ומספרים, את כל העבירות שלנו? מדוע אנו עוסקים באופן אובססיבי כל כך ברע? האם לא עדיף ללכת בדרכו של הרב

קוק, הכותב שאדם ששוכח מהעבירות שלו הקב"ה שוכח אותן כנגדו? לפי הזוהר התשובה היא שדווקא חטאי העבר נותנים לנו עוצמה, אנו נבנים מכך שאנו זוכרים אותם.

## עניינם של הלבושים

וּבְזִמְנָא דְּאִתַּבְּרוּ תְּרֵין לוּחִין דְּאוֹרַיְיתָא וְאוֹרַיְיתָא דְּעַל פֶּה, אִתְּמַר בְּהוֹן "וַיִּתְפְּרוּ עֲלֵה תְאֵנָה" – אִתְכַּסּוּ בְּכַמָּה קְלִיפִּין מֵעֵרֶב רַב בְּגִין "כִּי עֵירֻמִּם הֵם", דְּלָא יִתְגַּלְּיָ עֶרְיָתַיְיהוּ. וְכִסּוּיָיא דִילְהוֹן – כַּנְפֵי צִיצִית.

ובשעה שנשברו שני לוחות התורה ותורה שבעל פה, נאמר בהם "וַיִּתְפְּרוּ עֲלֵה תְאֵנָה" – התכסו בכמה קליפות מערב רב משום "כִּי עֵירֻמִּם הֵם" שלא תתגלה ערוותם. וכיסוי שלהם – כנפי ציצית.

וּרְצוּעִין דִּתְפִילִין – עֲלַיְיהוּ אִתְּמַר "וַיַּעַשׂ ה' אֱלֹהִים לְאָדָם וּלְאִשְׁתּוֹ כָּתְנוֹת עוֹר וַיַּלְבִּשֵׁם" (שם, כא). אֲבָל לְגַבֵּי צִיצִיּוֹת "וַיִּתְפְּרוּ עֲלֵה תְאֵנָה".

ורצועות התפילין – עליהן נאמר "וַיַּעַשׂ ה' אֱלֹהִים לְאָדָם וּלְאִשְׁתּוֹ כָּתְנוֹת עוֹר וַיַּלְבִּשֵׁם" (שם, כא). אבל לגבי ציצית – "וַיִּתְפְּרוּ עֲלֵה תְאֵנָה".

"וַיַּעֲשׂוּ לָהֶם חֲגֹרֹת" – דָּא אִיהוּ "חֲגוֹר חַרְבְּךָ עַל יָרֵךְ גִּבּוֹר" (תהילים מה, ד), וְדָא קְרִיאַת שְׁמַע דְּאִתְּמַר בֵּיהּ "רוֹמְמוֹת אֵל בִּגְרוֹנָם" וְגוֹ' (תהילים קמט, ו), דָּא הוּא "וַיַּעֲשׂוּ לָהֶם חֲגֹרֹת".

"וַיַּעֲשׂוּ לָהֶם חֲגֹרֹת" – זהו "חֲגוֹר חַרְבְּךָ עַל יָרֵךְ גִּבּוֹר" (תהילים מה, ד), וזו קריאת שמע שנאמר בה "רוֹמְמוֹת אֵל בִּגְרוֹנָם" וְגוֹ' (תהילים קמט, ו), זהו "וַיַּעֲשׂוּ לָהֶם חֲגֹרֹת".

הזוהר ממשיך ומתאר את חטא העגל בטרמינולוגיה של חטא עץ הדעת: "בשעה שנשברו שני הלוחות... נאמר בהם ויתפרו עלה תאנה". הערב רב גרמו לחטא העגל, שכתוצאה ממנו נשברו הלוחות, והזוהר מחבר זאת לצורך הפתאומי של אדם וחוה בלבוש ובבגדים לאחר

שחטאו. 'בגד' מלשון בגידה, הבגד חוצץ, הוא קליפה, כיסוי שלילי, הוא ביטוי להמרת החיים הגלויים והפתוחים בחיים מכוסים.

צריך להבין את הדינמיקה של הזוהר, כי יש כאן לכאורה סתירה. הרי בפסקה הקודמת הזוהר תפס דווקא את העירום כשלילי, בבחינת 'המלך הוא עירום', ולעומת זאת, עכשיו הוא מתאר את הבגדים כירידת מדרגה. אם כן, מה יחסו של הזוהר ללבוש?

נראה שהזוהר תופס שבאופן אידיאלי היה עדיף להישאר עירומים, אך ה'עירום' הפך ל'עריה' ובמצב כזה הערווה היא שלילית, היא נקודת התורפה, ואז צריך את הבגד. עניין נוסף שמשתמע מהזוהר הוא שתלוי באלו בגדים מתכסים. הבגדים יכולים להיות קליפה אבל יכולים גם להיות בגדי מלכות ובגדי כהונה. למשל, רבי יוחנן היה קורא לבגדיו 'מְכַבְּדַי' ומתייחס אליהם כדבר בעל ערך (שבת קיג ע"א).

לפי הזוהר יש שלוש רמות של לבושים חיוביים. הרמה הראשונה רמוזה בפסוק "וַיִּתְפְּרוּ עֲלֵה תְאֵנָה". בפסוק זה מדובר על בגד שאדם וחוה יצרו לעצמם, וזה רומז על מצוות הציצית שמוטלת בבגדים האנושיים הקיימים. הרמה השנייה רמוזה בפסוק "וַיַּעַשׂ ה' אֱלֹהִים לְאָדָם וּלְאִשְׁתּוֹ כָּתְנוֹת עוֹר וַיַּלְבִּשֵׁם". בפסוק זה מתואר בגד עור שהקב"ה יצר, וזה רומז לתפילין שעשויות עור. הרמה השלישית רמוזה בפסוק "וַיַּעֲשׂוּ לָהֶם חֲגֹרֹת". את המושג 'חגורות' מפרש הזוהר כקריאת שמע, לאור הפסוק "**חֲגוֹר חַרְבְּךָ** עַל יָרֵךְ" (תהילים מה, ד) המקשר בין הפועל 'לחגור' לחרב, ולאור המשמעות של המילה 'חרב' בפסוק "רוֹמְמוֹת אֵל בִּגְרוֹנָם וְחֶרֶב פִּיפִיּוֹת בְּיָדָם" (תהילים קמט, ו), שאותו דרשו חז"ל על קריאת שמע (ברכות ה ע"א). שלושת הלבושים הללו באים כאחד, שכן המצווה היא לקרוא קריאת שמע עם ציצית ותפילין.

יש להעיר שהפסוק "חֲגוֹר חַרְבְּךָ" מופיע בגמרא העוסקת בהגדרות הלבושים של האדם בהקשר להוצאה מרשות לרשות בשבת. ההתלבטות שם היא אם חרב היא תכשיט ואז היא נחשבת כחלק מן הבגדים ומותר להוציא אותה בשבת, או שהיא כלי מלחמה ואז אסור (שבת סג ע"א). לאור הדימוי שהזוהר עורך בין חרב לקריאת שמע, שהיא תמצית התורה, עולה כאן השאלה: התורה היא תכשיט או כלי

מלחמה? האם התורה עומדת כשלעצמה בבחינת תכשיט או שהיא ניתנה לנו בעקבות החטא, כחרב הלוחמת ומגרשת את הרוע?

התיאור של הזהר, שלפיו קריאת שמע היא חרב פיפיות, משקף את האפשרות השנייה. קריאת שמע כזו היא מיליטנטית: אומרים אותה בבוקר כדי לגרש את המניעות שיבואו במהלך היום, ובלילה לפני שהולכים לישון כדי לגרש את המזיקים של הלילה.

הרב קוק אמר: "עכשיו תורה נתתי לכם, לעתיד לבוא חיים אני נותן לכם" (אורות הקודש ג, עמ' קו). כיום התורה שלנו קשורה לחטא: היא החרב וכלי הנשק שיש לנו נגד היצר הרע המחטיא אותנו. לעומת זאת, לעתיד לבוא, נחיה עם תורה אחרת – תורה של חיים.

# מטי ולא מטי: אחרית דבר לספר שיעורי הזוהר של מנחם פרומן

מאת יהודה ליבס

בתיקוני זוהר קוראים אנחנו:

"וְהַמַּשְׂכִּלִים יַזְהִרוּ כְּזֹהַר הָרָקִיעַ וּמַצְדִּיקֵי הָרַבִּים כַּכּוֹכָבִים לְעוֹלָם וָעֶד" (דניאל יב, ג). והמשכילים – אלין רבי שמעון וחברוי, יזהירו – כד איתכנשו למיעבד האי חיבורא דאיהו מזיהרא עילאה דלעילא. רעותא עלאה אתגליא. רשותא איתייהיב לרבי שמעון וחברוי לגלאה ביה רזין סתימין עמיקין [...] ועוד: "וְהַמַּשְׂכִּלִים" – אלין דאית בהון שכל למינדע, גזירו דנשמתין דלהון מאלין ספירן, דאינון מלין גזירין מעשר ספירן דעלייהו איתמר "הַשָּׁמַיִם מְסַפְּרִים כְּבוֹד אֵל" (תהילים יט, ב).[1]

1. זוהר חדש, תיקונים, צג טור ד – צד טור א.

ופירש הרמ"ק:

> וזהו טעם יכולת האדם ואפשרותו לחדש בתורה מה שלא שמע ולא נתגלה מעולם, מפני שבסוד שורש נשמתו יכול להשיג עניין נעלם ומחודש.[2]

רבים שואלים: מה זכו דווקא רשב"י וחבריו להיות גיבורי הזוהר ומחבריו? התשובה המוסמכת לכך ניתנה לעיל מפי היודעים והמקורבים, בעל תיקוני זוהר ור' משה קורדובירו: רשות לעשיית חיבור זה ולגלות את סודותיו קיבלו מי ששייכים לכך לפי שורש נשמתם, והספירות מזהירות בהם כספירים.

עניין זה מתקבל אף על דעתי, אחרי ניסיון של כיובל שנים של לימוד זוהר. רבים פגשתי, ובהם תלמידי חכמים חריפים ונבונים שעשו חיל בכל אשר פנו, אך על רוח הזוהר לא יכלו לעמוד ולא יכלו להבין בו דבר גם אחרי מאמצים והסברים רבים מצידי. אך אחרים, מעטים במספר, התחברו לזוהר ונותרו נאמנים לו, ואף, לעיתים, נשארו גם חברים שלי.

אך החבר והחברותא הטוב ביותר שהזדמן לי הוא מנחם פרומן, זכר צדיק לברכה, שאין כמוהו איש זוהר. נפגשתי בו לראשונה ביום שבו התחלנו שנינו יחד את לימודינו באוניברסיטה העברית בירושלים, ולא הפריד בינינו מאז אלא המוות. פגישתנו הראשונה עם רשב"י הייתה באמצעות מורי האוניברסיטה, וביניהם גרשם שלום, אך החיבור הגדול בינינו נתהווה בקריאה משותפת ובשיחות וויכוחים. אלה השתלשלו והגיעו גם עד עולם העשייה, כגון בנוגע ליתרונות ולחסרונות של הלימוד האוניברסיטאי לעומת הישיבתי. גם כאן כרגיל לא הגענו להסכמה. ומנחם העדיף את הישיבה, ובהמשך, במצוות רבו, ראש הישיבה הרב צבי יהודה הכהן קוק, הפסיק לגמרי את לימודיו

2. תיקוני הזוהר עם פירוש אור יקר מהגאון [...] רבי משה קורדואירו, כרך א, ירושלים תשל"ב, עמ' כו.

האקדמיים, אך בלי להפסיק את מבטו החודר אל עולם הזוהר. דרך אגב, שלום וקוק נפטרו לעולמם באותה שנה (תשמ"ב), בהפרש חודש אחד בלבד, ואולי בינתיים עושים הם שלום במרומיהם.

מסתבר אפוא ששורשי נשמותינו, שלי ושל מנחם, סבוכים זה בזה, אך גם שונים. גם בענייני העולם נחלקנו. לא כל הצהרותיו ומעשיו של מנחם בנוגע לעתידה של ארץ ישראל התקבלו על דעתי. אך בתחילת דרכו המדינית שותפים היינו לניסוח עקרונות של 'מדינה אנושית', ולהבנת חשיבות ההתנחלות בשטחים ביצירת בסיס לשלום. השתתפתי גם בפגישותיו הראשונות עם מנהיגים ערביים, עד שלא כמוהו נואשתי מכך.

גם בהבנת מקורות היהדות התווכחנו הרבה, כפי שיוכל המעיין לראות בהערה הכלולה בספר שלפנינו, שמנחם מספר בה שכל כך כעס על ספר שכתבתי על אלישע בן אבויה, שאיים שיקנה את כל העותקים וישרפם. הוא אינו מספר כאן על מה יצא קצפו, ולפי זכרוני הוא חלק על הדעה העומדת ביסוד אותו ספר, שמידת הענווה היא יסוד הקרבה לא־ל, וחטאו של אלישע הוא בהפך ממנה.

כך גם בנוגע לספרות הזוהרית. מאמרי זוהר רבים נתפרשו בידי מנחם לא כפי שפירשתי אני (יכול אני להתווכח גם עם חלק מפירושיו בספר שלפנינו), וזכורני שבמחלוקות אלה היטתהו רוחו החופשית לעיתים קרובות דווקא לפירושים מרחיקי לכת וראות, הרחוקים מן ההיגיון המקובל וממה שמתאים למסורת.

אך גם כאן גברה ההסכמה על המחלוקת. ביסוד הדברים שותפים אנחנו, כלומר בזוהר שבזוהר. עניינו של זה לא ניתן מטבעו להבעה שלמה במילים, אך ניתנה לו הגדרה טובה בשם הספר שלפנינו: נוגע לא נוגע, 'מטי ולא מטי' כלשון המקור בארמית הזוהרית.

הזוהר אינו מספק משנה סדורה אלא תמונות מיתיות, סיפורים שאופיים אומנם קונקרטי וגופני, אך משמעותם הקונצפטואלית, בחשיבה אנושית עיונית, מרובת גוונים ואף סתירות. בתורת האלהות דוגל הזוהר באחדות מופלאה ואיתה ריבוי רבגוני; בהנהגת העולם מתוארים בו רחמים לאין גבול עם הכרה בממשות הרע ועיוות דין

קוסמי. כך גם בסוגיות הבוערות בימינו של היחס לאישה או לגויים: מעלה נפלאה ואלוקית מעניק הזוהר למין הנשי ועימה גם דמוניזציה קשה; אהבת גויים נמצא בו וכן שנאה ועוינות כלפיהם; הכללת חוכמת גויים בתורת ה׳ יחד עם בידולה ממנה, ועוד ועוד. תקינות פוליטית ואידאולוגיה מכל סוג לא יוכלו לתורת הסוד. ולא רק תורת הזוהר אלא גם ספר הזוהר גופו מטי ולא מטי: רשב״י וחבריו, גיבורי הזוהר, אמיתיים הם בתכלית ועם זאת לא ממש ניתנים למיקום במישור ההיסטורי.

עם זאת, המיתוס הזוהרי העשיר נוגע אף נוגע בענייני העולם הזה ודרכיו, בעם ישראל, בתולדותיו ובגורלו, ואינו נפרד גם מן התורה, שהיא גם מקורו וגם מטרתו. בדייקנות פילולוגית מופלאה מפרש הזוהר את פסוקי התורה שבכתב, בהמשיכו לעיתים קרובות את דרשות חז״ל ומסורתם, ובכך נבנים בנייניו החדשים ומתעצמים בגוניהם המאירים. המיסטיקה הזוהרית, שלא כאחיותיה בדתות אחרות, אף אין היא אלטרנטיבה לעולם ההלכתי. איפכא מסתברא: הזוהר דווקא מדקדק במצוות, כשהוא מוצא ומטעין בהן משמעות מיתית ותאורגית עמוקה.

כזאת אכן הגשים מנחם בחייו: מחשבתו החופשית והפראית לוותה בקיום מצוות קלה כבחמורה. ולא היו אלה שני צדדים שונים באישיותו. ההקפדה ההלכתית המעשית לא הייתה קשה עליו ולא עמדה בניגוד לחופש המוחלט שביסוד אישיותו. אדרבה, דווקא שם נמצאו לו בכל עת רוחניות וחירות, למול עיניי המשתאות.

הדת בעיני מנחם היתה תיאטרון, או יותר נכון, לפי הגדרתו שלו, תֵאוֹטרון. בכך לא רודד עומק העולם הדתי ולא פחתה משמעותו ומעלתו. איפכא מסתברא, אין רצינות כרצינות המשחק ואין עמוק ממנו, שעליו העולם עומד. לפי שקספיר כל העולם במה, וכך צריך לחוותו גם לפי הזוהר. אבל המשחק הזוהרי אין כמותו אמת, על האדם להשקיע את כולו במשחק זה. מי שרואה בכך סתם משחק, עניין חיצוני, כנגדו צועק הזוהר בלשון הכתוב: ״וַיְפַתּוּהוּ בְּפִיהֶם וּבִלְשׁוֹנָם יְכַזְּבוּ לוֹ. וְלִבָּם לֹא נָכוֹן עִמּוֹ וְלֹא נֶאֶמְנוּ בִּבְרִיתוֹ״ (תהילים

עח, לו-לז).[3] גם ההומור בזוהר רציני הוא, ולא לחינם היה דוד בדחן המלך,[4] וכמוהו גם מנחם.

הספר שלפנינו אכן פותח אשנב יפה לעולם הזוהר של מנחם. אין ביכולתו אומנם להציגו בשלמות, כי בעל פה כוחו של מנחם היה רב יותר מאשר בכתיבה, וכן מאחר שהשיעורים המובאים כאן הם כמובן רק חלק זעיר מלימודי הזוהר שלו, ונוגעים רק למאמרי זוהר בודדים שרבים מהם אף משתייכים דווקא לחטיבת תיקוני זוהר (הקטע הארוך בזוהר ח"א מדף כב ע"א ועד כט ע"א שייך לתיקונים), שהיא כמדומני שייכת לשורש נשמתו קצת פחות מאשר גוף הזוהר.

אך גם כך מאפשר ספר זה להתרשם וליהנות מספר הזוהר וממנחם פרומן ככל האפשר. כל עוד לא נמסר בידינו מפתח של תחיית המתים, מודים אנחנו לעושים במלאכת הספר, ובראש וראשונה לשלמה ספיבק, על שהפגישו מחדש בינינו לבין זוהר נשמת הצדיק, פירושי זוהר של הרב מנחם פרומן.

3. ראו זוהר ח"ג קכא ע"א.
4. ראו זוהר ח"א קמח ע"ב; ח"ב קז ע"א. על כך ראו במאמרי 'זוהר וארוס', אלפיים 9 (תשנ"ד), עמ' 67-199 (ניתן לקריאה גם באתר שלי).

# מפתח